Jens Kalke, Sven Buth, Moritz Rosenkranz, Christian Schütze,
Harald Oechsler, Uwe Verthein

Glücksspiel und Spielerschutz in Österreich

Empirische Erkenntnisse zum Spielverhalten der Bevölkerung und zur
Prävention der Glücksspielsucht

W0087201

Jens Kalke, Sven Buth,
Moritz Rosenkranz, Christian Schütze,
Harald Oechsler, Uwe Verthein

Glücksspiel und Spielerschutz in Österreich

Empirische Erkenntnisse zum Spielverhalten der
Bevölkerung und zur Prävention der Glücksspielsucht

Bibliografische Information der Deutschen Nationalbibliothek
Die Deutsche Nationalbibliothek verzeichnet diese Publikation in der Deutschen Nationalbibliografie; detaillierte bibliografische Daten sind im Internet über http://dnb.d-nb.de abrufbar.

© 2011 Lambertus-Verlag, Freiburg im Breisgau
www.lambertus.de
Umschlaggestaltung: Nathalie Kupfermann, Bollschweil
Satz: Harald Oechsler, Eike Neumann-Runde, Hamburg
Druck: Franz X. Stückle, Druck und Verlag, Ettenheim
ISBN 978-3-7841-2041-6

INHALT

ANHANG

DANKSAGUNG

Die erfolgreiche Durchführung der vorliegenden Studie – die erste umfassende Untersuchung zum Thema Glücksspiel und Spielerschutz in Österreich – ist vielen Beteiligten zu verdanken und eng mit der formalen Konstruktion der Studie verknüpft, bei der es fünf Partner gab: Wissenschaftliches Institut, Projektleitung, Fachbeirat, Sponsor und Zuwendungsgeber. Durch diese Konstruktion wurde die Unabhängigkeit der Forschung gewährleistet, vor allem dadurch, dass zwischen dem Sponsoren und dem Forschungsinstitut kein vertragliches Verhältnis bestand.

Unser erster Dank gilt der Projektleitung, die beim Institut für Suchtprävention der Drogenkoordination Wien angesiedelt war. Dr. Artur Schroers hat mit Unterstützung seiner Mitarbeiterin Martina Boehsner das Projekt in hervorragender Weise koordiniert und für Transparenz unter den Beteiligten gesorgt.

Des Weiteren sei dem externen Fachbeirat gedankt, der den Studienverlauf kompetent begleitet und die Ergebnisse mit kritischem Sachverstand diskutiert hat. Prof. Dr. R. Haller, Prof. Dr. C. Haring, Dr. I. Horodecki, Prof. Dr. W. Schöny und Prof. Dr. H. Scholz haben der Studie einige wichtige Anregungen geben können.

Erwähnt werden soll bei dieser Danksagung auch Günter Haunlieb vom Österreichischen Gallup Institut. Er war ein wichtiger und kompetenter Kooperationspartner bei der Durchführung von zwei Befragungen.

Ein großer Dank gilt der Casinos Austria AG und der Österreichischen Lotterien GmbH, die durch ihre Spende an die AG Suchtvorbeugung die Realisierung der Studie erst möglich gemacht haben. An erster Stelle seien hier Herbert Beck (Bereichsleiter Responsible Gaming) und Mag. Doris Malischnig (Abteilungsleiterin Prävention) genannt.

Wir schließen mit einem Dankeschön an die ARGE Suchtvorbeugung als Zuwendungsgeber und Vertragspartner des ZIS. Die ARGE ist der eigentliche Initiator der Studie, ohne sie hätte es diese Studie nicht gegeben. Dafür sei stellvertretend für alle Mitglieder der ARGE Christoph Lagemann (Vorsitzender) und Dr. Barbara Drobesch-Binter (stellvertretende Vorsitzende) unsere Anerkennung ausgesprochen.

Für das Zentrum für Interdisziplinäre Suchtforschung (ZIS, Hamburg)

Dr. Jens Kalke

GELEITWORT

Das Thema Glücksspiel und Glücksspielsucht rückte in den letzten Jahren zunehmend in das Blickfeld der Öffentlichkeit. Auf gesetzlicher Ebene sind infolge eines längeren Gesetzgebungsprozesses mit der Novelle zum Glücksspielgesetz im Jahr 2010 zahlreiche Neuerungen beschlossen worden. Diese wurden von umfangreicher medialer Berichterstattung begleitet.

In der österreichischen Präventionslandschaft sind die in jedem Bundesland eingerichteten Fachstellen für Suchtprävention – auch bei unterschiedlicher Anbindung in der Länderstruktur – wichtige Kompetenzzentren und Koordinationsstellen für suchtpräventive Maßnahmen auf regionaler Ebene. Die FachstellenleiterInnen sind im Verein der Österreichischen Arbeitsgemeinschaft Suchtprävention (im Folgenden kurz auch: ARGE) Mitglieder und haben die österreichische Suchtprävention wesentlich gestaltet und qualitativ weiterentwickelt. Die Vereinstätigkeit ist nicht auf Gewinn ausgerichtet. Die vorliegende Studie zur Glücksspielsuchtprävention wurde von Seiten der ARGE vor allem mit Blick auf die Erreichung folgender Zweckbestimmung des Vereins initiiert:

• Gemeinsames Erstellen von suchtpräventiven Produkten und Programmen – nunmehr verstärkt auch im Bereich der Glücksspielsuchtprävention;

• Austausch von Wissen und neuen Erkenntnissen – nunmehr auf der Basis wissenschaftlicher Erkenntnisse zur Glücksspielsuchtprävention in Österreich;

• Strukturelle Weiterentwicklung der Suchtvorbeugung – auf Basis der vorliegenden Studie mit dem Fokus Glücksspielsuchtprävention (im Rahmen des Statuts §2 der aktuellen Vereinssatzung ARGE).

In der Planungsphase der vorliegenden Studie wurde zunehmend deutlich, dass für die wissenschaftliche Forschung wesentlich eine Förderung eines Glücksspielanbieters vonnöten war. Die Studie bedurfte somit einer besonderen Konstruktion und großen Engagements, um die Glaubwürdigkeit der Studienergebnisse und zuletzt auch der in der ARGE organisierten Suchtpräventionsstellen nicht zu gefährden. Glaubwürdigkeit ist eines der höchsten Güter der Suchtprävention und unabdingbar, um überhaupt auf Akzeptanz zu stoßen.

Aus diesem Grund erlauben wir uns in der ARGE zum Zwecke der Transparenz, die unabdingbar für Glaubwürdigkeit ist, mit diesem Geleitwort die Konstruktion dieses Projekts und die wesentlichen Stationen in diesem Prozess darzulegen. Weiters möchten wir Erkenntnisse der Studie aufgreifen und einige Gedanken zur Weiterverwendung derselben anstellen.

Mit der Projektleitung innerhalb der Österreichischen ARGE Suchtvorbeugung übernahm das Institut für Suchtprävention der Sucht- und Drogenkoordination Wien (kurz und im Folgenden auch: ISP) verschiedene Aufgaben vor allem im Bereich des Projekt- und Zeitmanagements sowie der Kommunikation und Berichterstattung. Ferner war das ISP in alle wesentlichen inhaltlichen und strategischen Entscheidungen eingebunden. Aufgaben der Projektkoordination des ISP im Rahmen der Studie betrafen im Wesentlichen:

• Koordination und Kommunikation zwischen den ProjektpartnerInnen, vor allem durch den kontinuierlichen Kontakt zum Forschungsinstitut Zentrum für Interdisziplinäre Suchtforschung, Universität Hamburg (kurz und im Folgenden: ZIS) und regelmäßiger Information (auch schriftliche Zwischenberichte) an die ARGE, den Fördergeber und Fachbeirat.

• Vertragsvorbereitungen durch juristische Beratung/Klärungen im Rahmen der Vertragsverhandlungen zu der Vereinbarung zwischen ZIS und Österreichische ARGE sowie Unterstützung im Bereich der finanziellen und administrativen Abwicklung der Studie.

• Kooperationen herstellen für die qualitativen ExpertInneninterviews und diesbezügliche Recherchetätigkeiten in Kooperation mit den Fachstellen in Österreich.

• Inhaltliche Expertise zur Vorbereitung aller relevanten Gesprächstreffen und Sitzungen im Rahmen der Studie.

Liegen für die klassischen Handlungsfelder der österreichischen Suchtprävention – auch infolge des Engagements der regionalen Suchtpräventionsfachstellen – umfangreiche wissenschaftliche Erkenntnisse vor (wie etwa beim Thema Alkohol), so bestand beim Thema Glücksspielsucht bis dato noch Bedarf an grundlegender wissenschaftlicher Forschung und darauf basierter Expertise. Im Unterschied zu den Nachbarländern Schweiz und Deutschland, wo Bundesagenturen (etwa: Bundeszentrale für gesundheitliche Aufklärung in Deutschland, kurz: BZgA) Glücksspielforschung initiieren und durchführen lassen, wurden in der Vergangenheit derartige österreichweite Studien nicht von Bundesstellen beauftragt. Somit fehlten für Österreich sowohl Repräsentativerhebungen (mit dem Fokus Suchtprävention), spezifische Untersuchungen einzelner Glücksspielformen, Befragungen verschiedener Beteiligtengruppen im Glücksspielbereich (KundInnen, AnbieterInnen, ExpertInnen) als auch Aufarbeitungen bestehender wissenschaftlicher Erkenntnisse sowie der rechtlichen Rahmenbedingungen zur Glücksspielsuchtprävention.

In dem Erfordernis, dem o. g. Vereinszweck der ARGE auch im Feld der Glücksspielsuchtprävention gerecht zu werden, lag die wesentliche Motivation der Österreichischen ARGE Suchtprävention darin, eine wissenschaftliche Fundierung und darauf basierte Empfehlungen für präventives Handeln im Bereich Glücksspielsuchtprävention zu haben, und zwar für ein umfassendes verhaltens- und verhältnispräventives Konzept für das Glücksspielwesen in Österreich. Im Verständnis zeitgemäßer Suchtprävention sollten dabei Maßnahmen der universellen, selektiven und indizierten Prävention einbezogen werden. Dadurch soll die Entstehung von Spielsucht verhindert und ein verantwortungsbewusster und kontrollierter Umgang mit Glücksspielen gefördert werden. Dieses Ansinnen erforderte ein multiperspektivisches Forschungsdesign und eine breit angelegte Untersuchung, die aus verschiedenen aufeinander bezogenen Modulen besteht. Der wissenschaftliche Diskurs zur Glücksspielsuchtprävention in Österreich und darüber hinaus sollte durch wissenschaftlich-empirisch abgestützte Aussagen bereichert werden. Der Anspruch der Studie wurde mit dem vorliegenden Studienbericht erfüllt.

Von Beginn an war allen Beteiligten in der ARGE klar, dass aufgrund der oben beschriebenen anspruchsvollen Aufgabe finanzielle und personelle Ressourcen erforderlich werden, die über die vorhandenen Ressourcen hinausgingen.

Nachdem sich die Österreichische ARGE Suchtprävention entschlossen hatte, das Studienprojekt auf den Weg zu bringen, stellten sich verschiedene Fragen:

- Wie soll die umfangreiche Studie finanziert werden?
- Sind Fördermittel aus der Glücksspielindustrie denkbar und sind die Studienergebnisse damit noch glaubhaft?
- Wer sind wichtige PartnerInnen bei der Realisierung der Studie?
- Wie kann das Studienprojekt in der Konzeption, Implementierung und Präsentation innerhalb der ARGE optimal geleitet werden?
- Welche Kriterien sind bei der Auswahl des Forschungsinstituts ausschlaggebend?
- Welches (vertragliche) Regelwerk ist erforderlich?
- Wie kann unter den Bedingungen einer komplexen Studienkonstruktion ein optimales Projektmanagement umgesetzt werden?

Neben einer finanziellen Unterstützung der Studienaktivitäten wurde auch eine strategische Partnerschaft mit Bundesministerien angestrebt, damit neben der Österreichischen ARGE Suchtprävention und dem damit verbundenen Engagement von Bundesländern, die Studie auf eine breitere Basis gestellt sein würde. Da nur eine groß und breitangelegte Studie dem erforderlichen Erkenntnisgewinn für die Prävention von Glücksspielsucht in Österreich gerecht werden konnte, wurde deutlich, dass in diesem Fall entsprechende Ressourcen bereitstehen mussten. So gab es einige Vorgespräche mit für Förderungen in Frage kommenden gesellschaftlichen Institutionen. Es wurden Gespräche geführt und offizielle Anfragen von Seiten des ARGE-Obmanns und des Projektleiters beim Bundesministerium für Gesundheit, dem Bundesministerium für Arbeit, Soziales und Konsumentenschutz sowie des Bundesministeriums für Finanzen gestellt. Parallel liefen diesbezügliche Gespräche zur Bereitstellung einer Förderung mit einem Glücksspielanbieter, den Österreichischen Lotterien. Die angefragten Ministerien lehnten aufgrund nicht dafür bereitzustellender Mittel oder aufgrund von Nichtzuständigkeit bzw. ohne Nennung expliziter Gründe eine Beteiligung ab. Als Initiator der Studie erhielt die ARGE von den Österreichischen Lotterien Fördergelder, die zu einem größeren Teil in die Forschungsaktivitäten einflossen und zu einem wesentlich geringeren Teil für die Projektkoordination benötigt wurden.

Durch die Förderung des Glücksspielanbieters wurde in Betracht gezogen, dass die Studie von Anfang an dem Verdacht, von Interessen des Sponsors geleitet zu sein, ausgesetzt sein würde.

Um Gewähr zu bieten, jegliche Einflussnahme des Fördergebers auszuschließen und die Qualität der Studie zu fördern, wurde eine Konstruktion mit folgenden Elementen im Studienumfeld angelegt:

- die Österreichische ARGE Suchtprävention, die als Verein keine Gewinnabsichten hat und in den Bundesländern fest verankert und als Initiator einer wissenschaftlichen Studie maßgeblich an inhaltlich-wissenschaftlichem Erkenntnisgewinn interessiert ist;

- die Wahl eines kompetenten und seriösen Forschungsinstituts, das durch den Außenblick und die Distanz zu Stakeholdern im Umfeld der österreichischen Glücksspielsuchtprävention Unabhängigkeit gewährleistet und dem ferner die Verwertungsrechte der Studienergebnisse eingeräumt worden sind;

- das Einsetzen eines Fachbeirats aus ExpertInnen aus unterschiedlichen Bundesländern, die als externe BeobachterInnen unabhängig den Verlauf der Studie begutachten konnten;

- ein Vertragswerk, das prinzipiell Einflussnahme ausschließt und klare Funktions- und Aufgabenteilung gewährleistet;

- eine Projektleitung innerhalb der ARGE, die die Zweckbestimmung der Studie sowie das vertragliche und konstituierende Regelwerk inhaltlich und organisatorisch umsetzt;

- eine Dokumentation aller relevanten Aktivitäten im Rahmen der Studie und des Forschungsverlaufs.

Mit der Wahl des Zentrums für Interdisziplinäre Suchtforschung der Universität Hamburg (ZIS) wurde bewusst ein ausländisches, unabhängiges und im Bereich der Suchtforschung, Präventionsforschung und Versorgungsforschung sehr erfahrenes Institut mit der Durchführung der Studie beauftragt. Das deutsche Forschungsinstitut ZIS ging eine Kooperation mit dem Institut Karmasin-Gallup in Österreich ein, welches in Folge einen großen Teil der Befragungen in Österreich durchführte.

Um bei der Durchführung der Studie fachliche Beratung zu gewährleisten, wurde ein Beirat aus in Österreich renommierten und mit dem Fachgebiet vertrauten WissenschaftlerInnen gebildet. Der Fachbeirat, deren Mitglieder – auch mit Blick auf den österreichweiten Fokus der Studie – aus unterschiedlichen Bundesländern kommen, hatte vor allem die Aufgabe, die Umsetzung des Forschungsdesigns zu begleiten sowie die Zwischen- und Endergebnisse der Studie (kritisch) zu reflektieren und zu diskutieren. Für diese ehrenamtliche Aufgabe konnten als Mitglieder des Fachbeirats gewonnen werden:

Univ. Prof. Dr. Herwig Scholz (Krankenhaus De La Tour),

Univ. Prof. Prim. Dr. Christian Haring (Psychiatrisches Krankenhaus Hall i. T.),

Mag.a Dr. Izabela Horodecki (Verein Spielsuchthilfe, Wien),

WHR Prof. Univ.-Doz. Dr. Werner Schöny (Nervenklinik Linz),

Univ. Prof. Prim. Dr. Reinhard Haller (Krankenhaus Stiftung Maria Ebene).

Weitere TeilnehmerInnen an Sitzungen des Fachbeirats waren FachstellenleiterInnen in der ARGE.

Insgesamt fanden vier Fachbeiratssitzungen im ISP in Wien statt. Die Fachbeiratssitzungen widmeten sich vorwiegend dem Anwenden der Methoden des Studiendesigns, dem jeweiligen Stand der Studie in Bezug auf Umsetzung der Studienkonzeption sowie der fachlich-inhaltlichen Diskussion der Ergebnisse. Ebenfalls wurde die Öffentlichkeitsarbeit in Bezug auf die Studienergebnisse diskutiert und abgestimmt.

Eingedenk der Maßgabe der „Wertfreiheit" im Sinne der Freiheit von Wissenschaft und Forschung wird an dieser Stelle festgehalten, dass Einflussnahmen auf Studiendesign und Ergebnisse durch den Geldgeber, die Österreichischen Lotterien, nach bestem Wissen *in keinem Fall* stattgefunden haben. Insofern kann aus einer Innensicht der Projektleitung sowie der gesamten ARGE kein

Anlass gesehen werden, die Glaubhaftigkeit der Studienergebnisse in Zweifel zu ziehen. Die Konstruktion der Studie hat sich als sinnvoll erwiesen.

Die geplante Laufzeit der Studie begann mit dem 4. Mai 2009 und sollte am 4. November 2010 enden. Die Fertigstellung der Studie erfolgte tatsächlich mit Ende Februar 2011. Zu Beginn der Studie wurden wichtige KooperationspartnerInnen und ExpertInnen zum Studien-Konzept informiert, vertragliche Regelungen fixiert, die Arbeitspakete geschnürt sowie der Zeitplan zur Studie abgestimmt. Ebenfalls wurde Vernetzung auf nationaler Ebene (ÖBIG, Bundesministerium für Gesundheit) sichergestellt. Die Verfügbarkeit von Behandlungsdaten in Österreich wurde eruiert sowie die Möglichkeiten einer für die Beteiligten optimalen Verwertung der Studienergebnisse besprochen.

Nach Abschluss aller Erhebungen im Herbst 2010 wurden die Ergebnisse vom ZIS ausgewertet und im Rahmen einer integrativen Analyse zusammengeführt. Dabei gibt die Studie durch ihre multimodulare Konzeption, in der das Problem der Glückspielsucht aus verschiedenen Blickwinkeln beleuchtet und von unterschiedlichen Personen beschrieben wird, ein umfassendes und multiperspektivisches Bild der Situation in Österreich. An dieser Stelle ist festzuhalten, dass das Studiendesign nahezu vollständig umgesetzt wurde, alle avisierten Stichprobengrößen erreicht und in einzelnen Modulen sogar mehr Personen befragt wurden, als mit dem Design angestrebt.

Es ist an dieser Stelle noch anzuführen, dass neben den auf die direkte Umsetzung der Studie gerichteten Aktivitäten auch weitere Aktivitäten begleitend umgesetzt wurden. So war es uns auch wichtig, dass über Österreich hinaus internationale Blickwinkel eingeholt wurden. Hierzu zählt auch der Austausch internationaler ExpertInnen zur Glücksspielsuchtprävention. Im Zuge der Studie wurde somit am 4. Juni 2009 im Rahmen der Suchttherapietage der Universität Hamburg in Hamburg das *Symposium Spielsuchtprävention im deutschsprachigen Raum – Aktuelle Entwicklungen in Politik, Praxis und Forschung* durchgeführt. Das eintägige Symposium wurde gefördert von der Behörde für Soziales und Gesundheit der Freien und Hansestadt Hamburg und dem ISP der Sucht- und Drogen Koordination Wien. Neben einem umfassenden Fachaustausch im Rahmen von Vorträgen und Diskussionen wurde eine erste Zwischenbilanz des bundesdeutschen Glücksspielstaatsvertrages gezogen.

Mit der multimethodisch angelegten österreichischen Studie zur Prävention von Glücksspielsucht liegen erstmals in großem Umfang repräsentative Ergebnisse zum Ausmaß des Glücksspiels in Österreich vor. Auch Erkenntnisse zu einzelnen Glücksspielangeboten, zum Gefährdungspotential einzelner Glücksspielformen, Risikomerkmalen von SpielerInnen und Empfehlungen für universelle und selektive Präventionsmaßnahmen auf verhältnis- und verhaltensbezogener Ebene werden in der Studie dargestellt. So werden beispielsweise Glücksspielanbietern Möglichkeiten des Spielerschutzes durch Personalschulungen oder übergreifende Sperrsysteme und spezielle Maßnahmen für den Onlinespiel-Bereich aufgezeigt. Empfehlungen zur Ausweitung des Jugendschutzes, der Optimierung der Spielstruktur von Glücksspielautomaten und die Zuordnung der Sportwetten zum Glücksspiel richten sich an den Gesetzgeber. Im Bereich der Administration wird angeregt, ein systematisches Monitoring der Hilfsangebote, eine einheitliche Dokumentation sowie weiterführende Forschungsaktivitäten und ExpertInnen-Vernetzung zu initiieren.

Auch die Praxis der Suchtprävention steht durch die vorliegenden Ergebnisse vor neuen Herausforderungen. Neben den empfohlenen universellen Maßnahmen wie Aufklärungskampagnen für die Gesamtbevölkerung oder die Umsetzung schulischer Programme wird im Sinne der selektiven Prävention Beratung, Information und Aufklärung für besonders gefährdete Zielgruppen gefordert. Dabei ist erkennbar, welche bereits durchgeführten Maßnahmen (hohe) Evidenz haben, welche Maßnahmen in unterschiedlichen Befragungsgruppen Akzeptanz besitzen und welche Maßnahmen in Pilotvorhaben sinnvoll umzusetzen sind.

Basierend auf den Ergebnissen der Studie werden für die Suchtprävention folgende weiteren Themen und Agenden zur Glücksspielsuchtprävention wesentlich:

- Möglichkeiten der Implementierung von *Frühinterventionsmodellen in unterschiedlichen Settings* wie betriebliche Suchtprävention oder außerschulische und schulische Suchtprävention.

- Auseinandersetzen mit den *Spezifika der Glücksspielsucht*, zum Beispiel mit den Variationen des Spielens vom normalen über das problematische bis hin zum pathologischen Glücksspiel. Wesentlich bei der Entwicklung von Präventionsmaßnahmen sind hier auch spezifische Denkmuster von SpielerInnen wie das „Magische Denken" und das „Nachjagen von Verlusten (Chasing)".

- Ebenfalls darf die vorliegende Komorbidität von Spielsucht und Alkoholabhängigkeit sowie Drogenabhängigkeit bei der Konzeption und Umsetzung von *selektiven Präventions-Maßnahmen* nicht vernachlässigt werden.

- Es ist eine *umfassende und übergreifende Gesamtstrategie zur Prävention von Glückspielsucht* erforderlich. Ein österreichweites nationales Konzept muss mehrdimensional und übergreifend angelegt sein. Es sollte die jeweiligen Länderregelungen in Bezug auf Glücksspiel beachten und der Maßnahmenunterstützung auf regionaler Ebene und der Maßnahmenabstimmung auf Bundesebene dienen. Erforderlich ist mithin eine institutionalisierte mit Ressourcen ausgestattete *Bund-Länder-Koordinierung*. Gemeinsame Aktionsfelder sind auszumachen und verbindliche Maßnahmenkataloge mit Prioritätensetzung („Aktionsplan") wünschenswert.

- Im Rahmen der allgemeinen Aufklärung (universelle Prävention) ist ein breites Informationsangebot für die Gesamtbevölkerung sinnvoll. Dies kann einerseits durch eine bundesweite Kampagne erfolgen, die dann sinnvoll ist, wenn sie in Abstimmung mit den Bundesländern (etwa über die ExpertInnen in den Landesfachstellen) umgesetzt wird. Als präventiv sinnvoll haben sich Kampagnen als Kombination von übergreifender Medien- und Informationsarbeit, klarer inhaltlicher und operativer Abstimmung mit Öffentlichkeitsmaßnahmen und zielgruppengerechten interaktiven Maßnahmen und Projekten auf Landesebene erwiesen. Die Einrichtung einer Steuerungsgruppe (inklusive der Länderebene) und eines interdisziplinär zusammengesetzten Fachbeirats von ExpertInnen ist hier sinnvoll und eine wissenschaftliche Evaluation der vollzogenen Maßnahmen obligatorisch. Auch ein internetbasiertes Informations- und Präventionstool, etwa aus Mitteln der nationalen Spielerschutzstelle finanziert, kann dem Informationsauftrag gerecht werden.

- Zu einem verbesserten SpielerInnenschutz ist die Einrichtung einer Plattform sinnvoll, in der verschiedene Stakeholder (Vertreter zuständiger Bundesministerien, Ländervertreter, PräventionsexpertInnen, Glückspielindustrie u. a.) anhand einer vereinbarten Agenda konkrete Maßnahmen in einem verbindlich gesetzten Zeitrahmen umsetzen.

Die erfolgreiche Umsetzung der vorliegenden Forschungsergebnisse ist ein wichtiger Schritt bei der Umsetzung einer Spielsuchtprävention, die empiriegestützt, im Sinne eines emanzipatorisch-demokratischen Menschenbildes und unter Einbeziehung der Beteiligten (Partizipation) auf pragmatischem und praktikablem Weg zum SpielerInnenschutz in Österreich beiträgt.

Zum Schluss dieses Geleitworts möchten wir allen Beteiligten für das Zustandekommen dieser Studie danken. Zunächst möchten wir allen MitarbeiterInnen des Forschungsteams im ZIS danken, insbesondere dem Studienleiter Dr. Jens Kalke. Die Zusammenarbeit war sehr intensiv, immer konstruktiv und kooperativ und inhaltlich sehr lehrreich. Auch Karmasin-Gallup sei an dieser Stelle für die konstruktive Zusammenarbeit und fundierte Feldexpertise gedankt.

Unser besonderer Dank für die finanzielle Unterstützung der Studie und die gute Kooperation bei einem Teil der Datenerhebung gilt Herrn Herbert Beck (Casag) und Frau Mag.a Doris Malischnig (Österreichische Lotterien). Besonderer Dank gilt auch allen o. g. Mitgliedern des Fachbeirats, die die Studie kritisch begleitet haben. Unser Dank gilt auch der Fachstellenleiterin aus der

Steiermark DSA Claudia Kahr für die Moderation der Fachbeiratssitzungen sowie dem Fachstellenleiter aus Tirol Mag. Gerhard Gollner für die Protokollerstellung zum Fachbeirat. Wir möchten auch allen weiteren KollegInnen in der ARGE für das große Interesse an und der inhaltlichen Unterstützung der Studie danken. Zuletzt möchten wir auch den KollegInnen in der Sucht- und Drogenarbeit für die fachliche Unterstützung danken sowie Mag.a Martina Böhsner für die Mitarbeit bei der Koordination der Studienaktivitäten.

Dr. Artur Schroers, Projektleitung in der Österreichischen ARGE Suchtvorbeugung, Leiter des Instituts für Suchtprävention der Sucht und Drogenkoordination

Christoph Lagemann, Obmann der Österreichischen ARGE Suchtvorbeugung, Leiter des Instituts Suchtprävention, pro mente Oberösterreich

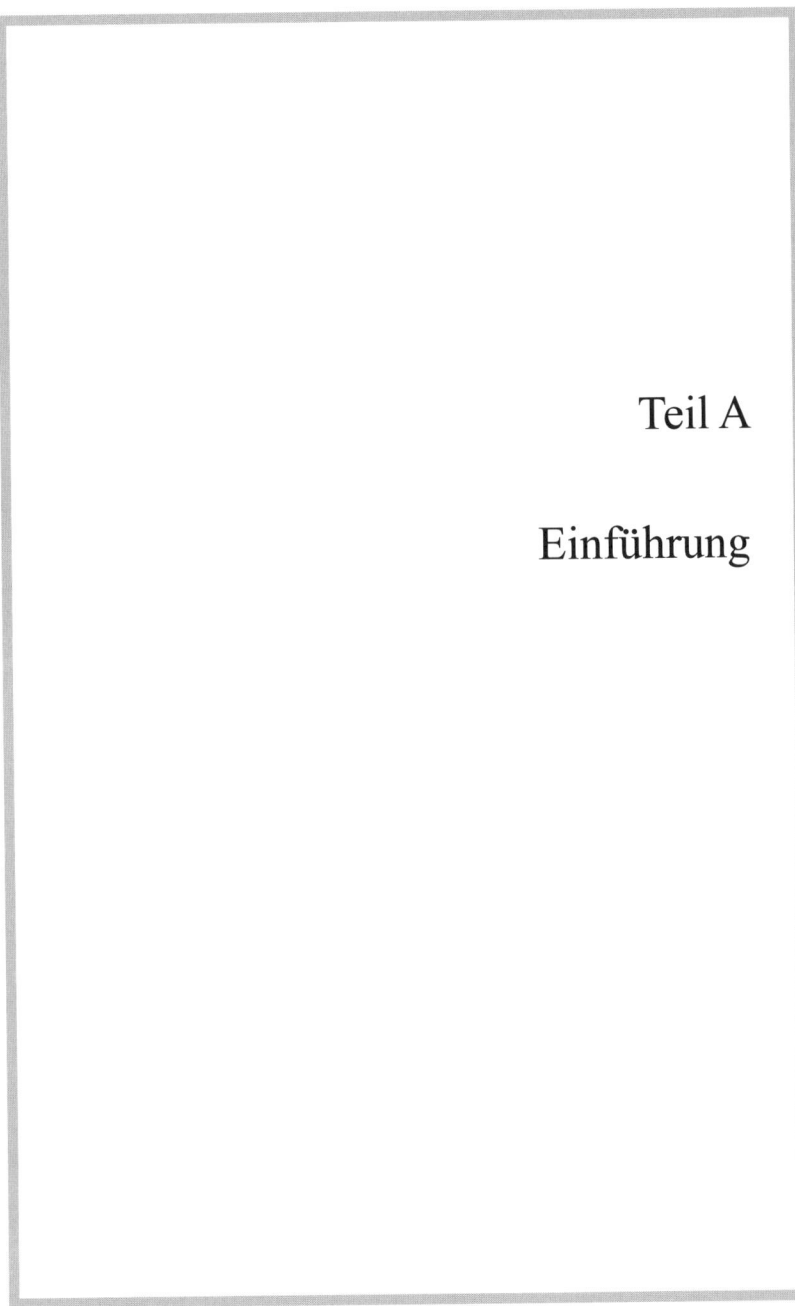

Teil A

Einführung

1 ZIELSETZUNG UND AUFBAU DER WISSENSCHAFTLICHEN STUDIE

Jens Kalke, Uwe Verthein

1.1 Zielsetzung

In Österreich lagen bisher kaum empirische Erkenntnisse über die Glücksspielteilnahme und -probleme der Bevölkerung sowie spezieller SpielerInnengruppen vor. Zwar werden jährlich Umsatzzahlen zum österreichischen Glücksspielmarkt veröffentlicht und einige Hilfeeinrichtungen geben ihre jährlichen Behandlungszahlen bekannt, aber verlässliche Prävalenzen können daraus nicht abgeleitet werden. Dieser Mangel führte dazu, dass in der Vergangenheit vollkommen unterschiedliche Schätzungen über die Anzahl problematischer und pathologischer GlücksspielerInnen in Österreich kursierten. Gleichzeitig gibt es in Österreich seit einigen Jahren eine intensive fachöffentliche Diskussion über das Gefährdungspotential verschiedener Glücksspielformen, die sich vor allem an der Kontroverse über die Glücksspielautomaten[1] festmachen lässt. Auch diese Diskussion hat bislang ohne ausreichende empirische Erkenntnisse stattgefunden.

Ohne eine fundierte Datengrundlage ist es aber nicht möglich, eine bedarfsgerechte und zielgruppenspezifische Glücksspielsuchtprävention sowie spezifische Interventionsmaßnahmen zu konzipieren und umzusetzen. Vor diesem Hintergrund wurde seit dem Jahr 2008 in der ARGE Suchtvorbeugung der Fachstellen der Suchtprävention eine fachinterne Diskussion darüber geführt, eine empiriegestützte Studie zur Prävention der Glücksspielsucht auf den Weg zu bringen. Damit sollte auch das Defizit beseitigt werden, dass Österreich eines der wenigen Länder in Europa ist, in denen bislang keine repräsentativen Daten zum Glücksspielverhalten in der Bevölkerung vorliegen. Mit den Österreichischen Lotterien konnte ein Sponsor für eine umfassende Untersuchung zur Prävention der Glücksspielsucht gefunden werden.

---

[1] In Österreich werden Geldspielautomaten, bei denen die Entscheidung über Gewinn oder Verlust im Gerät mechanisch oder elektronisch herbeigeführt wird, als Glücksspielautomaten bezeichnet (rechtliche Definition). Das umfasst die Geräte in den Spielhallen, im gastronomischen Bereich und in den Kasinos. Deshalb wird in diesem Buch der Begriff Glücksspielautomat verwendet. Automaten, die elektronisch miteinander verbunden sind und bei denen die Entscheidung über Gewinn oder Verlust an zentraler Stelle herbeigeführt wird, werden rechtlich als elektronische Lotterien und in der Praxis als Video-Lottery-Terminals bezeichnet. In dieser Studie wird der Begriff VLT-Automaten genutzt.

Mit der vorliegenden Studie wird also die Zielsetzung verfolgt, auf der Grundlage empirischer Erkenntnisse Empfehlungen für ein verhaltens- und verhältnispräventives Konzept für das Glücksspielwesen in Österreich zu formulieren. Einbezogen werden dabei Maßnahmen der universellen, selektiven und indizierten Prävention, die die Entstehung von Spielsucht verhindern und zu einem verantwortungsbewussten und kontrollierten Umgang mit Glücksspielen anhalten sollen. Auch wenn in Österreich Sportwetten formal nicht als Glücksspiel gelten, wurden diese in der Studie gleichwertig berücksichtigt.

Es wurde ein multi-modulares und mehr-perspektivisches Forschungsdesign entwickelt, das sowohl quantitative als auch qualitative Methoden beinhaltet. Mit diesem komplexen Design ist der Anspruch verbunden, empirisch abgesicherte Ergebnisse zu erhalten und darauf aufbauend Aussagen für eine effektive Glücksspielsuchtprävention[2] in Österreich treffen zu können. Eine so konzipierte Studie ist für den Bereich der Spielsuchtprävention international einzigartig. Es gibt zwar eine ganze Reihe von Repräsentativerhebungen und Befragungen spezieller SpielerInnen- oder Personalgruppen, aber der Versuch, die Ergebnisse verschiedener empirischer Erhebungen innerhalb einer Studie miteinander zu verknüpfen, um dadurch ein Gesamtbild zu zeichnen, kann als ein innovatives Forschungsvorhaben angesehen werden.

1.2 Aufbau und Durchführung der Studie

Das Forschungsdesign der Präventionsstudie besteht aus verschiedenen, systematisch miteinander verknüpften Modulen:

- *Literaturanalyse (Kapitel 2):* Es wurde eine umfassende Übersicht zum internationalen Erkenntnisstand über die Effekte von verhaltens- und verhältnispräventiven Interventionen im Glücksspielbereich erstellt.

- *Bestandsaufnahmen (Kapitel 3 und 4):* Zum einen wurde eine systematische Bestandsaufnahme der Glücksspielsituation in Österreich (Angebote, Strukturen, Spielerschutz[3]) durchgeführt. Zum anderen wurden auf

---

[2] In diesem Buch werden die Begriffe „Glücksspielsuchtprävention" und „Spielerschutz" synonym verwendet. Spielerschutz ist der weitergehende Begriff, weil er u. a. auch Maßnahmen gegen Verschuldung und Kriminalität beinhaltet. Ein Teil der in diesem Buch diskutierten Präventionsmaßnahmen zielt in einem engeren Sinne auf die Verhinderung von Sucht ab („Glücksspielsuchtprävention"), ein anderer Teil soll in einem umfassenden Sinne mögliche Negativfolgen des Spielens verhindern („Spielerschutz"). Da es schnell unübersichtlich werden könnte, dies bei jeder einzelnen Maßnahme anzugeben, werden beide Begriffe synonym verwendet.

[3] Bei allem Bemühen um eine Sprache, die beide Geschlechter gleichermaßen berücksichtigt, wird in diesem Buch im Falle spezieller Fachtermini wie „Spielerschutz", „Spielersperre"

der Grundlage einer Internet- und Literaturrecherche Informationen über das Hilfesystem für problematische und pathologische GlücksspielerInnen (ambulant, stationär, Selbsthilfe) zusammengetragen und in einer systematischen Form aufbereitet. (Die zuletzt genannte Analyse besitzt einen exkursiven Charakter, weil ihre Ergebnisse nicht direkt in die Präventionsempfehlungen mit eingeflossen sind.)

- *Interviews mit ExpertInnen (Kapitel 5)*: In qualitativen Interviews wurden ExpertInnen aus den Bereichen Prävention, Hilfe (inklusive Schuldnerberatung), Wissenschaft, Administration und Glücksspielanbieter befragt. In halbstrukturierten Interviews wurden u. a. die Themenbereiche Kenntnis und Bewertung der bisherigen Spielsuchtprävention (Konzepte, Maßnahmen, Strukturen, etc.), Einschätzung der Problemrelevanz sowie praktische Empfehlungen angesprochen.

- *Repräsentativbefragung der Bevölkerung (Kapitel 6)*: In Zusammenarbeit mit einem renommierten Marktforschungsinstitut wurde eine repräsentative telefonische Befragung der österreichischen Allgemeinbevölkerung (14 bis 65 Jahre) durchgeführt. Die Themenbereiche der Befragung waren: Teilnahme an Glücksspielen (Form, Frequenz, mögliche Probleme) sowie Kenntnis und Bewertung von potentiellen Spielerschutzmaßnahmen.

- *Befragung von SpielerInnen terrestrischer Spiel- und Wettangebote (Kapitel 7)*: Um vertiefende Informationen zum Glücksspielverhalten (Form, Frequenz, mögliche Probleme) sowie zur Kenntnis und Bewertung bisheriger Spielerschutzmaßnahmen zu erhalten, wurde eine anonyme schriftliche Befragung von KundInnen/NutzerInnen verschiedener Glücksspielangebote durchgeführt (klassische Kasinospiele, Lotto, Sportwetten, Glücksspielautomaten).

- *Befragung von OnlineglücksspielerInnen und -sportwetterInnen (Kapitel 8)*: In diesem Kapitel geht es um die Analyse des Spielverhaltens von OnlinespielerInnen sowie um ihre Kenntnis und Bewertung von Spielerschutzmaßnahmen. Zu diesem Zweck hat eine anonyme Befragung der KundInnen der beiden Spielplattformen „win2day" und „tipp3" der Österreichischen Lotterien stattgefunden.

- *Befragung des Personals der Glücksspielanbieter (Kapitel 9)*: Um Informationen zum Glücksspielverhalten ihrer KundInnen sowie zur Akzeptanz, Reichweite und den Effekten bisheriger Spielerschutzmaßnahmen aus der Sicht der Glücksspielanbieter zu erhalten, ist eine anonyme schriftliche Be-

---

etc. auf die geschlechtssensible Schreibweise verzichtet. Die weiblichen Personen sind dabei jedoch immer mit eingeschlossen.

fragung des Personals von verschiedenen Spielstätten (Kasino, Annahme-stellen, WINWIN) durchgeführt worden.

- *Integrative Analyse (Kapitel 10 und 11)*: In der integrativen Analyse wer-den die wichtigsten Ergebnisse der einzelnen Module zusammengeführt und darauf aufbauend Vorschläge für ein verhaltens- und verhältnispräven-tives Konzept für das Glücksspielwesen in Österreich formuliert. Ferner ist die Diskussion dieser Vorschläge mit PraktikerInnen und Wissenschaft-lerInnen aus dem Bereich der Suchtprävention/-hilfe ein Bestandteil der integrativen Analyse.

Bis auf zwei Abweichungen konnte das geplante Forschungsdesign vollstän-dig umgesetzt werden: Bei der Personalbefragung lagen aus den Spielhallen und Wettbüros zu wenig verwertbare Fragebögen vor. Bei der Bestandsauf-nahme zum Hilfesystem war ursprünglich auch vorgesehen, Daten über die Klientel und nachgefragte Hilfen sekundäranalytisch auszuwerten. Es wur-den jedoch keine entsprechenden Datensätze gefunden bzw. zur Verfügung gestellt.

Die methodischen Einzelheiten (Ablauf der Befragungen, Instrumente, Fall-zahlen etc.) zu den verschiedenen Forschungsmodulen werden in den einzel-nen Kapiteln ausführlich dargestellt. Vorab sei erwähnt, dass die Module *Re-präsentativbefragung* und *Befragung von SpielerInnen* in Zusammenarbeit mit dem Marktforschungsinstitut „Das Österreichische Gallup Institut – Dr. Karmasin Ges.m.b.H." realisiert worden sind.

Die Struktur des vorliegenden Buches ist in der Reihenfolge der genannten Forschungsmodule aufgebaut. Hinter den einzelnen Kapiteln befinden sich keine Zusammenfassungen, sondern diese sind für jedes einzelne Modul im Rahmen der integrativen Analyse formuliert worden (Kapitel 10 und 11).

Zeitplan

Die Studie wurde im Zeitraum Juli 2009 bis Februar 2011 durchgeführt. Die folgende Übersicht zeigt die Erhebungsphasen der einzelnen Module, die alle ohne größere Zeitverzögerungen abgeschlossen werden konnten (siehe Tabelle 1.1). Die letzte Befragung (OnlinespielerInnen) wurde im dritten Quartal 2010 beendet; die integrative Analyse und Erstellung des Berichtes erfolgten im vierten Quartal 2010 und im ersten Quartal 2011.

Tabelle 1.1: Zeitplan für die Durchführung der einzelnen Forschungsmodule (in Quartalen)

Module	3/09	4/09	1/10	2/10	3/10	4/10	1/11
Literaturanalyse	■	■					
Bestandsaufnahmen	■	■	■	■	■		
Interviews ExpertInnen		■					
Repräsentativbefragung			■				
Befragung von SpielerInnen			■				
Befragung von OnlinespielerInnen				■			
Befragung des Personals				■			
Integrative Analyse						■	■

Fachbeirat

Zur Qualitätssicherung der Studie wurde ein fünfköpfiger Fachbeirat (Prof. Dr. R. Haller, Prof. Dr. C. Haring, Dr. I. Horodecki, Prof. Dr. W. Schöny, Prof. Dr. H. Scholz) berufen, der sich auf insgesamt vier Sitzungen mit dem Forschungsdesign, den Ergebnissen der einzelnen Forschungsmodule und den daraus abgeleiteten Empfehlungen zur Glücksspielsuchtprävention in Österreich beschäftigt hat.

Förderung

Die vertragliche Konstruktion ist derart gestaltet, dass der Zuwendungsgeber der Studie die Österreichische ARGE Suchtvorbeugung ist. Sie hat eine Vereinbarung mit dem durchführenden wissenschaftlichen Institut (ZIS) abgeschlossen und diesem Verwertungsrechte eingeräumt. Gefördert wurde die Untersuchung von den Österreichischen Lotterien, die eine entsprechende Vereinbarung mit der ARGE Suchtvorbeugung hat. Der Sponsor kann durch diese Konstruktion vertraglich keinen Einfluss auf die Verwertung der Ergebnisse der Studie nehmen.

Teil B

Literaturanalyse

Der internationale Forschungsstand

2 WISSENSCHAFTLICHER KENNTNISSTAND ÜBER DIE EFFEKTE VON PRÄVENTIONSMASSNAHMEN IM GLÜCKSSPIELBEREICH

Jens Kalke, Sven Buth

2.1 Methodik und Datengrundlage

Das Ziel der vorliegenden Literaturanalyse ist es, Ergebnisse von Evaluationen über die Effekte von suchtpräventiven Maßnahmen im Glücksspielbereich zusammenzutragen. Das betrifft sowohl die Verhältnis- als auch Verhaltensprävention und bezieht sich auf Interventionen der universellen, selektiven und indizierten Prävention.

Es wurden Evaluationen in die Literaturauswertung mit eingeschlossen, in denen die Wirkung der entsprechenden Maßnahme auf das Wissen, die Einstellung und das Verhalten der jeweiligen Zielgruppe untersucht worden ist. Wissenschaftliche Arbeiten, in denen mit empirischen Befunden aus anderen Bereichen der Suchtforschung (Alkohol- und Nikotinforschung) präventive Maßnahmen für den Glücksspielbereich hergeleitet werden, fanden keine Berücksichtigung.

Zu folgenden Maßnahmen, die international eine große Bandbreite potentieller Präventionsmaßnahmen im Glücksspielbereich abdecken, wurde eine systematische Literaturrecherche durchgeführt:

- umfassende Spielerschutz-/Sozialkonzepte
- schulbasierte Programme und Projekte
- Informationsmaterialien und Medienkampagnen
- (elektronische) Warnhinweise
- telefonische und internetgestützte Beratungsangebote
- Interventionen der Schuldnerberatung
- Früherkennung und Frühintervention durch das Aufsichts- bzw. Verkaufspersonal
- Selbsttests
- Spielersperren

- Spielerschutz bei Glücksspielangeboten im Internet
- Eingriffe in die Spielstruktur
- Alkoholverbot
- Rauchverbot
- Altersregelungen
- Beschränkung der Angebotsdichte

Die Literaturanalyse basiert in erster Linie auf Artikeln aus „peer-reviewed Journals"; es wurden aber auch einige Forschungsberichte ausgewertet. In die Recherche wurden Veröffentlichungen ab dem Jahr 1999 einbezogen. Der Auswertungszeitraum umfasst damit etwa 11 Jahre (1999 bis Frühjahr 2010). Folgende Datenbanken wurden genutzt: PubMed, PsycINFO, ScienceDirect. Ferner hat eine systematische Recherche in folgenden Fachzeitschriften stattgefunden: Journal of Gambling Studies, International Gambling Studies, Journal of Gambling Issues, Addiction, Sucht, Suchttherapie. Insgesamt wurden 7 Übersichtsarbeiten (Reviews) und 52 Einzelstudien gefunden, die die Grundlage dieser Literaturanalyse darstellen.

Zu drei Präventionsmaßnahmen konnten anhand der Einschlusskriterien keine Evaluationen identifiziert werden: Altersregelungen, Selbsttests und Interventionen der Schuldnerberatung. Dementsprechend wurden sie auch nicht in die folgende Darstellung des Erkenntnisstandes mit aufgenommen.[1]

2.2 Spielerschutz-/Sozialkonzepte

Umfassende Spielerschutz- bzw. Sozialkonzepte für einen Glücksspielbereich wurden bislang selten evaluiert. Es konnte diesbezüglich nur eine einzige Studie gefunden werden. In dieser wurde die Effektivität des Spielerschutzkonzeptes der holländischen Kasinos untersucht (Bruin et al. 2001). Da diese Studie nur in niederländischer Sprache publiziert worden ist, wird hier auf die Darstellung der wichtigsten Ergebnisse in einem englischsprachigen Übersichtsartikel zurückgegriffen (Goudriaan et al. 2009).

---

[1] In Großbritannien ist eine Längsschnittuntersuchung geplant, mit der die Auswirkungen wenig restriktiver Altersregelungen (Geldautomaten: ohne Altersbegrenzung, Sportwetten: ab 16 Jahre) auf das Spielverhalten von Kindern und Jugendlichen untersucht werden soll (Informationen nach Meyer 2009).
Ferner sei zu den Altersregelungen angemerkt, dass aus der Alkoholforschung bekannt ist, dass die Anhebung und Festsetzung eines Mindestkonsumalters eine wirksame Methode sein kann, um Alkoholkonsum von Jugendlichen zu verringern (Wagenaar & Toomey 2002).

Das Spielerschutzkonzept der holländischen Kasinos weist folgende Bestandteile auf: Früherkennung von und Frühintervention bei ProblemspielerInnen durch geschultes Aufsichtspersonal, Möglichkeit der freiwilligen Limitierung der Kasinobesuche, Selbst- und Fremdsperren, Vorhandensein von Informationsmaterialien an den Spielorten.

Die Befragung von 1.000 zufällig ausgewählten KasinobesucherInnen zeigte, dass ungefähr die Hälfte der BesucherInnen die Informationsmaterialien kannte und diese bei einem ganz kleinen Teil sogar positive Auswirkungen auf ihr Spielverhalten hatten (3 %). Darüber hinaus werden 40 Prozent der pathologischen GlücksspielerInnen von Maßnahmen des Spielerschutzkonzepts erreicht. Bei ihnen gilt eine Besuchsbeschränkung, eine Spielersperre und/oder sie haben Gespräche mit dem Personal über ihr Spielverhalten geführt. Die AutorInnen der Studie diskutieren jedoch kritisch, inwiefern ihre Befragungsgruppe repräsentativ war und ob hier nicht eine Überschätzung der Inanspruchnahme vorliegt.

2.3   Schulbasierte Programme und Projekte

International existieren einige Evaluationen von glücksspielbezogenen Präventionsmaßnahmen im schulischen Bereich. Diese kommen vor allem aus Kanada, das in diesem Bereich mit Abstand führend ist.

In Quebec (Kanada) angesiedelt ist ein französischsprachiges Projekt. Mit Hilfe des 20-minütigen Videos „Lucky" sollen falsche Vorstellungen von Jugendlichen über das Glücksspiel korrigiert werden. Die Effektivität des Projektes wurde bei Siebt- und Achtklässlern (11- bis 15-Jährige) in vier verschiedenen Experimentalgruppen evaluiert. Es konnte gezeigt werden, dass das Wissen über Glücksspiel gesteigert wird und die falschen Vorstellungen über Gewinnmöglichkeiten korrigiert werden (Ladouceur et al. 2005). Eine weitere Evaluation unter SchülerInnen im Alter von 12 bis 15 Jahren ergab ähnliche Resultate für die englische Version des Videos. Die AutorInnen betonen aber auch, dass das Video in einen größeren Rahmen eingebettet werden sollte, da 20 Minuten zu kurz seien, um längerfristige Ergebnisse zu erzielen (Ladouceur et al. 2004a).

Ein weiteres Pilotprojekt der gleichen Forschungsgruppe beinhaltet drei 60-Minuten-Einheiten zu den Themen Wissensvermittlung, Problemlösungsstrategien („coping skills") und Konsequenzen von problematischem Spiel, wobei auch das Video „Lucky" gezeigt wird. Über 1.000 SchülerInnen nahmen an einer Evaluation dieses Programms teil, die beteiligten Schulen lagen alle im urbanen Raum. Die TeilnehmerInnen der Experimentalgruppe wiesen bezogen auf das Ziel der Wissenszunahme und Einstellungsveränderung signifikante Unterschiede zur Kontrollgruppe auf, während der Unterschied für das Ziel Problemlösungsfähigkeiten nicht signifikant war. Ob das Ziel der Reduktion der Spielhäufigkeit erreicht wurde, kann aufgrund des hohen Anteils von NichtspielerInnen nicht gesagt werden. Zu einer vermehrten Diskussion der Jugendlichen mit FreundInnen sowie der Familie über die problematischen Seiten des Glücksspiels ist es dagegen gekommen (Ferland et al. 2005).

Im Rahmen einer weiteren Evaluationsstudie wurde untersucht, ob es Unterschiede gibt, wenn eine Präventionsmaßnahme bei GrundschülerInnen (5. und 6. Klassenstufe Quebec) von unterschiedlichen Professionen durchgeführt wird. Ziel des Programms war es auch hier, falsche Vorstellungen der SchülerInnen über Wahrscheinlichkeiten und Zufall beim Glücksspiel zu korrigieren. Bezogen auf eine Reduzierung falscher Vorstellungen war die Umsetzung des Programms effektiver, wenn es von ExpertInnen für Glücksspiel(sucht) als von LehrerInnen durchgeführt wurde.

Darüber hinaus wurden zwei unterschiedliche Programme in einem Kontrollgruppendesign evaluiert, die beide 60 Minuten dauerten: das so genannte „Count Me Out" sowie ein Programm nach kognitivem Modell, welches aus drei Übungen besteht. Die Experimentalgruppe hatte nach den Übungen signifikant weniger falsche Vorstellungen über Zufall und Wahrscheinlichkeit, und die Übungen des kognitiven Modells waren erfolgreicher als das „Count Me Out"- Programm. Bei beiden Programmen gab es signifikante Veränderungen, wenn sie von Spezialisten ausgeführt wurden. Die Ergebnisse zeigen, dass es wichtig wäre, LehrerInnen umfangreich zu schulen und auch auf deren falsche Vorstellungen zum Glücksspiel einzugehen. Da die Evaluation direkt im Anschluss an die Intervention stattfand, waren Aussagen zu Langzeiteffekten nicht möglich (Ladouceur et al. 2003).

Ein weiteres Präventionsprogramm wurde von Turner et al. ebenfalls in Kanada entwickelt. Als theoretische Grundlage dienen kognitiv-behaviourale Beratungstheorien und Erziehungsmodelle. Die Prävention soll in den schulischen Lehrplan integriert werden, anstatt einzelne Stunden anzubieten, und beinhaltet drei Bereiche: Wissen über Wahrscheinlichkeiten, coping skills Training, Meiden von problematischem Spielverhalten durch Selbstbewusstsein und Selbstbeobachtung. In Bezug auf das Wissen um Wahrscheinlichkeiten, Problemspielen und coping skills schnitt die Experimentalgruppe gegenüber der Kontrollgruppe signifikant besser ab (Turner et al. 2008).

Die interaktive Internetseite www.youthbet.net, die auch im Rahmen schulischer Präventionsarbeit eingesetzt werden kann, wurde von Jugendlichen konzipiert und besteht aus Spielen, Information und Hilfeangeboten (Korn et al. 2006). Die Internetseite stellt eine virtuelle Nachbarschaft dar, in der

Jugendliche sich bewegen und es verschiedene Orte mit Glücksspielmöglichkeiten und Hilfsangeboten gibt. Integriert finden sich Interventionen zur Gesundheitsförderung (u. a. Zeit- und Geldmanagement, Risiko-Wahrnehmung), Primärprävention (Wahrscheinlichkeiten), Sekundärprävention (Selbsttest) und Schadensminimierung (Risiken verringern). Darüber hinaus lassen sich verschiedene Informationen zu Glücksspielen, der Glücksspielindustrie und entsprechende Statistiken abrufen. Regelmäßige Evaluationen der Seite beziehen sich auf die NutzerInnenfreundlichkeit der Seite, jedoch nicht auf mögliche Konsequenzen zum Spielverhalten. Generell wird das interaktive Design der Seite von den NutzerInnen gelobt, sowie vorgeschlagen, die Maßnahme in die schulische Präventionsarbeit zu integrieren. Zudem hatten die befragten Jugendlichen das Gefühl, etwas auf der interaktiven Internetseite gelernt zu haben (Korn et al. 2006).

Ein weiteres umfassendes Präventionsprogramm, welches in zwei kanadischen Provinzen als Pilotprojekt lief, umfasst Einheiten zu folgenden Themenbereichen: Informationsvermittlung, Übungen zur Beeinflussung kognitiver Fehler beim Spielen, zu Wahrscheinlichkeiten, zur Entscheidungsfindung und Problemlösung sowie zu Coping Skills. In der Durchführung wird großer Wert auf eine interaktive Vorgehensweise gelegt, ebenfalls auf das Einbeziehen des sozialen Umfeldes der SchülerInnen. Die Evaluation des Programms mit einem 3-Monats-Follow-Up bestätigt signifikante Veränderungen in der Studiengruppe bezüglich Einstellungen, Wissen und kognitiven Fehleinschätzungen hinsichtlich des Glücksspiels im Vergleich zu einer Kontrollgruppe. Im Hinblick auf das Spielverhalten konnten jedoch keine signifikanten Unterschiede zwischen den beiden Gruppen festgestellt werden (Williams 2002).

In Australien wurde das schulische Präventionsprogramm „Dicey Dealings" entwickelt, welches an freiwilligen Pilotschulen durchgeführt wird. Die Strategie umfasst fünf Bausteine: Materialien für das integrierte Curriculum, professionelles Lernprogramm für LehrerInnen und SchülerberaterInnen, Informationsforen für Eltern sowie Angebote im Stadtteil, regionale Innovationsprojekte sowie Unterstützungsangebote für SchülerInnen (Glass 2004). In den Pilotschulen wurde das Programm meistens von Teams aus Lehrkräften, BeraterInnen und ElternvertreterInnen organisiert (Glass & Williams 2007). Die Evaluation des Pilotprojektes im Rahmen einer Kontrollgruppenstudie ergab bei den ExperimentalschülerInnen einen geringeren Aberglauben gegenüber Glücksspielen, ein signifikant besseres Verständnis von unabhängigen Ereignissen, eine höhere Aufmerksamkeit gegenüber der Glücksspielwerbung sowie ein besseres Erkennen der Anzeichen problematischen Spielens. Hingegen gab es keine Verbesserung hinsichtlich der (irrtümlichen)

Annahme, dass durch regelmäßiges Praktizieren eines Glücksspiels das Ergebnis verbessert werden kann.

Gray et al. haben eine Meta-Analyse von 13 Studien aus Kanada, Australien und den USA durchgeführt – zum größten Teil handelt es sich dabei um die oben dargestellten Evaluationen – und ziehen daraus die folgenden Konklusionen (Gray et al. 2007):

• die Interventionen sollten in der Altersstufe 12 bis 14 Jahre beginnen,

• sie sollten schulbasiert sein,

• sie sollten einen pädagogischen Ansatz verfolgen: Vermittlung von Wissen und Stärkung der Lebenskompetenzen,

• die effektivste Form der Intervention besteht aus einer Kombination von Video, Übungsaktivität und Lehre,

• das durchführende Personal muss entsprechend geschult sein.

Die einzige Evaluation aus dem deutschsprachigen Raum liegt für das Schweizer Projekt „1x1 des Glücksspiels" vor, welches als ein fächerübergreifendes Projekt an Schulen konzipiert worden ist. Dabei wurden Bausteine für den Mathematik- und Natur-Mensch-Mitwelt-Unterricht in Oberstufen evaluiert. Im Mathematikunterricht stand Wahrscheinlichkeitsrechnung auf dem Plan, hierfür wurden Testfassungen eines Mathebuches verwendet. Die Materialien für den Natur-Mensch-Mitwelt-Unterricht wurden im Projekt entwickelt und beinhalten Arbeitsblätter für die SchülerInnen ebenso wie Arbeitshilfen für das Lehrpersonal. Diese Materialien sind in vier Kapitel gegliedert: Spiel, Glücksspiel, Glücksspielsucht, Geschäft mit dem Glücksspiel. Die Ergebnisse der Evaluation zeigen, dass mit diesem Projekt der Wissenszuwachs bei den SchülerInnen signifikant gesteigert werden konnte. Zudem reflektieren die Jugendlichen mehr als vorher ihr eigenes Spielverhalten (nur wenige gaben aktuelles Glücksspielverhalten an). Langzeiteffekte wurden jedoch nicht gemessen (Mezzera 2004).

Als Fazit kann gezogen werden, dass gesicherte Aussagen über die Faktoren für eine erfolgreiche glücksspielbezogene Präventionsarbeit im Schulbereich bislang nicht getroffen werden können, auch wenn schon einige Evaluationen vorliegen. Insbesondere lassen sich bisher keine Maßnahmen identifizieren, bei denen ein bedeutsamer Einfluss auf das aktuelle wie spätere Spielverhalten der teilnehmenden Jugendlichen gemessen worden ist (Kalke & Thane 2010). Gleichwohl enthalten die vorliegenden Studien Ansatzpunkte für eine nachhaltige Glücksspielprävention, insbesondere was positive Effekte auf das Wissen und Einstellungen der SchülerInnen anbelangt. Die Entwicklung und Evaluation von schulbasierten Präventionsmaßnahmen sollte weiter vorangetrieben werden.

2.4   Informationsmaterialien und Medienkampagnen

Obwohl es Broschüren, Flyer und Plakate und manchmal auch Medienkampagnen zu den Risiken des Glücksspiels gibt, wurden bislang nur selten die Effekte einer derartigen Öffentlichkeitsarbeit untersucht (Dickson-Gillespie et al. 2008, Williams et al. 2008).

Im US-Bundesstaat Indiana wurde vor einigen Jahren eine breit angelegte Medienkampagne durchgeführt, mit der das Bewusstsein in der Bevölkerung (18 bis 54 Jahre) über das problematische Glücksspielen gestärkt werden sollte. Dabei wurden u. a. Radiospots und Anzeigen in Zeitungen geschaltet. Eine Pre-Postbefragung bei 800 zufällig ausgewählten Personen ergab jedoch, dass die Kampagne nur 8 Prozent der Befragten bekannt war und damit nur geringe Auswirkungen auf das Problembewusstsein der Bevölkerung hatte (Najavits et al. 2003). Die besten Werte waren noch beim Einsatz von Reklametafeln zu verzeichnen. Als Konsequenz dieser Evaluation wird eine stärker zielgruppenspezifische Ausrichtung solcher Kampagnen sowie der Einbezug des Mediums Fernsehen empfohlen.

Eine weitere Evaluation einer Medienkampagne im Department Victoria (Australien) – bestehend aus aufeinander aufbauenden mehrsprachigen Radio- und TV-Spots sowie Anzeigen in Zeitungen (1995 bis 1998) – zeigte dagegen deutlich positive Effekte. So konnte in einem 6-Monats-Follow-up eine Zunahme von Personen mit einem Problembewusstsein gegenüber Glücksspielen von 43 Prozent auf 71 Prozent sowie eine verstärkte Inanspruchnahme von SpielerInnen-Helplines festgestellt werden (Jackson et al. 2002). Im Jahr 2001 wurde eine ähnliche Kampagne in Victoria wiederholt mit dem Ergebnis, dass es zu einer starken Zunahme von Anrufen beim Kontakttelefon sowie von KlientInnen gekommen ist, die von sich aus ein Behandlungsangebot aufgesucht haben (Victoria Department of Human Services 2002).

In Deutschland werden seit drei Jahren Informationsmaterialien und Werbung zu den Gefahren des Glücksspiels von der Bundeszentrale für gesundheitliche Aufklärung (BZgA) verbreitet. Aus einer Repräsentativerhebung (N=10.000) ist bekannt, dass im Jahre 2009 13 Prozent der Bevölkerung (16-65 Jahre) diese kampagnenartigen Aktivitäten bekannt waren (BZgA 2010). Zwei Jahre zuvor betrug der entsprechende Wert noch 8 Prozent. Inwiefern dadurch die Einstellungen oder das Verhalten der Bevölkerung beeinflusst werden, wurde bislang nicht untersucht.

In einer qualitativen Untersuchung wurden kanadische Jugendliche in 30 Fokusgruppen befragt, welche präventiven Marketingstrategien sie ansprechen würden. Dabei kam heraus, dass Jugendliche real-life Geschichten mit emotionaler Anziehungskraft sowie eine Darstellung negativer Konsequenzen des problematischen Spielens in Kampagnen bevorzugen würden. Dagegen kamen Botschaften im „Don't do it"-Stil nicht gut an (Messerlian & Derevensky 2007).

Darüber hinaus liegen die Ergebnisse einer Studie vor, welche die Eignung von Medienkampagnen im Bereich der Substanzabhängigkeit für eine Übertragung auf den Glücksspielbereich untersucht hat (Byrne et al. 2005). Die AutorInnen haben hierzu Informationen über 25 Kampagnen zusammengetragen. Für 20 von ihnen lagen Evaluationsergebnisse vor, welche zu 85 Prozent positive Ergebnisse zeigten. Die AutorInnen schlussfolgern aus ihrer Übersichtsarbeit, dass glücksspielbezogene Kampagnen über potentielle Risiken des Glücksspiels aufklären und dabei auch normative Aspekte enthalten sollten. Bei der Einführung solcher Medienkampagnen müssten aber unbedingt vorhandene Daten über das Glücksspielverhalten Jugendlicher berücksichtigt werden, ebenso bedürfe die Eignung der präventiven Botschaften einer Überprüfung.

Neben diesen Evaluationen von Medienkampagnen sind auch ganz selten einzelne Materialien oder Informationsangebote evaluiert worden. So ergibt eine Untersuchung von Ladouceur et al. (2000a), dass Personen aus der Allgemeinbevölkerung, die eine Broschüre mit Informationen über problematisches Glücksspielen erhalten haben, ein diesbezüglich besseres Wissen besitzen als Personen, die die Broschüre nicht kennen. Dieses Ergebnis stützt sich jedoch auf einen kurzen Untersuchungszeitraum. Darüber wie lange diese Informationen in Erinnerung bleiben, liegen keine Informationen vor.

In einer anderen Untersuchung wurden verschiedene Informationsquellen hinsichtlich ihrer Wirkungen auf SpielerInnen gegeneinander getestet (Steenbergh et al. 2004). Dabei wurden drei Gruppen gebildet: a.) Warnhinweise, b.) Warnhinweise plus Informationen über Strategien des Limitsetzens, c.) Video über die Geschichte des Glücksspiels. Nach der Intervention mit insgesamt 101 Teilnehmenden zeigte sich bei den ersten beiden Gruppen das größere Wissen über die Risiken des Glücksspiels. Darüber hinaus schnitt die zweite Gruppe bei Annahmen über realistische Gewinnwahrscheinlichkeiten am besten ab. Im Spielverhalten (Roulette) konnten hingegen im Gruppenvergleich keine Unterschiede festgestellt werden.

Ferner gibt es eine Studie, in der ein Informationszentrum für verantwortungsvolles Spielen evaluiert worden ist (Boutin et al. 2009). Ein derartiges Informations- und Beratungsangebot besteht in einigen nordamerikanischen

Spielbanken. Die dreimonatige Follow-Up-Untersuchung (N=67) ergab einerseits eine hohe Zufriedenheit der NutzerInnen mit dem Angebot sowie eine Modifikation ihrer falschen Vorstellungen über die Zufälligkeit von Ereignissen, andererseits konnte keine Veränderung ihres Spielverhaltens festgestellt werden.

Und schließlich konnten zwei evaluierte Informationsprogramme, die speziell für AutomatenspielerInnen konzipiert worden sind, gefunden werden. Dabei handelt es sich zum einen um das „Stop & Think Program" (Kanada), das sich an TeilnehmerInnen von Geldspielautomaten mit riskantem Spielverhalten wendet. Es besteht u. a. aus einem Video, Textteilen und Audio-Training-Tapes. Damit sollen das Wissen und die Problemlösungsfähigkeiten von riskanten SpielerInnen verbessert werden. Das Programm wurde in Form eines randomisierten Kontrollgruppendesigns überprüft. Als Ergebnis konnten die ForscherInnen festhalten, dass die Experimentalgruppe nach Ablauf des Programms weniger empfänglich für die Entwicklung eines Spielproblems war als die Kontrollgruppe (Doiron & Nicki 2007).

In einem anderen, animations-gestützten Video wird erklärt, wie Geldspielautomaten funktionieren, wie man sich vernünftig Limits setzt und welche Strategien es gibt, um persönliche Spielprobleme zu verhindern. Um die Wirkung dieses Videos zu untersuchen, sind nicht-problematische AutomatenspielerInnen (N=242) per Zufallsprinzip in zwei Gruppen unterteilt worden (Video versus Kontrollvideo). Die Experimentalgruppe berichtete von einem größeren Nutzen der empfohlenen Spielstrategien und erhöhte ihre Limits während der späteren Spielsessions weniger häufig als die Kontrollgruppe (Wohl et al. 2009). Einige der festgestellten Effekte verringerten sich jedoch während des Beobachtungszeitraumes von 30 Tagen, so dass eine inhaltliche Verstärkung der Maßnahme empfohlen wird.

Insgesamt kann zu den Medienkampagnen festgehalten werden, dass zwar einige vielversprechende Einzelbefunde vorliegen, wie ein zunehmendes Problembewusstsein unter denjenigen, die eine Kampagne wahrgenommen haben, oder eine zunehmende Anzahl von Kontakten zu Hilfeeinrichtungen während ihrer Laufzeit. Es liegen jedoch bisher keine empirisch abgesicherten Ergebnisse darüber vor, dass mit primärpräventiven Kampagnen ein generalpräventiver Effekt erzielt und problematisches und pathologisches Glücksspielen verhindert werden kann (Williams et al. 2008).

Auch über einzelne Informationsmaterialien oder Lernvideos, die sich entweder an die Allgemeinbevölkerung oder an spezielle SpielerInnengruppen richten, gibt es einige positive Befunde zu berichten, so kann – zumindest kurzfristig – die Einstellung von SpielerInnen beeinflusst wurden. Aufgrund der geringen Fallzahl von entsprechenden Studien kann jedoch von einer gesicherten Erkenntnislage nicht die Rede sein.

2.5 (Elektronische) Warnhinweise

Da in Studien festgestellt worden ist, dass SpielerInnen häufig falsche Vorstellungen über die Zufälligkeit des Ausgangs von Glücksspielen haben, werden Warnhinweise während des Spielens als eine geeignete Präventionsmethode angesehen. Es gibt aus Kanada und Australien einige Evaluationen, die die Effekte solcher Warnhinweise untersucht haben:

In einer experimentellen Studie wurden die Effekte von Warnhinweisen untersucht, bei der 120 Studierende mit imaginärem Spielgeld computerbasiertes Roulette spielten (Floyd et al. 2006). In der Experimentalgruppe erhielten die TeilnehmerInnen während des Spielens kurze und präzise Hinweise zu irrationalen Annahmen über Glücksspiele (z. B. zu den Gewinnwahrscheinlichkeiten), in der Kontrollgruppe nicht. Als Ergebnis der Untersuchung konnten in der Experimentalgruppe eine Abnahme von Kontrollillusionen sowie ein weniger riskantes Spielen als in der Kontrollgruppe festgestellt werden.

In einer anderen Studie (N=40) wurde geprüft, welche Effekte beim Automatenspiel (video lottery terminals) Pop-Up-Messages mit Hinweisen zu Kontrollillusionen im Vergleich zu technisch integrierten Spielpausen auf die Einstellungen zu Gewinnwahrscheinlichkeiten und das Spielverhalten haben (Cloutier et al. 2006). Dabei stellte sich heraus, dass beides zu einer Abnahme des Irrglaubens („erroneous beliefs") über die Zufälligkeiten des Spielausgangs führen, bei den Warnhinweisen waren jedoch die größeren Effekte zu verzeichnen. Bei der Anzahl von Spielen konnten dagegen keine Unterschiede zwischen beiden Gruppen festgestellt werden.

Bei einer vorangegangenen Untersuchung der gleichen Forschungsgruppe um Ladouceur wurde gelegentlichen SpielerInnen (N=31) beim American Roulette im Abstand von fünf Spielen ein Hinweis über die Prinzipien der Unabhängigkeit von Ereignissen gezeigt (Benhsain et al. 2004). Bei der Experimentalgruppe ergaben sich erwartungsgemäß weniger irrationale Annahmen über den Spielausgang sowie eine geringere Spielmotivation als in der Kontrollgruppe.

Die Ergebnisse einer jüngeren Studie bestätigen und erweitern die vorgenannten Ergebnisse (Gallagher et al. 2009). Dabei wurden die Effekte von Warnhinweisen auf Spielautomaten (Video Lottery Terminal) in einem 6-Wochen-Zeitraum untersucht. Hierzu wurden jeweils 27 Problem- und Nicht-ProblemspielerInnen in Bars rekrutiert. Nach den Selbstberichten der StudienteilnehmerInnen ist im Untersuchungszeitraum ihre Spielintensität zurückgegangen. Darüber hinaus haben bei den ProblemspielerInnen die irrationalen Annahmen über das Glücksspielen abgenommen. Die ForscherInnen schlussfolgern daraus, dass das rückläufige Spielverhalten moderiert wird über die Korrektur von falschen Annahmen über das Spielen. Bei den letzten drei Studien ist einschränkend ihre geringe Fallzahl zu beachten.

Monoghan und Blaszczynski haben in einer Studie mit 92 australischen Studierenden verschiedene technische Arten von Warnhinweisen auf Geldspielautomaten miteinander verglichen. Dabei zeigte sich, dass eingeblendete Hinweise während des Spiels deutlich häufiger abgerufen bzw. wahrgenommen werden als fest platzierte Warnhinweise in der Nähe der Spielbuttons (Monoghan & Blaszczynski 2007).

Monoghan hat ein kleines Review zu den Effekten von Pop-Up-Messages in elektronischen Glücksspielgeräten über bisher durchgeführte Studien aus Australien, Neuseeland und Kanada publiziert (Monaghan 2008). Dieser stellt zusammenfassend den aktuellen Kenntnisstand gut dar. Danach besteht einige Evidenz für die Nützlichkeit dieser Präventionsmaßnahme (Korrektur von falschen Vorstellungen über Gewinnmöglichkeiten), gleichzeitig gibt es weiteren Forschungsbedarf, vor allem was die optimale Frequenz und die Inhalte der Pop-Up-Warnhinweise anbelangt.

2.6 Telefonische und internetgestützte Beratungsangebote

Helplines

Telefonische Beratungsangebote stellen eine etablierte Form der indizierten Prävention und frühen Hilfe im Glücksspielbereich dar. So wurde in Großbritannien schon 1982 eine nationale Helpline durch die Selbsthilfe-Organisation „Anonyme Spieler" angeboten. Ein institutionalisiertes telefonisches Hilfeangebot gab es jedoch erst 15 Jahre später, betrieben durch die „National Association for Gambling Care, Resources and Training" (GamCare). Erste Statistiken hierzu sind bereits 1999 im Journal of Gambling Studies veröffentlicht worden (Griffiths et al. 1999). Die dargestellten Ergebnisse beschränkten sich auf die Deskription der Charakteristika der Anrufenden. Inwieweit die telefonische Beratung einen messbaren Effekt hinsichtlich des Spielerschutzes aufwies, blieb im Rahmen dieser Publikation wie auch der zahlreichen in den Folgejahren zu findenden Veröffentlichungen (u. a. Potenza et al. 2005 & 2006, Peluuri 2007, Barry et al. 2008 & 2009) unbeantwortet. Die einzige Ausnahme diesbezüglich stellt die Studie von Shandley & Moore (2008) dar. Diese soll daher im Folgenden kurz beschrieben werden: Die AnruferInnen einer Spielerhotline in Australien (Victoria) wurden von dem wissenschaftlichen Personal gebeten, nach ihrem Gespräch mit der bzw. dem BeraterIn noch weitere Fragen (zur Person, zu Erfahrungen mit dem Hilfesystem, zu den Motiven des Anrufs, zu den Erwartungen der telefonischen Beratung, dem Funktionieren in verschiedenen Lebensbereichen, zur Zufriedenheit mit der Beratung) zu beantworten. 90 Personen nahmen an dieser ersten Befragung teil. Vier Wochen später erfolgte eine Nachbefragung insbesondere zu dem „Funktionieren in verschiedenen Lebensbereichen" (u. a. Familie, Finanzen, Sozialleben, Beruf, Gesundheit) (N=56). Die AnruferInnen zeigten sich insgesamt zufrieden mit dem Beratungsangebot. In allen untersuchten Lebensbereichen war eine signifikante Verbesserung des Funktionierens festzustellen. 100 Prozent der AnruferInnen, die eine konkrete Empfehlung für Hilfe zum Zeitpunkt des ersten Anrufs bekamen (z. B. Aufsuchen einer Selbsthilfegruppe oder Schuldnerberatung, Selbstsperre), zeigten diesbezüglich eine positive Veränderung. In der Kontrollgruppe (ohne konkrete Handlungsempfehlung) waren es 67 Prozent. Die AutorInnen folgern daraus, dass das Aussprechen konkreter Empfehlungen zur weiterführenden Hilfe den Effekt, den ein telefonisches Beratungsangebot (nach den Ergebnissen dieser Studie) grundsätzlich schon aufweist, noch erhöht. Des Weiteren hat ihre Studie gezeigt, dass AnruferInnen von Problemhotlines bereit sind, ein telefonisches Beratungsangebot mit mehrmaligen Kontakten in Anspruch zu nehmen. Die ForscherInnen empfehlen daher die zukünftige Implementierung eines solchen Angebotes.

Foren

In Großbritannien wurden zwei Onlineforen für Personen mit problematischem Glücksspielverhalten evaluiert (Wood & Wood 2009). Als Methoden wurden eine Auswertung von Schreiben/Mails (N=60) sowie die Durchführung von halbstrukturierten Interviews (N=19) und eine Onlinebefragung (N=121) angewandt. Die Ergebnisse zeigen, dass die Mitglieder der Foren ihre eigenen Glücksspielprobleme besser verstehen lernen und mit ihrem Spielverhalten besser umgehen können. Das gilt insbesondere für weibliche Problemspieler. Die Foren werden vor allem von OnlinespielerInnen genutzt – auch dies ist ein wichtiger Befund der Evaluation.

Bei den telefonischen und internetgestützten Beratungsangeboten existiert ein sehr großer Evaluationsbedarf. Die beiden einzigen Studien, die hierzu gefunden werden konnten, deuten zwar die Nützlichkeit dieser Maßnahmen an, eine empirisch breit abgesicherte Evidenz lässt sich hieraus jedoch nicht ableiten.

2.7 Früherkennung und Frühintervention durch das Aufsichts- bzw. Verkaufspersonal

In diesem Abschnitt geht es um die Identifikation von ProblemspielerInnen in Spielstätten und dem damit beabsichtigten frühen Intervenieren durch das Aufsichts- und Verkaufspersonal. Dieser Bereich ist der indizierten Prävention zuzurechnen, d. h., die hier beschriebenen Maßnahmen richten sich an Personen, die schon ein problematisches Spielverhalten aufweisen.

Meyer & Hayer (2008) haben hierzu in einem Übersichtsbeitrag den internationalen Kenntnisstand, vor allem für den Kasinobereich zusammengetragen. Sie unterscheiden dabei zwischen Arbeiten, die sich mit der Entwicklung von Erkennungsmerkmalen von ProblemspielerInnen auf der Basis von professionellen Erfahrungen und Beobachtungen beschäftigen, von Untersuchungen, die die registrierten Informationen zum individuellen Spielverhalten auf einer elektronischen Kundenkarte oder im Internet nutzen wollen, um Frühwarnsysteme zu installieren. Insgesamt konnten Meyer & Hayer 11 Quellen zu beiden Ansätzen identifizieren.

Die zusammenfassende Bewertung dieser Untersuchungen zeigt, dass abgesicherte Erkenntnisse über objektivierbare Kriterien zur Früherkennung noch nicht vorliegen. Die ExpertInnen befinden sich hier eher am Beginn der fachlichen Diskussion, ein Teil der entwickelten Instrumente wurde noch nicht auf ihre Validität hin überprüft. Meyer & Hayer konstatieren – als ein Ergebnis ihrer Übersichtsarbeit – einen wachsenden Bedarf an einfachen und praxisfreundlichen Methoden der Früherkennung von ProblemspielerInnen.

Zu der hier vor allem interessierenden Frühintervention beinhaltet nur eine dieser elf Studien Aussagen zu ihrer Wirksamkeit. Erste Analysen von Davies ergeben, dass frühzeitiges Intervenieren durch das Kasinopersonal (Gespräche führen, Informationen weitergeben) bei einem Teil der SpielerInnen mit moderaten Problemen ein niedrigeres Level riskanten Spielens – zumindest kurzfristig – bewirken kann (Davies nach Meyer & Hayer 2008).

Häfeli & Lischer beschreiben in einer Studie das Früherkennungssystem der Schweizer Kasinos und untersuchen den Zusammenhang zwischen selektierten Erkennungskriterien und eingeleiteten Maßnahmen (Häfeli & Lischer 2010). Die Checkliste „Früherkennung" besteht aus insgesamt 21 verschiedenen Kriterien, die sich nach „Notfallkriterium" (Mord/Selbstmorddrohung), „A-Kategorie" (erhöhtes Risikopotential) und „B-Kategorie" (leichtere Merkmale) unterscheiden. Entsprechend der Einstufung sollen differenzierte Maßnahmen ergriffen werden, die von gezielter Beobachtung über Gespräche zum Spielverhalten oder der finanziellen Situation (Kontaktgespräch, vertiefendes Gespräch) bis hin zu Krisenintervention und Spielsperre reichen. Eine Überprüfung der Daten dieses Systems zeigt jedoch, dass eine Ausdifferenzierung der Gesprächstypen in der Praxis selten gemacht wird und handlungsrelevante Zusammenhänge zwischen selektierten Kriterien und ergriffenen Maßnahmen so gut wie nicht bestehen. Ferner wird kritisch festgestellt, dass nur 17 Prozent aller gesperrten Personen im Früherkennungsprozess erfasst worden sind. Aus diesen Befunden schlussfolgern die ForscherInnen, dass die Effektivität des bisherigen Systems in Frage zu stellen ist und der Früherkennungsprozess in den Schweizer Kasinos optimiert werden muss.

Nur selten sind Studien vorhanden, bei denen der Fokus nicht auf der Früherkennung, sondern auf der Frühintervention liegt: Aus der Provinz Quebec (Kanada) wird in zwei Studien derselben Forschungsgruppe berichtet, dass dort geschultes Aufsichtspersonal von Spielstätten mit VLTs gegenüber einer Kontrollgruppe ein besseres Verständnis von problematischem Glücksspiel inklusive Kenntnissen über seine wichtigsten Symptome besitzt und bei ProblemspielerInnen auch häufiger interveniert (Ladouceur et al. 2004b). Eine 8-Monats-Follow-Up-Erhebung zeigt jedoch, dass diese Effekte teilweise wieder verschwinden. Deshalb bedarf es nach Ansicht der ForscherInnen einer Schulungsstrategie, die die Erfolge langfristig absichert (Dufour et al. 2010).

Erste Ergebnisse aus Deutschland zeigen, dass durch die suchtpräventive Schulung des Personals von Lotto-Annahmestellen zum einen eine Verbesserung des Kenntnisstandes erreicht werden kann, vor allem bei den Themen „Glücksspielsucht" und „Hilfeangebot". Zugleich konnte auf der Verhaltensebene festgestellt werden, dass durch die Schulungen vermehrt ProblemspielerInnen angesprochen bzw. ihnen Informationsmaterialien mitgegeben werden (Kalke 2008, Kalke et al. 2007).

Zusammenfassend kann formuliert werden, dass schon einige Instrumente der Früherkennung – vor allem für den Kasinobereich – entwickelt worden sind, diese aber in vielen Fällen noch nicht validiert worden sind, so dass hier der weitere Prozess abgewartet werden muss. Die Ergebnisse der wenigen Evaluationen über die suchtpräventiven Schulungen des Personals von Glücksspielanbietern deuten darauf hin, dass dadurch ein angemessenes Handeln bei ProblemspielerInnen gefördert werden kann.

2.8 Spielersperren

Eine erste umfassendere Studie zur Wirksamkeit der Spielersperre im Kasinobereich legten Ladouceur et al. (2000b) vor. Sie befragten 220 KasinospielerInnen der kanadischen Provinz Quebec, die sich selbst für die Teilnahme
an den Glücksspielen innerhalb der Kasinos sperren ließen. Insgesamt gaben
36 Prozent von ihnen an, trotz der Sperre weiterhin in Kasinos gespielt zu
haben. 50 Prozent berichteten, dass sie an anderen Glücksspielen teilnehmen
würden. Als ein herausragendes Ergebnis halten die ForscherInnen fest, dass
30 Prozent der gesperrten KasinospielerInnen das Glücksspiel innerhalb des
Zeitraums der Sperre gänzlich einstellten. Im Rahmen der Befragung sind die
gesperrten SpielerInnen auch zu ihrer Meinung bezüglich der Spielersperre
befragt worden. Vier Punkte kristalisierten sich in Zusammenhang mit dieser
Befragung als besonders bemerkenswert heraus:

1. SpielerInnen beklagten die fehlende Kontrolle der Sperre seitens der Kasinos.

2. SpielerInnen empfahlen eine bessere Bekanntmachung über die Möglichkeit, sich sperren zu lassen.

3. SpielerInnen hielten die Bereitstellung ergänzender Hilfeangebote für notwendig.

4. Eine Verlängerung der Sperre sollte möglich sein, ohne dafür das Kasino
   betreten zu müssen.

Einige Jahre später gingen Ladouceur et al. (2007) im Rahmen einer Längsschnittuntersuchung der Frage nach, welche Auswirkungen die Selbstsperre
auf das Spielverhalten, die Spielprobleme und die Lebensqualität der gesperrten SpielerInnen hat. Hierzu rekrutierten sie KasinospielerInnen der
kanadischen Provinz Quebec, die sich sperren lassen wollten. Die Personen,
die sich bereit erklärten, an der Studie teilzunehmen, wurden über einen Zeitraum von 2 Jahren halbjährlich befragt (N=161). In den ersten 6 Monaten
nach der Sperre kam es zu einer deutlichen Reduktion des Spieldrucks, einer Steigerung der empfundenen Kontrolle über das Spielen, einer Zunahme
der Lebensqualität und einer Abnahme von Kriterien problematischen oder
pathologischen Spielverhaltens (nach SOGS bzw. DSM-IV). Allerdings haben während dieses Zeitraums mehr als 50 Prozent wieder mit dem Spielen im Kasino begonnen bzw. verletzten die Sperrvereinbarung anderweitig.
Den Verbesserungen im Spielverhalten und der Lebensqualität steht somit
der hohe Anteil von Rückfälligen gegenüber. Hervorzuheben ist jedoch, dass
diese meist weniger spielten als vor der Sperre.

Auch Nelson et al. (2010) untersuchten die Langzeitwirkungen der Spielersperre in Bezug auf das Spielverhalten, die Spielprobleme und die Lebensqualität der gesperrten Personen. Stratifiziert nach Jahr der Sperre, Geschlecht
und Region wurden per Telefoninterview 113 ehemals gesperrte KasinospielerInnen aus dem US-Bundesstaat Missouri befragt. Der Zeitpunkt der Spielersperre lag seit dem Interview zwischen 3 und 10 Jahren zurück. Abgefragt
wurde das Spielverhalten vor und nach der Sperre, Spielprobleme vor und
nach der Sperre, Veränderungen in der Lebensqualität sowie die Inanspruchnahme von Hilfe bis zum Zeitpunkt der Sperre und danach. 25 Prozent been-
deten nach der Sperre das Glücksspielen vollständig (zumindest für eine kurze
Zeit). Weitere 18 Prozent spielten seitdem zumindest nicht mehr in Kasinos.
58 Prozent gaben hingegen an, dass sich ihr Spielverhalten – bezogen auf
die Art und Anzahl der Glücksspiele, an denen teilgenommen wurde – durch
die Sperrverfügung nicht geändert habe. In den Kasinos, für die die Sperre
ausgesprochen wurde, spielten 8 Prozent trotzdem weiter. Von 21 Personen,
die vor der Sperre nicht außerhalb der Missouri-Kasinos spielten, taten dies
62 Prozent nach der Sperre (Verlagerung auf andere Spielorte bzw. -formen
durch die Sperre). Die Anteile von Personen mit pathologischem Spielverhalten haben sich bezogen auf alle Befragten von 79 Prozent vor der Sperre
auf 15 Prozent in der Zeit danach deutlich reduziert. Diese Verringerung des
Problemausmaßes findet sich auch dann, wenn nur die Personen betrachtet
werden, die trotz der Sperre weiterspielten (78 % vs. 25 %). Die Sperre ging
einher mit einer Verbesserung der Lebensqualität insbesondere in Bezug auf
Beziehungen zur Partnerin oder zum Partner und zu anderen Bezugspersonen, das Selbstbild und die emotionale Gesundheit. Die Anteile derer, die
seit der Sperre Hilfeangebote in Anspruch nahmen, haben zugenommen.
Diese Inanspruchnahme steht in Beziehung mit höherer Lebensqualität und
Spielabstinenz. Letzteres trifft auch für eine nicht spielbezogene psychologi-
sche Behandlung zu. Da der überwiegende Teil der für die Missouri-Kasinos
gesperrten SpielerInnen an anderen Spielstätten das Spielen fortsetzt, liegt
das präventive Element der Spielersperre, so das Fazit der ForscherInnen,
weniger in der Unterbindung des Spielens. Vielmehr scheint es eine Art Ini-
tialzündung für eine Veränderung des problematischen Spielverhaltens und
der Inanspruchnahme von Hilfe zu sein. Angebote zur Betreuung und zur
Selbsthilfe sollten daher immer ein Sperrprogramm begleiten.

Eine sehr umfassende Untersuchung zur Effektivität der Spielersperre wurde
von Meyer & Hayer (2010) vorgenommen. Einbezogen wurden Personen,
die sich selbst für den Spielbetrieb in Kasinos in Österreich, Deutschland
und der Schweiz bzw. für das Onlinespielen oder Onlinewetten bei einem

österreichischen Anbieter sperren ließen. Das multimodular angelegte Untersuchungsdesign beinhaltete sowohl eine (klassische) mehrmalige Befragung per Erhebungsbogen als auch telefonisch durchgeführte qualitative Interviews. Für den Kasinobereich konnten insgesamt 152 gesperrte SpielerInnen für eine Eingangsbefragung gewonnen werden. Jedoch reduzierte sich deren Zahl im Laufe der nachfolgenden Befragungen auf 39 (nach vier Wochen), 32 (nach 6 Monaten) bzw. 28 (nach 12 Monaten). Ein Vergleich dieser reduzierten Stichprobe mit der Ausfallstichprobe zeigte jedoch keine systematischen Verzerrungen in Bezug auf das Erhebungsland, das Geschlecht, das Alter, den Problemstatus, die Bedeutung der Spielabstinenz für die Betroffenen und deren Überzeugung, diese auch beizubehalten. Bezogen auf die verschiedenen Untersuchungszeitpunkte zeigten die gesperrten SpielerInnen eine deutliche Verbesserung ihres Problemstatus. So sank der Anteil pathologischer SpielerInnen innerhalb von 12 Monaten von 61 Prozent (Baseline) auf 14 Prozent. Des Weiteren reduzierte sich die Intensität der Glücksspielteilnahme – sei es die Häufigkeit, die Dauer oder die Einsatzhöhe des Spielens – erheblich. Gleiches gilt für spielbezogene Stressoren wie das Verlangen nach dem Spielen oder die mit dem Spielen verbundene emotionale Belastung. Damit korrespondierend hat die berichtete Lebensqualität zugenommen. Eine vollständige Abstinenz von jeglicher Glücksspielteilnahme war nach dem Ende des zwölfmonatigen Untersuchungszeitraumes für ca. ein Fünftel der gesperrten SpielerInnen festzustellen.

Im Bereich des Onlinespielens konnten für die Erstbefragung 259 gesperrte SpielerInnen gewonnen werden.[2] Jedoch reduzierte sich deren Anzahl in den Nachfolgebefragungen erheblich, so dass nach 12 Monaten nur noch auf die Informationen von 16 Personen zurückgegriffen werden konnte. Ein Vergleich mit den Ausfällen zeigte jedoch eine hohe Übereinstimmung grundlegender Kennwerte, so dass nach Auffassung der ForscherInnen die Befunde allgemein gültig sind. Insgesamt zeigten sich die gesperrten OnlinespielerInnen weniger stark belastet als die des Kasinobereiches. Gleichwohl kam es auch hier während des Untersuchungszeitraumes zu einer deutlichen Reduzierung des Anteils der SpielerInnen, die ein problematisches Spielverhalten (nach dem Lie/Bet-Screen) aufwiesen (T0=75%; T12-Monate=25%). Auch die Intensität des Spielverhaltens nahm bemerkenswert ab. Die Informationen zu den spielbezogenen Stressoren sowie zur Lebensqualität sind für die Onlinestichprobe zur Baseline nicht erhoben worden, so dass Veränderungen durch die Spielersperre nicht gemessen werden konnten. Von einer vollständigen Abstinenz bezüglich der Glücksspielteilnahme berichtete keine bzw. keiner der Befragten.

---

[2]   Eine Längsschnittuntersuchung der gesperrten Sportwetter war aufgrund der geringen Fallzahl zum Zeitpunkt der Abschlussbefragung (N=3) nicht möglich.

Zusammenfassend lässt sich festhalten, dass die Spielersperre – insbesondere die Möglichkeit zur Selbstsperre – eine wirksame Maßnahme zum Spielerschutz darstellt. Der Problemstatus der Betroffenen verbessert sich deutlich und es ist eine bemerkenswerte Steigerung der gemessenen Lebensqualität festzustellen. Die Veränderungen im Spielverhalten selbst sind hingegen vergleichsweise gering. Uneindeutig sind die Befunde hinsichtlich der Bedeutung flankierender Hilfeangebote. Während in der Studie von Meyer & Hayer (2010) die Befragten diesbezüglich keine Notwendigkeit sahen, empfehlen Nelson et al. (2010) aufgrund der Ergebnisse ihrer eigenen Studie ausdrücklich, begleitende Angebote zur Hilfe und Selbsthilfe in zukünftige Sperrkonzepte zu integrieren. Des Weiteren wird aus den Befunden der berichteten Untersuchungen deutlich, dass Spielersperren nur dann ihr Spielerschutzpotential voll entfalten können, wenn deren Einhaltung streng kontrolliert wird und die Sperrverfügungen möglichst spielartübergreifend gültig sind.

2.9 Spielerschutz bei Glücksspielangeboten im Internet

Bei dem staatlichen schwedischen Onlineanbieter „Svenska Spel" wurde vor einiger Zeit die elektronische Kundenkarte Playscan für verantwortungsvolles Spielen eingeführt. Sie besteht aus mehreren Modulen: individuelle Budgetverwaltung (Festsetzung von Limits), Darstellung des eigenen Spielerprofils, Selbsttest und die Möglichkeit zur Selbstsperre. Mit Hilfe einer Befragung der OnlinespielerInnen wurden Akzeptanz und Nutzung der Playscan untersucht (Griffiths et al. 2009). Danach benutzt etwa ein Viertel aller OnlinespielerInnen von Svenska Spel die Playscan. Sie wird als „einfach zu bedienen" eingestuft und die verschiedenen Module werden als nützlich beurteilt. Von den NutzerInnen der Karte haben sich weit über die Hälfte Spiellimits gesetzt und 40 Prozent haben schon einmal einen Selbsttest gemacht.

Bei einer weiteren Untersuchung zu einem Angebot von „Svenska Spel" wurde das Spielerschutzkonzept der Poker-Plattform überprüft. Dieses Konzept umfasst Maßnahmen wie obligatorische Begrenzungen des Geldeinsatzes und der Spieldauer pro Spielsession, Tag, Woche und Monat sowie die Option, sich sperren zu lassen. Im Zuge der Evaluation haben die beiden schwedischen Wissenschaftler Jonsson und Nilsson erste Forschungsbefunde präsentiert (Jonsson & Nilsson nach Meyer 2009). Als Datengrundlage diente ein Web-Panel mit 1.031 zufällig ausgewählten KundInnen. Die Ergebnisse der Befragung zeigen, dass die Spielerschutzmaßnahmen von „Svenska Spel" positiv eingeschätzt werden. Die Option der Spielsperre für einen bestimmten Zeitraum hatten 5 Prozent aller Befragten in Anspruch genommen; knapp ein Viertel dieser Gruppe wich jedoch auf andere Poker-Websites aus und spielte dort weiter.

Zum Spielerschutzkonzept des weltweit operierenden Onlineglücksspielanbieters „bwin" gehört auch die Möglichkeit der Selbstlimitierung. Dabei vereinbart die Kundin bzw. der Kunde einen bestimmten Betrag, der innerhalb eines bestimmten Zeitraumes maximal verspielt werden kann. Eine Erhöhung des Limits wird erst 72 Stunden nach deren Beantragung freigeschaltet. Eine Evaluierung der Selbstlimitierung zeigt, dass 1,2 Prozent aller KundInnen von dieser Möglichkeit Gebrauch gemacht haben (Nelson et. al 2008). In dem Auswertungszeitraum von 18 Monaten wurden bei diesem Personenkreis verminderte Spielaktivitäten (Häufigkeit) festgestellt, der eingesetzte Betrag pro Wette blieb dabei gleich hoch. Die ForscherInnen bewerten diese Ergebnisse – dass weniger Zeit mit und weniger Geld für das Spielen ausgegeben wird – als einen Erfolg der Selbstlimitierung und schließen daraus, dass diese eine wichtige Option für (gefährdete) OnlinespielerInnen darstellt.

In einer weiteren Studie wurden die festgesetzten Verlustgrenzen („deposit limits") bei bwin als Spielerschutzmaßnahme untersucht (Broda et al. 2008). Die Verlustgrenzen betragen 5.000 Euro im Monat bzw. 1.000 Euro am Tag. Die ausgewerteten Datensätze zum Spielverhalten von 47.000 KundInnen über zwei Jahre zeigen, dass 0,3 Prozent von ihnen versucht haben, mehr Geld zu verspielen als es die festgesetzten Limitierungen erlaubten. Diese Personen haben darauf hin ein Schreiben mit Hinweisen zum verantwortungsvollen Spielen von bwin erhalten. Der betroffene Personenkreis zeichnet sich durch ein besonders riskantes Spielverhalten aus – das ergibt die Auswertung der Datensätze. Aus den Ergebnissen der Untersuchung schlussfolgern die ForscherInnen, dass solche festgelegten Verlustgrenzen (zusammen mit der Möglichkeit der Selbstlimitierung) eine sinnvolle Maßnahme des Spielerschutzes beim Onlinespielen darstellen.

Zusammenfassend deuten die vorgestellten Ergebnisse an, dass es offensichtlich möglich ist, mit adäquaten Maßnahmen schädliche Auswirkungen des Onlineglücksspielens zu minimieren. In weiteren Detailanalysen muss jedoch überprüft werden, ob es hierbei zu unerwünschten Nebeneffekten kommt. Es wäre vor allem zu hinterfragen, ob es durch die Limitierungen Verdrängungseffekte hin zu anderen ungesicherten Internetangeboten gibt.

2.10 Eingriffe in die Spielstruktur

Geldspielautomaten, seien es die klassischen Slot-Machines oder die neueren Video-Lottery-Terminals (VLT), bergen im Vergleich zu vielen anderen Glücksspielformen ein besonders hohes Risiko, dass die daran teilnehmenden Personen eine Spielsucht entwickeln. Als eine wesentliche Ursache hierfür werden bestimmte Charakteristika der Automatenspiele angesehen. Hierzu gehören die hohe Ereignisfrequenz, die geringe Zeitspanne zwischen einem gewonnenen Spiel und der Auszahlung des Gewinns, Fast-Gewinne sowie Konstruktionen an den Automaten, welche den SpielerInnen suggerieren, es bestehe die Möglichkeit, den Ausgang des Spiels zu beeinflussen. Um das Suchtpotential der Automatenspiele zu reduzieren, müssten demnach dessen Spielparameter verändert werden. In den zurückliegenden sieben Jahren sind hierzu von unterschiedlichen Forschungsteams Studien mit meist experimentellen Designs durchgeführt worden.

In einer aktuellen Untersuchung ging Choliz (2010) der Frage nach, ob die Verlängerung des Auszahlungsintervalls bei Spielautomaten zu einer veränderten Spielweise der SpielerInnen führt. SpielerInnen mit pathologischem Spielverhalten wurden gebeten, an einem am Computer simulierten Spielautomaten zwei Mal – im Abstand von einer Woche – zu spielen. Beim ersten Spielen betrug die Zeitspanne zwischen Gewinn und dessen (fiktiver) Auszahlung zwei Sekunden. In der zweiten Spieleinheit war diese Zeitspanne dann 10 Sekunden lang. Die SpielerInnen wurden aufgefordert, jeweils so lange zu spielen, wie sie Lust dazu hatten. Die Veränderung des Spielverhaltens durch die Verschiebung des Auszahlungsintervalls wurde anhand der Anzahl der gespielten Spiele bis zum Verlassen der Spielsituation gemessen. Im ersten Teil der Studie (2 Sekunden Auszahlungsintervall) spielten die SpielerInnen im Mittel 56 Spiele. Nachdem das Auszahlungsintervall auf 10 Sekunden ausgedehnt wurde, ging die durchschnittliche Anzahl der Spiele auf 38,5 zurück. In seinen Schlussfolgerungen führt Choliz daher aus, dass die Verlängerung des Auszahlungsintervalls zu einer deutlichen Verringerung der getätigten Spiele führt und somit ein geeignetes Instrument zum Spielerschutz darstellt.

Ladouceur & Sévigny (2006) untersuchten, ob die Länge des Spiels an einem Video-Lottery-Terminal (VLT) Einfluss auf das Spielverhalten, die Konzentration und einen möglichen Kontrollverlust der SpielerInnen hat. Im Rahmen eines experimentellen Designs wurden VLT-SpielerInnen per Zufall den beiden Gruppen „Spieldauer=5s" und „Spieldauer=15s" zugeteilt. Sie erhielten 10 Dollar und wurden aufgefordert so lange zu spielen, wie sie dazu Lust hätten. Erzielte Gewinne konnten bis zu einem Betrag von 50 Dollar nach Beendigung des Experiments ausgezahlt werden. Die VLTs sind so programmiert worden, dass die Reihenfolge des Auftretens von gewonnenen und verlorenen Spielen in beiden SpielerInnengruppen identisch war. Bei annähernd gleicher Gesamtspielzeit spielten die SpielerInnen in der Gruppe mit kurzer Spieldauer insgesamt 2,5 Mal mehr Spiele als die SpielerInnen der Gruppe mit langer Spieldauer. Dementsprechend setzte diese erstgenannte Gruppe auch mehr Geld für das Glücksspiel ein. Deutlich wurde des Weiteren, dass eine verkürzte Spieldauer zu einer erheblichen Unterschätzung der Anzahl der getätigten Spiele führt. Diese war in der Gruppe mit kurzer Spieldauer fünf Mal größer als in der Vergleichsgruppe. Hinsichtlich der Konzentration, der Spielmotivation oder des Kontrollverlusts waren jedoch keine Unterschiede zwischen den Gruppen festzustellen.

Falsche Kontrollüberzeugungen, wie z. B. der Glaube, den Ausgang eines Glücksspiels kontrollieren zu können oder dass eigene Fähigkeiten Bedeutung für den Ausgang des Glücksspiels haben, werden mit Spielproblemen in Verbindung gebracht. Ladouceur & Sevigny (2005) gingen der Frage nach, ob das Vorhandensein einer Stopp-Taste bei VLTs zu einer verstärkten Ausbildung von solchen falschen Kontrollüberzeugungen führen kann. Im Rahmen einer experimentellen Studie wurden 38 SpielerInnen den zwei Gruppen „mit Stopptaste" und „ohne Stopptaste" per Zufall zugeteilt und gebeten, so lange zu spielen, wie sie wollten. Erfasst wurden die Zahl der gespielten Spiele sowie die Zustimmung/Ablehnung zu Aussagen, die auf falsche Kontrollüberzeugungen verweisen. Als Ergebnis stellten sie fest, dass SpielerInnen an Automaten mit einer Stopptaste doppelt so viele Spiele spielten wie die an Automaten ohne Stopptaste. Auch stimmten die „Stopp-Tasten-TeilnehmerInnen" zu erheblichen Anteilen den verschiedenen Formen falscher Kontrollüberzeugungen zu. In der Kontrollgruppe gab es keine einzige solche Nennung. Die ForscherInnen ziehen daher den Schluss, dass das Vorhandensein einer Stopptaste die Neigung zum „Nicht-Loskommen vom Automaten" deutlich erhöht. Sie verweisen darauf, dass zusätzlich zu Präventionsmaßnahmen, die auf Wissensvermittlung setzen, ein Verbot von Stopptasten helfen könnte, die Entwicklung und Persistenz von Spielproblemen zu minimieren.

„Fast-Gewinne", also besonders knapp verlorene Spiele, werden in der Glücksspielforschung als ein wesentliches Merkmal besonders suchgefährdender Glücksspiele betrachtet. Denn ihr Auftreten begünstigt bei vielen SpielerInnen die Ausbildung der (falschen) Überzeugung, dem Gewinn schon sehr nahe zu sein. Cote et al. (2003) haben versucht, sich diesem Phänomen empirisch anzunähern. Konkret gingen sie der Frage nach, ob Fast-Gewinne an VLTs zu einer Verlängerung des Spielens an solchen Geräten führen? Hierzu wurden 59 SpielerInnen von VLTs per Zufall einer Experimentalgruppe und einer Kontrollgruppe zugeteilt. In einer Aufwärmphase von 48 Spielen gab es an den für die Studie manipulierten VLT insgesamt 12 Fast-Gewinne und 9 Gewinne für beide Gruppen. Ab dem neunundvierzigsten Spiel hörten in der Kontrollgruppe die Fast-Gewinne auf, in der Experimentalgruppe waren hingegen ein Viertel aller Ergebnisse Fast-Gewinne. Sowohl in der Kontrollgruppe als auch in der Experimentalgruppe gab es in Phase 2 keine wirklichen Gewinne mehr. Die SpielerInnen wurden aufgefordert, so lange zu spielen, wie sie Lust dazu hatten. Es zeigte sich, dass die SpielerInnen der Experimentalgruppe mit durchschnittlich 72 Spielen signifikant häufiger spielten als die der Kontrollgruppe (54 Spiele). Die AutorInnen schlussfolgern daraus, dass Fast-Gewinne dafür sorgen, SpielerInnen länger am Automaten zu halten, was in der Regel mit einem erhöhten Geldeinsatz verbunden ist. Außerdem unterstützen sie die Festigung kognitiver Verzerrungen, wie z. B. der Überzeugung, dem Gewinn schon sehr nahe zu sein.

Die Ergebnisse der berichteten Studien bestätigen die – bisher meist nur theoretisch hergeleitete – Bedeutung bestimmter struktureller Charakteristika von Spielautomaten für die Herausbildung eines riskanten bzw. problematischen Spielverhaltens. Demnach ist davon auszugehen, dass eine Verlängerung der Dauer des Spiels und des Zeitraums von der Erzielung eines Gewinns bis zu dessen Auszahlung, sowie ein Verbot von Stopptasten und überzufälligen Fast-Gewinnen das Suchtpotential von Spielautomaten und VLTs deutlich reduzieren würde.

2.11 Alkoholverbot

Kyngdon & Dickerson (1999) untersuchten in Form eines experimentellen Designs die Wirkung von Alkohol auf das Spielverhalten von AutomatenspielerInnen. Hierzu rekrutierten sie 40 männliche Personen, die sie in zwei Gruppen aufteilten: die Alkohol- und Placebogruppe. Die Personen der „Alkohol-Gruppe" wurden gebeten, vor Spielbeginn drei alkoholische Getränke je 10g Alkohol zu sich zu nehmen. Die Personen der Placebo-Gruppe erhielten ein Getränk ohne Alkohol. Allen Studienteilnehmern wurde vor Spielbeginn ein Guthaben von 10 Dollar an dem Spielautomaten gewährt, verbunden mit dem Hinweis, dass der nach Beendigung des Spielens noch nicht verlorene Betrag in bar ausgezahlt werden würde. Es zeigte sich, dass die SpielerInnen der Alkohol-Gruppe ca. doppelt so viele Spiele spielten, bevor sie mit dem Spielen aufhörten, als die der Placebo-Gruppe. Auch verspielten in der erstgenannten Gruppe deutlich mehr ihr gesamtes Guthaben (50%) als in der anderen Gruppe (15%). Die AutorInnen schließen aus den Ergebnissen ihrer Studie, dass schon der Genuss von geringen Mengen Alkohol eine bedeutsame Reduzierung der Kontrolle des Spielverhaltens von AutomatenspielerInnen zur Folge haben kann.

Eine ähnliche Studie mit SpielerInnen von Video-Lottery-Terminals führten Ellery et al. (2005) durch. Sie teilten 44 SpielerInnen in vier Gruppen auf – ProblemspielerInnen & Alkohol, ProblemspielerInnen & kein Alkohol, NormalspielerInnen & Alkohol, NormalspielerInnen & kein Alkohol – und ließen diese dann an einem VLT spielen. Erfasst wurden die so genannten Power-Bets, die eine Verdoppelung des Geldeinsatzes zu einem bestimmten Zeitpunkt des Spiels und somit des finanziellen Risikos darstellen, der gesamte Geldeinsatz, der durchschnittliche Geldeinsatz und die Spielzeit.

Im Vergleich zu den beiden SpielerInnengruppen, die keinen Alkohol kurz vor dem Spielen zu sich nahmen, wiesen die beiden Alkoholgruppen längere Spielzeiten und eine höhere Anzahl an Power-Bets auf – in der Gruppe der ProblemspielerInnen in stärkerem Maße als bei den NormalspielerInnen. Im Gegensatz zur Studie von Kyngdon & Dickerson (1999) konnten Ellery et al. (2005) jedoch keinen Unterschied zwischen den genannten Gruppen in Bezug auf den gesamten Geldeinsatz wie den durchschnittlichen Geldeinsatz pro Spiel feststellen.

In einer Untersuchung von Baron & Dickerson (1999) konnten hingegen die Ergebnisse der Studie von Kyngdon & Dickerson (1999) hinsichtlich der Bedeutung des Alkohols für die eingesetzten Spielbeträge bestätigt werden. Eine Befragung von SpielerInnen an Automaten, die in Bars platziert sind, ergab, dass diejenigen, die während des Spielens Alkohol tranken, mehr Geld verspielten, als sie eigentlich dafür vorgesehen hatten.

In der Literatur finden sich aber auch Untersuchungen, welche keine eindeutige Beziehung zwischen dem Trinken von Alkohol und dem Glücksspielen feststellen konnten. So zeigte sich in der ebenfalls experimentell angelegten Studie von Breslin et al. (1999) kein Zusammenhang zwischen dem (moderaten) Trinken von Alkohol und dem Eingehen von Wetten, die ein großes finanzielles Risiko beinhalten. Einen anderen Ansatz zur Untersuchung der Bedeutung des Alkoholtrinkens für das Spielverhalten wählten Welte et al. (Welte et al. 2004). Sie analysierten Daten einer telefonischen Bevölkerungsumfrage, in welcher neben Fragen zum Spielverhalten und vorhandenen Spielproblemen auch erhoben wurde, ob unter dem Einfluss von Alkohol an Glücksspielen teilgenommen wird. Zwar konnten sie einen Zusammenhang zwischen dem gleichzeitigen Spielen und Alkoholtrinken einerseits und bereits bestehenden Spielproblemen andererseits feststellen. Bezogen auf das aktuelle Spielverhalten zeigte sich der berichtete Alkoholkonsum jedoch als wenig relevant.

In der Zusammenschau sind somit die Befunde zur Bedeutung des Alkohols für die Entwicklung von Spielproblemen uneindeutig. Bemerkenswert ist jedoch die sich in vielen Untersuchungen bestätigende Beziehung zwischen pathologischem Spielverhalten und Alkoholmissbrauch bzw. -abhängigkeit (Cunningham-Williams et al. 1998, Welte et al. 2001, Grant et al. 2002). Womöglich ist die Kausalität weniger vom Alkoholtrinken zum Problemspielverhalten zu denken als vielmehr das Problemspielen als Auslöser eines missbräuchlichen und später abhängigen Konsums alkoholischer Getränke zu sehen.

2.12 Rauchverbot

Es gibt weltweit nicht viele Untersuchungen, die die Frage untersucht haben, inwiefern mit einem Rauchverbot in Spielstätten auch glücksspielbezogene Präventionseffekte erzielt werden können. Die hierzu bekannten Ergebnisse kommen aus Australien:

Im Bundesstaat Victoria wurde im Jahr 2002 ein Rauchverbot in Spielstätten (Geldspielautomaten) eingeführt. Damit sollte ein effektiver Gesundheitsschutz gegen das Passivrauchen für MitarbeiterInnen und nichtrauchende Gäste hergestellt werden. Ferner wurde das Rauchverbot als ein probates Mittel gegen problematisches und pathologisches Glücksspielen angesehen. Eine Studie hat diese beabsichtigte Zielsetzung überprüft. Danach ist es durch das Rauchverbot zu einem generellen Rückgang der Spielumsätze gekommen und damit verbunden haben die SpielerInnen auch weniger Geld verloren (Lal & Siahpush 2008). Es ist jedoch unklar, welche Wirkungen das Rauchverbot auf die SpielerInnen im Einzelnen hatte: ob durch das Rauchverbot nur auf andere Glücksspielformen ausgewichen worden ist oder ob tatsächlich die Rauchpausen einen kontrollierten Umgang mit dem Automatenspiel bewirkt haben.

In einem Review wird von einer Befragung von australischen AutomatenspielerInnen berichtet, von denen 49 Prozent Nikotin konsumierten (mit einem signifikant höheren Anteil unter den ProblemspielerInnen). Von diesen verbrachten beinahe 50 Prozent infolge der Restriktionen weniger Zeit vor den Automaten, nur 5 Prozent mehr (nach Williams et al. 2008). Von allen Befragten (N=418) sahen 67 Prozent das Verbot als effektive Maßnahme des Spielerschutzes an. Dieser Befund wird gestützt durch die Ergebnisse einer Befragung von Automatenaufstellern, die das Rauchverbot als effektivste aller Maßnahmen zur Schadensminimierung bezeichneten (nach Williams et al. 2008).

Als Fazit ist festzuhalten, dass zu den glücksspielbezogenen Wirkungen eines Rauchverbotes bisher nur wenige Erkenntnisse existieren. Diese werfen neue Fragen auf. Die Forschung in diesem Bereich sollte deshalb intensiviert werden, weil hier ein interessanter präventiver Ansatz vorliegt.

2.13 Beschränkung der Angebotsdichte

Der wissenschaftliche Kenntnisstand über die Beschränkung der Angebotsdichte als verhältnispräventive Maßnahme im Glücksspielbereich ist bis dato defizitär. Das gilt insgesamt für den Zusammenhang zwischen der Angebotsdichte von Glücksspielen und dem Ausmaß glücksspielbezogener Probleme in der Bevölkerung. Die Überlegungen hierzu sind meist theoriegeleitet und empirisch nur unzureichend geprüft. Gleichwohl wird die Debatte engagiert geführt und in Form von Publikationen dokumentiert (Volberg 2000, Abbott 2005, Blaszczynski 2005, Orford 2005, Petry 2005, Rönnberg 2005, Room 2005, Shaffer 2005, LaPlante & Shaffer 2007). Die darin vorgetragenen Überlegungen lassen sich im Wesentlichen drei Thesen zuordnen:

1. Angebotshypothese: eine Ausweitung des Glücksspielangebots geht zwangsläufig mit einer (zeitverzögerten) Steigerung der glücksspielbezogenen Probleme einher.

2. Anpassungshypothese: die Bevölkerung ist in der Lage, sich dem erweiterten Angebot und den damit einhergehenden Risiken anzupassen. Erklärt wird dies mit sozialen Lernprozessen, einer abnehmenden Neugier in der Bevölkerung sowie greifenden Präventionsmaßnahmen. Im Ergebnis würden die Prävalenzraten bei Ausweitung von Glücksspielangeboten zwar anfangs ansteigen, mittel- und langfristig jedoch trotz Beibehaltung der Angebote wieder sinken.

3. Sättigungshypothese: Annahme, dass es zwar einen Zusammenhang zwischen Angebotsdichte und sich daraus entwickelnden Problemen gibt, dieser jedoch nicht linear ist. Eine stetige Zunahme von Glücksspielangeboten würde demnach ab einer bestimmten Angebotsdichte zu einer Sättigung des Problemausmaßes führen.

Die Anzahl fundierter empirischer Studien zur Überprüfung dieser Thesen ist überschaubar. Im Folgenden sollen diese kurz vorgestellt werden.

Die einzige publizierte Längsschnittstudie, welche die Angebotshypothese in den Fokus rückt, stammt von Jacques & Ladouceur (2006). Die ForscherInnen untersuchten über einen Zeitraum von vier Jahren die Auswirkungen der Eröffnung eines Kasinos in Hull (Kanada). Die Studie beinhaltete insgesamt vier Befragungswellen: T0=1 Monat vor Eröffnung des Kasinos (März 1996), T1=12 Monate nach Eröffnung des Kasinos, T2=24 Monate danach und T3=48 Monate danach. Telefonisch befragt wurden zum Zeitpunkt T0 810 zufällig ausgewählte Personen aus Hull (Experimentalgruppe) sowie 798 Personen aus der Stadt Quebec, welche die Kontrollgruppe darstellen. Für die darauffolgenden Befragungen ist versucht worden, diese Personen für weitere Interviews zu erreichen. Aufgrund des langen Zeitraumes zwischen den Befragungen konnten zum Zeitpunkt T3 nur noch 200 (Hull) bzw. 220 (Quebec) der ursprünglich rekrutierten StudienteilnehmerInnen erneut interviewt werden. Im Vergleich zu den Ausfällen sind die Wiedererreichten besser gebildet, haben ein höheres Einkommen und leben häufiger als Single. Hinsichtlich der wichtigsten spielbezogenen Variablen – glücksspielbezogene Probleme, Verluste durchs Glücksspiel, Spielhäufigkeit – waren hingegen keine Unterschiede festzustellen. Jacques & Ladouceur (2006) ließen sich bei der Entwicklung des Studiendesigns und der Durchführung der statistischen Analysen von drei Teilhypothesen leiten: Die Häufigkeit des Kasinospielens (1), die Geldverluste pro Tag durch das Kasinospielen (2) sowie die Zahl der Personen mit Spielproblemen (3) steigen im Zeitverlauf in Hull an, während für die Kontrollgruppe (Quebec) keine diesbezüglichen Veränderungen messbar sind.

Im Verlauf des ersten Jahres bestätigten sich die ersten beiden Hypothesen, d.h., in Hull wurde häufiger gespielt und mehr Geld pro Spieltag verloren. Dieser Trend setzte sich jedoch in der Zwei- und Vierjahresperspektive nicht fort, sondern kehrte sich um. Zwischen T1 und T3 nahm die Spielintensität in beiden Untersuchungsgruppen ab. Gleiches gilt für die Prävalenz problematischen Spielens. Diese stieg in Hull zwar 12 Monate nach Eröffnung des Kasinos leicht an (von 1,36% auf 1,75%), fiel in den Folgejahren aber auf 0,99 Prozent. Der einzige statistisch messbare Unterschied im Vierjahresverlauf zeigte sich in Bezug auf den Anteil der Befragten, die von im eigenen Haushalt lebenden Personen mit Spielproblemen berichteten. Dieser stieg in Hull von T0=2,9% auf T3=5,9%. Inwieweit diese Veränderung jedoch auf eine reale Steigerung vorhandener Glücksspielprobleme in der Bevölkerung verweist oder auf andere Einflussfaktoren zurückzuführen ist, ließ sich mit den Daten der Studie nicht beantworten.

Während in der Studie von Jacques & Ladouceur (2006) die Folgen einer Ausweitung des Glücksspielangebots untersucht wurden, analysierte Delfabbro (2008) die Auswirkungen einer Reduzierung der Anzahl von Spielautomaten um 2.000 Stück (entspricht 15% des Bestands) in Südaustralien im Jahr 2005. Hierzu führte er zwei Teilstudien durch. In der ersten Teilstudie verglich er die Einnahmen aus dem Automatenspiel zum Zeitpunkt vor mit denen nach der Reduktion der Spielautomatenanzahl. Er kommt zu dem Ergebnis, dass sich die Spieleinsätze insgesamt innerhalb eines Jahres kaum verändert haben, d.h., die Reduzierung der Automatenanzahl führte letztendlich nur dazu, dass an den verbliebenen Automaten intensiver gespielt wurde.

Im Rahmen der zweiten Teilstudie sind ein halbes Jahr nach Umsetzung der Maßnahme 400 regelmäßige SpielerInnen von Spielautomaten dahin gehend befragt worden, ob die Verringerung der Automatenzahl von ihnen überhaupt wahrgenommen wurde und welchen Einfluss diese auf ihr Spielverhalten hatte. Im Ergebnis berichteten 62 Prozent, dass sie die Verringerung der Automatenanzahl bemerkt hätten und für jede zweite Person sei es nach der Verringerung schwieriger geworden, einen freien Automaten zu finden. Jedoch gaben nur 6 Prozent aller Befragten an, aufgrund der geringeren Automatendichte auch weniger gespielt zu haben und von einem verringerten Geldeinsatz berichteten nur 3 Prozent.

Die Ergebnisse zusammenfassend kommt Delfabbro daher zu dem Schluss, dass eine Verringerung der Automatenzahl um lediglich 15 Prozent keine nennenswerten Veränderungen des Spielverhaltens zur Folge hat. Messbare Effekte seien erst bei einer deutlicheren Reduktion des Spielangebots zu erwarten. Dies offensichtlich insbesondere dann, wenn dadurch die Erreichbarkeit stark eingeschränkt würde. Denn in seinen Analysen erwies sich die Distanz zwischen Spielstätte und Wohnung der Befragten als wichtigstes Kriterium für die Auswahl des Ortes, an welchem letztendlich gespielt wurde. Spielorte, die weiter als 4 km entfernt lagen, wurden beispielsweise von den SpielerInnen kaum gewählt.

Auch Storer et al. (2009) gingen der Frage nach, welche Bedeutung die Dichte des Glücksspielangebots für die Entwicklung von Glücksspielproblemen in der Bevölkerung hat. Konkret wollten sie prüfen, ob sich die Angebotshypothese – je höher das Angebot desto höher das Ausmaß an Problemen – oder die Anpassungshypothese – der Ausweitung des Angebots folgt mittelfristig eine Gewöhnung in der Bevölkerung und eine Reduktion der spielbezogenen Probleme – in Bezug auf die Spielautomaten empirisch belegen lässt.

Hierzu führten sie eine Metaanalyse durch, in der sie 39 Studien aus Australien und Neuseeland – durchgeführt zwischen 1991 und 2007 – einbezogen haben, welche die Bestimmung der Prävalenz pathologischen Spielens zum Inhalt hatten. Des Weiteren wurde in Abhängigkeit von der Region und der Zeit, in welcher die jeweiligen Studien durchgeführt wurden, die Bevölkerungsanzahl, die Anzahl der Spielautomaten und daraus ableitend die Anzahl der Spielautomaten pro Einwohner bestimmt. Anschließend führten sie eine lineare Regressionsanalyse durch. Im Gegensatz zu den Ergebnissen der beiden oben dargelegten Untersuchungen konnten Storer et al. (2009) eine statistisch signifikante positive Beziehung zwischen der Angebotsdichte von Spielautomaten und der Prävalenz pathologischen Spielens feststellen. Ihnen war es mit Hilfe der Analyse sogar möglich, die suchtinduzierende Wirkung dieser Spielgeräte zu quantifizieren. Demnach ist davon auszugehen, dass pro zusätzlich aufgestelltem Spielautomaten die Anzahl der pathologischen SpielerInnen in der Bevölkerung um 0,8 zunimmt. Mit anderen Worten: 1.000 neu aufgestellte Automaten haben zur Folge, dass ca. 800 Personen eine Spielsucht aufgrund des Automatenspiels entwickeln werden.

Während somit die AutorInnen die Angebotshypothese bestätigt sehen, finden sie für die Sättigungshypothese keine und die Anpassungshypothese nur geringe evidente Belege. So nahm zwar die Problemprävalenz in den Untersuchungsregionen, in denen keine Ausweitung der Automatendichte stattfand, im Laufe des einbezogenen Zeitraums um jährlich ca. 0,09 Prozentpunkte ab. Jedoch waren in den Regionen, in denen die Dichte an Spielautomaten zunahm, im Zeitverlauf keine Prozesse im Sinne der Anpassungshypothese erkennbar.

Zusammenfassend bleibt somit festzuhalten, dass die vorliegenden Studien zur Bedeutung der Angebotsdichte für das (problematische) Spielverhalten in der Bevölkerung aufgrund ihrer unterschiedlichen Befunde bisher keine eindeutige Schlussfolgerung zulassen. Zumindest deutet sich aber an, dass die in der Suchtforschung weit verbreitete Auffassung einer direkten Kausalität zwischen Glücksspielangebot und -problemen die Realität nur unzureichend widerspiegelt. Vielmehr ist die Entwicklung eines Erklärungsansatzes notwendig, welcher die mit der Ausweitung bzw. Verringerung des Glücksspielangebots verbundenen komplexen Strukturen und Prozesse detailliert beschreibt und somit Möglichkeiten aufzeigt, das Ausmaß glücksspielbezogener Probleme zukünftig zu minimieren.

Teil C

Bestandsaufnahme

Das Glücksspielwesen Österreichs

3 STRUKTUREN, ANGEBOTE UND SPIELERSCHUTZ

Christian Schütze

3.1 Rechtliche Situation der Glücksspiele

Das Glücksspielgesetz (GSpG) ist die zentrale Grundlage für die Regelung der Glücksspiele in Österreich. Es galt in seinen zentralen Bestimmungen und Formulierungen seit dem Jahr 1989 und wurde nur in einigen Randbereichen im Laufe der letzten 20 Jahre modifiziert (BGBl 1989). Erst die zwei Jahre diskutierte, aktuelle Novelle des GSpG aus dem Jahr 2010 brachte wesentliche Veränderungen der Gesetzesgrundlage mit sich. Diese sind für die Zukunft wichtig. Zur Beurteilung der gegenwärtigen Situation von Spielsucht und Spielsuchtprävention in Österreich, wie sie es diese Studie leistet, ist die Kenntnis der alten Gesetzesgrundlage von großer Bedeutung, denn vor diesem Hintergrund ist die aktuelle Situation entstanden.

3.1.1 Gesetzeslage – bis August 2010

3.1.1.1 *Überblick*

Glücksspiele werden in Österreich detailliert durch das Glücksspielgesetz (GSpG) von 1989 geregelt. Das Gesetz errichtet ein Bundesmonopol zur Durchführung von Glücksspielen, definiert diese, enthält konkrete Ausführungen zu einzelnen Glücksspielen, der Durchführung der staatlich lizenzierten Glücksspiele und den daraus zu entrichtenden Abgaben sowie Strafbestimmungen für den Fall des Verstoßes gegen dieses Gesetz. Hieran sind die Bundesländer gebunden, soweit das GSpG selbst keine Abweichungen bzw. eigenständigen Regelungen gestattet.

Das GSpG ist ein Spezialgesetz und ergänzt das Strafgesetzbuch (StGB) sowie das Allgemeine Bürgerliche Gesetzbuch (ABGB) in ihren Regelungen zum Glücksspiel (StGB, §168) bzw. zum Glücksvertrag (ABGB, §1267). Das StGB stellt die Veranstaltung von Glücksspielen und ihre Förderung grundsätzlich unter Strafe, wenn aus ihr für sich oder einen anderen ein Vermögensvorteil gewonnen werden soll. Ausnahmen hiervon sind das Spielen für einen gemeinnützigen Zweck, das Spielen um geringe Beträge zum Zeitvertreib (VfGH 1998a) und gesetzlich geregelte Ausnahmen. Solche werden durch das GSpG geschaffen: Die dort geregelten Spiele, die unter Einhaltung der Regelungen des GSpG veranstaltet werden, unterliegen daher nicht der Strafbarkeit des StGB. Das ABGB beschreibt die zivilrechtlich-vertragliche Seite beim Glücksspiel: Danach werden sowohl das Spiel als auch die Wette und das Los vom Begriff des Glücksvertrags eingeschlossen (ABGB, §1269). Dieser ist dadurch gekennzeichnet, dass „die Hoffnung eines noch ungewissen Vorteiles versprochen und angenommen wird" (ABGB, §1267).

Zentrale Elemente des GSpG sind:

- Paragraph 1 GSpG gibt eine Legaldefinition, legt also fest, was ein Glücksspiel ist: „Glücksspiele (...) sind Spiele, bei denen Gewinn und Verlust ausschließlich oder vorwiegend vom Zufall abhängen" (GSpG, §1 Abs. 1). Diese Definition ist wortgleich derjenigen im StGB.

- Aus dem Kreis der Glücksspiele wird die „Ausspielung" besonders hervorgehoben und durch § 2 GSpG, Abs. 1 definiert; bei ihr stellt „der Unternehmer (Veranstalter) den Spielern für eine vermögensrechtliche Leistung eine vermögensrechtliche Gegenleistung in Aussicht". Es wird klargestellt, dass die Leistung des Glücksspielveranstalters auch darin liegen kann, die Gegenleistung über einen Dritten zu organisieren (GSpG, §2 Abs. 4).

- Diese Legaldefinition der Ausspielung ist Grundlage der Beschreibungen derjenigen Glücksspiele, die an einen Konzessionär für diese Ausspielungen vergeben werden (GSpG, §§ 6-14). Aktueller Konzessionär für diese Ausspielungen sind die Österreichischen Lotterien (ÖL).

- „Glücksspielapparate", die eine Entscheidung über Gewinn und Verlust selbsttätig herbeiführen, werden ausdrücklich zu Glücksspielautomaten definiert (GSpG, §2 Abs. 3f.): Ausgenommen von dieser Definition werden vernetzte Automaten, bei denen die Entscheidung „zentralseitig" herbeigeführt wird (GSpG, §2 Abs. 2). Solcherart Glücksspiele werden als Ausspielungen und nach § 12 a GSpG als elektronische Lotterien gefasst.

- „Aus Gründen der Rechtssicherheit" wird das Bundesfinanzministerium ermächtigt, in einer Rechtsverordnung einzelne, „bestimmte" Spiele zu Glücksspielen zu definieren (GSpG, §1 Abs. 2). Eine solche Verordnung ist bisher nicht erlassen worden. Vormalige aus dem frühen 20. Jahrhundert (1923, 1933) gelten nicht mehr (OGH 1991).

- Die Durchführung der Glücksspiele ist „dem Bund vorbehalten (Glücksspielmonopol)" (GSpG, §3). Dieser kann sie über Lizenzen und unter festgelegten Voraussetzungen an einzelne Unternehmen übertragen (GSpG, §§14-19: Ausspielungen; GSpG, §§21-31: Spielbanken).

- Einzelne Glücksspiele werden durch das GSpG als solche definiert. Dies sind Glücksspielautomaten ohne die Einsatz- und Gewinngrenzen nach GSpG §4, Lotto, Toto, Zusatzspiel, Sofortlotterien, Klassenlotterie, Zahlenlotto, Nummernlotterien, elektronische Lotterien, Bingo, Keno sowie französisches Roulette, Baccarat und Baccarat chemin de fer (GSpG, §§ 4, 6-12b, 27).

- Ausdrücklich mit Strafe bedroht wird derjenige, der „Glücksspiele entgegen den Vorschriften" des GSpG „veranstaltet, diese bewirbt oder deren Bewerbung ermöglicht" (GSpG, § 52 Abs. 1 Z 1). Neben genaueren Bestimmungen hierzu (GSpG, §52 Abs. Z 2-8) findet sich des Weiteren das Verbot der Teilnahme an ausländischen Glücksspielen ebenso wie das Entgegennehmen von Einsätzen für ausländische Glücksspiele sowie die Weiterleitung solcher Einsätze (GSpG, §56 Abs. 1-3).

- Bestimmte Glücksspiele werden ausdrücklich aus dem Monopol des Bundes ausgenommen:

  ○ solche, die nicht in Form einer Ausspielung stattfinden und an denen kein Bankhalter mitwirkt (GSpG, §4 Abs. 1),

  ○ solche, die nicht in Form einer Ausspielung stattfinden und deren Einsatz 50 Cent nicht übersteigt (GSpG, §4 Abs. 1).

  ○ bestimmte Glücksspielautomaten: Dazu darf die „vermögensrechtliche Leistung des Spielers" (Einsatz) 50 Cent und der Gewinn den Betrag (oder Gegenwert) von 20 Euro nicht übersteigen (GSpG, §4 Abs. 2).

  ○ unter bestimmten Bedingungen zusätzlich einzelne „Schaustellergeschäfte", Lebensversicherungen, „Glückshäfen, Juxausspielungen und Tombolaspiele" (GSpG, § 4 Abs. 3-5).

- Für diese aus dem Monopol des Bundes herausgenommenen Glücksspiele ist damit die Kompetenz der neun Bundesländer eröffnet.[1] Sie können die Durchführung dieser Glücksspiele regeln. Treffen sie keine Regelung, ist die Durchführung unter den grundsätzlichen Bedingungen, die das GSpG normiert, legalisiert.

- Wetten auf sportliche Ereignisse werden grundsätzlich nicht als Glücksspiele qualifiziert, ihr Angebot richtet sich nach den verschiedenen Wett-, Buchmacher- und Abgabengesetzen der Bundesländer. Die Ausnahme bildet das Spiel Toto, das durch das GSpG (§7) zum Glücksspiel definiert wird.

---

[1]   Bundesverfassungsgesetz (B-VG), Art. 15 Abs. 1 iVm Abs. 3.

3.1.1.2 Glücksspiele nach dem GSpG im Bundesmonopol

In der Praxis stellt sich die Frage, welche Spiele – neben den explizit als Glücksspiele benannten (s. o.) – als Glücksspiele begriffen werden müssen bzw. unter den Begriff des GSpG zu subsumieren sind, so dass sie unter das Bundesmonopol fallen. Dazu muss inhaltlich entschieden werden, ob einem Spiel das Merkmal „Gewinn und Verlust ausschließlich oder vorwiegend vom Zufall abhängig" (GSpG, §1 Abs. 1) zugeschrieben werden kann.[2] Diese grundsätzliche Frage scheint zunächst einfach zu beantworten zu sein. Dem ist aber nicht so. Vielmehr stellt sich bei genauerer Betrachtung heraus, dass ein Verhältnis von Geschicklichkeits- und Zufalselementen innerhalb eines Spiels nicht abstrakt numerisch beschrieben werden kann (siehe Exkurs: Die Unmöglichkeit, das Verhältnis von Geschick und Zufall innerhalb eines Spiels theoretisch, also abstrakt numerisch zu bestimmen).

Anwendung findet also eine rechtliche Formel, deren Kern die Praxis verfehlt. Verbindlichkeit – unabhängig von materieller Überzeugungskraft – kann nur durch Verfahren hergestellt werden: Also durch obergerichtliche Einzelentscheidungen über einzelne (Glücks-) Spiele. Dies ist in der Vergangenheit in wenigen Fällen geschehen. Zu Glücksspielen erklärt wurden: optisches Kugelkarussell (VwGH 1981, VwGH 1991), Mauscheln (OGH 1991), Poker (namentlich in den Varianten „7 Card Stud Poker", „Texas Hold'Em" und „5 Card Draw") (VwGH 2005), Two Aces (VwGH 2007). Die Teilnahme an einem Gewinnspiel, das den Anruf über eine Mehrwertnummer erfordert, ist ein konzessionsbedürftiges Glücksspiel, da für eine Gewinnchance ein Entgelt verlangt wird (Strejcek & Bresich 2009). Auch die Werbung für die Durchführung illegaler Glücksspiele ist verboten. Dies hat der Bundeskommunikationssenat im Jahr 2009 unter Bezugnahme auf den VwGH (VwGH 2005) explizit anhand des Glücksspiels Poker bestätigt (Bundeskommunika-

---

[2] Die vorliegende Rechtskonstruktion sieht vor, dass Glücksspiele nicht unter das Bundesmonopol fallen, wenn sie nicht in Form einer Ausspielung veranstaltet werden. Da parallel aber der Ausspielungsbegriff rechtlich so weit interpretiert wird, dass im Ergebnis allein das zur Verfügungstellen einer Gelegenheit zum Spiel genügt, um den Tatbestand einer Ausspielung zu erfüllen (noch nicht einmal die Absicht zur Gewinnerzielung muss vorliegen), gibt es faktisch kein Entkommen. Wenn ein Veranstalter den organisatorischen Rahmen für das wirtschaftlich ansonsten von ihm unabhängige Glücksspiel zur Verfügung stellt, liegt bereits eine Ausspielung vor. Infolge dieser Auslegung der Regelungen der §§ 1, 2 und 4 des GSpG sowie des §168 StGB verbleibt für die legale Veranstaltung von Glücksspielen und ihr Bewerben in der Öffentlichkeit neben dem Bundesmonopol kein rechtlicher Spielraum. Allein die wenigen, explizit im GSpG benannten Ausnahmen (s. o.) sind - unter Einhaltung der diesbezüglichen Regelungen des GSpG hierzu - neben dem Monopol zulässig.
VwGH, 86/17/0062, 25.07.1990.
Strejcek, G. & Bresich, R. (2009) 74f.
Bachner-Foregger (2008), zu §168.

tionssenat 2009). Wie fragil diese Verbindlichkeit ist, zeigt die gesellschaftliche Praxis im breiten Angebot von z. B. Pokerkasinos (siehe Kapitel 3.2.1.4).

3.1.1.3 (Sport-)Wetten

Die Qualifizierung von Sportwetten als Glücks- oder Geschicklichkeitsspiel folgt keiner stringenten Logik. Das Bundesfinanzministerium vertritt die Auffassung, dass „die klassische Sportwette nicht als Glücksspiel gilt" (Bundesfinanzministerium 2010).[3] Gleichzeitig definiert das GSpG die Sportwette Toto als Glücksspiel (GSpG, §7).[4] Wetten auf jedes erdenkliche Ereignis im Zusammenhang mit sportlichen Ereignissen – etwa die Frage, welche Mannschaft den ersten Einwurf bei einem Fußballspiel zugesprochen bekommt – werden von Buchmachern und Wettbüros unter Geltung des Gewerberechtes vollkommen legal angeboten. Dass solche Wettinhalte vom Geschick der TeilnehmerInnen losgelöst sind, wirkt sich rechtlich also nicht aus (Usner 2008).

Unabhängig von dieser inhaltlichen Diskussion hat bisher kein österreichisches Obergericht die Subsumtion der Sportwetten unter den §1 des geltenden GSpG geprüft und positiv beschieden. Lediglich bei Prüfung der Vorläuterregelung erklärte der VwGH: „Nicht jede Art von Sportwette fällt unter das GSpG 1962. Denn es kann nicht von vornherein gesagt werden, daß bei einer Sportwette unter allen Umständen Gewinn und Verlust ausschließlich oder vorwiegend vom Zufall abhängen" (VwGH 1991). Das Gericht begrüßt daher im weiteren Verlauf seiner Entscheidung, dass damals das Spiel Toto ausdrücklich im GSpG (1962) zum Glücksspiel erklärt wurde. Diese Gerichtsmeinung spricht allerdings dafür, die heutzutage angebotenen Sportwetten nicht vorbehaltlos als Geschicklichkeitsspiele zu betrachten.

Dem schloss sich der OGH 1998 nicht an. Er befand, orientiert an der Kompetenzordnung, „daß die Regelung der Totalisateur- und Buchmacherwetten (...) vom Glücksspielmonopol des Bundes nicht umfaßt (...) sind" (OGH 1998), weil die Kompetenzordnung dies eben so vorsieht: Sie fallen in den Zuständigkeitsbereich der Länder. Es existieren in den Bundesländern jeweils verschiedene Wett-, Buchmacher- und Abgabengesetze, die die Durchführung von (Sport-) Wetten regeln und damit legalisieren. In verschiedenen Obergerichtsentscheidungen wurden einzelne Bestimmungen dieser Landesgesetze geprüft, in deren Rahmen diese als solche nicht grundsätzlich in Frage gestellt wurden (VfGH 1998b, VfGH 1999). Es wurden im Gegenteil z. B.

---

[3]   Dies sei ein Geschicklichkeitsspiel, da über die zur Spielentscheidung maßgeblichen Bedingungen Aufklärung möglich sei (benannt werden u. a. Boden- und Wetterverhältnisse).

[4]   Strejcek (Strejcek & Bresich 2009) führt zur Begründung an, dass das Wetter, die Tagesform der Spieler und die konkrete Mannschaftsaufstellung nicht vorhersehbar sei.

zu entrichtende Abgaben dieser Gewerbetreibenden dezidiert spezifischen Kategorien und damit bestimmten Gesetzen und Abgabenordnungen zugeordnet (VfGH 1994).

Die Vermittlung bzw. das Veranstalten von Sportwetten zeigt sich somit in Österreich gegenwärtig als gewerberechtliche Tätigkeit, die der landesrechtlichen Ausformung unterliegt.

3.1.1.4 *Glücksspielautomaten, die die Grenzen von 50 Cent Einsatz und 20 Euro Gewinn einhalten*

In §4 Abs. 2 hält das GSpG eine Ausnahmeregelung für das Bundesmonopol parat, die auch unter dem Begriff „kleines Glücksspiel" firmiert (Köberl & Prettenthaler 2009). Mit ihr werden die Ausspielungen durch Glücksspielautomaten dann aus dem Glücksspielmonopol des Bundes herausgenommen, wenn die Einsatz- und Gewinngrenzen von 50 Cent und 20 Euro nicht überschritten werden. Die Regelung dieses Automatenglücksspiels fällt damit in den Kompetenzbereich der Länder. Automaten, die diese Grenzen nicht einhalten, dürfen nur von lizenzierten Anbietern im staatlichen Glücksspielmonopol betrieben werden. Von den neun Bundesländern Österreichs haben fünf das gewerbliche Betreiben von Glücksspielautomaten, die die Grenzen von 50 Cent (Einsatz) sowie 20 Euro (Gewinn) nach GSpG, §4 Abs.2 einhalten, in ihrem Zuständigkeitsbereich verboten. Dies sind: das Burgenland, Vorarlberg, Salzburg, Tirol und Oberösterreich.[5]

Die verbleibenden Länder müssen durch eigene Regelungen sicherstellen, dass sich die Ausspielungen dieser Automaten im Rahmen der durch das GSpG gesetzten Grenzen halten. Nur wenn dies durch geeignete Verfahren tatsächlich sichergestellt wird, handelt es sich nicht um illegales Glücksspiel, das gegen das GSpG verstößt. Deshalb wird im Anschluss sowohl kurz auf den Gesetzesinhalt der Ausnahmeregelung des § 4 Abs. 2 GSpG eingegangen (materielle Dimension) als auch die Verfahren zur Sicherstellung dieser Bestimmungen in den Ländern benannt. Insbesondere wird auf die Länder Wien und Niederösterreich eingegangen, deren Verfahren Anlass zu weiterführenden Fragen geben.

Andere Regeln des gewerblichen Betriebs der Geldspielautomaten können – im Rahmen der geltenden Gesetze – die Länder nach ihren eigenen Vorgaben

---

[5]   Landesgesetze:
Burgenland: Bgld. Veranstaltungsgesetz, §15 Abs. 1 Z 5.
Vorarlberg: Gesetz über die Aufstellung und den Betrieb von Spielapparaten, §4.
Salzburg: Salzburger Veranstaltungsgesetz, § 21.
Tirol: Tiroler Veranstaltungsgesetz, § 19.
Oberösterreich: Oö. Spielapparate- und Wettgesetz, §5 Abs. 1 Z 1.

regeln (Anzahl der Geräte an einem Aufstellungsort, Zugangsmöglichkeit für Jugendliche und pathologische Spieler, Aufstellungsorte, paralleler Ausschank von Alkohol, etc.).

Technische Aspekte:

Den materiellen Kern der Regelung des §4 Abs. 2 GSpG bilden die Einsatz- und die Gewinngrenze: Allerdings gibt der Gesetzestext des GSpG keinen Hinweis darauf, worauf sich die 50 Cent bzw. 20 Euro genau beziehen. Die Annahme liegt nahe, dass diese „pro Spiel" (Strejcek & Bresich 2009) gelten, so dass dem nachfolgend definiert werden muss, was „ein" „Spiel" ist; denn dies wird im GSpG ebenfalls nicht eindeutig geklärt. Die zeitliche Dauer eines solchen scheint keine definitorische Relevanz zu besitzen. Allerdings besitzt ein Spiel einen Beginn und ein Ende. Letzteres tritt ein, wenn die Entscheidung über den Gewinn (oder Verlust des Einsatzes) getroffen wird, der qua Gesetz maximal 20 Euro betragen darf. Der Spielanfang liegt dort, wo das Entgelt dem Anbieter übereignet wird, um die versprochene – einzelne – Gewinnaussicht zu kaufen.

Diese Betrachtungsweise wird in der Praxis der betriebenen Geldspielautomaten negiert. Die Automaten bieten die Möglichkeit, viele Spiele auf einmal zu bezahlen (Geldspeicher), durch einen Automatikbetrieb das Gerät selbstständig Einsätze für selbsttätiges, fortgesetztes Spielen aus dem Geldspeicher abbuchen zu lassen, das eingezahlte Geld in Punkte umzurechnen, mit denen virtuell an Stelle des Geldes gespielt wird, Spielabläufe zu wählen, in denen mit Hilfe von Multiplikatoren Entscheidungen herbeigeführt werden, die z. B. eine Vertausendfachung der eingesetzten Punkte in Aussicht stellen oder auch zusätzliche Spiele in vielfacher Anzahl als Gewinn versprechen. Zur Beurteilung der Vereinbarkeit solcher Geldspielautomaten mit dem §4 Abs. 2 GSpG muss über die Qualität eines einzelnen Spiels befunden und infolgedessen z. B. entschieden werden, ob es einzelne Spiele an diesen Automaten ermöglicht haben, solche Gewinne in Aussicht gestellt zu bekommen oder ob dies z. B. die Summe vieler Spiele ist, die faktisch nicht getrennt werden konnten, indem etwa Punkte aus den Einsätzen für mehrere Spiele zusammen in eine Spielentscheidung gesetzt wurden. Auch die rechtliche Bedeutung zusätzlich offerierter Spiele vor dem Hintergrund ihrer möglichen Fähigkeit, neue Gewinne anzustreben, muss bewertet werden. Einiges spricht dafür, dass die Umrechnung von Cent in Punkte, der Einsatz von Multiplikatoren und der Gewinn von geldäquivalenten Freispielen („ActionGames") mit den klaren Einsatz- und Gewinngrenzen des GSpG nicht vereinbar sind.[6]

---

[6] Vgl. hierzu auch: Kontrollamt der Stadt Wien (2009): „Hinsichtlich der vor- und nachgelagerten Spiele erscheint außerdem fraglich, ob dadurch nicht die Grenzen des „Kleinen Glücksspieles" überschritten werden. Die Magistratsabteilung 36 hat diesbezüglich am 30.

Sicherstellung der Gesetzesmäßigkeit der Glücksspielautomaten:

Länderübergreifende Vorgaben zur Beantwortung der gerade aufgeworfenen Fragen gibt es nicht. Es existiert auch keine nationale Prüfstelle, die die von den Herstellern oder Betreibern (Aufstellern) angebotenen Glücksspielautomaten auf ihre Vereinbarkeit mit dem GSpG überprüft. Vielmehr ist es so, dass die Länder Wien, Niederösterreich, Kärnten und die Steiermark eigene Verfahren und Gremien gesetzlich etabliert haben, um die Gesetzmäßigkeit der betriebenen Automaten sicherzustellen. Es werden Entscheidungen der Landesregierung bzw. der Verwaltung getroffen aufgrund von Gutachterexpertisen (Niederösterreich, Steiermark, Kärnten), deren genauer Prüfungsumfang und Art der Akkreditierung durch die Gesetze und in den Ländern unterschiedlich festgelegt wird, sowie aufgrund von Empfehlungen durch Beiräte (Wien) und nach Anhörung von diversen Kammern (Steiermark).[7] Infolgedessen kann es zwischen den Ländern zu unterschiedlichen rechtlichen Einschätzungen kommen.

Situation in Wien:

Die Qualität der rechtlichen Beurteilung der Glücksspielautomaten ist direkt gebunden an die landesspezifische Qualität der etablierten Gremien und Verfahren sowie ihrer Implementation, dies belegt das Beispiel Wiens. So legt das Wiener Veranstaltungsgesetz fest, dass Münzgewinnspielapparate vom Spielapparatebeirat beurteilt werden sollen, deren ehrenamtliche Mitglieder von der Landesregierung berufen werden. Im Rahmen des Verwaltungsverfahrens soll dem Magistrat Wiens binnen vier Wochen eine fachliche Einschätzung dazu gegeben werden, ob die Spielapparate die Grenzen des GSpG §4 Abs. 2 einhalten und damit nicht unter das Bundesmonopol für das Glücksspiel fallen (Wiener VeranstaltungsG, §15 Abs. 1). Bei positivem Bescheid werden die Geräte einer Liste der zugelassenen Geräte hinzugefügt und brauchen bei zukünftigen Anträgen nicht mehr neu geprüft werden, solange keine wesentlichen Veränderungen[8] an dem Apparat oder Apparatetyp vorgenommen wurden (Verordnung der Wiener Landesregierung 2000).

August 2007 eine Sachverhaltsdarstellung an die Staatsanwaltschaft Wien übermittelt. Die Verfahren sind dort noch anhängig." Ebd., S. 12f.

[7] Niederösterreichisches Spielautomatengesetz, §4 Abs. 4 iVm §2 Abs. 3.
Kärntner Veranstaltungsgesetz, §6 Abs. 2, 3a iVm §5 Abs. 4.
Steiermärkisches Veranstaltungsgesetz, §33 Abs. 1 Z 4 iVm § 6a Abs. 2, §5a.
Wiener Veranstaltungsgesetz, §15 Abs. 1.

[8] An dieser Stelle öffnet sich ein weiteres Diskussionsfeld vor dem Hintergrund der Technik der Glücksspielautomaten: Was ist eine wesentliche Veränderung? In den Geräten (Hardware) werden Spielprogramme (Software) ausgeführt, die über Computerschnittstellen verändert werden können. Ob und wie weit die Veränderung dieser Software zur Neubeantragung einer Genehmigung führen muss oder/und tatsächlich führt, bleibt im Moment

An den Spielapparatebeirat wurden im Zeitraum 2000 bis 2006 genau 4.032 Anfragen des Magistrats zur Beurteilung einzelner Münzgewinnspielapparate gestellt. Von ihnen wurde keine einzige beantwortet. Erst im Jahr 2007 nahm der Beirat tatsächlich die Arbeit auf und beschied von 557 Anfragen genau 62 mit einer Antwort (Kontrollamt der Stadt Wien 2009). Im Übrigen beschloss der Beirat, diejenigen Geräte nicht einer Begutachtung zu unterziehen, die von der niederösterreichischen Landesregierung als konform mit dem GSpG erklärt wurden. Der Beirat kommt damit seinen gesetzlichen Pflichten nach dem Wiener Veranstaltungsgesetz laut Kontrollamt der Stadt Wien nicht nach (Kontrollamt der Stadt Wien 2009).

Besetzt ist der Beirat in wichtigen Positionen - Vorsitz, Fachbereich Apparatetechnik, Schriftführer - mit VertreterInnen der Automatenindustrie und ihrer Interessenvertretungsorganisationen (Automatenmarkt 2010, Geschäftsstelle Wiener Spielapparatebeirat 2010, Landesregierung Wien 2005). Der Beirat selbst verweigert der Öffentlichkeit die Auskunft darüber, welche Personen ihm angehören (Kontrollamt der Stadt Wien 2009, Geschäftsstelle Wiener Spielapparatebeirat 2010).[9] Selbst der Aufsichtsbehörde – dem Kontrollamt der Stadt Wien – wird die Auskunft darüber verweigert, wie die Entscheidungen des Beirats zustande gekommen sind (Kontrollamt der Stadt Wien 2009).

Somit muss für das Land Wien festgehalten werden, dass das Gremium, das die Übereinstimmung der in Verkehr zu bringenden Geldspielautomaten mit dem GSpG beurteilen soll, seine Aufgabe über Jahre nicht entsprechend der Vorschriften wahrgenommen hat, intransparente Beschlüsse fasst und von Personen dominiert ist, für die die Vermutung nahe liegt, dass Kollisionen zu eigenen wirtschaftlichen Interessen vorliegen können.

Es geht über den Auftrag und die Möglichkeit dieser Studie hinaus festzustellen, warum der Spielapparatebeirat in Wien in dieser Art zusammengesetzt ist und über Jahre untätig war – es bleibt zu bedenken, dass seine Mitglieder von der Landesregierung berufen sind. Weiterhelfen könnte eine Analyse der Interessen. Wichtig ist hier im Moment das Ergebnis dieser politischen Prozesse: Der Spielraum, den das GSpG den Ländern mit seiner Ausnahmeregelung in §4 Abs. 2 gewährt, ist in Wien über Jahre nicht gesetzeskonform ausgefüllt worden. Erst in dieser konkreten Auseinandersetzung mit der Praxis wird also deutlich, dass die Art der Implementation des GSpG seine gesetzmäßige Umsetzung verfehlt.

---

für die Ebene der Verordnung (rechtliche Grundlage der Tätigkeit des Spielapparatebeirats) und auch die Praxis (Antragstellung an den Spielapparatebeirat sowie Prüftätigkeit der Ordnungsbehörden vor Ort) offen.

9   „Anmerkung: Eine namentliche Nennung der Vertreter aus den einzelnen Fachbereichen ist aus datenschutzrechtlichen Gründen an dieser Stelle nicht zulässig."
     http://www.freizeitbetriebe-wien.at/spielapparatebeirat/wirueberuns.htm

Situation in Niederösterreich:

In Niederösterreich ist zur Zulassung von Glücksspielautomaten das Gutachten einer bzw. eines gerichtlich beeideten Sachverständigen erforderlich, dass dieser Automat den Vorgaben des Gesetzes entspricht. Dies gilt seit der letzten Novelle des Spielautomatengesetzes aus dem Juni 2006, mit der der Betrieb von Glücksspielautomaten legalisiert wurde.[10] Der Anlass dieser Legalisierung ist die Genehmigung von 2.500 Automaten einer Tochterfirma des Konzerns Novomatic für den Betrieb in sogenannten „Video Network Terminals", die die Landesregierung fälschlicherweise nach dem Niederösterreichischen Veranstaltungsgesetz im Sommer 2005 ausgesprochen hatte. Dies geschah unter offensichtlicher Verkennung des Glücksspielcharakters der Automaten (Landtag von Niederösterreich 2006a, 2006b, 2006c, 2006d, 2006e, 2006f, 2006g), die als solche in Niederösterreich im Jahr 2005 nicht genehmigungsfähig gewesen sind (§3 NÖ Spielautomatengesetz, VwGH 2006a). Dieser inhaltlich falsche Verwaltungsakt war nicht wieder rückholbar und damit gültig geworden (VwGH 2006b nach Landtag von Niederösterreich 2006f). ÖVP und SPÖ erklärten im Zuge der parlamentarischen Diskussion der Novelle des Niederösterreichischen Glücksspielautomatengesetzes die notwendige Reglementierung der solcherart seit Sommer 2005 betriebenen 2.500 Glücksspielautomaten zum wesentlichen Grund der Legalisierung.[11] Diesen Automaten wurde im Gesetz eine einjährige Übergangsregelung (Bestandsschutz) eingeräumt, nach deren Ablauf sie einer neuen Bewilligung zum fortgesetzten Betrieb durch die Landesregierung bedurften (Landtag von Niederösterreich 2006f). Mehreren parlamentarischen Anfragen zu neuen Bewilligungsanträgen für diese 2.500 Automaten, deren Betriebserlaubnis im Sommer 2007 abgelaufen war, wurde von den zuständigen Mitgliedern der Landesregierung explizit die Antwort verweigert. Dies gilt auch für die Frage, welche Gutachten zum Beleg der Rechtmäßigkeit der

---

[10]   Maximal dürfen im Jahr 2010 in Niederösterreich 1.800 Glücksspielautomaten bewilligt werden.
Glücksspielautomaten-Höchstzahlverordnung 2006.
Landtag von Niederösterreich 2009.

[11]   Dieser gesamte Vorgang wird kontrovers bewertet. Zum einen wird dem einen Sachbearbeiter Entgegenkommen bzw. sogar gezielt pflicht- und gesetzeswidriges Verhalten zu Gunsten des Konzerns Novomatic vorgehalten (unterlassene Einbeziehung der Vorgesetzten, verspätete Aufnahme von Gutachten in die Akten, telefonische Absprachen mit leitenden Novomatic-MitarbeiterInnen, etc.) und zum anderen wird dieses SachbearbeiterInnenverhalten in eine Gesamtstrategie eingeordnet, mit der die die politisch Verantwortlichen genötigt werden sollten, zur Reglementierung der so eingeführten Glücksspielautomaten die grundsätzliche Legalisierung solcher Automaten zu betreiben.
Landtag von Niederösterreich 2006g.

betriebenen Automaten vorgelegt wurden (Landtag von Niederösterreich 2007a, 2007b, 2007c).

Aus diesen niederösterreichischen Geschehnissen ergeben sich mehrere Aspekte, die bei der Bewertung der gesetzesmäßigen Nutzung der Ausnahmeregelung des § 4 Abs. 2 GSpG durch die Länder zu berücksichtigen sind: Zunächst muss festgehalten werden, dass offensichtlich entgegen der landesgesetzlichen Regelung in Niederösterreich Glücksspielautomaten durch die Landesverwaltung genehmigt wurden. Sodann muss beurteilt werden, wie der fortgesetzte Betrieb der Glücksspielautomaten in den Jahren 2007ff. durch die Landesverwaltung hingenommen oder gerechtfertigt wird. Schließlich rückt die grundsätzliche Frage in den Mittelpunkt, wie eine Situation beendet werden kann, in der eine Landesverwaltung – ob unbewusst oder bewusst – durch ihr Handeln gegen die §§1 und 3 GSpG verstößt und mit der Fortgeltung eines materiell unrechtmäßigen Verwaltungsaktes den §168 StGB leerlaufen lässt. Diese Frage stellt sich über den konkreten niederösterreichischen Anlass hinaus. Denn jede materiell falsche landesrechtliche Genehmigung eines Glücksspielautomaten, der nicht die Grenzen des § 4 Abs. 2 GSpG einhält, als eines gesetzeskonformen, verstößt gegen § 1 GSpG. Schlussendlich steht die Frage im Raum, wie eine effektive parlamentarische Kontrolle des exekutiven Handelns vollzogen werden kann, wenn die Landesverwaltung Auskunftsersuchen der ParlamentarierInnen zu ihren Entscheidungsgrundlagen nicht nachkommt.

Aus dem Gesetzesvollzug in der Steiermark und Kärnten ergeben sich keine zusätzlichen Fragen dieser grundsätzlichen Art.

Zusammenfassend ist festzustellen, dass die legislativen und exekutiven Verfahren in der Vergangenheit – in einigen Bundesländern Österreichs – offensichtlich nicht sichergestellt haben, dass die Bestimmungen der Regelung des § 4 Abs. 2 GSpG sinngemäß umgesetzt wurden, deren Berechtigung als Ausnahmeregelung gerade auch in der spielerschützenden Etablierung dieser Einsatz- und Gewinngrenzen lag. Vielmehr haben die beschriebenen Verfahren und geschilderten Abläufe zum tausendfachen Betrieb von Glücksspielautomaten geführt, die mit Landesrecht materiell nicht vereinbar waren.

3.1.2 Spieler- und Jugendschutz – gesetzliche Regelungen bis August 2010

Dem Jugendschutz kommt in der Suchtprävention eine wesentliche Bedeutung zu. Ein früher Einstieg in den Konsum psychoaktiver Substanzen bzw. der frühe Beginn mit suchtfördernden Verhaltensweisen steht in Zusammenhang mit früheren und stärkeren Schädigungen durch diese Stoffe bzw. das Verhalten und einem erschwerten Ausstieg aus einer beginnenden oder gar fortgeschrittenen Suchterkrankung. Junge Erwachsene sind durch die Gefahren des Glücksspiels besonders gefährdet (BZgA 2008, BZgA 2010). Deshalb ist der Jugendschutz elementarer Bestandteil effektiven Spielerschutzes.

Zum Spieler- und Jugendschutz bei Glücksspielen existieren in Österreich keine bundesweit einheitlichen, spielübergreifenden Regelungen, stattdessen gibt es einzelne spiel- und länderspezifische Vorgaben.

Spielerschutz

• Das GSpG (in der bis zum August 2010 geltenden Fassung)[12] enthält folgende bundesweit gültige Regelungen:

• Die Spielbedingungen für die Spiele des Konzessionärs nach §14 hinsichtlich der Ausspielungen (§§ 6 bis 12b) müssen in den Vertriebsstellen zur Einsicht ausliegen (§16 Abs. 1).

• Spielbanken:

  ◦ Der Besuch der Spielbanken ist nur Volljährigen gestattet. Der Nachweis hat durch die Kontrolle des Lichtbildausweises zu erfolgen. Der Spielbankbesuch muss dokumentiert und diese Information sowie die der Ausweisdaten für mindestens fünf Jahre festgehalten werden (§25 Abs. 1).

  ◦ Wenn bei Staatsangehörigen eines Mitgliedstaates der Europäischen Union oder eines Staates des Europäischen Wirtschaftsraumes „die begründete Annahme" „entsteht", dass ihre Spielweise in der Spielbank das Existenzminimum gefährdet (§25 Abs. 3), besteht die Pflicht zur Recherche der Einkommenssituation der SpielerInnen.

  ◦ Eine ausdrückliche rechtliche Pflicht zur Aufmerksamkeit gegenüber dem Spielverhalten der Kundschaft existiert nicht.

  ◦ Bestätigt sich die begründete Annahme auf Gefährdung des Existenzminimums (Recherche über eine unabhängige Einrichtung, die Bonitätsauskünfte erteilt), hat die Spielbank ein Beratungsgespräch mit der Spielerin oder dem Spieler durch besonders geschulte MitarbeiterInnen zu führen. Dort soll auf die Gefahren des Spiels und die Gefährdung des Existenzminimums hingewiesen werden. Auch sollen Informationen über Beratungseinrichtungen angeboten werden.

  ◦ Setzt die Spielerin bzw. der Spieler anschließend das Spiel in unveränderter, existenzgefährdender Form fort (Häufigkeit, Intensität) oder hat das Beratungsgespräch verweigert, ist die Spielbank verpflichtet, „ihm

---

[12] Zu den neuen suchtpräventiven Regelungen siehe Kapitel 3.1.3 und Kapitel 11.2 (Teil E: Integrative Analyse).

den Besuch der Spielbank dauernd oder auf eine bestimmte Zeit zu untersagen oder die Anzahl der Besuche einzuschränken" (§25 Abs. 2 Z 1b).

○ Bleibt die Suche nach aussagekräftigen unabhängigen Auskünften zum Einkommen erfolglos, ist das Gespräch mit der betreffenden Spielerin bzw. dem betreffenden Spieler zu suchen. Auch hier sollen die Gefahren des Spiels und die Gefährdung des Existenzminimums erläutert und Informationen über Beratungseinrichtungen angeboten werden; zusätzlich soll die Einkommenssituation erkundet werden. Bestätigt sich so die Annahme des existenzgefährdenden Spiels oder die Spielerin bzw. der Spieler verweigert ein Gespräch oder die Auskunft zu seinen Einkünften, ist die Spielbank verpflichtet, „ihm den Besuch der Spielbank dauernd oder auf eine bestimmte Zeit zu untersagen oder die Anzahl der Besuche einzuschränken" (§25 Abs. 2 Z 2c). In dieser Konstellation gibt es also keine Möglichkeit für die Spielerin oder den Spieler, ein geändertes Spielverhalten unter Beweis zu stellen.

○ Verletzt die Spielbank ihre gerade geschilderten Recherche-, Beratungs- und Befragungspflichten nach §25 Abs. 3 Z1 und Z2 und beeinträchtigt eine Spielerin oder ein Spieler ihr bzw. sein Existenzminimum durch fortgesetztes Spiel in der Spielbank, haftet die Spielbank für das Existenzminimum. Dies gilt nicht, wenn der Spielbank „bei der Erfüllung ihrer Pflichten nur leichte Fahrlässigkeit vorwerfbar ist" (§25 Abs. 3) oder die Spielerin bzw. der Spieler im Beratungsgespräch keine oder offensichtlich falsche Angaben macht.

○ Bei der Werbung haben die „Konzessionäre und Bewilligungsinhaber" „bei ihren Werbeauftritten einen verantwortungsvollen Maßstab zu wahren" (§56 Abs. 1), offen bleibt allerdings, wie diese Bestimmung inhaltlich auszufüllen ist.

In den vier Bundesländern, die das Spielen an Geldspielautomaten in den Grenzen des GSpG zulassen, gelten unterschiedliche Anforderungen an den Betrieb der Geräte bzw. den Spielablauf, die im Zusammenhang mit dem Spielerschutz stehen (siehe die folgende Übersicht). Sie beruhen alle auf dem jeweiligen Landesrecht.

Tabelle 3.1: Spielerschutzregeln der Bundesländer zum Automatenspiel ("Kleines Glücksspiel")

Kärnten[1]

- Mindestspieldauer: 5 Sekunden

- kein Einsatz für ein nachfolgendes Spiel vor dem Ende des laufenden

- keine Anzeige von Zwischenergebnissen, die den Wert von 20 Euro übersteigen

Niederösterreich[2]

- Möglichkeit des Verbots von Spielhallen an stark frequentierten und insbesondere von Jugendlichen aufgesuchten Orten

- nur in Spielhallen sind Geldspielautomaten erlaubt

- Pflicht zur Ausweiskontrolle in Spielhallen

- Beobachtungs-, Nachforschungs-, Aufzeichnungs-, Warn- und Sperrpflichten für Spielhallenbetreiber (analog zu Spielbank national)

Steiermark[3]

- keine Unterscheidung zwischen Glücksspiel- und Geschicklichkeitsautomaten, sobald um Geld gespielt wird

- keine Anzeige von Zwischenergebnissen, die den Wert von 20 Euro übersteigen

- kein Einsatz für ein nachfolgendes Spiel vor dem Ende des laufenden

Wien[4]

- Angabe der Gewinnchancen auf dem Automat

- Mindestabstand von 150 Metern zwischen Schulen, Horten oder Jugendzentren und Spielhallen

1   Kärntner Veranstaltungsgesetz §5.
2   Niederösterreichisches Spielautomatengesetz §§6f.
3   Steiermärkisches Veranstaltungsgesetz, §§5ff.
4   Wiener Veranstaltungsgesetz, §15

Jugendschutz

Auch für den Schutz der Kinder und Jugendlichen gelten beim Glücksspiel je nach Bundesland unterschiedliche Regeln, denn eine nationale Regelung gibt es nicht (Bundesministerium für soziale Sicherheit, Generationen und Konsumentenschutz, Jugendschutzgesetze der Länder). Der Aufenthalt in Spielhallen ist Jugendlichen allerdings bis zum vollendeten 18. Lebensjahr in allen Ländern verboten. Die hierzu in Oberösterreich, Salzburg und Vorarlberg fehlenden Regelungen werden durch das grundsätzliche Verbot des "Kleinen Glücksspiels" in diesen Ländern kompensiert (siehe Tabelle 3.2). Der Aufenthalt von Kindern und Jugendlichen in Wettbüros (und damit nach herrschender Meinung auch das Spielen von Wetten) ist mit Ausnahme der Länder Kärnten, Steiermark und Tirol in der überwiegenden Anzahl der Länder ebenfalls erst ab 18 Jahren gestattet. Für die drei explizit genannten Länder aber gilt: Es gibt keine Altersbeschränkung für die Teilnahme an Wetten, die in Österreich nach herrschender Meinung auch nicht als Glücksspiele klassifiziert werden (siehe Kapitel 3.1.1.3).

Tabelle 3.2: Altersgrenzen beim Glücksspiel in den Landesjugendschutzgesetzen

	Burgenland	Kärnten	Niederösterreich	Oberösterreich	Salzburg	Steiermark	Tirol	Vorarlberg	Wien
Aufenthalt in Spielhallen („Kleines Glücksspiel")	18	18	18			18	18		18
Aufenthalt an Orten, an denen (überwiegend) GS angeboten werden				18	18				18
Benutzung von GS-Automaten				18					
Teilnahme an GS				18	18	18			18
Teilnahme an Lotto, etc.				14	*	*			
Teilnahme an Tombola, Glückshafen, Juxausspielung				*	*				*
Aufenthalt an Orten mit mehr als 2 Spielapparate, die einen Geldgewinn versprechen									14
Aufenthalt in Wettbüros	18		18	18	18			18	18
Benutzung von Unterhaltungsspielapparaten						15			
Aufenthalt an Orten, an denen (überwiegend) Spiele um Geld durchgeführt werden				18	18				18
landesrechtliches Verbot des „Kleinen Glücksspiels"	•			•	•		•	•	

* ausdrücklich im Gesetz erwähnt, keine Altersbegrenzung.

Lesebeispiel: In Niederösterreich müssen junge Menschen mindestens das 18. Lebensjahr vollendet haben, um sich in Spielhallen aufhalten und an den Glücksspielautomaten spielen zu dürfen. Da die vorstehende Tabelle eine Positivliste ist, kann ihr entnommen werden, dass es in Kärnten zu der Frage Aufenthalt und Spiel in Wettbüros keine ausdrückliche Regelung im Jugendschutzgesetz gibt.

Mit dem Aufenthaltsverbot geht nach herrschender Meinung auch ein Spielverbot einher.

Für die Glücksspiele, die nach dem GSpG als Ausspielung veranstaltet werden – Lotto, Sofortlotterien, Toto, Bingo, etc. (siehe Kapitel 3.1.1.1) –, hat allein Oberösterreich ein Mindestalter von 14 Jahren eingeführt. Rechtlich stellt sich hier die Frage, ob das Bundesland Oberösterreich mit der eigenen (Jugendschutz-)Regelung in nationales Recht (GSpG ohne Altersbegrenzung) eingreifen kann. In Salzburg und der Steiermark werden diese Spiele in den Jugendschutzgesetzen zwar summarisch erwähnt, es wird aber ausdrücklich auf die (faktisch ja nicht vorhandenen) nationalen Regelungen verwiesen. Gleichzeitig existieren in Salzburg, der Steiermark, Oberösterreich und Wien zusätzliche Regelungen in den Jugendschutzgesetzen, die Kindern und Jugendlichen unter 18 Jahren die Teilnahme an Glücksspielen grundsätzlich verbieten. Selbstverständlich sind Ausspielungen Glücksspiele: Deshalb müsste auch hier juristisch geklärt werden, inwieweit die parallelen Regelungen zu den Ausspielungen und allen Glücksspielen miteinander kollidieren, sich substituieren oder die Ausspielungen privilegieren.

Neben den rechtlichen Vorgaben zum Spieler- und Jugendschutz lassen sich einzelne Spielerschutzregeln benennen, mit denen einige Anbieter in der Praxis über die gesetzlichen Verpflichtungen hinaus gehen. So ist in den Automatensalons (WINWIN; VLTs – siehe Kapitel 3.2.1.3.) von Casinos Austria (CASAG) und Österreichische Lotterien (ÖL) die Volljährigkeit zur Teilnahme erforderlich. Beim Betrieb der Automaten in diesen Automatensalons werden Hinweise auf die bereits verstrichene Spieldauer eingeblendet. Nach 2 ½ Stunden ununterbrochenen Bespielens schalten sich diese Geräte automatisch ab. Beim Internetangebot der Konzessionäre CASAG und ÖL (win2day) sind die Volljährigkeit und eine Registrierung zur Teilnahme erforderlich, es bestehen Einzahlungs- und Zeitlimits.

3.1.3 GSpG-Novelle 2010

Das Bundesfinanzministerium hat im Herbst 2008 einen Gesetzentwurf zur Änderung des GSpG vorgelegt („GSpG-Novelle 2008"), der wesentliche Änderungen an der bisherigen Rechtslage formulierte. Zur Begründung verwies das Bundesfinanzministerium auf die Veränderung des österreichischen Glücksspielmarktes, neue elektronische Entwicklungen, Richtlinien und Rechtsprechung der Europäischen Union, verbesserungswürdige Regelungen beim Automatenglücksspiel in Länderkompetenz und begriffliche Unklarheiten sowie unklare Zuständigkeitsregelungen im geltenden Recht. Als Ziele der Novelle wurden herausgestellt: der Jugendschutz, der Schutz von SpielerInnen sowie ihren Familien, Rechtsklarheit und -sicherheit, die Steuerung der Verteilung der Glücksspielangebote über die Republik, die effiziente Kontrolle der Einhaltung der gesetzten Regeln und der faire Wettbewerb zwischen den Anbietern von Glücksspielen (Bundesministerium für Finanzen

2008). Bis Anfang Dezember 2008 sollten von Betroffenen und ExpertInnen dazu schriftliche Stellungnahmen abgegeben werden.[13]

Nach zweijähriger Diskussion – die eine zum Teil heftige Auseinandersetzung in Öffentlichkeit und Parlament einschloss – hat der Nationalrat (16. Juni 2010) das GSpG mit Zustimmung des Bundesrates (22. Juli 2010) novelliert. Die Veränderungen des nationalen Glücksspielgesetzes und des Finanzausgleichgesetzes sind im Juli und August 2010 im Bundesgesetzblatt als GSpG-Novelle 2008 bzw. 2010 veröffentlicht worden (Nationalrat 2010, Bundesgesetzblatt 2010a, Bundesgesetzblatt 2010b).[14]

Im Folgenden werden die wesentlichen Inhalte der Novelle überblicksartig vorgestellt:

- Beibehaltung des Glücksspielmonopols beim Bund,
- Beibehaltung der Lizenzierung von Ausspielungs- und Spielbankanbietern durch den Bund,
- Beibehaltung der Definition von Glücksspielen als solche, „bei denen Gewinn und Verlust ausschließlich oder vorwiegend vom Zufall abhängen",
- Aufnahme einzelner Glücksspiele (u. a. Poker), die in der Vergangenheit durch die Obergerichte zu Glücksspielen erklärt wurden, in eine „Glücksspiel-Positivliste" des GSpG, die des Weiteren noch die klassischen Kasino-Lebendspiele enthält,
- Aufnahme einer Regelung, die alle Ausspielungen, die nicht ausdrücklich konzessioniert oder ausdrücklich vom Bundesmonopol ausgenommen sind, verbietet,
- Aufnahme der Bindung der Konzessionsvergabe für die Ausspielungen auch an die Beachtung der Spielerschutzregelungen,
- Beibehaltung der gezielten Ausklammerung bestimmter Glücksspielautomaten aus dem Bundesglücksspielmonopol zugunsten der Möglichkeit der Länder über den Betrieb dieser in ihren Hoheitsgrenzen zu entscheiden,
- und damit Beibehaltung eines dreigeteilten Glücksspielautomatenmarktes: Automaten in durch den Bund lizenzierten Spielbanken, in durch den Bund lizenzierten Video-Lottery-Terminals (VLTs), in durch die Länder lizen-

---

13 Auf dieser Internetseite wird das parlamentarische Verfahren des Jahres 2008 dokumentiert, alle offiziellen Stellungnahmen sind hier nachzulesen: http://www.parlament.gv.at/PG/DE/XXIV/ME/ME_00003/pmh.shtml

14 Einen Einstieg in den Überblick über das gesamte parlamentarische Verfahren bietet die Parlamentsdokumentation im Internet: http://www.parlament.gv.at/PAKT/VHG/XXIV/I/I_00657/index.shtml#tab-Parlamentarisches Verfahren

zierten Automatensalons bzw. als Einzelaufstellungen („Landesausspielungen mit Glücksspielautomaten").

- Ausweitung des Kasinoangebots: Vergabe von bis zu 15 Spielbankenkonzessionen und einer gesonderter Pokerkasinokonzession,

- Verpflichtung der Spielbanken, ihre MitarbeiterInnen zur Spielsucht zu schulen,

- Privilegierung einzelner bestehender gewerblicher Poker-Angebote,

- Einführung eines „Bundesrechenzentrums", mit dem alle Glücksspielautomaten der Landesausspielungen und der VLTs vernetzt werden,

- Verbot für Minderjährige, an Glücksspielautomaten zu spielen,

- Neusetzung detaillierter Regeln für Glücksspielautomaten in VLTs und bei „Landesausspielungen mit Glücksspielautomaten" für die Bereiche: Betrieb, Zutritt und Spielablauf.

Anschließend werden die neuen Regeln für das Glücksspielautomatenspiel jenseits der Spielbanken erläutert. Sie gelten grundsätzlich auch für VLTs, auf Ausnahmen wird hingewiesen.[15] Diese neuen Regeln stellen Mindestanforderungen dar, die die Länder, die Automaten in Landesaufstellung genehmigen, einzuhalten haben. Sie können aber auch weitergehende Anforderungen an die Bewilligungsbewerber formulieren.

- Betrieb:

  ○ festgelegte räumliche Abstände zwischen den VLTs, zwischen den Automatensalons und zu den Spielbanken sind einzuhalten (dies gilt weder für bestehende VLTs und bestehende Automatensalons, noch für neue Automaten, die als „Landesausspielungen mit Glücksspielautomaten" in Einzelaufstellung genehmigt werden, noch für Entfernungen zwischen VLTs und Automatensalons),

  ○ für jeden Standort eines Automatensalons ist eine Bewilligung der Aufsichtsbehörde erforderlich,

  ○ Deckelung der Anzahl maximal genehmigungsfähiger Automaten in Landesaufstellung (gilt nicht für VLTs) in Abhängigkeit von der Bevölkerungszahl des Bundeslandes: 600 EinwohnerInnen je Gerät in Wien,

---

[15] Im neuen §12a GSpG wird die Geltung der Absätze 3 bis 6 des §5 für die VLT bestimmt. Damit gelten die Regeln für den Spielerschutz, den Betrieb und den Zutritt für die Automaten in Landesaufstellung und die VLT gleichermaßen. Allerdings regeln die Abs. 3 bis 6 des §5 die Vorschriften z. T. differenziert für die Automatensalons auf der einen und die einzeln aufgestellten Automaten auf der anderen Seite. Die eindeutige Zuschreibung der für die Salons vorgesehenen Regeln auf die VLT fehlt im GSpG.

1.200 EinwohnerInnen je Gerät in allen anderen Bundesländern; hier bestehen lange Übergangsfristen bis Ende 2014 bzw. Ende 2015,

- Betrieb von VLT-Automaten sowie Automatensalons in Landesaufstellung mit mindestens zehn und maximal 50 Automaten, Einzelaufstellung (Landesaufstellung) bedeutet maximal drei Geräte,

- Vergabe der Bewilligung zum Betrieb von Automaten in Landesaufstellung an maximal drei verschiedene Betreiber pro Bundesland,

- Vorlage eines Konzeptes über die Schulung der MitarbeiterInnen im Umgang mit Spielsucht und über die Zusammenarbeit mit Spielerschutzeinrichtungen (gilt nicht für Automaten in Landeseinzelaufstellung),

- „Teilnahme (…) an einer Austauschverpflichtung von Daten über Besuchs- und Spielsperren oder -beschränkungen zwischen Glücksspielanbietern", die vom Bundesgesetzgeber noch geschaffen werden muss; gilt nicht für Automaten in Einzelaufstellung,

- Vorlage eines technischen Gutachtens, das die Einhaltung der festgelegten Bestimmungen versichert,

- kein Angebot anderer Glücksspiele als der bewilligten an den Standorten.

• Zutritt:

- Einrichtung eines Zutrittsystems in Automatensalons und VLT-Standorten, das gewährleistet:

  – Einlass nur für Volljährige, die ihre Identität durch amtlichen Ausweis nachgewiesen haben,

  – Festhalten der Identitätsdaten und Verwahren dieser für mindestens fünf Jahre,

- Einrichtung eines Identifikationssystems bei Automaten in Landesaufstellung in Einzelaufstellung, das gewährleistet:

  – Spielen an den Automaten nur für Volljährige (kein Nachweis der Identität durch amtlichen Ausweis erforderlich),

  – Ausstellung einer individualisierten Spielerkarte mit Lichtbild, vermerktem Geburtsdatum und Namen durch den Bewilligungsinhaber, die die absolvierten Spielteilnahmen dokumentiert,

  – Ermöglichung der Begrenzung der Spielzeiten,

  – den Umlauf immer nur einer funktionsfähigen Spielerkarte, auf die die vormaligen Spielteilnahmen bei Neuausstellung einer Karte übertragen werden.

- Einrichtung eines „Warnsystems mit abgestuften Spielerschutzmaßnahmen" – von der Information bis zur Sperre der Spielerin bzw. des Spielers – in Abhängigkeit vom „Ausmaß der Besuche" (Automatensalons) bzw. „vom Ausmaß der Spielzeiten" (Einzelaufstellung) der Spielteilnehmerin oder des Spielteilnehmers,

- Verpflichtung der Automatensalonleitung zur Recherche über die Bonität und finanziellen Verhältnisse der SpielerInnen, deren Spielverhalten die begründete Annahme bewirkt, dass dieses Spielverhalten (Häufigkeit, Intensität) das Existenzminimum gefährdet.

- Verpflichtung zur Recherche bei unabhängigen Einrichtungen und bei Bestätigung der Annahme auf Gefährdung des Existenzminimums zur Führung eines Gesprächs durch besonders geschulte MitarbeiterInnen mit der Spielerin oder dem Spieler,

- Verpflichtung zur Beschränkung der Besuche oder zur Sperre der Spielteilnahme bei anhaltendem, unveränderten Spielverhalten nach dem Gespräch,

- Einräumung eines Klaganspruches der pathologischen Spielerin bzw. des pathologischen Spielers gegen den Betreiber des Automatensalons bei vollständigem Versagen dieser Beratungs- und Sperrpflichten auf das Existenzminimum, (Verfahren analog zum Vorgehen, zu dem die Spielbanken verpflichtet sind),

- Verpflichtung zur Recherche mit den beschriebenen Konsequenzen gilt nicht für Betrieb von Automaten in Einzelaufstellung.

- Spielablauf:
  - „Anzeige der mathematisch ermittelten Gewinnausschüttungsquote des jeweiligen Spielprogramms bei der gewählten Einsatzgröße am Glücksspielautomat": für Automaten in Salons und in Einzelaufstellung werden unterschiedliche Korridore festgelegt, in denen sich die „Gewinnausschüttungsquote" bewegen muss (Salons: 85 bis 95 Prozent; Einzelaufstellung: 82 bis 92 Prozent),
  - Verbot von Spielinhalten mit „aggressiven, gewalttätigen, kriminellen, rassistischen oder pornographischen Darstellungen",
  - Ausweitung der maximalen monetären Leistungen (Einsatz) je Spiel auf 10 Euro (Salon) bzw. 1 Euro (Einzelaufstellung),
  - Ausweitung des maximal möglichen Gewinns je Spiel auf 10.000 Euro (Salon) bzw. 1.000 Euro (Einzelaufstellung),

- Festlegung der minimalen Dauer je Spiel auf eine (Salon) bzw. zwei (Einzelaufstellung) Sekunde(n),

- Vorgabe der gesonderten Auslösung jeden Spiels,

- Verbot parallel laufender Spiele auf einem Automaten bei gleichzeitiger Erlaubnis unterschiedlicher Einsätze auf mehrere „Gewinnlinien" eines Spiels,

- Verbot der Einsatz- oder Gewinnsteigerung durch Begleitspiele vor, während oder nach dem Spiel,

- Verbot von Jackpots,

- selbsttätige Abschaltung eines Automaten nach zweistündiger, ununterbrochener Bespielung (nicht gültig bei Einzelaufstellung),

- Ausschluss längeren Spielens als 180 Minuten an Automaten in Einzelaufstellung innerhalb von 24 Stunden (gilt nicht in Salons).

• Neuschaffung einer Stelle durch das Bundesministerium für Finanzen (BMF) (unter Beiziehung des Bundesgesundheitsministeriums) zur „inhaltlichen, wissenschaftlichen und finanziellen Unterstützung des Spielerschutzes".

• Neuregelung der Besteuerung der Glücksspiele:

- Konzessionsabgabe, die dem Bund zufällt, bleibt erhalten,

- Einführung einer Glücksspielabgabe, die dem Bund zufällt,

- die Glücksspielabgabe erfasst:

- Ausspielungen mit Glücksspielautomaten,

- elektronische Lotterien,

- befreit von der Glücksspielabgabe sind:

- Glücksspiele in Spielbanken,

- elektronische Lotterien, für die eine Konzessionsabgabe erhoben wird,

- auf Grundlage vormals geltenden Landesrechts bewilligte Glücksspielautomaten („Kleines Glücksspiel"),

- Verbot der doppelten Erhebung von Steuern oder Abgaben durch die Länder auf den Betrieb von Glücksspielen,

- Einführung der Möglichkeit für die Länder, Zuschläge von bis zu 150 Prozent auf die Glücksspielabgabe des Bunds zu erheben (Zuschlagsabgabe) und diese Landeseinnahmen mit ihren Gemeinden zu teilen,

° Einführung von Ausgleichzuweisungen vom Bund an die Länder, die die Einnahmeverluste der Länder kompensieren sollen, die in der Übergangszeit entstehen, wenn Glücksspielautomaten nach der neuen gesetzlichen Regelung bewilligt und solche nach alter Regelung genehmigte nicht mehr betrieben werden (inklusive garantierter Mindestsummen zwischen 8,4 und 55 Millionen Euro, die der Bund an die Länder Kärnten, Niederösterreich, Steiermark und Wien überweist).

3.2 Der Glücksspielmarkt: Angebot, Umsätze und Nachfrage

Nachfolgend steht die Nachfrage- und Angebotssituation für Glücksspiele in Österreich im Mittelpunkt. Dabei werden Spiele als Glücksspiele identifiziert, die zum einen auch Zufallselemente enthalten, die den Spielverlauf und Ausgang des Spiels maßgeblich beeinflussen können und zum anderen gegen den Einsatz von Geld angeboten werden (vgl. Anhang). Damit wird der Blickwinkel also nicht nur auf die durch das Glücksspielgesetz (GSpG) legal definierten Spiele beschränkt. Betrachtet wird das gewerbliche Angebot, nicht das Glücksspiel im privaten Rahmen. Im Folgenden werden Daten und Fakten zu diesen Spiel(art)en aufgeführt: Lotterien, Roulette, Automatenspiel, Kartenspiele, Sportwetten, Internetspiele. Innerhalb der einzelnen Abschnitte wird auf die Angebotsvielfalt und Vertriebswege eingegangen.

Das Spielangebot wird getrennt dargestellt, was nicht bedeutet, dass dieses immer separat angeboten wird: Vielmehr ist es die Regel, dass an einem Spielort mehrere Spielarten angeboten werden. So sind in den Kasinos das traditionelle Lebend- und das Automatenspiel möglich, in den Video-Lotterie-Terminal-Standorten werden auch die anderen Produkte der Österreichischen Lotterien vertrieben, in den Poker-Kasinos kann teilweise auch Backgammon gespielt werden und in den Wettbüros finden sich häufig auch Spielautomaten.

3.2.1 Angebot terrestrisch

3.2.1.1 Lotterien

Lotterieglücksspiele werden in Österreich sowohl terrestrisch als auch über das Internet vertrieben. Die Österreichischen Lotterien, konzessioniert durch das Bundesfinanzministerium, bieten den SpielerInnen Lotto „6 aus 45", Bingo, Euromillionen, ToiToiToi, Zahlenlotto 1-90, Joker, Rubbellos, Brieflos und Klassenlotterie. Terrestrisch vertrieben werden diese über die österreichweit 3.889 Lotto-Annahmestellen (Stand: 2008). Hinzu kommen Verkaufsstellen, die ein eingeschränktes Angebot vorhalten, so können an weiteren 2.901 Vertriebsstellen Rubbel- und Brieflose gekauft werden. Außerdem können die Produkte der Österreichischen Lotterien an den zwölf Automatensalons (WINWIN; VLTs) gekauft werden. 90 Verkaufsstellen bieten Lose der Klassenlotterie an. Gekauft werden kann eine einzelne Spielteilnahme oder auch eine fortgesetzte (ÖL 2008).

Bei den angebotenen Lotterieprodukten handelt es sich sowohl um „langsame" als auch um „schnelle" Glücksspiele: Rubbellose geben sofort Auskunft über den Misserfolg bzw. Gewinn, ToiToiToi verspricht den täglichen Gewinn,[16] eine Entscheidung bei den Euromillionen wird einmal in der Woche herbeigeführt, das Zahlenlotto 6 aus 45 wird zweimal in der Woche ausgespielt. Die in Aussicht gestellten Gewinne reichen von 50.000 Euro (Rubbellos) über sechsstellige Beträge (Bingo, ToiToiToi, Joker, Brieflos) und Millionenbeträge (6 aus 45) bis hin zu ausgelobten 100 Millionen Euro (Euromillionen).

Diese Lotterieglücksspiele besitzen Auszahlungsquoten von durchschnittlich etwa 50 Prozent (KFP 2009), die Gewinnwahrscheinlichkeiten reichen von beispielsweise 1:45 für einen „Dreier" bis zu 1:8.145.060 für einen „Sechser" im Lotto 6 aus 45. Die Wahrscheinlichkeit auf irgendeinen Gewinn (minimaler Gewinn: 1,50 Euro) bei Euromillionen geben die Österreichischen Lotterien mit 1:24 an. Die Chance, in dieser Lotterie den Hauptgewinn zu erlangen, liegt bei 0,00000001311 (1:76.275.360) (ÖL 2008).

3.2.1.2 Roulette

Das klassische Lebendspiel Roulette wird in den zwölf staatlich lizenzierten Spielbanken des Konzerns Casinos Austria angeboten. Es werden die Formen „French"- und „American"-Roulette angeboten; gespielt wird jeweils mit Jetons, die im Kasino gekauft werden.

Die Gewinnwahrscheinlichkeiten liegen zwischen etwa 3 und 48 Prozent, die Auszahlungsquoten für den getätigten Einsatz variieren zwischen den Faktoren 1 und 35. Die Auszahlungsquote beträgt 97 Prozent.

Der Zugang zum Kasino ist nur nach einer Registrierung möglich, zu der ein amtlicher Lichtbildausweis erforderlich ist. Eingangskontrollen sollen den Zutritt Jugendlicher verhindern. Casinos Austria verspricht ein permanentes Monitoring des Spielverhaltens der Kundschaft (CASAG 2008).

---

[16] „Gewinnen Sie bei ToiToiToi täglich (außer Sonntag). Mehr Einsatz, mehr Gewinn!" win2day.at

3.2.1.3 Automatenspiel

Kasino

In den staatlich lizenzierten Kasinos der Casinos Austria AG (CASAG) sind 1.846 Glücksspielautomaten („Slots") aufgestellt (2008), an denen ohne Einsatz- und Verlustgrenze gespielt werden kann. Einsätze werden entweder bar oder über eine bargeldlose Geldkarte erbracht, auf die im Kasino vom eigenen Konto Geldbeträge aufgebucht werden können. Eingeschoben in das Gerät werden von ihr die Einsätze ab- und mögliche Gewinne aufgebucht. Die Auszahlungsquote der Automaten liegt bei mehr als 90 Prozent (CASAG 2009a).

Seit September 2009 werden außerdem 140 sogenannte „Mega Million Jackpot"-Automaten in den zwölf Kasinos vorgehalten, die (bundesweit) miteinander vernetzt sind und einen Gewinn von mindestens einer Million Euro avisieren (CASAG 2009b).

WINWIN VideoLotterieTerminal (VLT)

Casinos Austria AG und die Österreichischen Lotterien (die hierfür eine Konzession des BMF nach §12a GSpG erhalten haben) betreiben bundesweit miteinander vernetzte Glücksspielautomaten („elektronische Lotterien"), die sie an zwölf „WINWIN"-Standorten anbieten (Tirol, Niederösterreich, Oberösterreich, Salzburg). Dort werden zwischen 50 und 150 Einzelgeräte vorgehalten, die bis zu 45 verschiedene Spiele offerieren. Einsätze sind zwischen 1 Cent und 15 Euro pro Spiel möglich, in bar (Banknoten) oder per „Ticket" (im Vorhinein gekaufte Spieleinsätze, die wie Prepaid-Karten verwendet werden). Der Höchstgewinn liegt bei 26.050 Euro (CASAG 2009c, ÖL 2008). Die Auszahlungsquote dieser Automaten beträgt etwa 90 Prozent (KFP 2009).

„Kleines Glücksspiel"

Glücksspielautomaten, die einen maximalen Einsatz von 50 Cent und maximal avisierten Gewinn in Höhe von 20 Euro pro Spiel erlauben dürfen (§ 4 Abs. 2 GSpG), werden in Wien, Niederösterreich, Kärnten und der Steiermark über landesrechtliche Regelungen legal betrieben. Insgesamt sollen bundesweit etwa 8.000 bis 9.000 Glücksspielautomaten des „Kleinen Glücksspiels" vorhanden sein (Stand: 2009) (KFP 2009). Aufgestellt sind Automaten des „Kleinen Glücksspiels" in Spielhallen („Automatensalons", „Automatenkasinos"), Wettbüros und auch Gaststätten.

Die Automaten offerieren elektronisch gesteuerte Spiele, die per Zufallsgenerator und langfristig über die zuvor eingestellte Auszahlungsquote entschieden werden. Letztere liegt bei etwa 87 Prozent (KFP 2009). Diese Glücksspielautomaten überschreiten z. T. die gesetzlichen Rahmenvorgaben für die maximale Einsatz- und Gewinnhöhe je Spiel (siehe auch Kapitel 3.1.1.4). Dies geschieht, indem das eingesetzte Geld in Punkte umgerechnet wird. Diese werden dann zum Spielen am Gerät verwendet. Über in die Spielabläufe integrierte Multiplikatoren lassen sich sodann hohe Punktwerte einsetzen, die - umgerechnet in reale Cent- und Eurobeträge - den gesetzlichen Rahmen bei weitem überschreiten. Gewinne jenseits der geltenden gesetzlichen Vorgaben werden beispielsweise in sogenannten „zusätzlichen" „Aktion-" oder auch „Super Games" ausgegeben.[17] Teilweise werden solche Gewinne auch vom Personal der Spielstätte ausgezahlt (Spieler-Info.at 2009). In welchem Ausmaß diese zunächst virtuellen Gewinne in der Praxis tatsächlich ihre Umwandlung in reale Werte finden (durch Auszahlung oder Weiterverkauf des „Super Games-" bzw. „Action Games-" Guthabens), kann nicht abgeschätzt werden.

Neben den in den vier genannten Bundesländern grundsätzlich legal betriebenen Glücksspielautomaten nach § 4 Abs. 2 GSpG existieren in allen Bundesländern illegale Geräte. Dieses können entweder gezielt manipulierte, ursprünglich legale Geräte sein, aber auch gezielt fälschlicherweise als Geschicklichkeitsgeräte bei den zuständigen Behörden angemeldete (Nationalrat 2007, Spieler-Info.at 2009). Eine systematische Untersuchung zu diesen illegal betriebenen Glücksspielautomaten liegt nicht vor, so dass nicht abschließend beurteilt werden kann, wie technisch nahe diese Geräte den legal in Wien, Niederösterreich, Kärnten und der Steiermark betriebenen kommen. Exemplarisch werden die bei Testbesuchen in 2008 vorgefundenen illegalen Geräte jedoch benannt (Spieler-Info.at 2009). Insgesamt sollen zwischen 7.000 und 10.000 illegale Glücksspielautomaten existieren (KFP 2009), 3.000 bis 4.500 (Stand: 2009) allein in Oberösterreich (Der Standard 2009, Oberösterreichische Nachrichten 2009), etwa 1.500 (Stand: 2007) in Salzburg (Anonyme Spieler Salzburg 2007). Wie nahe diese Schätzungen der Wirklichkeit kommen, lässt sich kaum überprüfen.

---

[17] Die „Super Games" der Fa. Webak haben einen geldäquivalenten Wert von 10 Euro. Von diesen offeriert der Automat „Golden Island" in Wien und der Steiermark bis zu 998 als zusätzlichen Gewinn zu den GSpG-konformen 20 Euro.
http://www.webak.com/download/DEUTSCH%20Golden%20Island%20
Spielbeschreibung.pdf (4.1.2010)

3.2.1.4 Kartenspiele

Insbesondere das Spiel Poker wird gewerbsmäßig angeboten: in etwa 40[18] sogenannten „Card Casinos" und den zwölf lizenzierten Spielbanken der Casinos Austria AG (Stand: 2009). Hinzu treten weitere Pokerspielstätten, die nicht größeren Anbietern zuzurechnen sind.[19] Sie bieten – z. T. täglich – eigene Turniere und Cash-Games an oder stellen Ort und Dealer gegen Gebühren zur Verfügung.[20] Aufmerksamkeit und Nachfrage werden auch durch überregionale Angebote generiert, so etwa beim Turnier der Casinos Austria, das im Jahr 2008 zeitgleich in zehn Kasinos gestartet und mit einer Finalrunde in Wien beendet wurde. Das Preisgeld betrug mehr als 140.000 Euro (CASAG 2008). Das gewerblich angebotene Pokerspiel erlebte in den vergangenen Jahren einen regelrechten Boom, was sich z. B. an den vorgehaltenen Pokertischen der Casinos Austria ablesen lässt: Waren es im Jahr 2006 lediglich zwölf in ganz Österreich, wuchs ihre Anzahl im Jahr 2008 auf 236 (CASAG 2006, CASAG 2008). Über die Anzahl der insgesamt betriebenen Pokertische aller Anbieter sind keine gesicherten Aussagen möglich, einige Angebote fußen auf mehr als 100 parallel bespielten Tischen (KPÖ 2007). Einsatz- und entsprechend Gewinnhöhen variieren zwischen den verschiedenen Angeboten und reichen bis zum unbeschränkten Einsatz. Die jenseits der zwölf Kasinos gewerblich angebotenen Poker-Veranstaltungen sind laut höchstrichterlicher Rechtsprechung illegales Glücksspiel, werden von den Verwaltungsbehörden aber z. T. geduldet und sind durch die GSpG-Novelle teilweise privilegiert worden (siehe auch Kapitel 3.1.3, Kapitel 3.1.1.2 sowie Teil E: Integrative Analyse).

Die Spielbanken bieten neben dem Poker auch „Black Jack" an. Daneben werden die traditionellen Spiele Schnapsen, Bridge, Skat, Tarock in Turnierform in halb-privatem und auch gewerblichen Rahmen mit einem Preisgeld in bis zu fünfstelliger Höhe veranstaltet.[21]

---

[18] Eine Übersicht nach Bundesländern sortiert bei: www.poker-community.at
[19] Die KPÖ spricht in einer Pressemeldung bereits im Mai 2007 von einigen Hundert Pokerkasinos (KPÖ 2007).
[20] Ein Beispiel aus Wien: http://www.heumuehle.net/index.php
[21] Etwa von der Firma Admiral Sportwetten, die zum Novomatic-Konzern gehört. http://www.sportinwien.tv/day-events/tv/1138.
Ein Beispiel für ein halb-privates Bemühen um die Organisation eines Kartenspielturniers um Geld: http://www.hobbykartenspielerwien.at/cms/index.php?id=2.

3.2.1.5 Würfelspiele

Backgammon wird z. B. in Turnierform landesweit gespielt. Organisiert werden diese Turniere etwa durch die „Austrian Backgammon Association" (ABA 2010). Daneben finden sich in einzelnen Städten lokale Angebote (Wien, Graz, Judenburg, Innsbruck). Auch in den Casinos Austria wird dieses Glücksspiel in Turnierform angeboten.

3.2.1.6 Sportwetten

Wetten auf den Eintritt bestimmter Ereignisse rund um diverse Sportarten können terrestrisch in vielen Wettlokalen abgeschlossen werden. Dies schließt Wetten auf Ereignisse laufender sportlicher Wettbewerbe ein („Live-Wetten"). Neben dem Endergebnis des sportlichen Ereignisses kann auch laufend auf eher nebensächliche Aspekte im fortschreitenden Verlauf des Wettbewerbs gewettet werden (z. B. nächstes Foul oder nächster Eckballschütze).

Sowohl staatliche als auch private Anbieter vertreiben Sportwetten: Das Angebot der Österreichischen Lotterien – tipp3 – wird über die 3.700 Annahmestellen der ÖL, wie auch die WINWIN-Automatenstandorte (und im Internet) vertrieben (Tipp3 2010). Private Wettbüros werden von Einzelpersonen, im Franchise-System (z. B. Kajot Sportwetten) oder auch als Teil eines Glücksspielkonzerns betrieben (z. B. Admiral-Sportwetten, Novomatic). In einigen dieser privaten Wettbüros finden sich auch Geldspielautomaten. Es werden aber auch Sportwetten neben z. B. Pokerturnieren angeboten (Concord Card Casino). Zu den größeren privaten Sportwettenanbietern zählen Phönix Sportwetten, Wettbüro Schwechat, Kajot Sportwetten, cashpoint sportwetten, Concord Card Casino, Admiral Sportwetten (mehr als 180 Filalen), Wettpunkt (65 Filialen), Ambassador Sportwetten (Top Sportwetten GmbH), tipico Sportwetten. Über die österreichweite Gesamtanzahl privater Wettbüros bzw. Wettannahmeschalter sind keine verlässlichen Angaben zu erhalten.

Die Auszahlungsquoten unterscheiden sich zwischen den Anbietern erheblich und reichen von etwa 50 Prozent (tipp3) bis zu 86 Prozent (privat) (KFP 2009).

3.2.2 Angebot im Internet

Über die Internetplattform win2day.at vertreiben die Unternehmen Österreichische Lotterien und Casinos Austria die Produkte Lotto „6 aus 45", Euromillionen, Bingo, ToiToiToi, Zahlenlotto 1-90, Joker, Brieflos, Rubbellos und Klassenlotterie (ÖL 2008, Wirtschaftskammer Österreich 2009). Spielverträge können per Bankeinzug, Kreditkarte oder auch per terrestrisch gekauftem Guthaben (prepaid Geldkarte) abgeschlossen werden. Daneben ist es auf dieser Plattform möglich, sich an virtuellen Kasinospielen zu beteiligen: diverse Roulette-, Poker-, Karten-, Würfel- und Automatenspiele stehen zur Auswahl.

Das Sportwettenangebot der Österreichischen Lotterien – tipp3 – wird online über eine separate Internetseite vertrieben. Hier werden auch weitere Glücksspiele offeriert: Schnapsen und andere Kartenspiele, Backgammon und Weiteres.

Jenseits der staatlich lizenzierten österreichischen Anbieter lassen sich auch in Österreich über das Internet Anbieter aller denkbaren Online-Glücksspiele finden (so etwa Sportwetten, virtuelle Karten-, Würfel-, Kasino- und Automatenspiele). Einige internationale Anbieter, die in der Regel Lizenzen bzw. Registrierungen aus Malta vorweisen, um ihr Angebot zu legitimieren, gehen auf ursprünglich österreichische Unternehmensgründungen zurück (so etwa bwin, interwetten, bet3000).

3.2.3 Umsätze und Nachfrage

Betrachtungen zum finanziellen Volumen des österreichischen Glücksspielmarktes können durch zwei Perspektiven vorgenommen werden: durch die Umsätze der Marktteilnehmer und durch die Ausgaben der SpielerInnen. Für beide Perspektiven liegen aus Österreich Zahlen vor, in beiden Fällen sind die im Folgenden vorgestellten Daten aber zurückhaltend zu interpretieren, da immer Schätzungen, Hochrechnungen und Durchschnittsberechnungen erforderlich sind.[22]

Die Darstellung der Umsätze im österreichischen Glücksspielmarkt bleibt gebunden an die Unsicherheiten bei der Erhebung dieser Zahlen. Während die Umsatz- und Einnahmezahlen einiger Marktteilnehmer teilweise öffentlich verfügbar sind, werden andere gar nicht publiziert.

Neben den so gewonnenen Zahlen für den Gesamtmarkt interessieren die Ausgaben pro Person, besser noch: pro Spieler. Denn Aussagen zum „Durchschnittsösterreicher" schließen immer auch z.B. Kleinkinder und die große Gruppe der Spielabstinenten ein. Für das Jahr 2005 wurde ein Anteil von 41 Prozent aktiver GlücksspielerInnen an der Gesamtbevölkerung für Österreich im Alter von mindestens 14 Jahren ermittelt (KFP 2007). Zu Grunde lag die Frage: „Haben Sie in letzter Zeit Glücksspiel gespielt?", so dass hier also nicht die Lifetime-Prävalenz, sondern eher die 12-Monatsprävalenz abgebil-

---

[22] Im Einzelfall sind Unschärfen der Relationen nicht vermeidbar: So lässt sich aus den Umsätzen nicht in jedem Fall der Teil, der durch Ausländer beim Spielen in Österreich erzielt wurde, herausrechnen, obwohl die Umsätze auf die Anzahl der österreichischen Spieler bezogen werden.

det wird.[23] Bei aller Vorsicht im transnationalen Vergleich kann daher festgehalten werden, dass sich der österreichische SpielerInnenanteil etwa ähnlich groß zeigt wie der in Deutschland: Dort wurden Anteile von 39 Prozent (Buth & Stöver 2008), 49 Prozent (Bühringer et. al. 2007) und auch 55 Prozent (BZgA 2008) für die 12-Monatsprävalenz gemessen. Genauere und aktuelle Ergebnisse für Österreich liefert das Kapitel 6 zur Repräsentativbefragung der hier vorliegenden Studie.

Abbildung 3.1: Durchschnittliche Einsätze und Verluste je SpielerIn bzw. je ÖsterreicherIn für Glücksspiele und Wetten, älter 14 Jahre, 2008, nach Umsätzen der Marktteilnehmer, in Euro, nach eigenen Berechnungen

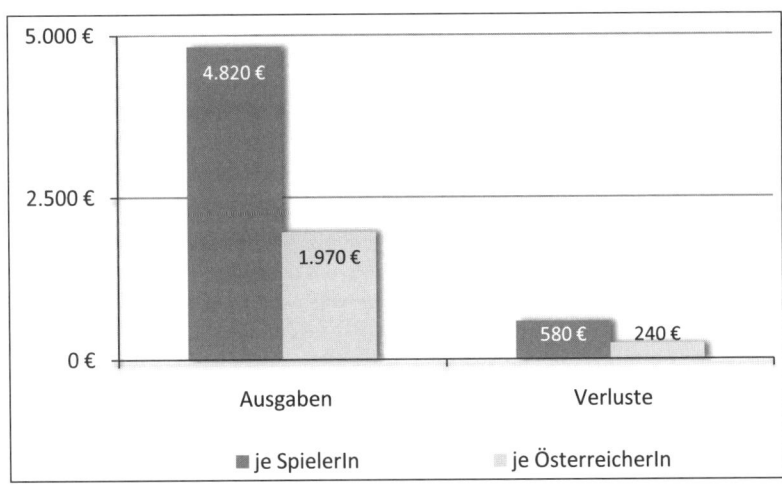

Für das Jahr 2008 wird ein Gesamtumsatz der Glücksspielbranche in Österreich über die angebotenen Spiele und betriebenen Automaten von 13,6 Mrd. Euro berechnet (ÖL 2008, CASAG 2008, KFP 2009, Felderer et. al. 2010). Diesen Einnahmen der Branche stehen nach den wieder ausgespielten Gewinnen die Verluste der SpielerInnen gegenüber: Sie beliefen sich im Jahr 2008 auf 1,6 Mrd. Euro (berechnet über die Ausschüttungsquote von 88 Prozent). Bezogen auf jede/n ÖsterreicherIn ergeben sich so durchschnittliche

---

[23] Die Lifetime-Prävalenz gibt den Anteil einer betrachteten Population an, der mindestens einmal im Leben (Lifetime) das Untersuchungskriterium erfüllt hat, z. B. an einer bestimmten Krankheit erkrankt zu sein oder hier: an einem Glücksspiel teilgenommen zu haben. Die 12-Monats-Prävalenz erfasst den Anteil der betrachteten Population, der in den letzten 12 Monaten das untersuchte Kriterium mindestens einmal erfüllt hat, hier also: am Glücksspiel teilgenommen hat.

Ausgaben von etwa 1.970 Euro per annum für das Glücksspiel.[24] Je SpielerIn summieren sich die Ausgaben auf durchschnittlich etwa 4.820 Euro. Da diese Zahlen statistisch auch die wieder eingesetzten Gewinne enthalten, sind die tatsächlichen Verluste von besonderem Interesse: Durchschnittlich verlor jede/r SpielerIn in Österreich im Jahr 2008 etwa 580 Euro.

Zu Bedenken bleibt, dass Durchschnittswerte nur einen Teil der Wirklichkeit abbilden. Denn das Prinzip des Glücksspiels beruht gerade darauf, die Einsätze der SpielerInnen umzuverteilen: Die ausgeschütteten, hohen Gewinne werden von den Verlusten vieler SpielerInnen finanziert.

Abbildung 3.2: Durchschnittliche Ausgaben je SpielerIn bzw. je ÖsterreicherIn für Glücksspiele und Wetten, älter 14 Jahre, 2008, nach Haushaltsausgaben, in Euro, nach eigenen Berechnungen

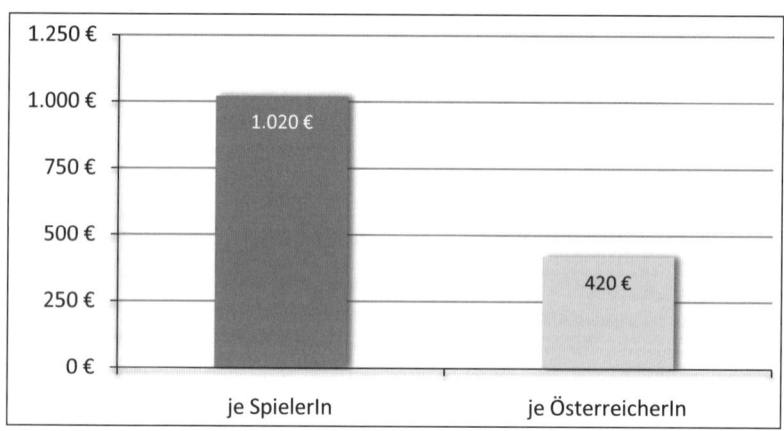

Durch Befragungen zu den Haushaltsausgaben wurden für das Jahr 2008 durchschnittliche Ausgaben von etwa 800 Euro je österreichischem Haushalt für die verschiedenen Glücksspielangebote erhoben (Regioplan 2009a). Das erhebende Institut geht von durchschnittlich 2,3 Personen je Haushalt aus, so dass nach dieser Erhebung pro ÖsterreicherIn im Jahr 2008 durchschnittlich etwa 420 Euro für Glücksspiele ausgegeben wurden. Umgerechnet auf die SpielerInnen ab 14 Jahren ergeben sich auf dieser Berechnungsgrundlage Ausgaben von etwa 1.020 Euro pro SpielerIn und Jahr. Fraglich ist, ob es sich bei diesen Ausgaben um die Verluste oder die Einsätze handelt; letztere könn-

---

[24] Es wird ausgegangen von 8,3 Mio EinwohnerInnen Österreichs (2010); davon ca. 83 Prozent älter gleich 15 Jahren (1998). Tazi-Preve 1999.

ten SpielerInnen mit den Gewinnen verrechnen. Dass es sich bei den so österreichweit hochgerechneten Ausgaben von 2,9 Mrd. Euro um die Umsätze handelt, ist aber unwahrscheinlich. Allein die CASAG veröffentlicht für ihr österreichisches Glücksspielgeschäft für das Jahr 2008 Umsätze in Höhe von 2,7 Mrd. Euro.[25]

Längerfristig konnten für Österreich steigende Glücksspieleinsätze der SpielerInnen verzeichnet werden. Diese Aussage wird sowohl durch die steigenden Umsätze der Glücksspielanbieter als auch die gestiegenen Haushaltsausgaben für das Glücksspiel belegt.

Während die ÖsterreicherInnen im Jahr 2002 noch insgesamt 4,6 Mrd. Euro an Einsätzen bei den verschiedenen Glücksspielanbietern investiert hatten, waren dies im Jahr 2005 bereits 8,2 Mrd. Euro. Im Jahr 2008 war die Summe aller Einsätze mit 13,5 Mrd. Euro etwa dreimal so hoch wie im Jahr 2002 (KFP 2007, Wirtschaftsblatt 2009).

Abbildung 3.3: Umsätze im österreichischen Glücksspiel- und Wettenmarkt in Mrd. Euro, nach Umsätzen der Marktteilnehmer

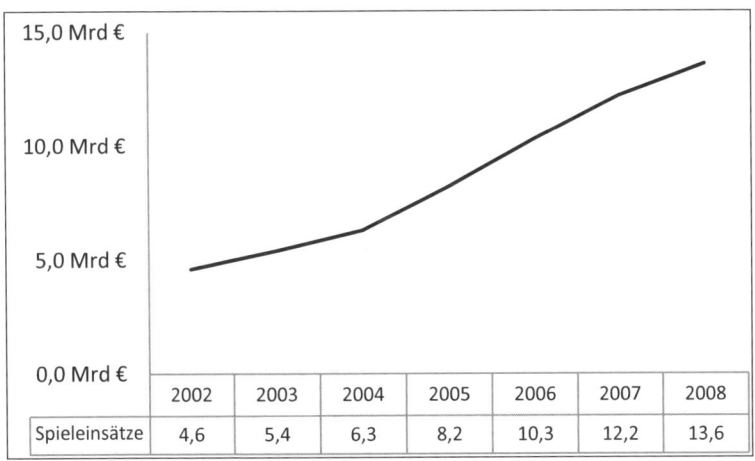

	2002	2003	2004	2005	2006	2007	2008
Spieleinsätze	4,6	5,4	6,3	8,2	10,3	12,2	13,6

Beim Budget für Glücksspiele im Rahmen des Haushaltseinkommens wird ebenfalls eine deutliche Ausgabensteigerung festgestellt. Mit 800 Euro pro Haushalt wurden im Jahr 2008 etwa 30 Prozent mehr als im Jahr 2006 (620 Euro) (Die Presse 2007) für Glücksspiele ausgegeben und sogar „fast doppelt so viel wie noch zur Jahrtausendwende" (Regioplan 2009b).

---

[25] Hier gehen für den Kasinobereich die Bruttospielerträge (Verluste der SpielerInnen) plus Trinkgelder plus Eintrittsgelder als Umsätze in die Gesamtsumme ein (CASAG 2008).

Anbieterspezifisch lässt sich erkennen, dass in den vergangenen Jahren allein die nicht staatlich konzessionierten Anbieter – sei es im terrestrischen Angebot oder im Internet – kontinuierliche und bedeutsame Umsatzzuwächse zu verzeichnen hatten. Die Lizenznehmer im staatlichen Glücksspielmonopol – die Österreichischen Lotterien und die Casinos Austria AG – stagnieren mit ihren österreichischen Angeboten in ihren Umsätzen (Felderer et. al. 2010).

Abbildung 3.4: Umsätze im österreichischen Glücksspiel- und Wettenmarkt in Mrd. Euro, anbieterspezifisch

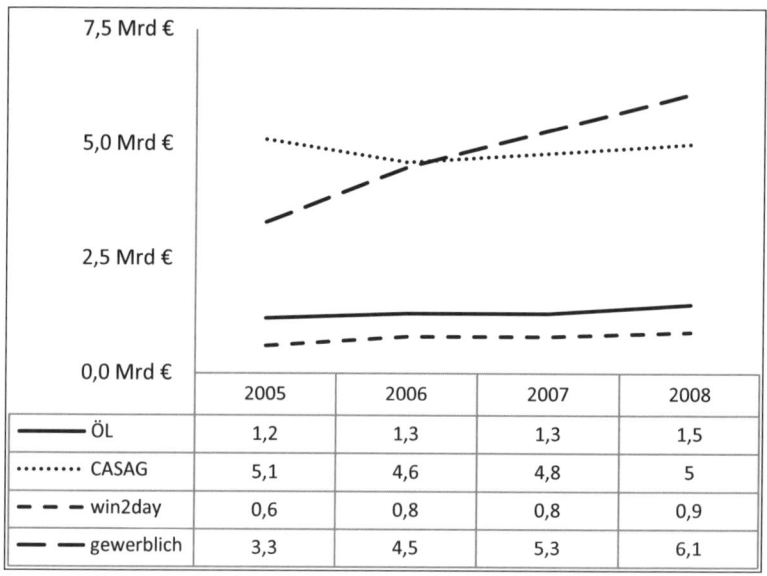

	2005	2006	2007	2008
——— ÖL	1,2	1,3	1,3	1,5
········ CASAG	5,1	4,6	4,8	5
– – – win2day	0,6	0,8	0,8	0,9
——— gewerblich	3,3	4,5	5,3	6,1

Werden hingegen die verschiedenen Glücksspielarten betrachtet, zeigt sich das Bild differenziert (siehe Abbildung 3.5). So verzeichnen die Glücksspielanbieter mit den Lotterien, den terrestrischen Sportwetten und dem Lebend-Kasinospiel keine Umsatzsteigerungen seit dem Jahr 2005. Hingegen haben sich die Umsätze der Online-Glücksspiele seit dem Jahr 2005 mehr als verdoppelt. Auch die Umsätze der Glücksspielautomaten wurden gesteigert: in dem vierjährigen Zeitraum von 2005 bis 2008 um mehr als 60 Prozent (Felderer et. al. 2010).

Abbildung 3.5: Umsätze im österreichischen Glücksspiel- und Wettenmarkt in Mrd. Euro, sektorspezifisch

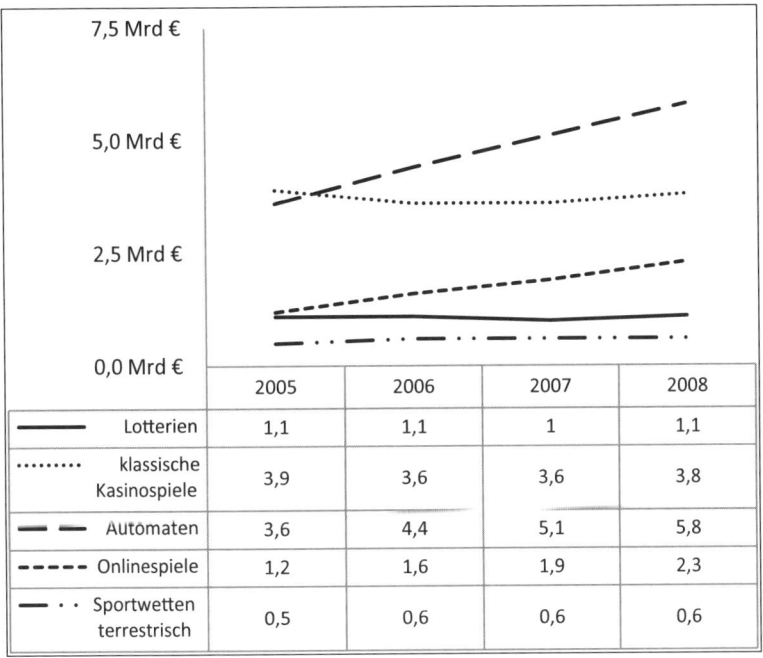

		2005	2006	2007	2008
——	Lotterien	1,1	1,1	1	1,1
··········	klassische Kasinospiele	3,9	3,6	3,6	3,8
— —	Automaten	3,6	4,4	5,1	5,8
- - - - -	Onlinespiele	1,2	1,6	1,9	2,3
— ··	Sportwetten terrestrisch	0,5	0,6	0,6	0,6

4 DAS HILFESYSTEM FÜR PROBLEMATISCHE GLÜCKSSPIELERINNEN

Harald Oechsler

4.1 Zielsetzung und Methodik

Es existiert bis heute kein wissenschaftlicher Überblick über die Versorgung von Personen mit Glücksspielproblemen in Österreich. Dabei geben jüngste Auswertungen über die KlientInnendaten einzelner Suchthilfeeinrichtungen sowie Befragungen von MitarbeiterInnen der Suchthilfe Hinweise auf einen stark ansteigenden Hilfebedarf in diesem Bereich (siehe z. B. Spielsuchthilfe 2010; Körberl & Prettenthaler 2009; BMG 2009; Stiftung Maria Ebene 2010; Steiermärkische Landesregierung 2007). Dieses Kapitel widmet sich daher dem österreichischen Hilfe- und Behandlungsangebot für problematische bzw. pathologische SpielerInnen.

Neben Ausführungen zur generellen Struktur der Versorgung von Personen mit Glücksspielproblemen soll hier erstmals für Österreich ein Überblick über glücksspielspezifische Hilfeangebote im ambulanten und stationären Hilfebereich gegeben werden (Kapitel 4.2). Ferner sollen exemplarisch einige ausgewählte Daten zur Glücksspielklientel aus ambulanten Einrichtungen – der Spielsuchthilfe Wien und der Beratungsstellen des Trägers „Betrifft Sucht und Abhängigkeit" (b.a.s.) in der Steiermark – sowie einer stationären Hilfeeinrichtung – des Sonderkrankenhauses de La Tour in Treffen – dargestellt werden (Kapitel 4.3). Auf dieser Grundlage sollen abschließend einige Empfehlungen für das Behandlungs- und Hilfeangebot für problematische und pathologische SpielerInnen in Österreich formuliert werden (Kapitel 4.4).

In Österreich existieren, bis auf eine Ausnahme, keine regionalen Koordinierungsstellen im Glücksspielhilfebereich, die eine Vernetzung und den Austausch zwischen den in diesem Bereich tätigen Personen forcieren, die Hilfeangebote für GlücksspielerInnen aufeinander abstimmen oder eine einheitliche Dokumentation in Beratung und Behandlung gewährleisten. Auf Landesebene findet sich bisher nur in der Steiermark eine solche Stelle, die „Fachstelle Glücksspielsucht", welche in der Folge des Projektes „Glücksspielsucht – Behandlung in der Steiermark" ins Leben gerufen wurde (Steiermärkische Landesregierung 2007). In den übrigen Bundesländern fehlen jedoch entsprechende Institutionen. Dementsprechend schwierig ist es auch, mit Hilfe solcher übergeordneter Stellen einen umfassenden Überblick über das vorhandene Hilfeangebot zu erhalten. Da darüber hinaus nach derzeitigem Kenntnisstand keine wissenschaftlichen Überblicksarbeiten zum bestehenden Hilfeangebot für GlücksspielerInnen in Österreich existieren, stützt sich die hier vorgelegte Arbeit neben Parlamentsdokumenten und so genannter „grauer Literatur" (z. B. Informationsbroschüren und Jahresberichte von Beratungs- bzw. Behandlungsstellen) vor allem auf Informationen aus dem Internet.

Die empirische Basis für den Überblick über das ambulante Hilfeangebot (Kapitel 4.2.2) bildet eine Recherche auf den Internetseiten von insgesamt 58 Einrichtungen, die angeben, Beratungs- bzw. Behandlungsangebote für problematische oder pathologische SpielerInnen vorzuhalten (siehe Tabelle 4.2 auf Seite 115).[1] Die Informationen zum Hilfeangebot auf den Internetseiten dieser 58 Einrichtungen wurden systematisch EDV-gestützt erfasst und ausgewertet.[2]

Da zu den stationären Angeboten, die zugleich weniger stark verbreitet sind als die ambulanten,[3] nicht ausreichend Informationen auf den jeweiligen Internetauftritten erhältlich waren, wird die nähere Beschreibung des stationären Angebots exemplarisch anhand einer spezialisierten Einrichtung vorgenommen (Sonderkrankhaus de La Tour, Kapitel 4.2.3.). Wie im Kapitel zum ambulanten Angebot wird aber auch hier die geografische Verteilung der neun wichtigsten stationären Therapieangebote dargestellt.[4]

---

[1] Insgesamt 52 der einbezogenen Einrichtungen wurden anhand einer vom Bundesministerium für Gesundheit (BMG) veröffentlichten Liste von Hilfeangeboten im Glücksspielbereich identifiziert. Diese Liste wurde von MitarbeiterInnen des Anton Proksch Instituts in Wien erstellt und im Rahmen einer Anfragebeantwortung durch das Bundesministerium für Gesundheit veröffentlicht (siehe BMG 2009). Ergänzt wurde diese Liste außerdem auf Grundlage eigener Internetrecherchen durch sechs weitere Einrichtungen.

[2] Berücksichtigt wurde jeweils der Stand zum 01. Juni 2010.

[3] Dies ist der Beschaffenheit des bestehenden Suchthilfesystems geschuldet, in welchem die ambulante Beratung als erste spezialisierte Anlaufstelle im Hilfesystem gilt und nur im Falle einer Komorbidität oder einer besonderen Schwere der Suchterkrankung eine Weitervermittlung in eine stationäre Therapie erfolgt (vgl. z. B. Haller et al. 2005; Steiermärkische Landesregierung 2007).

[4] Insgesamt acht dieser Einrichtungen wurden anhand einer Liste identifiziert, die in einer Anfragebeantwortung des Bundesministeriums für Gesundheit, Familie und Jugend (BMGFJ 2007) veröffentlicht wurde. Aus diesen acht Einrichtungen sowie einer weiteren Einrichtung aus Oberösterreich stammen laut BMGFJ insgesamt 80 Prozent der im Rahmen der Diagnosen- und Leistungsdokumentation (DLD) der österreichischen Krankenanstalten gemeldeten Haupt- und Zusatzdiagnosen zum pathologischen Spielen. Die Klinik in Oberösterreich wird in diesem Überblick jedoch nicht berücksichtigt, da aus dieser nur Meldungen über Zusatzdiagnosen, nicht aber über Hauptdiagnosen zum pathologischen Spielen bekannt sind. Ergänzt wurde die erwähnte Liste schließlich durch eine weitere stationäre Einrichtung

Es sei schließlich darauf hingewiesen, dass GlücksspielerInnen neben den hier betrachteten spezialisierten ambulanten und stationären Beratungs- und Behandlungsstellen auch weitere Hilfeangebote wahrnehmen können, so z. B. im Rahmen der hausärztlichen Behandlung, bei niedergelassenen PsychotherapeutInnen oder in der Familien-, Erziehungs- und Schuldenberatung. Ziel dieser Arbeit ist es jedoch, vor allem jene Einrichtungen zu betrachten, die innerhalb des österreichischen Suchthilfesystems ein spezifisches Angebot für Menschen mit Glücksspielproblemen vorhalten.

Was die empirische Datenlage zur Hilfe und Behandlung im Glücksspielbereich betrifft, ist die besondere Leistung jener Einrichtungen hervorzuheben, die eigenständig KlientInnen- und Behandlungsdaten erheben, auswerten und der Öffentlichkeit zur Verfügung stellen. Während nämlich beispielsweise im Bereich der österreichischen Drogenhilfe ein einheitliches Dokumentationssystem zur Erhebung von KlientInnen- und Behandlungsdaten existiert (DOKLI), ist die Fachöffentlichkeit im Glücksspielbereich auf die Initiative einzelner Einrichtungen angewiesen.[5] Folglich ist es auch nicht möglich, die Gesamtsituation der in Österreich in Beratung bzw. Behandlung befindlichen SpielerInnen anhand von Daten einer einheitlichen Suchthilfedokumentation darzustellen. Stattdessen wird im Kapitel zu den KlientInnendaten exemplarisch auf ausgewählte und öffentlich zugängliche Auswertungen ambulanter Einrichtungen (Spielsuchthilfe Wien, zwölf Beratungsstellen der b.a.s. in der Steiermark) sowie einer stationären Einrichtung (Sonderkrankenhaus de La Tour in Treffen) zurückgegriffen.

4.2 Das Hilfe- und Behandlungsangebot

4.2.1 Zur Struktur des Hilfesystems im Glücksspielbereich

Der weit überwiegende Teil problematischer und pathologischer SpielerInnen in Österreich wird in ambulanten Einrichtungen des Hilfesystems beraten bzw. behandelt, ein geringerer Anteil nimmt jedoch auch stationäre Hilfeangebote in Anspruch. Dabei kann, wie Behandlungsdaten aus Suchthilfeeinrichtungen zeigen, die erste Anlaufstelle der Hilfesuchenden auch außerhalb des klassischen Suchthilfesystems, also z. B. bei niedergelassenen ÄrztInnen, klinischen PsychologInnen oder PsychotherapeutInnen in freier Praxis ver-

---

(Psychosomatisches Zentrum Eggenburg), die auf einer späteren, vom BMG veröffentlichten Liste enthalten ist (BMG 2009).

[5]   Lediglich im stationären Bereich werden im Rahmen der Diagnosen- und Leistungsdokumentation (DLD) der österreichischen Krankenanstalten Diagnosen zum pathologischen Spielen erfasst. Demnach waren im Jahr 2008 134 Personen mit der Hauptdiagnose „pathologisches Spielen" in stationärer Behandlung.

ortet werden (vgl. BMGFJ 2007). Im Falle einer auf pathologisches Spielen lautenden Diagnose ist grundsätzlich auch eine Behandlung in einer psychologischen bzw. psychotherapeutischen Praxis möglich – Ende 2007 waren laut Bundesministerium für Gesundheit, Jugend und Familie insgesamt 5.449 klinische PsychologInnen und 6.378 PsychotherapeutInnen in Österreich registriert (ebd.). Dieses Behandlungsangebot soll jedoch in der folgenden Betrachtung, die sich auf die Einrichtungen des klassischen Suchthilfesystems (ambulante Suchtberatungs- und Behandlungsstellen, Selbsthilfegruppen und stationäre Therapieeinrichtungen) konzentriert, nicht weiter berücksichtigt werden. Innerhalb des klassischen Suchthilfesystems durchläuft die/der Hilfesuchende idealtypischer Weise die folgenden Stationen:

(Erst-)Beratung

Erste Station im Hilfesystem ist in der Regel die ambulante Erstberatung, die meist kostenlos und auf Wunsch auch anonym durchgeführt wird. Nach Informationen von SuchthilfemitarbeiterInnen aus der Steiermark müssen Hilfesuchende in der Regel vier bis sechs Wochen auf den ersten Termin warten. Zudem können Termine aufgrund von Kapazitätsengpässen, anders als häufig im Beratungsprozess nötig, maximal alle zwei Wochen, oft aber nur alle drei Wochen durchgeführt werden (Steiermärkische Landesregierung 2007).

Ziel der Beratung ist zunächst eine Anamnese des Spielverhaltens, eine Abklärung der Behandlungsmotivation sowie eine Entscheidungsfindung bezüglich einer adäquaten Therapie. Diese erfolgt in der Regel nach einem mehrdimensionalen Ansatz und beinhaltet die parallele Nutzung verschiedener Angebote (vgl. Horodecki 2009; Steiermärkische Landesregierung 2007; Haller et al. 2005).

Im Falle der Entscheidung für eine stationäre Therapie kann in einer ambulanten Beratungs- und Behandlungsstelle im Anschluss an die Beratung die Vorbereitung auf eine stationäre Therapie beginnen. Ebenso kann nach einem erfolgreichen stationären Aufenthalt die Nachsorge bzw. Rückfallprophylaxe im Rahmen der ambulanten Beratung stattfinden (vgl. Haller et al. 2005).

Liegt, wie es beim Erstkontakt häufig der Fall ist, eine aktuelle Krisensituation vor (z. B. eine Suizidgefährdung, Existenz bedrohende Schulden oder auch justizielle Probleme als Folge von Beschaffungskriminalität), kann die Beratung auch in Form einer Krisenintervention zur Bearbeitung dieser dringenden Probleme beginnen. Wenn entsprechende Kapazitäten vorhanden sind, kann diese innerhalb der Beratungsstelle selbst geleistet werden, häufig erfordert dies aber die Vermittlung an andere Stellen, wie z. B. psychiatrische Kliniken, Schulden-, oder Rechtsberatungen sowie eine weitergehende Kooperation mit diesen (vgl. Haller et al. 2005; Horodecki 2009).

Neben der Vermittlung in Therapien und weitere Beratungsangebote (insbesondere die Schuldnerberatung) kann die/der KlientIn auch in Selbsthilfegruppen vermittelt werden. Meist ist dies der Fall in einer späteren Behandlungsphase, zu welcher bereits eine gewisse Stabilisierung erreicht worden ist (Steiermärkische Landesregierung 2007). Zum Teil sind die Selbsthilfegruppen, in denen sich Betroffene untereinander und gleichberechtigt austauschen können, auch direkt an Beratungs- oder Behandlungsstellen angeschlossen bzw. finden in deren Räumlichkeiten statt.

Nicht zuletzt bestehen in den Beratungsstellen auch eigenständige Beratungsangebote für Angehörige von Personen mit einer Suchtproblematik. Diese sind im Glücksspielbereich von besonderer Bedeutung, da häufig die Angehörigen von problematischen bzw. pathologischen SpielerInnen ebenfalls unter den Spielfolgen leiden. Dies ist unter anderem der Fall bei Schulden, die von Menschen mit Glücksspielproblemen angehäuft werden, bei den häufig berichteten Vertrauensbrüchen von Seiten der SpielerInnen oder auch bei Selbstvorwürfen auf Seiten der Angehörigen (vgl. Horodecki 2009; Haller et al. 2005; Steiermärkische Landesregierung 2007). Nach Leisieur und Custer (1984) ziehen ProblemspielerInnen in der Regel zwischen 10 und 15 Personen in Mitleidenschaft, darunter Familienangehörige, aber auch Freunde und Arbeitgeber.

Ambulante und stationäre Therapie

Die am stärksten verbreitete Therapieform für problematische bzw. pathologische SpielerInnen ist die ambulante psychotherapeutische Behandlung. In bestimmten Fällen jedoch, z.B. beim Auftreten weiterer psychischer Störungen bzw. einer Suchtmittelabhängigkeit in Kombination mit der Glücksspielproblematik oder nach erfolglos verlaufenen ambulanten Therapien, kann auch eine stationäre Therapie erforderlich sein. Diese beinhaltet intensive psycho- und soziotherapeutische Maßnahmen und dauert in der Regel 8 bis 12 Wochen (vgl. Horodecki 2009). Zudem ist auch eine medizinische bzw. medikamentöse Therapie pathologischer SpielerInnen möglich. Diese kommt zum einen bei der Behandlung von Komorbiditäten, wie z.B. affektiven Störungen zum Einsatz. Zum anderen kann parallel zur Psychotherapie eine medikamentöse Therapie mit Anti-Craving-Substanzen angeboten werden, wenn die psychotherapeutischen Maßnahmen allein nicht zum gewünschten Erfolg führen (Haller et al. 2005). Die Wartezeiten für eine stationäre Therapie liegen in der Regel bei zwei bis drei Monaten (BMG 2009) und häufig werden die ProblemspielerInnen auf einer Station zusammen mit Alkoholkranken bzw. in gemeinsamen Therapiegruppen mit diesen behandelt (Steiermärkische Landesregierung 2007).

Zusätzlich zur Einzeltherapie stehen auch Angebote der Paar- oder Familientherapie zur Verfügung, die sich zugleich an Menschen mit Glücksspielproblematik sowie deren Angehörige richten. Diese Form der Therapie erhält auch aufgrund der oben angedeuteten, besonderen Belastung, der Angehörige von SpielerInnen ausgesetzt sind, eine besondere Bedeutung im Bereich der Glücksspielsuchthilfe (Haller et al. 2005; Steiermärkische Landesregierung 2007).

Ferner spielen therapeutische Gruppenangebote eine wichtige Rolle im Hilfeangebot für problematische bzw. pathologische SpielerInnen. Im Gegensatz zu den Selbsthilfegruppen werden diese Gruppen von einem/r oder mehreren TherapeutInnen geleitet und moderiert. Dabei gelten unter ExpertInnen insbesondere geschlossene, strukturierte und spezifisch auf die Glücksspielproblematik zugeschnittene SpielerInnengruppen als besonders geeignet (vgl. z.B. Sinn-Kleber 1994; Meyer & Bachmann 2005, Scholz 2010). Neben Gruppenangeboten für die ProblemspielerInnen selbst existieren im Übrigen auch therapeutisch geleitete Angehörigengruppen, in denen der Austausch zwischen Mitbetroffenen angeregt und ein Umgang mit dem Suchtproblem der Partnerin bzw. des Partners, aber auch mit den eigenen Bedürfnissen gelernt werden soll.

Finanzierung

Die Kosten für stationäre Behandlungen werden von den Krankenkassen getragen, insofern eine chefärztliche Bewilligung der Therapie vorliegt (vgl. Horodecki 2009). Die ambulanten Angebote für problematische bzw. pathologische SpielerInnen in den Beratungs- und Behandlungsstellen sind hingegen in vielen Fällen kostenlos. Die Finanzierung der einzelnen Einrichtungen scheint sich hier allerdings sehr unterschiedlich zu gestalten. Während z.B. Körberl und Prettenthaler (2009) im Rahmen einer Befragung von vier steiermärkischen Einrichtungen zu dem Ergebnis kommen, dass diese im Jahr 2006 im Durchschnitt zum größten Teil aus Landesmitteln finanziert wurden (85 %),[6] ist die Schaffung und Aufrechterhaltung anderer glücksspielbezogener Angebote nur durch Gelder der Glücksspielindustrie möglich. So bedanken sich beispielsweise der Vorstand und das Team der ältesten österreichischen Hilfeeinrichtung im Glücksspielbereich, der Spielsuchthilfe Wien, in ihrem Tätigkeitsbericht für das Jahr 2008 bei den Glücksspielunternehmen „Austrian Gaming Industries", „Casinos Austria AG", „Österreichischen Lotterien", „Concord Card Casinos" für die Zusammenarbeit und finanzielle Unterstützung. Außerdem heißt es dort weiter: „Wir hoffen in Zukunft eben-

---

[6] Insgesamt setzt sich die Finanzierung dort folgendermaßen zusammen: 85 Prozent Landesmittel, 9 Prozent Bundesmittel, 3 Prozent Gemeindemittel, 1 Prozent Mittel des Sozialhilfeverbands und 1 Prozent Eigenmittel.

falls auf eine gute Zusammenarbeit und einen seit längerer Zeit erwarteten finanziellen Beitrag zur Beratung und Therapie Glücksspielsüchtiger von Seite der öffentlichen Stellen" (Spielsuchthilfe Wien 2009).

4.2.1.1 Ambulantes Hilfeangebot

Geografische Verteilung

Es folgt ein Überblick über das ambulante Hilfeangebot im Glücksspielbereich. Die geografische Verteilung der insgesamt 58 in die Betrachtung einbezogenen Beratungs- und Behandlungsstellen ist der Abbildung 4.1 zu entnehmen. Dabei fällt insbesondere die Häufung von Einrichtungen in der Steiermark, Tirol und im Burgenland auf, welche vor allem auf das Angebot dreier regionaler Träger zurückgeht: „Betrifft Sucht und Abhängigkeit" (b.a.s.) in der Steiermark, „Beratung, Information, Nachsorge" (B.I.N.) in Tirol und der Psychosoziale Dienst (PSD) im Burgenland. Dagegen scheint insbesondere in weiten Teilen Nieder- und Oberösterreichs, den beiden bevölkerungsstärksten Bundesländern nach Wien, glücksspielspezifische Hilfe nicht immer in zumutbarer Entfernung verfügbar zu sein. Abschließend sei angemerkt, dass in fast allen größeren Städten jeweils mehrere Angebote für ProblemspielerInnen vorhanden sind: Vier in Wien, drei in Graz und jeweils zwei in Linz, Salzburg und Villach.

Abbildung 4.1: Geografische Verteilung der ambulanten Hilfeangebote

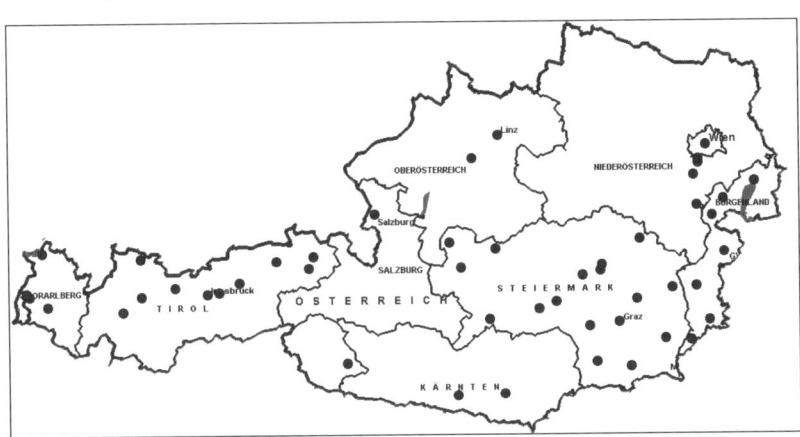

Bei der großen Mehrheit der Einrichtungen (66 %) handelt es sich laut Informationen auf den jeweiligen Internetauftritten um so genannte integrierte Suchtberatungs- bzw. Behandlungsstellen. Diese halten neben Angeboten für

SpielerInnen auch solche für Abhängige legaler und illegaler Drogen vor. Rund jede fünfte Einrichtung richtet sich neben SpielerInnen auch an Abhängige legaler Drogen (21 %) – dies betrifft vor allem die Beratungsstellen des Vereines B.I.N. in Tirol – und etwa jede siebte Einrichtung verfügt über ein Suchthilfeangebot, das ausschließlich für problematische und pathologische SpielerInnen bestimmt ist (14 %). Von diesen glücksspielspezifischen Beratungs- und Behandlungsstellen sind je zwei in den Bundesländern Kärnten, Oberösterreich und Salzburg ansässig und je eine in Niederösterreich und Wien.

In den nun folgenden Auswertungen zum Angebot der ambulanten Beratungs- und Behandlungsstellen werden nur jene 49 Einrichtungen berücksichtigt, auf deren Internetauftritten nähere Angaben zum Hilfeangebot für problematische und pathologische SpielerInnen zu finden sind. Aus diesem Grund werden insbesondere die Beratungsstelle „Clean" in Bludenz (Vorarlberg), die Spielsuchtambulanz in Salzburg sowie alle sieben Einrichtungen aus dem Burgenland (PSD Burgenland) nicht in die weiteren Betrachtungen mit einbezogen. Dies heißt auch, dass aus Mangel an Information im Folgenden keine Aussagen zur ambulanten Versorgung von ProblemspielerInnen im Burgenland gemacht werden können.

Ambulante Beratung

Insgesamt geben alle 49 Einrichtungen an, eine Beratung für ProblemspielerInnen anzubieten sowie gleichzeitig eine Angehörigenberatung vorzuhalten. Somit stehen in allen Bundesländern, für die auf Grundlage der vorhandenen Daten Angaben gemacht werden können, Beratungsstellen für Personen mit einer Glücksspielproblematik sowie für deren Angehörige zur Verfügung. Zusätzlich bestehen zum Zwecke der Information in allen Bundesländern die Vorbetreuungsangebote des Grünen Kreises. Auch die Möglichkeit, sich unabhängig vom Wohnort telefonisch beraten zu lassen, ist gegeben, so z. B. über die Helpline der Spielsuchthilfe Wien, die Spielsucht-Helpline in Graz oder die Helpline „Glücksspielsucht" der Medizinischen Universität Wien[7]. Knapp ein Drittel der betrachteten Einrichtungen gibt zudem an, Online-Beratungen für SpielerInnen anzubieten (31 %).[8]

In insgesamt fünf Einrichtungen werden laut Informationen auf der Hompage Kriseninterventionen in akuten Notlagen durchgeführt. Möglich ist dies in Brunn am Gebirge (Niederösterreich), Frastanz (Vorarlberg), Wien und in zwei Einrichtungen in Villach (Kärnten). Ein häufiges akutes Problem von

---

[7] Zur Helpline der MUW siehe auch Zanki & Fischer 2010.
[8] Daten zur Inanspruchnahme ihrer Online-Beratung hat die Spielsuchthilfe Wien veröffentlicht (Spielsuchthilfe Wien 2010).

Personen mit einer Glücksspielproblematik ist die Verschuldung. Hier geben insgesamt sechs Einrichtungen an, konkrete Hilfe im Rahmen einer eigenen Schuldenberatung innerhalb der Einrichtung zu leisten. Dies ist jeweils einmal in Nieder- und Oberösterreich, in Salzburg, Vorarlberg und in Wien der Fall.

Wie bereits erwähnt, liegt eine weitere Aufgabe der ambulanten Einrichtungen in der Vermittlung in und der Vorbereitung auf die stationäre Therapie sowie in der Nachsorge im Anschluss an eine solche Behandlung. Etwa die Hälfte aller Einrichtungen gibt an, eine Vermittlung in die stationäre Therapie bzw. die darauffolgende Nachsorgearbeit zu leisten (51 %). Angeboten wird dies in allen in die Betrachtung einbezogenen Bundesländern.

Selbsthilfegruppen

Selbsthilfegruppen bilden neben den Beratungs- und Behandlungsstellen eine weitere wichtige Säule im ambulanten Hilfesystem für problematische und pathologische SpielerInnen. Der Selbsthilfegedanke äußert sich unter anderem darin, dass sich Betroffene unter ihresgleichen, d. h. in der Regel in Abwesenheit therapeutischen Personals über Erfahrungen, Probleme sowie mögliche Lösungsansätze austauschen und sich gegenseitig in ihrem Abstinenzziel bestärken. Dies schließt allerdings nicht aus, dass Selbsthilfegruppen für SpielerInnen direkt an Beratungsstellen angeschlossen sein können bzw. Treffen in deren Räumlichkeiten abhalten können. Dies ist der Fall in insgesamt vier Einrichtungen: in Brunn am Gebirge (Niederösterreich), Graz (Steiermark), Linz (Oberösterreich) und Salzburg. Eine enge Zusammenarbeit gibt es ferner zwischen dem Verein B.I.N. und der Selbsthilfegruppe „Contra Gambling" in Innsbruck (Tirol). Eine Selbsthilfegruppe für Angehörige von problematischen SpielerInnen ist zudem in Salzburg ansässig. Auf Grundlage des untersuchten Informationsmaterials kann schließlich ein Mangel an Selbsthilfeangeboten insbesondere in Kärnten, Vorarlberg und Wien konstatiert werden. Auch im österreichweiten Verzeichnis des Selbsthilfeunterstützungsprojekts SIGIS (Service und Information für Gesundheitsinitiativen und Selbsthilfeorganisationen) konnten keine glücksspielspezifischen Selbsthilfegruppen in diesen Bundesländern oder dem Burgenland ausfindig gemacht werden (FGÖ 2004).

Ambulante Therapie

Knapp zwei Drittel der betrachteten Beratungs- und Behandlungsstellen im ambulanten Bereich verfügen neben einem Beratungsangebot auch über therapeutische Angebote für problematische und pathologische SpielerInnen (65 %). Allerdings fehlen laut der vorliegenden Daten derartige Angebote in Tirol und Salzburg. Im letztgenannten Bundesland dürfte dieses Defizit durch die Eröffnung der Spielsuchtambulanz an der Christian Doppler Klinik in Salzburg behoben sein, mangels näherer Informationen zum Angebot kann dies jedoch nicht bestätigt werden.

Eine ambulante psychiatrische bzw. medizinische Behandlung von patholo-gischen SpielerInnen ist im Vergleich zum psychotherapeutischen Angebot hingegen eher die Ausnahme: Nur zwei Einrichtungen in Wien bieten diese Form der Behandlung an.

Um einerseits der besonderen Belastung von Angehörigen problematischer SpielerInnen gerecht zu werden und andererseits ein stabiles Umfeld für die Betroffenen zu gewährleisten, besteht in einigen Einrichtungen ebenfalls die Möglichkeit der Paar- oder Familientherapie. Dieses Angebot, welches von 41 Prozent der betrachteten Einrichtungen vorgehalten wird, ist allerdings nur in Kärnten, Niederösterreich, der Steiermark und Wien zu finden.

Neben der Einzel-, Paar- und Familientherapie bilden gruppentherapeutische Angebote einen weiteren Schwerpunkt in der Behandlung von Personen mit Glücksspielproblemen. Zwar gibt ein Drittel der untersuchten Einrichtungen auf ihren Internetseiten an, gruppentherapeutische Angebote vorzuhalten, da-bei handelt es sich jedoch nur bei fünf der insgesamt 16 Angebote um die von ExpertInnen favorisierten, spezifisch auf die Bedürfnisse von Glücksspiele-rInnen ausgerichteten Angebote.[9] Während in Brunn am Gebirge (Nieder-österreich), Linz (Oberösterreich), Klagenfurt, Villach (beide Kärnten) und Wien jeweils ein therapeutisches Gruppenangebot für ausschließlich prob-lematische bzw. pathologische SpielerInnen existiert, handelt es sich bei den übrigen Angeboten meist um Gruppen, in denen SpielerInnen zusammen mit Personen behandelt werden, die andere stoffungebundene Suchtprobleme, oder aber Probleme mit legalen Drogen wie Alkohol oder Medikamenten aufweisen. Erwähnt sei außerdem, dass auf Basis der vorliegenden Daten für Salzburg und Tirol kein wie auch immer geartetes therapeutisches Gruppen-angebot gefunden werden konnte.

Neben Personen mit eigenem Glücksspielproblem können auch mitbetroffene Angehörige Hilfe in therapeutischen Gruppen finden. Solche glücksspielspe-zifische therapeutische Angehörigengruppen finden sich laut Internetauftritt in jeweils einer Einrichtung in Ober- und Niederösterreich sowie in Wien. Weitere, jedoch nicht glücksspielspezifische Gruppenangebote für Angehö-rige bestehen laut Angaben der Einrichtungen in den übrigen betrachteten Ländern, mit Ausnahme von Salzburg und Tirol. Insgesamt geben 22 Prozent

---

[9]   Zur ExpertInnenmeinung siehe den Abschnitt „Ambulante und stationäre Therapie" in Ka-pitel 4.2.1.

der betrachteten Einrichtungen an, Angehörigengruppen, ganz gleich in welcher Form, anzubieten.

Schließlich existieren neben therapeutischen SpielerInnen- und Angehörigengruppen auch Freizeitgruppen für ProblemspielerInnen. Ein solches Angebot halten jeweils eine Einrichtung in Kärnten und eine in Niederösterreich vor. Zudem besteht für Hilfe suchende ProblemspielerInnen in der Steiermark die Möglichkeit, eine offene Informations- und Motivationsgruppe zu besuchen. Eine solche Gruppe hat unter anderem den Vorteil, dass sie aufgrund ihrer Offenheit einerseits Interessierten den Zugang zu einer Gruppe erleichtert und dadurch zugleich andererseits eher geschlossene Therapiegruppen entlastet bzw. dort eine zu starke Fluktuation verhindert (vgl. Meier & Bachmann 2005).

4.2.1.2 Stationäres Hilfeangebot

Geografische Verteilung

Wie Abbildung 4.2 verdeutlicht, findet sich in jedem Bundesland außer dem Burgenland und Oberösterreich mindestens eine stationäre Einrichtung, in der Menschen mit der Hauptdiagnose „Pathologisches Spielen" nach ICD-10 behandelt werden.[10] In Kärnten und Wien existieren jeweils zwei Angebote dieser Art.

Abbildung 4.2: Geografische Verteilung der stationären Hilfeangebote

---

[10] Aus Oberösterreich sind lediglich Meldungen über PatientInnen mit der Zusatzdiagnose „Pathologisches Spielen" bekannt (vgl. BMGFJ 2007). Das bedeutet, dass bei diesen Personen eine andere Problematik als die des Glücksspiels im Zentrum der Behandlung steht.

Exemplarische Darstellung des Therapieangebots und -konzepts im Sonderkrankenhaus de La Tour

Da stationäre Angebote im Vergleich zu ambulanten Einrichtungen für ProblemspielerInnen in weit geringerem Maße vertreten sind und sich zudem nur Informationen zu stationären Angeboten im Internet finden lassen, wird im Folgenden einer anderen Methodik als der im obigen Abschnitt nachgegangen. Hier wird exemplarisch das Therapieangebot und -konzept des Sonderkrankenhauses da La Tour in Treffen (Kärnten) vorgestellt. Diese Einrichtung, die seit 1987 auf die Behandlung von pathologischen SpielerInnen spezialisiert ist, stellt laut BMG die häufigste stationäre Anlaufstelle für Menschen mit Glücksspielproblemen dar (2007).

Als Kriterien für die Aufnahme einer stationären Therapie nennt Prof. Dr. Scholz, Leiter des Sonderkrankenhauses de La Tour, eine massive Beeinträchtigung der Lebensgestaltung der SpielerInnen, eine zunehmende psychische Beeinträchtigung, soziale Desintegration sowie eine potentielle Entlastung des sozialen Umfelds durch die stationäre Therapie. Darüber hinaus kann eine stationäre Therapie beim Vorliegen einer Glücksspielproblematik in Kombination mit substanzbezogenen Suchtproblemen oder anderen psychischen Störungen sowie beim Scheitern vorheriger ambulanter Therapien angezeigt sein (Scholz 2010).

Das Behandlungskonzept des Sonderkrankenhauses de La Tour wird als individuell, integrativ und verlaufsorientiert beschrieben. Es beinhaltet drei Behandlungsphasen, die im Folgenden kurz beschrieben werden sollen (Quantschnig & Scholz 2006).

In der Vorbereitungsphase findet zunächst eine Bestandsaufnahme der Glücksspielproblematik statt, außerdem wird die Behandlungsmotivation des Patienten bzw. der Patientin abgeklärt und eine Entscheidung über die Form der anschließenden Behandlung getroffen.

Nach einer in der Regel zwei- bis dreimonatigen Wartezeit erfolgt eine acht- bis zehnwöchige intensive stationäre Therapie (stationäre Behandlungsphase). Diese beinhaltet zunächst eine Motivations- und Verhaltensanalyse, in welcher unter anderem individuelle Behandlungsziele formuliert, Einstellungsänderungen gegenüber dem Glücksspiel erzielt und Einsicht in die bestehende Abhängigkeit gewonnen werden sollen. Innerhalb dieser Phase folgt in einem weiteren Therapieabschnitt eine Prozessanalyse, in deren Folge es im Idealfall zu einer Veränderung kommt. Inhalt dieses Abschnitts ist es, ein für die/den SpielerIn plausibles Erklärungsmodell für das problematische Spielverhalten zu entwickeln, Problembewältigungsstrategien zu erarbeiten und ein stabiles Selbstbild zu entwerfen, um künftige Rückfälle zu vermeiden. Ebenso wie in der vorhergehenden Phase ist es ein weiteres Ziel, bei der

Patientin oder dem Patienten Motivation für die weitere Therapie bzw. die Nachbehandlung zu erzeugen.

Die zweijährige poststationäre Phase dient der weiteren Stabilisierung der psychischen und sozialen Situation der PatientInnen in einem ambulanten Rahmen. Dabei geht es unter anderem um die Aufrechterhaltung der Abstinenzmotivation, die Rückfallprävention und, sofern nötig, um die Einleitung einer Krisenintervention.

Neben einzeltherapeutischen Angeboten besteht im Sonderkrankenhaus de La Tour auch die Möglichkeit zur Paar- und Familientherapie. Ein Schwerpunkt der Behandlung liegt jedoch auf der Gruppenarbeit, die in auf die individuellen Probleme der SpielerInnen zugeschnittenen Gruppen stattfindet. Zusätzlich besteht die Möglichkeit, an Angeboten der Beschäftigungs- und Kreativtherapie, der Sport und Bewegungstherapie, der Kneipptherapie sowie an Angeboten zum Erlernen von Entspannungstechniken teilzunehmen. Nicht zuletzt befindet sich auch eine Sozialberatung vor Ort, in deren Rahmen beispielsweise Maßnahmen zur Schuldenregulierung oder zur beruflichen Wiedereingliederung eingeleitet werden können bzw. generell Unterstützung in sozialen Fragen gefunden werden kann.

4.3 Exemplarische Darstellung empirischer Daten zur Glücksspielklientel

Nachdem bisher der Schwerpunkt auf den Hilfeangeboten im Glücksspielbereich lag, rücken nun die problematischen und pathologischen SpielerInnen selbst in den Fokus der Betrachtung. Um ein Bild der behandelten Klientel zu gewinnen, werden exemplarisch ausgewählte empirische Daten zu den GlücksspielklientInnen der Spielsuchthilfe Wien (ambulant) (Spielsuchthilfe Wien 2010), der zwölf Beratungsstellen der b.a.s in der Steiermark (ambulant) (Steiermärkische Landesregierung 2007) sowie des Sonderkrankenhauses de La Tour in Treffen (stationär) (Scholz 2010) präsentiert.

Die Spielsuchthilfe in Wien besteht bereits seit 1982. Sie ist damit die älteste Hilfeeinrichtung für ProblemspielerInnen in Österreich und war bis 2006 die einzige Anlaufstelle für Spielsüchtige und Angehörige in Wien. Im Jahr 2009 wurden hier insgesamt 910 Ratsuchende persönlich behandelt und betreut, darunter waren 571 problematische bzw. pathologische SpielerInnen (63 %) und 339 Angehörige (37 %). Die folgenden Auswertungen zu dieser Einrichtung beziehen sich dabei stets auf jene 571 Personen, die ein eigenes Glücksspielproblem aufweisen (siehe auch Tabelle 4.1 auf Seite 110). Für das Netzwerk von zwölf Beratungsstellen, das die b.a.s. seit den 1980er Jahren in der Steiermark aufgebaut hat, liegen Daten von insgesamt 184 Personen mit Glücksspielproblemen für das Jahr 2006 vor. Die veröffentlichten KlientInnendaten der einzigen stationären Einrichtung in diesem Überblick beziehen sich auf das Jahr 2010 und auf insgesamt 294 KlientInnen. Behandelt wurden diese Personen im Sonderkrankenhaus de La Tour in Treffen, das sich seit 1987 zum Kompetenzzentrum für die Therapie von Spielsüchtigen aus ganz Österreich entwickelt hat.

Geschlecht, Alter, Herkunft

Alle hier betrachteten Einrichtungen werden ganz überwiegend von männlichen Problemspielern aufgesucht. In der Spielsuchthilfe Wien liegt der Anteil bei 88 Prozent, in den Beratungsstellen der b.a.s bei 91 Prozent und im Sonderkrankenhaus de La Tour bei insgesamt 84 Prozent.

Im Mittel sind die behandelten KlientInnen, je nach Einrichtung, zwischen 38 und 42 Jahre alt. Auffällig ist dabei, dass die Hilfesuchenden in den ambulanten Einrichtungen insgesamt drei bis vier Jahre jünger sind als jene in stationärer Behandlung. Dies scheint der Tatsache geschuldet, dass das ambulante Angebot in der Regel die erste Anlaufstelle im Suchthilfesystem bildet, während stationäre Behandlungen häufig erst nach dem Scheitern ambulanter Therapien vorgenommen werden (vgl. Kap. 2.1). Zum Zeitpunkt der aktuellen Beratung oder Behandlung dauern bei den KlientInnen der Spielsuchthilfe Wien die Glücksspielprobleme durchschnittlich bereits 8 Jahre an. Aus den beiden übrigen Einrichtungen liegen hierzu keine Durchschnittswerte vor, stattdessen wird die Spieldauer anteilig in drei Kategorien erfasst. Demnach spielt, wie aus den oben genannten Gründen zu erwarten, der Großteil der PatientInnen im Sonderkrankenhaus de La Tour bei Behandlungsbeginn bereits länger als 10 Jahre (54 %; bis 5 Jahre: 22 %; bis 10 Jahre: 24 %). In den Beratungsstellen der b.a.s. bilden hingegen jene KlientInnen die größte Gruppe, deren bisherige Spieldauer nicht mehr als fünf Jahre beträgt (42 %; bis 10 Jahre: 22 %; über 10 Jahre: 36 %).

Angaben zur Herkunft der Klientel liegen nur aus der Spielsuchthilfe Wien vor. Der weit überwiegende Teil der dort betreuten KlientInnen ist in Österreich geboren (65 %). Neben diesen bilden Personen aus den Ländern des ehemaligen Jugoslawiens (15 %) und aus der Türkei (7 %) die größten Gruppen.

Soziale und gesundheitliche Situation

Wird die Lebenssituation der betreuten Personen betrachtet, so offenbaren sich nur geringe Unterschiede zwischen den einzelnen Einrichtungen. Den höchsten Anteil an verheirateten bzw. in einer Lebensgemeinschaft lebenden KlientInnen weisen die Einrichtungen der b.a.s. auf (61 %). Im Sonderkrankenhaus de La Tour und der Spielsuchthilfe Wien fallen diese Anteile jedoch nur geringfügig niedriger aus (de La Tour: 58,5 %; Spielsuchthilfe: 56 %).

Zur Schul- und Ausbildungssituation liegen wiederum nur Daten der Spielsuchthilfe Wien vor. Diese zeichnen folgendes Bild von der Klientel: Gut ein Zehntel kann keinerlei Schul- oder Ausbildungsabschluss vorweisen (11 %), 17 Prozent besitzen als höchsten Abschluss einen Pflichtschulabschluss, und rund die Hälfte hat einen Lehrabschluss erreicht (49 %). Ferner haben 17 Prozent nach bestandener Matura die Schule verlassen und 5 Prozent ein Universitätsstudium abgeschlossen.

Diese Ausbildungssituation erlaubt es schließlich über der Hälfte der in der Spielsuchthilfe Wien behandelten SpielerInnen, ihren Lebensunterhalt durch eine eigene berufliche Tätigkeit zu bestreiten (63 %). Dennoch ist mit 21 Prozent der Anteil der Arbeitslosen unter den KlientInnen der Spielsuchthilfe um gut das vierfache höher als im selben Jahr in der österreichischen Gesamtbevölkerung.[11] Etwas entspannter scheint sich die Erwerbssituation der b.a.s.-Klientel aus dem Jahr 2006 zu gestalten, hier sind 80 Prozent berufstätig und etwa 10 Prozent arbeitslos. Damit liegt aber auch hier der Arbeitslosenanteil rund doppelt so hoch wie 2006 in der Gesamtbevölkerung. Den höchsten Anteil an Erwerbslosen weist jedoch die Klientel des Sonderkrankenhauses de La Tour auf: Lediglich ein Drittel geht einer regelmäßigen Beschäftigung nach und knapp die Hälfte ist arbeitslos (49 %). In diesen Zahlen scheint sich die besonders schwierige und belastende soziale Situation jener Personen widerzuspiegeln, die eine stationäre Behandlung in Anspruch nehmen.

Auch wenn die GlücksspielklientInnen insgesamt häufiger erwerbstätig sind als jene, die wegen Problemen mit illegalen Drogen langfristig ambulant betreut werden (vgl. GÖG 2009), so zeigt sich insbesondere die Schuldensituation als besonders schwerwiegendes Problem der Glücksspielklientel. Nach Angaben der Spielsuchthilfe sind 84,5 Prozent der dort behandelten SpielerInnen verschuldet, im Sonderkrankenhaus de La Tour sind es 87 Prozent und in den b.a.s.-Beratungsstellen 97 Prozent der Klientel. Wird die Höhe der vorhandenen Schulden betrachtet, erweisen sich hier wiederum die stationär behandelten Personen insgesamt als am stärksten verschuldet. Rund 40 Prozent der GlückspielklientInnen im Sonderkrankenhaus de La Tour haben Schulden in einer Höhe von über 35.000 Euro, in der Spielsuchthilfe Wien trifft dies auf ein Drittel und in den b.a.s.-Beratungsstellen auf knapp 30 Prozent der Klientel zu.

---

[11] Für das Jahr 2009 lag die Arbeitslosenquote in Österreich nach ILO-Definition bei 4,8 Prozent, für das Jahr 2006 bei 4,7 Prozent (Statistik Austria 2010).

Tabelle 4.1: Ausgewählte Klientendaten der Spielsuchthilfe Wien, der
b.a.s. Steiermark und des Sonderkrankenhauses de La Tour

	Spielsuchthilfe Wien, 2009	b.a.s. Steiermark, 2006	Sonderkranken-haus de La Tour, 2010
Geschlecht			
männlich	88 %	91 %	84 %
Alter			
Durchschnittsalter	38 Jahre	39 Jahre	42 Jahre
Lebenssituation			
verheiratet oder in Lebens-gemeinschaft	56 %	61 %	58,5 %
Erwerbssituation			
berufstätig	63 %	80 %	33 %
arbeitslos	21 %	10 %	49 %
in Pension	10 %	k. A.	15 %
Schulden			
keine	16 %	3 %	13 %
bis zu 7.000 Euro	17 %	33 %	18 %
bis zu 35.000 Euro	34 %*	27 %	29 %
bis zu 70.000 Euro	18 %*	10 %	19 %
über 70.000 Euro	14 %	18 %	21 %
keine Angabe	k. A.	9 %	0,3 %
Anzahl (N)	595	184	294

* nach eigenen Berechnungen.

Neben finanziellen Problemen hat ein Teil der KlientInnen auch erhebliche
psychische Probleme. Detaillierte Daten zu Vorbehandlungen aufgrund psychischer Störungen und bestehende Diagnosen in diesem Bereich liegen u. a.
aus der Spielsuchthilfe Wien vor. Mehr als jede/r vierte dort behandelte SpielerIn befand sich vor Besuch der Einrichtung bereits mindestens einmal in
psychiatrischer oder psychotherapeutischer Behandlung (30 %). Neben einer
Glücksspielproblematik wurden bei 35 Prozent der betreuten ProblemspielerInnen auch schon einmal Störungen durch Substanzkonsum diagnostiziert. Für 25 Prozent liegt eine Diagnose über eine affektive Erkrankung vor,
bei 7 Prozent eine neurotische, Belastungs- oder somatoforme Störung, bei

6 Prozent wurde eine Persönlichkeitsstörung und bei 1 Prozent eine Schizophrenie diagnostiziert.

Die KlientInnen des Sonderkrankenhauses de La Tour hingegen weisen schon aufgrund der bestehenden Aufnahmekriterien für die stationäre Behandlung weit häufiger eine Komorbidität auf. So besteht in diesem Behandlungssetting bei 43,5 Prozent der Glücksspielklientel zugleich eine Abhängigkeit von Alkohol oder Benzodiazepinen und bei 6 Prozent von illegalen Drogen. Ferner liegt bei einem Viertel der Behandelten eine Persönlichkeitsstörung und bei einem Achtel eine affektive Störung vor.

Im Hinblick auf die oben dargestellten Daten ist zu beachten, dass es sich dort nur um bereits diagnostizierte Störungen handelt. Einen weitergehenden Einblick in die psychische Situation der Hilfesuchenden, der über bestehende Diagnosen hinausgeht, geben die Daten zur Therapiemotivation.[12] Demnach geben knapp drei Viertel aller in de La Tour behandelten Personen psychische Probleme als Motivation zur Aufnahme der stationären Therapie an (73 %). Für 62 Prozent der KlientInnen der Spielsuchthilfe Wien ist die seelische Belastung infolge des Spielproblems ein bedeutender Grund dafür, in dieser Einrichtung um Hilfe nachzusuchen.

Glücksspielarten und -orte

Der Glücksspielmarkt in Österreich ist vielfältig und reicht beispielsweise von Lottoprodukten über Sportwetten hin zu Automatenspielen. Zudem werden diese Glücksspiele teilweise an verschiedenen Orten angeboten, wie z.B. in Gaststätten, Spielkasinos oder auch auf virtueller Ebene im Internet. Daher ist es nicht nur im Hinblick auf die Glücksspielprävention, sondern auch auf die vorzuhaltenden Hilfemaßnahmen sinnvoll, sich einen Überblick darüber zu verschaffen, welche Glücksspielarten besonders häufig problematisch gespielt werden und an welchen spezifischen Spielorten dies geschieht. Aus der Spielsuchthilfe Wien und dem Sonderkrankenhaus de La Tour liegen solche KlientInnendaten zu den problematischen Glücksspielarten vor. Demnach suchen mit Abstand die meisten KlientInnen die Spielsuchthilfe Wien aufgrund eines Problems mit dem Automatenspiel auf (84 %).[13] 19,5 Prozent der Hilfesuchenden in dieser Einrichtung geben an, Probleme mit dem Wetten zu haben, 17 Prozent mit dem Kartenspiel und 16 Prozent mit dem Roulettespiel. Ferner nennen 15 Prozent Kasinoautomaten und 14 Prozent das Internetglücksspiel als problematische Spielart. Lotto, Toto, Rubbel- und Brieflose, Börsenspekulation sowie andere Spielarten spielen mit Anteilen

---

[12] Es handelt sich hierbei um Mehrfachantworten-Sets.
[13] Auch in Bezug auf die Spielart und den Spielort waren Mehrfachantworten möglich.

von je 1 Prozent bis 4 Prozent in der Spielsuchthilfe Wien hingegen eine eher untergeordnete Rolle.

Auch unter den KlientInnen des Sonderkrankenhauses de La Tour ist das Automatenspiel die am häufigsten problematisch gespielte Form des Glücksspiels (77%). Zudem weist ein Viertel der dortigen Klientel Probleme im Bezug auf große Kasinospiele (z.B. Roulette, Black Jack) auf, 17 Prozent haben Probleme im Umgang mit Kartenspielen, 13,5 Prozent mit Sportwetten und 7 Prozent mit Lottospielen. Brief- bzw. Rubbellose, Toto, Tipp 3, Börsenspekulationen und Spiele in Internet-Wettbüros scheinen mit Anteilen von jeweils 4 Prozent innerhalb dieser spezifischen Klientel eher selten eine problematische Form anzunehmen.

Informationen zu den Spielorten, die von den ProblemspielerInnen besucht werden, liegen lediglich aus der Spielsuchthilfe Wien vor. Diesbezüglich wird von etwa jeder/m zweiten KlientIn die Spielhalle genannt (51%). Jede/r Dritte spielt im Caféhaus (33%), jeweils etwa jede/r Vierte im Wettbüro (27%) bzw. im Spieltop (25%) und etwa jede/r Fünfte im Kasino (22%). Rund jede/r siebte KlientIn gibt darüber hinaus das Internet als Spielort an (14%), 9 Prozent nennen das Kartenkasino, 4 Prozent die Trafik, 1 Prozent die Pferderennbahn und 5 Prozent andere Spielorte.

4.4 Empfehlungen

In diesem Kapitel wurde dargestellt, welche Angebote in den einzelnen Bundesländern vorhanden sind bzw. fehlen. So konnte beispielsweise ein Mangel an ambulanten Angeboten in weiten Teilen Nieder- und Oberösterreichs festgestellt werden. Oder es konnte für alle Bundesländer außer dem Burgenland und Oberösterreich gezeigt werden, dass dort stationäre Angebote für Personen mit der Hauptdiagnose „Pathologisches Spielen" zur Verfügung stehen.

Eine Aussage über die bestehende Nachfrage und den tatsächlichen Hilfebedarf kann auf Grundlage der vorliegenden Daten jedoch nicht gemacht werden. Um entsprechende Informationen zu erhalten, müsste zum einen ein einheitliches (EDV-gestütztes) Dokumentationswesen installiert werden, mit welchem unter anderem Daten zur sozialen Situation, zum Glücksspielverhalten und zum Verlauf aktueller und vorheriger Behandlungen der ProblemspielerInnen erhoben werden. Zum anderen sollte in regelmäßigen Abständen eine Repräsentativerhebung zur Glücksspielteilnahme und zu Glücksspielproblemen in der österreichischen Bevölkerung erfolgen. Auf Grundlage dieser Daten könnten regionale Hilfebedarfe und Trends in der epidemiologischen Entwicklung erfasst und verglichen und somit entsprechende Angebote koordiniert werden. Zudem könnten die Daten zum Zwecke des Qualitätsmanagements im Glücksspielbereich herangezogen werden. Von diesen Maßnahmen würden neben den Hilfebedürftigen selbst auch die Einrichtungen profitieren, welche fehlende Kapazitäten nachweisen und darüber hinaus die Dokumentation auch zur internen Qualitätssicherung nutzen könnten.

Wie auch die Initiatoren des Projektes „Glücksspielsucht – Behandlung in der Steiermark" anmerken, würde die Einführung eines solchen Dokumentationssystems, die Organisations- und Koordinationsarbeit einer übergeordneten Stelle erfordern (Steiermärkische Landesregierung 2007). Eine derartige zentrale oder regionale Fach- bzw. Koordinationsstelle könnte in Zusammenarbeit mit VertreterInnen der Suchthilfeeinrichtungen ein entsprechendes Konzept für ein Dokumentationswesen im ambulanten Bereich erarbeiten. Ein kurzer Eindruck davon, welche Information über die Klientel im Rahmen eines einheitlichen Dokumentationswesens gewonnen werden könnten, wurde bereits in Kapitel 3 vermittelt. Darüber hinaus wäre es sinnvoll, ebenfalls Behandlungsdaten, wie z. B. Behandlungsart, -vorerfahrung, -dauer und -erfolg zu erheben. Die Erfahrungen zeigen außerdem, dass eine frühzeitige Einbindung von SuchthilfevertreterInnen im Rahmen regelmäßiger, auch den Dokumentationsprozess begleitender Treffen, maßgeblich zur Akzeptanz und erfolgreichen Umsetzung eines solchen Projekts beitragen kann. Zu bedenken wäre zudem, dass der Großteil der Einrichtungen mit glücksspielspezifischem Angebot auch Maßnahmen für KonsumentInnen illegaler Drogen vorhält und somit bereits im Rahmen von DOKLI für diese Klientel Daten erhebt. Aus Effizienz- und Synergiegründen wäre es daher überlegenswert, glücksspielspezifische Fragen an das bereits bestehende Dokumentationssystem anzudocken und auf positiven Erfahrungen aus diesem Bereich aufzubauen.

Das weitgehende Fehlen einer solchen zentralen oder auch mehrerer regionaler Fach- bzw. Koordinationsstellen – einzige Ausnahme ist hier die Steiermark mit der Fachstelle Glücksspielsucht – hat eine mangelnde Vernetzung der im Glücksspielbereich tätigen Personen zur Folge (Steiermärkische Landesregierung 2007). Es fehlt somit in den meisten Bundesländern eine Institution, die glücksspielspezifische Fortbildungen, Super- und Intervisionen organisiert, einen Erfahrungsaustausch zwischen den Hilfeeinrichtungen anregt und Öffentlichkeitsarbeit betreibt. Dieser Mangel zeigt sich nicht zuletzt auch darin, wie schwierig es ist, sich einen Überblick über das bestehende Hilfeangebot im Glücksspielbereich zu verschaffen.

Während die Einführung eines österreichweiten, einheitlichen Dokumentationswesens eine überregionale Organisationsleistung erfordert, wäre es hingegen sinnvoll, Fragen der Vernetzung auf regionaler Ebene zu bearbeiten. Da sich die verschiedenen Bundesländer in ihrer Bevölkerungsstruktur, aber auch hinsichtlich ihrer Glücksspielgesetzgebung zum Teil stark unterscheiden, ist zu erwarten, dass je nach Region auch die Anforderungen an das Hilfesystem variieren.

Eine Kostenaufstellung für eine regionale Fach- oder Koordinationsstelle ist bereits im Rahmen des Projekts zum Entwurf eines vernetzten ambulanten Therapieangebotes für die Steiermark erfolgt. Demzufolge würden durch das Einrichten einer solchen Stelle im mindestens nötigen Umfang von 10 Wochenstunden einmalige Kosten von 11.500 Euro und laufende Kosten von 24.500 pro Jahr anfallen (Steiermärkische Landesregierung 2007). Dem entgegenzustellen wären die Einsparungen, die durch ein effizientes, weil bedarfsorientiertes Hilfesystem erzielt würden. Zudem könnten durch das rechtzeitige Erreichen (z. B. durch Öffentlichkeitsarbeit) und durch adäquate Behandlung problematischer SpielerInnen (auf Grundlage von Evaluation und Qualitätssicherung) Kosten im Gesundheitsbereich sowie weitere gesellschaftliche Kosten (z. B. als Folge von Beschaffungskriminalität) eingespart werden.

Doch der Staat ist nicht allein bei der Finanzierung von Koordinations- und Organisationsstrukturen gefragt. Die öffentliche Hand sollte sich auch dort engagieren, wo es um die direkte Versorgung von Menschen mit Glücksspielproblemen geht, dieses Feld sollte nicht den Glücksspielanbietern allein überlassen werden. Zwar müssen jene, die vom Glücksspiel profitieren, im Rahmen der Prävention und Hilfe in die Verantwortung genommen werden. Die einseitige finanzielle Abhängigkeit einzelner Beratungs- und Behandlungsstellen von den Glücksspielunternehmen sollte jedoch beendet werden.

Abschließend sei betont, dass es sich bei der vorgelegten Übersichtsarbeit um keine tiefer gehende Analyse des österreichischen Hilfesystems für problematische und pathologische GlücksspielerInnen handelt – ein solcher Anspruch wurde hier nicht verfolgt. Um diesem Anspruch gerecht zu werden, müssten in einer breit angelegten empirischen Versorgungsstudie u. a. die PatientInnen bzw. KlientInnen sowie BehandlerInnen systematisch befragt und einzelne Hilfe- und Therapiemaßnahmen evaluiert werden.

Tabelle 4.2:   Einrichtungen mit Hilfeangebot für problematische GlücksspielerInnen

Einrichtung	Bundesland	Internet
Ambulante Beratung und Therapie		
PSD Burgenland, Beratungsstelle Eisenstadt	Burgenland	http://www.psd-bgld.at
PSD Burgenland, Beratungsstelle Güssing	Burgenland	http://www.psd-bgld.at
PSD Burgenland, Beratungsstelle Jennersdorf	Burgenland	http://www.psd-bgld.at
PSD Burgenland, Beratungsstelle Mattersburg	Burgenland	http://www.psd-bgld.at
PSD Burgenland, Beratungsstelle Neusiedl am See	Burgenland	http://www.psd-bgld.at
PSD Burgenland, Beratungsstelle Oberpullendorf	Burgenland	http://www.psd-bgld.at
PSD Burgenland, Beratungsstelle Oberwart	Burgenland	http://www.psd-bgld.at
Ambulantes Zentrum, Grüner Kreis Klagenfurt	Kärnten	http://www.gruenerkreis.at
Ambulanz de La Tour im LKH Villach	Kärnten	http://www.diakonie-kaernten.at
Spielsuchtambulanz de La Tour, Villach	Kärnten	http://www.diakonie-kaernten.at
Spielsuchtberatung der Landes-hauptstadt Klagenfurt	Kärnten	http://www.gesundheit-kaernten.at
Anton Proksch Institut, Suchtbe-ratung Baden	Niederösterreich	http://www.api.or.at
Anton Proksch Institut, Suchtbe-ratung Mödling	Niederösterreich	http://www.api.or.at
Anton Proksch Institut, Suchtbe-ratung Wiener Neustadt	Niederösterreich	http://www.api.or.at
Selbsthilfegruppe der anonymen Spieler, Brunn am Gebirge	Niederösterreich	http://www.api.or.at
Ambulantes Zentrum, Grüner Kreis Linz	Oberösterreich	http://www.gruenerkreis.at
Magistrat der Stadt Wels, Spiel-suchtberatung	Oberösterreich	http://www.wels.at/magistrat
Verein für prophylaktische Sozial-arbeit Linz, Spielerberatung	Oberösterreich	http://www.schuldner-hilfe.at
Christian Doppler Klinik Salzburg, Spielsuchtambulanz	Salzburg	http://www.salk.at
Institut Glücksspiel und Abhän-gigkeit, Salzburg	Salzburg	http://www.game-over.at

Einrichtung	Bundesland	Internet
Ambulante Beratung und Therapie		
Ambulantes Zentrum, Grüner Kreis Graz	Steiermark	http://www.gruenerkreis.at
b.a.s. Beratungsstelle Bad Aussee	Steiermark	http://www.suchtfragen.at
b.a.s. Beratungsstelle Bruck/Mur	Steiermark	http://www.suchtfragen.at
b.a.s. Beratungsstelle Deutsch-landsberg	Steiermark	http://www.suchtfragen.at
b.a.s. Beratungsstelle Feldbach	Steiermark	http://www.suchtfragen.at
b.a.s. Beratungsstelle Graz	Steiermark	http://www.suchtfragen.at
b.a.s. Beratungsstelle Gröbming	Steiermark	http://www.suchtfragen.at
b.a.s. Beratungsstelle Hartberg	Steiermark	http://www.suchtfragen.at
b.a.s. Beratungsstelle Kapfenberg	Steiermark	http://www.suchtfragen.at
b.a.s. Beratungsstelle Leibnitz	Steiermark	http://www.suchtfragen.at
b.a.s. Beratungsstelle Liezen	Steiermark	http://www.suchtfragen.at
b.a.s. Beratungsstelle Mürzzu-schlag	Steiermark	http://www.suchtfragen.at
b.a.s. Beratungsstelle Voitsberg	Steiermark	http://www.suchtfragen.at
b.a.s. Beratungsstelle Weiz	Steiermark	http://www.suchtfragen.at
Verein für psychische & soziale Lebensberatung, Judenburg	Steiermark	http://www.beratungszentrum.at
Verein für psychische & soziale Lebensberatung, Knittelfeld	Steiermark	http://www.beratungszentrum.at
Verein für psychische & soziale Lebensberatung, Murau	Steiermark	http://www.beratungszentrum.at
Suchtberatungsstelle BIZ Ober-steiermark, Leoben	Steiermark	http://www.biz-obersteiermark.at
Drogenberatung des Landes Steiermark, Graz	Steiermark	http://www.suchtfragen.at
BIN Beratungsstelle Hall	Tirol	http://www.suchtberatung-tirol.at/
BIN Beratungsstelle Imst	Tirol	http://www.suchtberatung-tirol.at/
BIN Beratungsstelle Innsbruck	Tirol	http://www.suchtberatung-tirol.at/
BIN Beratungsstelle Kitzbühel	Tirol	http://www.suchtberatung-tirol.at/
BIN Beratungsstelle Landeck	Tirol	http://www.suchtberatung-tirol.at/
BIN Beratungsstelle Lienz	Tirol	http://www.suchtberatung-tirol.at/
BIN Beratungsstelle Reutte	Tirol	http://www.suchtberatung-tirol.at/
BIN Beratungsstelle Schwaz	Tirol	http://www.suchtberatung-tirol.at/

Einrichtung	Bundesland	Internet
Ambulante Beratung und Therapie		
BIN Beratungsstelle St. Johann	Tirol	http://www.suchtberatung-tirol.at/
BIN Beratungsstelle Telfs	Tirol	http://www.suchtberatung-tirol.at/
BIN Beratungsstelle Wörgl	Tirol	http://www.suchtberatung-tirol.at/
Krankenhaus Maria Ebene, Frastanz	Vorarlberg	http://www.mariaebene.at
Stiftung Maria Ebene, Clean Bregenz	Vorarlberg	http://www.mariaebene.at
Stiftung Maria Ebene, Clean Feldkirch	Vorarlberg	http://www.mariaebene.at
Stiftung Maria Ebene, Clean Bludenz	Vorarlberg	http://www.mariaebene.at
Ambulantes Zentrum, Grüner Kreis Wien	Wien	http://www.gruenerkreis.at
Anton Proksch Institut, Abteilung I, Wien	Wien	http://www.api.or.at
Anton Proksch Institut, Ambulatorium Wien	Wien	http://www.api.or.at
Spielsuchthilfe Wien	Wien	http://www.spielsuchthilfe.at
Selbsthilfegruppen		
Verein für prophylaktische Sozialarbeit Linz, Spielerberatung	Oberösterreich	http://www.schuldner-hilfe.at
Selbsthilfegruppe der anonymen Spieler, Brunn am Gebirge	Niederösterreich	http://www.api.or.at
Institut Glücksspiel und Abhängigkeit, Salzburg	Salzburg	http://www.game-over.at
Angehörige anonymer Spieler, Salzburg	Salzburg	http://www.selbsthilfe-salzburg.at
Contra-Gambling – Spieler-Selbsthilfe	Tirol	http://www.suchtberatung-tirol.at
Stationäre Therapie		
Landeskrankenhaus Klagenfurt	Kärnten	http://www.lkh-klu.at
Sonderkrankenhaus de La Tour, Treffen	Kärnten	http://www.diakonie-kaernten.at
Psychosomatisches Zentrum Eggenburg	Niederösterreich	http://www.pszw.at
Christian-Doppler-Klinik, Salzburg	Salzburg	http://www.salk.at
Landesnervenklinik Sigmund Freud, Graz	Steiermark	http://www.lsf-graz.at

Einrichtung	Bundesland	Internet
Stattionäre Therapie		
Psychiatrisches Krankenhaus des Landes Tirol, Hall	Tirol	http://www.tilak.at
Krankenhaus Stiftung Maria Ebene, Frastanz	Vorarlberg	http://www.mariaebene.at
Anton Proksch Institut, Wien	Wien	http://www.api.or.at
SMZ Baumgartner Höhe – Otto Wagner-Spital, Wien	Wien	http://www.wienkav.at/kav/ows

Teil D

Wissen, Einstellungen, Prävalenzen

Empirische Daten zum Ausmaß der Glücksspielsucht in der Bevölkerung und zur Bewertung von Präventionsmaßnahmen

5 INTERVIEWS MIT EXPERTINNEN

Moritz Rosenkranz

5.1 Einleitung

In diesem Teil werden die Ergebnisse des Moduls „Expertenbefragungen" der Studie zur Prävention der Glücksspielsucht präsentiert. Ziel des Moduls war es, unterschiedliche Einschätzungen und Perspektiven zu allen in der Studie implementierten Themengebieten von Expertinnen und Experten aus dem Bereich Glücksspielsucht zu erheben.

Zunächst sollen das Erhebungsinstrument und die Befragungsgruppe vorgestellt und anschließend das Vorgehen bei der Erhebung sowie der Auswertungsmodus erläutert werden. Im Weiteren erfolgt dann die Darstellung zentraler Ergebnisse der Interviews.

5.2 Methodik

Erhebungsinstrumente

Zur Vorbereitung und Durchführung der Befragung von Expertinnen und Experten wurde ein Interviewleitfaden entwickelt. Dieser enthält 26 Fragen zu folgenden übergeordneten Themen:

- Bestandsaufnahme des Glücksspielverhaltens sowie der Glücksspielprobleme in der österreichischen Bevölkerung
- Einschätzungen und Bewertungen der Glücksspielsuchtprävention, -hilfe und -politik in Österreich
- Perspektiven und praktische Handlungsempfehlungen hinsichtlich Prävention, Hilfesystem, Kooperation, Fortbildung

Außerdem wurden soziodemografische Daten der befragten Fachleute wie Ausbildung, Alter, Geschlecht und Berufserfahrung erhoben.

Zwei Fragen, in denen die Geeignetheit verschiedener Präventionsmaßnahmen und das Suchtpotential populärer Glücksspiele bewertet werden sollten, wurden als standardisierte Fragebatterien konzipiert.

Befragungsgruppe

Um die verschiedenen Sichtweisen zum Thema Prävention der Glücksspielsucht möglichst umfassend erheben zu können, wurden Expertinnen und Experten aus sehr unterschiedlichen Bereichen gebeten, sich für ein Interview zur Verfügung zu stellen. Insbesondere die Seite der Praxis sollte stark vertreten sein, also Fachleute aus der Glücksspielsuchthilfe, den Schuldnerberatungen und der Glücksspielsuchtprävention. Des Weiteren wurde darauf geachtet, dass die Expertinnen und Experten möglichst aus verschiedenen Bundesländern kommen, um eventuelle regionale Besonderheiten erfassen zu können. Das gemeinsame Kriterium war, dass alle Befragten in irgendeiner Weise beruflich mit pathologischem Glücksspiel zu tun haben. So wurde entschieden, 19 Glücksspielfachleuten aus den Bereichen Prävention, Hilfe (inkl. Schuldnerberatungen), Wissenschaft, Administration und Glücksspielanbieter zu befragen. Unter den Fachleuten sind u. a. Psychologinnen und Psychologen, Pädagoginnen und Pädagogen, PsychiaterInnen, SozialarbeiterInnen, Juristinnen und Juristen sowie Soziologinnen und Soziologen vertreten, die im Mittel 49 Jahre alt sind und durchschnittlich 16 Jahre Berufserfahrung haben. Die Gruppe der Expertinnen und Experten bestand ungefähr zu zwei Dritteln aus Männern und zu einem Drittel aus Frauen. In Tabelle 5.4 (S.137) sind die Namen der interviewten Personen aufgeführt.

Erhebungsmodus und Auswertung

Zunächst wurden die Expertinnen und Experten telefonisch kontaktiert, über das Forschungsvorhaben informiert und um die Beteiligung an einem Interview gebeten. Zum vereinbarten Termin reisten zumeist zwei Wissenschaftler des ZIS nach Österreich, um die Interviews direkt vor Ort – meistens am Arbeitsplatz der Befragten – durchzuführen. Die Interviews, die jeweils ca. eine Stunde dauerten, wurden sowohl direkt schriftlich protokolliert als auch auf Tonband[1] aufgenommen. Die beiden standardisierten Fragebatterien wurden von den befragten Fachleuten selbst ausgefüllt.

Vor der Auswertung wurden alle Bänder noch einmal angehört und einige der schriftlichen Protokolle gegebenenfalls ergänzt. Danach erfolgten die Eingabe, Kodierung und Auswertung der Interviews im Programm MAXQDA 2007 zur Auswertung qualitativer Daten. Aus den Antworten der beiden standardisierten Fragen und den soziodemografischen Angaben wurde ein quantitatives Datenfile erstellt. Anschließend wurden die Daten bereinigt und die Häufigkeiten mit der Statistiksoftware SPSS 15 berechnet.

---

[1]   Ein Experte äußerte den Wunsch, dass keine Aufnahme des Interviews auf Band erfolgen sollte. Dieser Bitte wurde entsprochen.

Im Zuge der Interviews wurde eine große Menge an qualitativen Informationen gewonnen, die das Gesamtbild der in den anderen Modulen erhobenen, quantitativen Datenlage ergänzen und abrunden. Die nun folgenden Auswertungen bzw. die Auswahl der berichteten Ergebnisse orientieren sich an dieser Leitlinie. So wird einerseits ein Gesamtüberblick über die erhobenen Informationen gegeben, andererseits auf ausgewählte Themen und Fragen detaillierter eingegangen.

5.3 Ergebnisse

Ziel des ersten Teils der Leitfadeninterviews war es zu erfahren, was die Expertinnen und Experten überhaupt unter einem Glücksspiel verstehen, wie sich das Glücksspielverhalten der österreichischen Bevölkerung in ihren Augen darstellt, welche Glücksspielprobleme die Fachleute in Österreich vermuten, wie Glücksspielsuchthilfe und -prävention aufgestellt sind und welche Defizite diesbezüglich zu bemängeln sind.

5.3.1 Bestandsaufnahme Glücksspielverhalten und -probleme

Definition Glücksspiel

Alle Befragten definieren ein Glücksspiel analog zur gesetzlichen Definition und nennen die beiden darin enthaltenen Merkmale „Geldeinsatz" und „Ergebnis zufallsabhängig und nicht durch Können beeinflussbar". Vereinzelt wird darauf hingewiesen, dass es Mischformen wie Sportwetten oder Pokern gibt, bei denen Zufall und Geschicklichkeit zusammenkommen. Als Beispiele wurden alle gängigen Glücksspiele genannt, von Lotterieprodukten über Automaten in und außerhalb der Kasinos hin zum großen Glücksspiel (Roulette, Poker, Black Jack) im Kasino. Einige Expertinnen und Experten wiesen darauf hin, dass auch viele Kartenspiele, die häufig in Kneipen gespielt werden („Schnapsen", „Färbeln") zu den Glücksspielen zu zählen seien. Eine Person wies explizit darauf hin, dass Computerspiele nicht zu den Glücksspielen gezählt werden dürften.

Glücksspielverhalten der Bevölkerung

Auf die Frage, welche Glücksspiele in Österreich besonders beliebt seien, wurden mehrheitlich an erster Stelle Lottoprodukte, Sportwetten und Automaten außerhalb der Kasinos genannt. Auch Roulette ist nach Einschätzung einiger Befragten beliebt, jedoch eher in bestimmten „elitären" Kreisen. Wenig bis überhaupt nicht populär seien Pferde- und Hundewetten. Zwei Personen aus dem Bereich der Prävention bzw. Hilfe benennen Karten- und Würfelspiele um Geld als unpopulär. Interessanterweise gibt auch eine Person aus der Hilfe zu Protokoll, dass Automatenspiele in Österreich eher unbeliebt seien.

Zu beobachten sei zudem, dass sich Poker und Wetten im Internet besonders bei Jugendlichen zunehmender Beliebtheit erfreuten. Weitere Bevölkerungsgruppen, die eine höhere Affinität zu Glücksspielen zeigen als der Bevölkerungsdurchschnitt, sind laut Expertenmeinung (junge) Männer, Personen mit Migrationshintergrund und BewohnerInnen der Städte, da dort das Angebot größer sei. Es wird allerdings darauf hingewiesen, dass die Frauen – vor allem beim Automatenspiel – aufholten. Die besondere Neigung von Migrantinnen und Migranten zum Glücksspiel sieht ein Experte aus der Prävention beispielsweise hinsichtlich der Personen mit türkischem Hintergrund darin begründet, dass diese kulturell anders eingebettet seien und es dort in manchen Regionen ein Zeichen von Männlichkeit und „Heiratsfähigkeit" sei, wenn man viel spielt und hohe Einsätze tätigt.

Des Weiteren wurde erfragt, ob die Expertinnen und Experten Nachfrageunterschiede zwischen den Bundesländern Österreichs sehen und wie die Nachfrage in Österreich im Vergleich zu anderen europäischen Ländern einzuschätzen sei. Bezüglich der bundeslandspezifischen Nachfrage gibt es einen Hauptaspekt, der von allen Fachleuten, die sich zu diesem Thema äußerten, genannt wird: Das Angebot bestimmt die Nachfrage. Auf Österreich bezogen bedeute dies, dass in den Bundesländern, in denen das kleine Glücksspiel zugelassen ist, die Nachfrage nach Automatenspiel größer sei als in den übrigen. Dies gelte, obwohl auch in den Bundesländern, in denen das kleine Glücksspiel verboten ist, (illegale) Automaten zu finden seien. Keine Unterschiede hingegen seien beim Vergleich des Glücksspielverhaltens der österreichischen Bevölkerung mit dem der Menschen in anderen europäischen Ländern auszumachen.

Auf die Frage, ob die Expertinnen und Experten Informationen über illegales Glücksspiel in Österreich haben, wurde häufig auf die illegalen Automaten außerhalb der Kasinos hingewiesen, die in Bundesländern zu finden seien, in denen diese Spielart eigentlich nicht zugelassen ist. Das „klassische" illegale Glücksspiel, wie Kartenspiele um Geld in Hinterzimmern von Kneipen wird nur selten erwähnt. Dies seien vermutlich Einzelfälle und die Verbreitung eher unklar.

Problemeinschätzung

Die befragten Expertinnen und Experten wurden gebeten, Prävalenzschätzungen für problematisches und pathologisches Spielen in Österreich abzugeben. Während die genannten Zahlen für pathologisches Spielen von 0,2 Prozent - 1 Prozent nahe an den Prävalenzen liegen, die für vergleichbare Länder erhoben wurden, schätzen die Fachleute das Ausmaß des problematischen Spielens in Österreich mit 5 bis 10 Prozent weitaus höher ein, als dies üblicherweise für ähnliche Länder erhoben wird.

Nach Aussage vieler Expertinnen und Experten sind die Prävalenzen pathologischen Spielens unter Jugendlichen sehr gering. Einige sind sich unsicher, ob es diesbezüglich überhaupt Unterschiede zwischen Jugendlichen und Erwachsenen gibt. Eine Person aus der Hilfe begründet die fehlenden Informationen damit, dass jugendliche Spieler fast nie im Hilfesystem auftauchten. Allerdings betonen mehrere Fachleute aus der Prävention aber auch aus der Hilfe, dass viele pathologische Glücksspieler vor dem Erreichen der Volljährigkeit anfangen zu spielen. Auch die größere Affinität zum Internet könne dazu führen, dass die Prävalenzen Jugendlicher für Glücksspiel im Internet zunehmen.

Zur Frage einer unterschiedlich ausgeprägten Problemlage in den verschiedenen Bundesländern gaben nahezu alle Expertinnen und Experten aus der Hilfe aber auch aus Prävention und Wissenschaft an, dass die Glücksspielprobleme in Bundesländern mit zugelassenem kleinem Glücksspiel größer seien als in den übrigen. Dies deckt sich mit den oben aufgeführten Aussagen der Fachleute zum unterschiedlichen Nachfrageverhalten. Mit der gleichen Argumentation werden auch unterschiedliche Problemausmaße in städtischen und ländlichen Gebieten begründet. Einzelne Expertinnen und Experten u. a. aus der Prävention kommen zu der Einschätzung, dass es keine regionalen Besonderheiten gäbe, da im ganzen Land Glücksspielangebote vorhanden seien.

Zum Abschluss der Problemeinschätzung sollten die Befragten angeben, welche Entwicklung sie diesbezüglich in den letzten zehn Jahren wahrgenommen haben. Fast alle Befragten aus der Hilfe und der Prävention, aber vereinzelt auch Glücksspielanbieter und Personen aus der Administration berichten von einem starken Anstieg der Glücksspielprobleme in den letzten Jahren. Festgemacht wird dieser u. a. an einem starken Anstieg der Nachfrage nach Beratung. Andere weisen darauf hin, dass auch das Problembewusstsein gestiegen sei und eine erhöhte Nachfrage nach Beratung und Behandlung auch auf eine geschärfte Wahrnehmung zurückzuführen sein könnte. Vereinzelt wird aus Prävention und Hilfe geäußert, dass es keine Indizien für eine Zunahme gebe.

Gefährdungspotential verschiedener Glücksspiele

Darüber hinaus wurde den Expertinnen und Experten eine Liste mit elf Glücksspielvarianten vorgelegt, deren jeweiliges Suchtpotential auf einer fünfstufigen Skala von „könnte man sehr stark abhängig werden" bis „könnte man gar nicht abhängig werden" eingeschätzt werden sollte.

Der Übersicht halber werden hier die Kategorien „sehr stark" und „stark" zusammengefasst und in der Tabelle 5.1 präsentiert.

Tabelle 5.1: Abhängigkeitspotential verschiedener Glücksspiele

Einschätzung Abhängigkeitspotential	sehr stark/stark	
	N	%
kleines Glücksspiel (Spielautomaten in Spielhallen und Restaurants)	18	94,7 %
Spielautomaten in Kasinos	18	94,7 %
großes Glücksspiel (Poker, Roulette im Kasino)	16	84,2 %
Sportwetten	14	73,7 %
Video Lottery Terminals (VLT'S)	12	80,0 %
Pferdewetten	11	57,9 %
Rubbellose	5	26,3 %
Euromillionen	3	15,8 %
Lotto „6 aus 45"	2	10,5 %
Joker	1	5,6 %
Andere Lotterien	1	5,6 %

Hier wird sehr deutlich, dass die Expertinnen und Experten klassische Lotterieprodukte als tendenziell ungefährlich einschätzen, während Spielautomaten und Kasinospielen aber auch Sportwetten ein starkes Suchtpotential zugeschrieben wird.

5.3.2 Bestandsaufnahme Glücksspielsuchtprävention und -hilfe

Stand der Glücksspielsuchtprävention

Das Urteil der Befragten zur vermuteten Informiertheit der Bevölkerung über die Gefahren des Glücksspiels fällt nahezu einstimmig aus. Mit einer Ausnahme aus der Wissenschaft sind alle übrigen Expertinnen und Experten der Ansicht, dass die österreichische Bevölkerung wenig bis gar nichts über potentielle Gefährdungen durch Glücksspiel wisse.

Die meisten Fachleute können Präventionsmaßnahmen nennen, die in Österreich bereits realisiert wurden, so z. B. Spielersperren, teilweises Verbot von Automaten, Jugendschutzmaßnahmen bzw. Präventionsprojekte an Schulen und Informationsbroschüren. Regional sind nach Auskunft fast aller Befragten diesbezüglich keine Unterschiede auszumachen. Zwei Befragte vermuten jedoch, in Bundesländern mit zugelassenen Spielautomaten gebe es mehr

Präventionsmaßnahmen, da auch die Probleme größer seien. Ein Experte interpretiert das Verbot von Geldspielgeräten in einigen Bundesländern als verhältnispräventive Maßnahme. Die Akzeptanz von Glücksspielpräventionsmaßnahmen in der Bevölkerung wird von den Fachleuten tendenziell als eher hoch eingeschätzt, manche äußern aber auch, dass z. B. MitarbeiterInnen der Glücksspielanbieter oder (problematische) SpielerInnen die Maßnahmen nicht akzeptieren würden.

Die Vernetzung der Akteure in der Glücksspielsuchtprävention scheint nach Meinung der Expertinnen und Experten verbesserungswürdig. Etwa die Hälfte der Befragten gibt an, es gebe keine Kooperationen oder ihnen wäre darüber nichts bekannt. Die andere Hälfte berichtet von einzelnen Vernetzungsaktivitäten, die aber offensichtlich eher informell und nur selten institutionalisiert sind. Genannt werden beispielsweise eine Fachstelle in der Steiermark, die mit Beratungsstellen kooperiert sowie diverse Aktivitäten, die von Anbieterseite angestoßen wurden.

Auch Fortbildungsangebote seien nur sehr punktuell vorhanden und dringend ausbaufähig, so die Expertinnen und Experten. Häufig wird erwähnt, diese seien von der Glücksspielindustrie organisiert und deshalb mit Vorsicht zu betrachten. Allerdings hätten auch schon Fortbildungen auf Initiative des Anton-Proksch-Instituts sowie der De La Tour-Klinik stattgefunden.

Ergänzend dazu werden von den Befragten weitere Defizite im Bereich der Glücksspielsuchtprävention aufgeführt. Als Hauptkritikpunkt kristallisierte sich die sowohl qualitativ als auch quantitativ unzureichende Aufklärung über Gefahren des Glücksspiels heraus. Es gebe, so die Fachleute, zu wenig seriöse Aufklärung, die von der Industrie bezahlten Kampagnen seien zu einseitig, es gebe zu wenig zielgruppenorientierte Angebote (z. B. für Jugendliche) und überhaupt fehle ein präventives Gesamtkonzept. Ein zweiter großer Kritikpunkt ist die zu liberale Ausgestaltung und vor allem die mangelnde Kontrolle und Durchsetzung bestehender Regulierungen und Vorschriften zum Spielerschutz. Diese Problematik treffe insbesondere auf den Bereich der Automaten außerhalb der Kasinos zu.

Stand des Hilfesystems

Ambulante Beratungs- und Behandlungsangebote für problematische SpielerInnen gibt es nach Aussage der Befragten in allen Bundesländern außer dem Burgenland. Allerdings wird kritisiert, die Anzahl an Beratungsstellen, die Angebote für pathologische SpielerInnen vorhalten, entspreche nicht dem Bedarf. Sie seien häufig in allgemeine Suchtberatungsstellen integriert. Vereinzelt wird die Qualität der Angebote in Frage gestellt.

Stationäre Angebote, die auf diese Klientel ausgerichtet sind, gibt es laut Expertinnen und Experten z. B. im Anton-Proksch-Institut, im Sonderkrankenhaus de la Tour, dem Krankenhaus Maria Ebene sowie der Sigmund-Freud-Klinik in Graz. Verschiedentlich wird jedoch angemerkt, dass die Versorgung mit stationären Angeboten auf das ganze Land bezogen unzureichend sei.

Die Möglichkeit, Unterstützung bei einer Selbsthilfegruppe (z. B. „Anonyme Spieler", „Contra-Gambling") in Anspruch nehmen zu können, gibt es laut Aussagen der Fachleute in fast allen Bundesländern. Allerdings, so wird kritisiert, seien diese nicht mit institutionellen Angeboten vernetzt.

Beim Hilfesystem für Menschen mit glücksspielbezogenen Problemen sind bundeslandspezifische Unterschiede zu konstatieren, so die Aussage fast aller Befragten. Ein Experte von Anbieterseite und eine Person aus der Hilfe berichten übereinstimmend, die Dichte des Hilfeangebots werde immer dünner, je weiter man nach Westen kommt (mit Ausnahme des Burgenlandes). Wien, Steiermark und Kärnten „gehen hier vorne weg", wie es ein Befragter formulierte. Weitere Anmerkungen zu regionalen Unterschieden ähneln den Angaben zu regionalen Unterschieden bzgl. der Prävention. So wird darauf hingewiesen, dass die Versorgung in Städten besser sei als in der Fläche, in Bundesländern mit zugelassenen Automaten außerhalb der Kasinos umfangreicher als in den übrigen, und dass das Hilfesystem nur in Kärnten in öffentlicher Hand sei und sonst meist über Vereine organisiert würde.

Befragt nach Defiziten im Hilfesystem für problematische SpielerInnen kommen die meisten Fachleute zu der Einschätzung, dass die Hilfeangebote nicht ausreichend bzw. zu ungeordnet seien. Es fehle an niedrigschwelligen sowie zielgruppenspezifischen Angeboten. Zudem wird kritisiert, dass die Hilfe für GlücksspielerInnen in anderen Suchtberatungsstellen „mitlaufe" und es keine Einrichtungen gebe, die ausschließlich auf die Beratung und Behandlung pathologischer GlücksspielerInnen ausgerichtet seien. Ein Experte aus der Wissenschaft empfiehlt die Hilfeangebote für GlücksspielerInnen aus dem Drogenbereich herauszunehmen und z. B. bei der Ernährungsberatung anzusiedeln, um Vorbehalte und Ängste bei Hilfesuchenden abzubauen. Gefordert werden Daten, um den genauen Bedarf zu ermitteln sowie eine Qualitätssicherung der vorgehaltenen Angebote. Ein Experte aus der Administration ist der Ansicht, die bestehenden Angebote seien ausreichend.

Die derzeitige Praxis in Österreich, dass sich viele Beratungsstellen für Glücksspielsüchtige zu einem erheblichen Teil aus Geldern der Glücksspielanbieter finanzieren, wird von den Expertinnen und Experten sehr unterschiedlich bewertet. Ein Teil der Befragten hat zu diesem Sachverhalt entweder eine ambivalente Haltung oder sieht darin keine Problematik. Als Begründung für letztere Einschätzung wird genannt, dass die Beratungsstellen trotzdem unabhängig arbeiten könnten. Die Ambivalenz wird deutlich, wenn die Fachleute berichten, durch diese Regelung sei es zwar einfach, Geld für die Hilfeeinrichtungen zu bekommen, andererseits bestehe aber ein Interessenkonflikt. Die Expertinnen und Experten, die den Status quo der Finanzierung als schlecht einschätzen, begründen das damit, dies sei nur ein „Feigenblatt" zur Imagepflege der Industrie. Außerdem könnten wegen des Finanziers bestimmte Meinungen seitens der Beratungsstellen nicht öffentlich geäußert werden. Als Alternativen zur derzeitigen Praxis schlagen viele der Befragten vor, die Finanzierung der Beratungsstellen über öffentliche Gelder z. B. im Rahmen der Gesundheitsvorsorge zu realisieren. Eine andere Möglichkeit, potentiellen Interessenkonflikten zu entgehen sei es, nach Meinung einiger Fachleute, einen Fonds aufzulegen, in den Gelder aus der Glücksspielindustrie flössen. Über Verteilung und Verwendung der Mittel habe dann ein unabhängiges Gremium zu entscheiden.

5.3.3 Ziele und Empfehlungen zur Ausrichtung von Präventionsmaßnahmen und gesetzlichen Regelungen

Ziele der Glücksspielsuchtprävention

Wenn von den befragten Expertinnen und Experten verhältnispräventive Maßnahmen gefordert werden, so beziehen sich die Appelle meist auf Beschränkungen des Zugangs zu Glücksspielen, was häufig in Verbindung mit Jugendschutzaspekten genannt wird. Auch Ausmaß und Inhalte der Werbung für Glücksspielangebote sollten nach Meinung einzelner Fachleute stärker begrenzt oder zumindest intensiver kontrolliert werden. Darüber hinaus werden kaum weitergehende Verbote gefordert.

Insgesamt gesehen empfehlen die Befragten eher verhaltenspräventive Maßnahmen. Auch in diesem Zusammenhang wird weniger auf Verhaltensänderungen gesetzt, die auf komplette Abstinenz abzielen. Vielmehr müsse das primäre Ziel verhaltenspräventiver Maßnahmen ein kontrollierter Umgang mit Glücksspielangeboten sein. Dies sei jedoch nur dann zu realisieren, wenn einerseits intensiv über Gefahren und Probleme in Zusammenhang mit Glücksspiel aufgeklärt würde, andererseits – vor allem bei Jugendlichen – Schutzfaktoren gestärkt würden, die verhinderten, dass das Spielverhalten pathologische Züge annimmt. Dies könne beispielsweise über die Stärkung des Selbstbewusstseins in Lebenskompetenztrainings erreicht werden, die bereits wichtiger Bestandteil vieler verhaltensorientierter Programme aus dem Bereich der Sucht- und Gewaltprävention sind.

Besonders im Fokus präventiver Bemühungen sollten aus Sicht der meisten Befragten Kinder und Jugendliche stehen. Einige der Befragten präzisieren diese Aussage weiter, indem sie spezielle Angebote für junge Männer, Jugendliche mit Migrationshintergrund sowie Jugendliche aus sozial schwächer gestellten Familien fordern. Auch die Eltern und andere potentielle AnsprechpartnerInnen und Bezugspersonen Jugendlicher wie LehrerInnen, SchulsozialarbeiterInnen oder MitarbeiterInnen in Jugendzentren müssten nach Meinung einiger Expertinnen und Experten für das Thema Prävention problematischen Spielens sensibilisiert werden.

Die Befragten sollten im Verlauf des Interviews angeben, wo sie einen Schwerpunkt bei der Ausrichtung der Präventionsbemühungen setzen würden. In der modernen Präventionsforschung wird unterschieden zwischen universeller Prävention, die sich unspezifisch an die Allgemeinbevölkerung richtet, selektiver Prävention, die Angebote für potentiell gefährdete Gruppen vorhält und indizierter Prävention, bei der es darum geht, bereits auffällig gewordenen Personen gezielte Angebote zu machen. Nach Einschätzung der meisten Fachleute sollte ein Schwerpunkt auf die letztgenannte Präventionsausrichtung gesetzt werden, u. a. mit der Begründung, bei bereits auffällig spielenden Personen sei der Handlungsdruck am größten, „wenn man noch etwas retten will".

Es wird verschiedentlich aber auch darauf hingewiesen, dass in der universellen Prävention, so z. B. bei der allgemeinen Verbesserung des Informationsstandes der Bevölkerung über Gefahren des Glücksspiels, Defizite bestünden. Dies sei, ebenso wie die selektive Prävention, aber eher nachrangig zu bearbeiten, so die Einschätzung vieler Expertinnen und Experten.

Auch in Bezug auf die Präventionsarbeit wird hin und wieder die bereits an anderer Stelle geäußerte Forderung wiederholt, dass aktuelle Daten erforderlich seien, um die Präventionsbemühungen im Glücksspielbereich zu optimieren. Uneinig sind sich die Befragten hingegen bei der Frage, ob der Glücksspielsuchtprävention eine ähnlich hohe Bedeutung beigemessen werden sollte wie der Prävention des Substanzkonsums. Mehrheitlich ist man der Ansicht, dass diese beiden Bereiche gleichwertig zu behandeln seien. Andere Fachleute vertreten die Meinung, dass der Schwerpunkt bei der Prävention des Substanzkonsums liegen müsse, meist mit der Begründung, dass viel mehr Menschen von Problemen mit ihrem Substanzkonsum betroffen seien und zudem bei Substanzmissbrauch größere Folgeschäden aufträten.

An dieser Stelle des Interviews wurde den Befragten eine Liste mit 23 Maßnahmen der Glücksspielsuchtprävention vorgelegt. Die Expertinnen und Experten sollten ankreuzen, ob sie die jeweiligen Maßnahmen für geeignet oder ungeeignet halten, bzw. an welcher Stelle sie eine ambivalente Haltung einnehmen („teils, teils"). Zudem wurden die Befragten gebeten, eine Einschätzung über die politische Durchsetzbarkeit jeder Maßnahme abzugeben. Die

Ergebnisse dieses tendenziell standardisiert konzipierten Teils des Interviews sind in den Tabellen 5.2 und 5.3 dargestellt.

Tabelle 5.2: Geeignete Maßnahmen der Spielsuchtprävention

Maßnahme	geeignet	
	N	%
Stärkere Kontrolle der Spielstättenbetreiber	16	84,2
Alterskontrollen durch Anbieterpersonal	15	83,3
Schulung des Anbieterpersonals	15	78,9
Namentliche Spielerregistrierung in Kasinos u. Spielhallen	14	73,7
Mindestalter Spielteilnahme 18 Jahre	14	73,7
Spielersperren	13	72,2
Reduzierung Spielangebote	13	68,4
Reduzierung der Werbung für Spielangebote	13	68,4
Beratungstelefon	13	68,4
Maximal mögliche Spieleinsätze pro Monat oder Woche	12	63,2
Infos im Internet	12	63,2
Aufklärung und Prävention an Schulen	12	63,2
Staatliches Glücksspielmonopol zur Marktsteuerung	10	52,6
Öffentliche Kampagnen	10	52,6
Infobroschüren zur Suchtproblematik	10	52,6
Verbot von Alkoholausschank in Spielstätten	9	47,4
Namentliche Spielerregistrierung im Internet	8	42,1
Selbsttests	8	42,1
Zugang zu Internetspielen nur über Chipkarte, USB-Stick o. ä.	7	36,8
Begrenzung der Quoten bei Sportwetten	7	36,8
Angabe der Gewinnwahrscheinlichkeiten	6	31,6
Spielverbot im Internet	3	15,8
Verbot von Jackpots	3	15,8

Für den Fall, dass eine Maßnahme als nicht durchsetzbar angesehen wurde, sollte diese Einschätzung näher begründet werden. Am häufigsten wurden hier Aussagen zum Spielverbot im Internet, zu Beschränkungen von Werbung und Spielangeboten, zur Kontrolle von Spielstättenbetreibern und zur Registrierung von Spielerinnen und Spielern gemacht.

Warum ein Verbot, online zu spielen, politisch nicht durchsetzbar sei, wird zum einen damit begründet, dass dies den allgemeinen Liberalisierungstendenzen in Politik und Wirtschaft widerspreche. Häufiger wird jedoch argumentiert, die Kontrolle des Internets sei technisch nicht machbar.

Tabelle 5.3: Politische Durchsetzbarkeit von Maßnahmen der Spielsuchtprävention

Maßnahme	ja, politisch durchsetzbar	
	N	%
Infobroschüren zur Suchtproblematik	19	100,0
Schulung des Anbieterpersonals	18	100,0
Infos im Internet	18	94,7
Aufklärung und Prävention an Schulen	18	94,7
Beratungstelefon	18	94,7
Spielersperren	18	94,7
Selbsttests	17	89,5
Mindestalter für Spielteilnahme 18 Jahre	16	84,2
Öffentliche Kampagnen	15	83,3
Staatliches Glücksspielmonopol zur Marktsteuerung	15	83,3
Alterskontrollen durch Anbieterpersonal	15	78,9
Angabe der Gewinnwahrscheinlichkeiten	15	78,9
Stärkere Kontrolle der Spielstättenbetreiber	11	57,9
Namentliche Spielerregistrierung in Kasinos und Spielhallen	10	52,6
Namentliche Spielerregistrierung im Internet	9	50,0
Maximal mögliche Spieleinsätze je Monat oder Woche	8	42,1
Zugang zu Internetspielen nur über Chipkarte, USB-Stick o. ä.	8	42,1
Reduzierung der Werbung für Spielangebote	7	36,8
Verbot von Alkoholausschank in Spielstätten	6	31,6
Begrenzung der Quoten bei Sportwetten	5	27,8
Reduzierung Spielangebote	4	21,1
Spielverbot im Internet	4	21,1
Verbot von Jackpots	2	11,1

Die enge Verbindung zwischen Glücksspielanbietern und politischen EntscheidungsträgerInnen, von der viele der befragten Fachleute ausgehen, sei verantwortlich dafür, dass kontrollierende und regulierende Maßnahmen der Glücksspielsuchtprävention wie restriktivere Vorgaben bezüglich Werbung oder eine Reduzierung von Spielangeboten nicht durchsetzbar seien. Dort stehe zu viel Geld für verschiedene Akteure auf dem Spiel: Der Staat wolle auf Steuereinnahmen aus diesem Bereich nicht verzichten, die Glücksspielindustrie sorge sich um ihre hohen Gewinnmargen.

Eine namentliche Spielerregistrierung sei, so die einhellige Meinung, deshalb nicht durchsetzbar, weil dies von der Bevölkerung nicht akzeptiert würde und der Datenschutz nicht gewährleistet wäre. Daran wolle sich kein Politiker die Finger verbrennen.

Bewertung politischer und rechtlicher Regelungen

In Ergänzung zu den eben beschriebenen politischen Implikationen präventiver Maßnahmen sollen an dieser Stelle Einschätzungen der Expertinnen und Experten zu politischen bzw. rechtlichen Regelungen des Glücksspielwesens in Österreich dargestellt werden.

Fast alle Befragten vertreten eindeutig die Haltung, das Glücksspielwesen solle in Österreich zentral gesteuert werden. Lediglich in Bezug auf zwei Aspekte werden hierzu ambivalente Meinungen geäußert. Zum einen wird aus dem Bereich der Hilfe sowie der Prävention geäußert, eine regionale Verwaltung der Beratungs- und Behandlungsangebote für pathologische SpielerInnen wäre möglicherweise sinnvoller, da die Strukturen im Sozial- und Gesundheitswesen von Bundesland zu Bundesland verschieden sind. Gleichzeitig wird die Sorge laut, eine zentrale Steuerung könne dazu führen, dass Automaten (außerhalb der Kasinos) in allen Bundesländern Österreichs zugelassen würden. Ein positiver Effekt einer regionalen Lenkung wäre, so ein Experte aus der Wissenschaft, dass im Föderalismus verschiedene Regelungen ausprobiert werden könnten.

Ein sehr ähnliches Bild zeigt sich bei den Antworten auf die Frage, ob das staatliche Glücksspielmonopol beibehalten werden sollte. Mit wenigen Ausnahmen sprechen sich die Interviewten klar für eine Beibehaltung des Monopols aus. Eine andere Sicht wird von einem Vertreter der Anbieter befürwortet, der für einen Mittelweg plädiert, bei dem Lizenzen nur an die Unternehmen vergeben werden sollten, die Maßnahmen zum Spielerschutz ergriffen haben. Ein Experte aus der Wissenschaft zweifelt an der Umsetzung des staatlichen Monopols und stellt die Frage in den Raum, ob eine Liberalisierung – verbunden mit klaren Regeln und Vorgaben für die Anbieter – nicht die bessere und realistischere Lösung wäre. Lediglich ein Experte aus der

Reihe der Glücksspielanbieter spricht sich klar gegen das Monopol und für eine Liberalisierung aus, da das Monopol keine zukunftsträchtige Lösung sei.

Die rechtliche Einordnung von Sportwetten ist eine weitere Frage, die im Zuge der Glücksspielnovelle in Österreich diskutiert wurde. Die überwiegende Mehrheit der Befragten ist der Ansicht, Sportwetten müssten – anders als bisher – in jedem Fall als Glücksspiel gewertet werden und der entsprechenden Gesetzgebung unterliegen. Lediglich ein Experte aus der Prävention und ein Experte der Glücksspielanbieter nehmen hierzu eine ambivalente Haltung ein, u. a. mit der Begründung, man könne zwar den Ausgang der Spiele nicht beeinflussen, aber durch sportliche Sachkenntnis seine Chancen auf einen Gewinn verbessern.

Eine letzte gesetzliche Neuerung, die die Expertinnen und Experten bewerten sollten, ist das Vorhaben, die Einsatzgrenze für Spielautomaten auf zehn Euro festzulegen. Ein Experte eines Glücksspielanbieters konstatiert, der Einsatz wäre nicht entscheidend, sondern andere Merkmale von Automaten wie z. B. das „Autoplay". Alle anderen Befragten lehnen die Einsatzgrenze vehement und mit teilweise drastischen Kommentaren als viel zu hoch ab („Wahnsinn", „Katastrophe").

5.3.4 Perspektiven

In diesem letzten Themenkomplex wurden die Expertinnen und Experten zunächst gebeten, Aussagen darüber zu machen, wie sich ihrer Einschätzung nach der Glücksspielmarkt, das Problemausmaß bezüglich pathologischen Spielens und die Glücksspielsuchtprävention in den nächsten fünf Jahren entwickeln werden.

Glücksspielmarkt

Unter den Befragten herrscht die fast einhellige Meinung, dass der Glücksspielmarkt in den nächsten Jahren wachsen wird. Einige Fachleute gehen davon aus, dass der Markt stark liberalisiert wird und sich zunehmend ins Internet verlagert. Ein Experte aus der Wissenschaft geht allerdings davon aus, dass es zu einer Marktregulierung kommt und der „Glücksspiel-Boom" dann vorbei sein wird.

Glücksspielprobleme

Was die Entwicklung der Glücksspielprobleme angeht, wird überwiegend die Meinung vertreten, diese werden (stark) zunehmen. Einige Expertinnen und Experten konkretisieren diese Einschätzung dahingehend, dass die Zunahme der Probleme mit der Verlagerung der Spieltätigkeit ins Internet zu tun habe. Andere begründen die vermutete Zunahme mit dem derzeit diskutierten Vorhaben, das staatliche Monopol für Glücksspiele zu beenden. Zwei Personen sind anderer Ansicht: Der Experte aus der Wissenschaft, der von einem Rückgang des Marktes ausging, vermutet analog dazu, dass dann auch die Glücksspielprobleme nicht weiter zunehmen werden. Ein Experte der Glücksspielanbieter glaubt, dass Spielangebote, die heute vielleicht problematisches Spielen nach sich ziehen, in fünf Jahren keine Probleme mehr verursachen werden, weil die SpielerInnen dann wüssten, wie sie damit verantwortungsvoll umgehen könnten.

Prävention

Die Entwicklung der Prävention im Glücksspielbereich wird von vielen Befragten, darunter alle Fachleute aus der Prävention, vorsichtig optimistisch gesehen. Es wird angenommen, dass sich Präventionsangebote ausweiten werden, allerdings wird häufig mit angemerkt, dass dies nur langsam und begrenzt vonstattengehen wird. Einige Expertinnen und Experten befürchten jedoch, dass die Prävention mit der Ausweitung des Glücksspielmarktes und den dadurch zunehmenden Problemen nicht wird mithalten können.

Abschließend sollten die Befragten zu ausgewählten Bereichen praktische Empfehlungen abgeben, die nachfolgend präsentiert werden:

Verhaltens- und verhältnispräventive Maßnahmen

Verhaltenspräventiv werden nur sehr vereinzelt Empfehlungen ausgesprochen. Diese reichen von Forderungen nach mehr Aufklärung im schulischen Kontext, u. a. auch der Schulung von Medienkompetenz, bis hin zu Appellen nach einer österreichweiten Präventionskampage oder der schlichten Forderung nach mehr Geld für Prävention.

Was den Bereich der Verhältnisprävention anbelangt, so beziehen sich die häufigsten Forderungen auf den Schutz von Jugendlichen. Jugendschutzmaßnahmen müssten konsequent kontrolliert und durchgesetzt werden, vereinzelt wird eine Verschärfung derartiger Maßnahmen gefordert. Eine Person aus der Hilfe empfiehlt, Jugendlichen alternative, attraktive Freizeitangebote zu unterbreiten. Allgemein wird häufig empfohlen, den Zugang zu Glücksspielangeboten zu erschweren. Auch die Werbung für Glücksspielangebote müsse besser reguliert bzw. eingeschränkt werden, da diese oft Versprechungen von einem besseren Leben auf einen Schlag enthielten und verzweifelte Menschen ansprächen. Eine Person fordert ein Alkoholverbot an Spielstätten, insbesondere in Wettbüros.

Kooperation, Vernetzung und Fortbildung

Die befragten Fachleute sind sich einig, dass in allen diesen Bereichen Verbesserungsbedarf besteht. Häufig wird empfohlen, die drei Bereiche zusammen zu betrachten. So fordern die Expertinnen und Experten, im Rahmen von Tagungen verstärkt Fortbildungen anzubieten sowie (internationale) Vernetzung auf den Weg zu bringen. Da, nach Aussage einiger Befragten, Kooperationen bisher nur informell stattfinden, besteht auch hier Handlungsbedarf: Kooperationen sollten verstärkt werden und einen formellen Rahmen bekommen. Zudem sei es nötig, alle beteiligten Akteure (Suchtberatung, Schuldnerberatung, Wissenschaft, institutionelle Akteure) zu vernetzen, um die Qualität der Präventions-, Beratungs- und Behandlungsaktivitäten weiter zu optimieren.

Hilfesystem

Auch bezüglich des Hilfesystems für Menschen mit Glücksspielproblemen empfehlen fast alle befragten Fachleute allgemeine Verbesserungen, die in einigen Fällen weiter präzisiert werden. Häufig wird ein flächendeckender Ausbau des Hilfesystems gefordert, explizit wird hierbei auf ambulante Angebote verwiesen. Zudem wird angeraten, die Defizite in Quantität, Ausstattung und Finanzierung derzeitiger Hilfeangebote zu beseitigen und Qualitätsstandards festzulegen. Vereinzelt wird nahe gelegt, mehr Selbsthilfegruppen ins Leben zu rufen, mehr niedrigschwellige Angebote vorzuhalten sowie die Angehörigenarbeit zu intensivieren.

Tabelle 5.4: Liste der Expertinnen und Experten aus den Bereichen Prävention, Hilfe (inklusive Schuldnerberatungen), Wissenschaft, Administration, Glücksspielanbieter

Name	Bundesland
Mag. Gerhard Gollner	Tirol
HR Dr. Josef Lenzi	Kärnten
Mag. Andreas Prenn	Vorarlberg
Dr. Anton Schmid	Wien
MMag.[in] Ingrid Gruber	Wien
Dipl. Soz.(FH) Christoph Hannemann	Tirol
Dr.[in] Monika Lierzer	Steiermark
Dr.[in] Barbara Mikusch	Niederösterreich
Dr.[in] Gertraud Müller-Luger	Salzburg
Dr. Hubert Poppe	Wien
Mag.[a] Bettina Quantschnig	Kärnten
Mag. (FH) Wulf Struck	Oberösterreich
Mag. Alexander Eggerth	Wien
Univ. Prof. Dr. Peter Gasser-Steiner	Steiermark
DSA Klaus-Peter Ederer	Steiermark
Dr.[in] Doris Kohl	Wien
Mag. Joachim Häusler	Wien
Helmut Kafka	Wien
Mag.[a] Doris Malischnig	Wien

6 REPRÄSENTATIVBEFRAGUNG DER BEVÖLKERUNG

Sven Buth

6.1 Einleitung

Glücksspiele sind in Österreich ein in der Bevölkerung häufig betriebenes Freizeitvergnügen. Dies belegen sowohl die von den Glücksspielanbietern jährlich veröffentlichten Umsätze als auch die durchgeführten Marktanalysen (KREUTZER FISCHER & PARTNER Consulting 2009). Gleichwohl liegen bisher keine repräsentativen Daten zum konkreten Spielverhalten, zum Ausmaß vermeintlich bestehender Spielprobleme, zu den Risikofaktoren problematischen Spielens oder der Akzeptanz von Spielerschutzmaßnahmen vor. Eine wirksame, auf die spezifischen Probleme gerichtete Spielsuchtprävention lässt sich aber aufgrund dieses Erkenntnisdefizits weder fundiert entwickeln noch umsetzen. Ein wesentliches Element der von der Österreichischen Arbeitsgemeinschaft Suchtprävention (ARGE) in Auftrag gegebenen Glücksspielstudie stellt daher die im Folgenden beschriebene Repräsentativbefragung der österreichischen Bevölkerung zum Thema Glücksspiel dar.

6.2 Methodik

Die im Rahmen dieser Befragung angewandten Methoden – z. B. die Art der Erhebung der Daten oder das eingesetzte Instrument zur Bestimmung von Spielproblemen – lehnen sich eng an die vom Bremer Institut für Drogenforschung im Jahr 2006 durchgeführte Glücksspielstudie für Deutschland (Buth & Stöver 2008) an. Ein solches Vorgehen ist insbesondere deshalb gewählt worden, um eine Vergleichbarkeit der Ergebnisse beider Studien gewährleisten zu können. Außerdem erspart der Einsatz bereits erprobter Erhebungsinstrumente aufwendige und somit kostenintensive Voruntersuchungen und Pretests.

6.2.1 Zielstichprobe

Die Grundgesamtheit der Studie bildete die in Österreich in Privathaushalten lebende Bevölkerung zwischen 14 und 65 Jahren. Diese Grundgesamtheit reduziert sich auf die Auswahlgrundlage der deutsch sprechenden Personen. Die zu rekrutierende Stichprobe sollte ein repräsentatives Abbild dieser

Grundgesamtheit darstellen. Um Aussagen auf der Ebene der einzelnen Bundesländer treffen zu können, sollten auch die entsprechenden Teilstichproben die deutschsprachige Bevölkerung repräsentativ abbilden. Insgesamt wurde eine Nettofallzahl von 6.300 CATI-Interviews – 700 pro Bundesland – angestrebt. Da die Bundesländer somit zu gleichen Teilen und nicht entsprechend ihrer Einwohnerzahl in dem zu erstellenden Datensatz vertreten sind, handelt es sich bezogen auf Gesamtösterreich hier um eine disproportionale Stichprobe. Diese Disproportionalität ist durch eine spätere Gewichtung der Daten wieder korrigiert worden.

6.2.2 Erhebungsmodus

Die Datenerhebung erfolgte ausschließlich in Form eines computergestützten telefonischen Interviews (CATI) und unterscheidet sich somit in Bezug auf die Erhebungsmethodik von der oben genannten BISDRO-Studie, in welcher neben telefonischen Interviews auch eine Onlineerhebung durchgeführt wurde. Während in Deutschland im Rahmen von telefonischen Interviews nahezu ausschließlich Rufnummern von Festnetztelefonen für die Stichprobenziehung herangezogen werden, ist es in telefonischen Befragungen in Österreich üblich, sowohl Festnetz- als auch Mobilfunkanschlüsse einzubeziehen. Diese unterschiedliche Rekrutierungsform ist bedingt durch die unterschiedliche Dichte von Festnetzanschlüssen innerhalb der beiden Staaten. Während in Deutschland weit über 80 Prozent aller Haushalte über einen Festnetzanschluss verfügen, sind es in Österreich lediglich 68 Prozent. Aufgrund dieser Unterschiede auf dem Kommunikationsmarkt haben sich in beiden Ländern auch unterschiedliche Formen der Stichprobenziehung etabliert. Während in Deutschland meist stratifiziert nach Kreisen und BIK-Gemeindetypen die anzurufenden Telefonnummern per Zufall generiert werden – genauer die letzten beiden Stellen (Gabler-Häder-Verfahren) –, wird in Österreich in der Regel eine Zufallsauswahl auf Basis vorliegender öffentlicher Telefonverzeichnisse (Herold) vorgenommen. Der Anteil der Festnetznummern entspricht hier dem Verbreitungsgrad von Festnetzanschlüssen in der österreichischen Bevölkerung und liegt dementsprechend bei den bereits oben erwähnten 68 Prozent. Des Weiteren erfolgte in der vorliegenden österreichischen Befragung eine weitere Stratifizierung nach erfolgter Kontaktaufnahme. Hierzu wurden vor Beginn des eigentlichen Interviews die angerufenen Personen nach ihrem Alter, ihrem Geschlecht, der Größe ihres Wohnortes und dem Bundesland befragt. Nur wenn die kontaktierte Person hinsichtlich dieser Eigenschaften einem noch nicht vollständig rekrutierten Stratum entsprach, wurde die vollständige Befragung durchgeführt. In Mehrpersonenhaushalten erfolgte die Auswahl der zu befragenden Person unter Anwendung der „next-Birthday-Methode".

Die praktische Durchführung der Interviews erfolgte im Zeitraum vom 9. Oktober 2009 bis 30. Dezember 2009.

6.2.3 Stichprobenumfang und Ausschöpfung

Mit Hilfe des oben beschriebenen Verfahrens ist eine Stichprobe mit insgesamt 30.000 Telefonnummern gezogen worden. Von diesen erwiesen sich 9.352 als sogenannte stichprobenneutrale Ausfälle (keine Person in der Zielgruppe z. B. aufgrund des Alters, kein Privathaushalt, keine Verständigung möglich). Somit verblieben insgesamt 20.648 Telefonnummern für die Durchführung des eigentlichen Interviews. Hiervon konnten letztendlich 6.327 für ein Interview gewonnen werden. Die Ausschöpfung beträgt somit 30,6 Prozent.

6.2.4 Gewichtung der Daten

Trotz der Anwendung komplexer Verfahren zur Stichprobenziehung lässt sich eine vollständige Repräsentativität der Stichprobe in der Regel nicht erreichen. Die Gründe hierfür sind vielfältig. So ist bekannt, dass kontaktierte Personen aus bildungsfernen Milieus stärker dazu neigen, ein Interview am Telefon abzulehnen. Zudem sind bestimmte Alters- bzw. Berufsgruppen häufiger und andere weniger häufig zu Hause telefonisch erreichbar. Somit weichen die Verteilungen in der Stichprobe von Repräsentativbefragungen immer etwas von den Verteilungen in der Grundgesamtheit – hier die österreichische deutschsprachige Gesamtbevölkerung im Alter von 14 bis 65 Jahren – ab. Diese Abweichungen werden nachträglich mit Hilfe von Gewichtungsfaktoren korrigiert. Für die vorliegende Studie sind insgesamt zehn Gewichtungsfaktoren berechnet worden: einer für die Gesamtstichprobe und neun weitere für jedes Bundesland. Für die Gesamtstichprobe, welche die österreichische Bevölkerung insgesamt abbilden soll, ist eine Repräsentativität nach dem Bundesland, dem Alter, dem Geschlecht, der Haushaltsgröße und dem Schulabschluss (Matura ja/nein) angestrebt worden. Entsprechend der Verteilung dieser Kenngrößen in der österreichischen Gesamtbevölkerung wurden die jeweiligen Gewichte berechnet. Die Bestimmung der Gewichte bzgl. der verschiedenen Bundesländer erfolgte analog.

Tabelle 6.1: Ausgewählte Charakteristika der ungewichteten und gewichteten Stichprobe

	Ungewichtet (N=6.326)	Gewichtet (N=6.326)	Bevölkerungs-statistik (N=5.836.144)[f]
Geschlecht			
weiblich	58,7 %	50,1 %	50 % [a]
Alter			b)
14-29 Jahre	17,0 %	28,6 %	28,6 %
30-44 Jahre	30,4 %	32,7 %	31,7 %
45-59 Jahre	36,9 %	29,6 %	30,4 %
60-65 Jahre	15,7 %	9,1 %	9,3 %
Schulbildung:			
Matura (15-64 Jahre)	43,8 %	27,2 %	27,1 % [c]
Haushaltsgröße			d)
1	14,5 %	14,2 %	13,7 %
2	28,9 %	23,9 %	23,1 %
3	19,3 %	23,3 %	22,2 %
4	22,9 %	23,3 %	22,6 %
5 und mehr Personen	14,4 %	15,2 %	18,4 %
Migrationshintergrund			
ja (15-59 Jahre)	13,1 %	12,9 %	19,5 % [e]

a) Quelle: STATISTIK AUSTRIA (Superweb), Stand: 4. Quartal 2009.
b) Quelle: STATISTIK AUSTRIA (Superweb), Stand: 4. Quartal 2009.
c) Quelle: STATISTIK AUSTRIA, Mikrozensus 2008.
d) Quelle: STATISTIK AUSTRIA, Probezählung 2006.
e) Quelle: STATISTIK AUSTRIA, Mikrozensus-Arbeitskräfteerhebung 2009.
f) Quelle: STATISTIK AUSTRIA (Superweb), Stand: 1. Quartal 2010.

In Tabelle 6.1 sind die Verteilungen dieser Gewichtungsvariablen für die ungewichtete und gewichtete Stichprobe sowie die Gesamtbevölkerung (laut Bevölkerungsstatistik) wiedergegeben. Bei Betrachtung der Ergebnisse der ungewichteten Stichprobe wird in Bezug auf das Geschlecht deutlich, dass an der Befragung mehr Frauen als Männer teilgenommen haben. Auch sind im Vergleich zur Bevölkerungsstatistik die älteren Alterskohorten dort überproportional vertreten, während insbesondere die 14 bis 29-Jährigen bemerkenswert unterrepräsentiert sind. Ein sehr bedeutsamer Unterschied zwischen der ungewichteten Stichprobe und der Bevölkerungsstatistik zeigt sich hinsichtlich der Schulbildung. Während laut Bevölkerungsstatistik 27,1 Prozent der ÖsterreicherInnen über die Matura verfügen, sind es unter den Befragungs-teilnehmerInnen 43,8 Prozent. Personen mit höheren Bildungsabschlüssen sind ganz offensichtlich eher willens und in der Lage, an umfangreicheren Befragungen teilzunehmen. Eine solche Diskrepanz findet sich in vielen bisher durchgeführten Repräsentativbefragungen, insbesondere im Sucht-bereich. In Bezug auf die Haushaltsgröße zeigen sich hingegen nur wenige nennenswerte Unterschiede zwischen ungewichteter Stichprobe und Bevöl-kerungsstatistik. Die Zweipersonenhaushalte sind etwas über-, die Dreiperso-nenhaushalte etwas unterrepräsentiert. Unterdurchschnittlich vertreten sind in den vorliegenden Daten auch Personen mit Migrationshintergrund. Stellen sie laut Bevölkerungsstatistik fast ein Fünftel aller in Österreich lebenden Personen, so beträgt ihr Anteil in der ungewichteten Stichprobe 13,1 Prozent.

Werden abschließend die gewichteten Daten und die Bevölkerungsstatistik miteinander verglichen, so zeigt sich, dass durch die Gewichtung ein nahe-zu identisches Abbild der realen Situation in Österreich erreicht wurde. Da der Migrationsstatus nicht in die Gewichtung eingegangen ist, zeigen sich lediglich bzgl. dieser Variable nennenswerte Unterschiede, welche bei der Interpretation der Ergebnisse zu berücksichtigen sind.

6.2.5 Instrumente

Der Fragebogen beinhaltete sechs wesentliche Bereiche: Erfassung von Häu-figkeit und Geldeinsatz bzgl. des Glücksspielens, Fragen zu den (negativen) Begleiterscheinungen des Spielens, die Zustimmung zu (möglichen) Maß-nahmen des Spielerschutzes, Suchtprobleme im Elternhaus, Substanzkonsum sowie demografische bzw. sozioökonomische Angaben der Befragten.

Bestimmung der Glücksspielprobleme

Als Grundlage für die Bestimmung von Glücksspielproblemen wurden die Kriterien des diagnostischen und statistischen Manuals psychischer Störun-gen (DSM-IV) herangezogen. Das DSM-IV für pathologisches Spielen bein-haltet 10 Kriterien, welche die wesentlichen Charakteristika einer Spielsucht beschreiben (Künzi et al. 2004). Hierzu gehören[1]:

- *Vereinnahmung*: Ist stark eingenommen vom Glücksspiel (z. B. starkes Beschäftigtsein mit gedanklichem Nacherleben vergangener Spielerfah-rungen, mit Verhindern oder Planen der nächsten Spielunternehmungen, Nachdenken über Wege, Geld zum Spielen zu beschaffen),

---

[1]   Die Formulierungen der DSM-IV-Kriterien sind Künzi et al. (2004) entnommen.

- *Toleranzentwicklung:* muss mit immer höheren Einsätzen spielen, um die gewünschte Erregung zu erreichen,

- *Abstinenzunfähigkeit:* hat wiederholt erfolglose Versuche unternommen, das Spielen zu kontrollieren, einzuschränken oder aufzugeben,

- *Entzugserscheinungen:* ist unruhig und gereizt beim Versuch, das Spielen einzuschränken oder aufzugeben,

- *Flucht vor Problemen:* spielt, um Problemen zu entkommen oder um eine dysphorische Stimmung (z.B. Gefühle von Hilflosigkeit, Schuld, Angst, Depression) zu erleichtern,

- *Chasing:* kehrt, nachdem sie/er beim Glücksspiel Geld verloren hat, oft am nächsten Tag zurück, um den Verlust auszugleichen (dem Verlust „hinterherjagen"),

- *Verheimlichung:* belügt Familienmitglieder, den Therapeuten oder andere, um das Ausmaß seiner Verstrickung in das Spielen zu vertuschen,

- *Beschaffungsdelinquenz:* hat illegale Handlungen wie Fälschung, Betrug, Diebstahl oder Unterschlagung begangen, um das Spielen zu finanzieren,

- *Negative Folgen:* hat eine wichtige Beziehung, seinen Arbeitsplatz, Ausbildungs- oder Aufstiegschancen wegen des Spielens gefährdet oder verloren,

- *Freikaufen:* verlässt sich darauf, dass andere ihr/ihm Geld bereitstellen, um die durch das Spielen verursachte hoffnungslose finanzielle Situation zu überwinden.

Diese, eigentlich für den klinischen Bereich entwickelten Kriterien pathologischen Spielens sind von Stinchfield (2002) in 19 Einzelfragen übertragen und hinsichtlich ihrer psychometrischen Eigenschaften getestet worden. Stinchfield (2003) attestierte dem Instrument eine befriedigende Reliabilität, Validität und Klassifikationsgenauigkeit. Im Rahmen der bereits oben erwähnten BISDRO-Studie sind die Fragen vom Englischen ins Deutsche übertragen worden. Eine bereits vorliegende Übersetzung des Fragebogens von Meyer und Hayer (2005) ist hierbei einbezogen worden. Da davon ausgegangen werden kann, dass Personen, die nur gelegentlich spielen bzw. nur geringe Geldsummen für das Glücksspiel aufwenden, keine glücksspielbezogenen Probleme entwickeln können, durchliefen auch im Rahmen dieser österreichischen Glücksspielstudie nur Befragte mit einer mindestens wöchentlichen Spielteilnahme bzw. einem monatlichen Geldeinsatz von mindestens 50 Euro den DSM-IV-Test.

Bestimmung von Alkohol-Risikoklassen

In der Repräsentiverhebung zum Gebrauch und Missbrauch psychoaktiver Substanzen bei Erwachsenen in Deutschland wird eine Klassifizierung unterschiedlicher AlkoholkonsumentInnen vorgenommen, die auf der Konsumintensität basiert und nach einem Frequenz-Menge-Index berechnet wird (Kraus & Baumeister 2008). Hierzu werden die Trinkmengen verschiedener Alkoholika an einem gewöhnlichen Trinktag erhoben, aus denen sich dann die aufgenommene Alkoholmenge in Gramm je Trinktag bestimmen lässt. Dabei wird von folgenden Alkoholgehalten in Gramm ausgegangen: eine Flasche Bier (0,33 l) = 13 g; ein Glas Wein (0,2 l) = 16 g und ein Schnapsglas (0,02) = 7 g. Anschließend werden die monatlichen Alkoholmengen der einzelnen Getränkearten aufaddiert. Hieraus lässt sich dann die durchschnittliche Tagesmenge reinen Alkohols in Gramm bestimmen.

Die Klassifikation erfolgt nach folgenden Alkoholmengen (durchschnittliche tägliche Trinkmenge) in Gramm:

* abstinent = Männer: 0 g, Frauen: 0 g

* risikoarmer Konsum = Männer: >0-30g, Frauen: >0-20g

* riskanter Konsum = Männer: >30-60g, Frauen: >20-40g

* gefährlicher Konsum = Männer: >60-120g, Frauen: >40-80g

* Hochkonsum = Männer: >120g, Frauen: >80g.

6.3 Ergebnisse

Im Folgenden werden die Ergebnisse der Repräsentativbefragung vorgestellt. Diese wurden ausschließlich auf Basis der gewichteten Stichproben – entweder bezogen auf Gesamtösterreich oder auf die einzelnen Bundesländer – ermittelt. Auch die angegebenen Fallzahlen beziehen sich jeweils auf die gewichteten Daten.

6.3.1 Spielteilnahme nach ausgesuchten Merkmalen

Insgesamt geben 42,0 Prozent der Befragten an, mindestens einmal in den 12 Monaten vor der Befragung an einem Glücksspiel teilgenommen zu haben; Männer mit einem Anteil von 47,4 Prozent häufiger als die Frauen (36,5 %). Werden nur die Personen betrachtet, die mindestens einmal pro Monat an einem Glücksspiel teilnehmen, so wird deutlich, dass sich die entsprechenden Anteile nahezu halbieren. Weniger als ein Viertel aller Befragten berichten hiervon (siehe Tabelle 6.2). Im Mittel setzten diese dann dafür 53 Euro ein.

Der Median beträgt 20 Euro, d. h., die Hälfte der monatlichen SpielerInnen gibt maximal diesen Betrag pro Monat für das Glücksspielen aus.

Wird die Spielteilnahme nach Alter differenziert, so zeigen sich zwischen den einzelnen Altersgruppen unter den Erwachsenen nur geringe Unterschiede in der Spielteilnahme. Die entsprechenden Anteile liegen bzgl. der Jahresprävalenz jeweils leicht über 40 Prozent und in Bezug auf die 30-Tages-Prävalenz zwischen 22 Prozent und 27 Prozent (siehe Tabelle 6.2). Bei den 14- bis 17-Jährigen spielte im zurückliegenden Jahr etwa jede/r Zehnte um Geld. Im zurückliegenden Monat waren es lediglich 3,5 Prozent. Der höchste mittlere Geldeinsatz findet sich in der Gruppe der 18- bis 35-Jährigen. Er liegt mit 83 Euro fast doppelt so hoch wie in der nächsthöheren Alterskohorte. Die dort vertretenen 36- bis 49-jährigen SpielerInnen setzen pro Monat im Mittel 47,5 Euro ein. Die über 50-Jährigen berichten von einem nochmals geringeren mittleren Geldeinsatz in Höhe von 32 Euro, während die minderjährigen Befragten angaben, 17 Euro pro Monat in die Glücksspiele zu investieren. Ein bemerkenswertes Ergebnis zeigt sich bei Betrachtung der Mediane der Altersgruppen. Mit Ausnahme der jüngsten Altersgruppe beträgt der Median jeweils 20 Euro. D. h., die Unterschiede in den mittleren Geldeinsätzen sind nicht Ausdruck eines durchgängig unterschiedlichen Spielverhaltens in Abhängigkeit vom Alter. Vielmehr häufen sich insbesondere in den Altersgruppen der 18 bis 49-Jährigen einzelne Personen mit einem weit überdurchschnittlichen Geldeinsatz.

Besonders deutlich wird dieser Sachverhalt bei Betrachtung des Geldeinsatzes in Abhängigkeit von der Schulbildung. Die PflichtschulabgängerInnen, die sowohl hinsichtlich der 12-Monatsprävalenz (28,1 %) als auch der 30-Tage-Prävalenz (17,4 %) von allen Schulabschlüssen die geringsten Anteile der Spielteilnahme aufweisen, berichten von einem weit überdurchschnittlichen Geldeinsatz für Glücksspiele in Höhe von 125 Euro. Der Median beträgt jedoch – wie auch in allen anderen Bildungsgruppen – nur 20 Euro. Von den Befragten mit einem Hauptschulabschluss gibt ca. ein Drittel an, im zurückliegenden Jahr gespielt zu haben und etwa jede/r Fünfte berichtet von einer monatlichen Spielteilnahme. Der monatliche Geldeinsatz liegt mit 45,5 Euro erheblich unter dem der PflichtschülerInnen. Glücksspiele sind offensichtlich insbesondere bei Personen mit mittlerem Schulabschluss beliebt. Nahezu jede/r Zweite berichtet von einer Teilnahme im zurückliegenden Jahr; mindestens monatlich spielt etwa jede/r Vierte dieser Gruppe. Im Mittel setzten diese SpielerInnen 54 Euro ein. Personen mit Matura, jedoch ohne Hochschulabschluss zeigen im Vergleich zu denen mit mittleren Schulabschlüssen jeweils leicht geringere Anteile der Spielteilnahme und des Geldeinsatzes. Diese Anteile und Beträge fallen jeweils nochmals, wenn Befragte angeben, dass sie einen Hochschulabschluss besitzen. Mit 27 Euro weist dieser Personenkreis den geringsten mittleren Spieleinsatz pro Monat aller Bildungsgruppen auf.

Tabelle 6.2: Jahres- und Monatsprävalenz der Glücksspielteilnahme sowie der monatliche Geldeinsatz für Glücksspiele nach soziodemografischen Merkmalen

	Spielteilnahme			Geldeinsatz letzter Monat		
	12-Monate	30-Tage	N (gewichtet)	Mittelwert	Median	N (gewichtet)
Alle Befragten	42,0 %	23,3 %	6.327	53,2 €	20,0 €	1.391
Geschlecht						
männlich	47,4 %	28,7 %	3.159	68,2 €	24,0 €	858
weiblich	36,5 %	18,0 %	3.168	28,9 €	15,0 €	533
Alter						
14-17 Jahre	9,7 %	3,5 %	425	17,1 €	10,0 €	14
18-35 Jahre	44,0 %	21,6 %	2.214	82,9 €	20,0 €	423
36-49 Jahre	45,8 %	26,4 %	2.068	47,5 €	20,0 €	521
50 Jahre und älter	42,8 %	26,6 %	1.720	32,2 €	20,0 €	432
Schulbildung						
Pflichtschule	28,1 %	17,4 %	626	124,7 €	20,0 €	93
Hauptschule	34,7 %	21,5 %	1.110	45,5 €	20,0 €	226
Lehre, mittlere Schule	47,4 %	27,2 %	2.911	53,8 €	20,0 €	754
Matura	44,7 %	21,6 %	949	42,9 €	20,0 €	193
Hochschule	39,9 %	17,8 %	732	26,5 €	20,0 €	125
Migrationshintergrund						
ja	36,9 %	21,8 %	820	102,7 €	20,0 €	169
nein	42,8 %	23,5 %	5.466	45,8 €	20,0 €	1.213
Bundesland						
Wien	44,4 %	23,5 %	705	79,5 €	20,0 €	157
Niederösterreich	42,6 %	26,9 %	702	40,3 €	16,0 €	175
Burgenland	49,8 %	27,4 %	700	34,4 €	20,0 €	175
Steiermark	45,4 %	28,3 %	705	34,4 €	20,0 €	190
Kärnten	45,5 %	20,9 %	698	52,7 €	20,0 €	136
Oberösterreich	38,4 %	22,4 %	714	62,4 €	20,0 €	152
Salzburg	36,1 %	16,9 %	701	71,4 €	20,0 €	116
Tirol	38,6 %	19,2 %	700	66,8 €	30,0 €	130
Vorarlberg	37,2 %	15,8 %	700	52,6 €	20,0 €	105

Etwas mehr als ein Drittel der befragten Personen mit einem Migrationshintergrund berichtet davon, in den letzten 12 Monaten um Geld gespielt zu haben. Bei den Personen österreichischer Herkunft liegt dieser Anteil mit 42,8 Prozent sechs Prozentpunkte darüber. Diese Unterschiede nivellieren sich aber nahezu, wenn die monatliche Spielteilnahme betrachtet wird. Der Geldeinsatz für das Glücksspiel unterscheidet sich hingegen erheblich. Geben Befragte mit Migrationshintergrund an, im Mittel 103 Euro für Glücksspiele monatlich auszugeben, so sind es bei den Personen, die von keinem Migrationshintergrund berichten, vergleichsweise geringe 46 Euro. Der Median ist jedoch auch hier mit jeweils 20 Euro identisch.

Die jährliche Spielteilnahme variiert zwischen den neun Bundesländern erheblich. Während in Vorarlberg, Salzburg, Tirol und Oberösterreich etwa jede/r Dritte an Glücksspielen während der zurückliegenden 12 Monate teilgenommen hat, so ist es in den übrigen Regionen jeweils fast die Hälfte. Ähnlich verhält es sich hinsichtlich der Anteile monatlichen Spielens. Sie variieren zwischen 13,3 Prozent in Vorarlberg und 28,9 Prozent in der Steiermark. Auch die monatlichen Geldeinsätze unterscheiden sich deutlich. Die höchsten Beträge werden in Wien für das Glücksspiel eingesetzt. Auch die Geldeinsätze in Salzburg, Tirol und Oberösterreich liegen noch bemerkenswert über dem Durchschnitt aller Befragten. Hingegen wird im Burgenland, in der Steiermark und in Niederösterreich von Geldeinsätzen berichtet, die geringer sind als das Mittel aller im gesamten Österreich befragten Personen. Wie schon bzgl. der anderen oben beschriebenen Merkmale unterscheidet sich der Median auch zwischen den Bundesländern nur geringfügig.

6.3.2 Spielteilnahme nach Glücksspielart

Das Zahlenlotto ist das mit Abstand beliebteste Glücksspiel der ÖsterreicherInnen. Etwas mehr als ein Drittel von ihnen nimmt daran teil (siehe Tabelle 6.3). Von einer mindestens monatlichen Teilnahme berichtet etwa jede/r Fünfte. Hierfür werden im Mittel 22,3 Euro pro Monat eingesetzt. Die anderen Lotterieangebote – wie Euromillionen, Joker oder Rubbellose – wurden von etwa jeder/m Zehnten im Laufe des zurückliegenden Jahres gespielt. Bezogen auf die letzten 30 Tage schwanken die entsprechenden Anteile zwischen drei und sechs Prozent. Während der mittlere Geldeinsatz pro Monat für die Euromillionen etwa das Niveau des Zahlenlottos erreicht, werden für Rubbellose 12,5 Euro und für das Spiel ‚Joker' 8,8 Euro ausgegeben. Sportwetten wurden im Laufe des zurückliegenden Jahres vor der Befragung nur von 2,8 Prozent der ÖsterreicherInnen getätigt. Die monatliche Teilnahme liegt nochmals einen Prozentpunkt darunter. Im Vergleich zu den Lotteriespielen wird jedoch von den TeilnehmerInnen an Sportwetten mit durchschnittlich 46,5 Euro erheblich mehr Geld eingesetzt. Der Median weist den höchsten Betrag aller hier untersuchten Glücksspiele auf. Demnach setzt die Hälfte von ihnen einhundert Euro oder mehr auf den Ausgang von Sportereignissen. Die klassischen Kasinospiele wie Poker, Roulette, Black Jack etc. sind mit einem Anteil von 4,9 Prozent in Österreich etwas beliebter als die Sportwetten. Bezogen auf die monatliche Spielteilnahme liegen die entsprechenden Anteile jedoch gleichauf. Erhebliche Unterschiede zeigen sich aber beim Geldeinsatz. SpielerInnen klassischer Kasinospiele geben an, im Mittel 215 Euro für dieses Glücksspiel auszugeben. Ein Blick auf den Median, der für diese Spielart 40 Euro beträgt, macht jedoch deutlich, dass der hohe mittlere Geldeinsatz auf ungewöhnlich hohe Beträge einzelner SpielerInnen zurückzuführen ist. Spielautomaten innerhalb von Kasinos werden von lediglich 0,6 Prozent der österreichischen Bevölkerung mindestens einmal jährlich nachgefragt. Die monatliche Teilnahme reduziert sich nochmals deutlich auf 0,1 Prozent. Im Mittel werden hierfür 136 Euro eingesetzt. Jedoch setzt die Hälfte dieser SpielerInnen nicht mehr als 20 Euro pro Monat dafür ein. Spielautomaten außerhalb der Kasinos, sei es in Spielhallen, Wettcafés oder im Internet sind von 1,2 Prozent aller Befragten im Laufe des zurückliegenden Jahres genutzt worden. Der Anteil monatlichen Spielens beträgt 0,4 Prozent. Bemerkenswert sind die Geldeinsätze für diese Glücksspielart. Im Mittel werden 317 Euro hicrfür ausgegeben. Die Hälfte dieser SpielerInnen gibt mindestens 80 Euro dafür aus.

Tabelle 6.3: Jahres- und Monatsprävalenz der Glücksspielteilnahme sowie der monatliche Geldeinsatz für Glücksspiele nach Spielart

	Spielteilnahme		Geldeinsatz letzter Monat		
	12-Monate	30-Tage	Mittel-wert	Median	N (gew.)
Lotto 6 aus 45	34,0 %	18,6 %	22,3 €	15,0 €	1.124
Euromillionen	9,0 %	3,9 %	20,2 €	15,0 €	238
Rubbellose	7,8 %	3,4 %	12,5 €	10,0 €	191
Joker	10,9 %	6,2 %	8,8 €	5,0 €	356
andere Lotteriespiele	1,5 %	0,7 %	33,6 €	25,0 €	39
Sportwetten	2,8 %	1,7 %	46,5 €	20,0 €	103
klassische Kasinospiele (Roulette, etc.)	4,9 %	1,6 %	291,6 €	100,0 €	88
Automaten außerhalb Kasino	1,2 %	0,4 %	316,6 €	80,0 €	26
Automaten innerhalb Kasino	0,6 %	0,1 %	n. b.	n. b.	4
Sonstige Glücksspiele	0,9 %	0,4 %	138,9 €	45,0 €	20

n. b.=nicht zuverlässig bestimmbar, da n<10

Frauen nehmen insgesamt zu geringeren Anteilen am Glücksspiel teil als die Männer, dies wurde in den Ausführungen zu Tabelle 6.2 bereits deutlich. Mit Ausnahme der Rubbellose, welche jeweils von 7,8 Prozent der Befragten im zurückliegenden Jahr gekauft wurden, findet sich dieses Ergebnis auch in Bezug auf die einzelnen Glücksspielarten wieder. Ein besonderes Ungleichgewicht in der Spielteilnahme zeigt sich insbesondere bei den Sportwetten, den klassischen Kasinospielen und den Automaten außerhalb der Kasinos.

Auch in Bezug auf die verschiedenen Altersgruppen lassen sich erwartungsgemäß erhebliche Differenzen in der Nutzung der verschiedenen Glücksspielangebote feststellen. Die minderjährigen Befragten spielen überwiegend Rubbellose und Lotterien. Etwa jede/r Hundertste nahm im zurückliegenden Jahr an Sportwetten teil oder spielte an Spielautomaten bzw. klassische Kasinospiele (jeweils ausschließlich außerhalb der Kasinos). Mit Ausnahme der Lotterien weisen die 18 bis 35-Jährigen die höchsten Anteile in allen Glücksspielarten auf. So spielte jede/r zehnte von ihnen mindestens einmal im letzten Jahr klassische Kasinospiele. Auf Sportereignisse setzte jede/r Zwanzigste dieser Altersgruppe. Bei den älteren Personen sind hingegen insbesondere die Lotterien sehr beliebt.

Ein sehr interessantes Ergebnis zeigt sich, wenn die Spielteilnahme der einzelnen Angebote nach dem Schulabschluss differenziert wird. Ist in Tabelle 6.2 dargestellt worden, dass die Personen mit Pflichtschulabschluss die geringsten Anteile der Spielteilnahme von allen Bildungsgruppen aufweisen, so wird aus Tabelle 6.4 deutlich, dass dieses Ergebnis ausschließlich auf die vergleichsweise geringe Teilnahme an den Lotterien und den Rubbellosen zurückzuführen ist. Bezogen auf die anderen Spielarten weist dieser Personenkreis immer jeweils überdurchschnittlich hohe Anteile auf. Insbesondere Automaten außerhalb der Kasinos sind offensichtlich bei Personen mit einem Pflichtschulabschluss sehr beliebt. Befragte mit einem mittleren Schulabschluss bzw. einer abgeschlossenen Lehre zeigen insbesondere in Bezug auf die Lotterien eine überdurchschnittliche Spielteilnahme. Personen mit Matura – jedoch ohne abgeschlossenes Hochschulstudium – favorisieren hingegen die klassischen Kasinospiele.

Wird die Teilnahme an den einzelnen Glücksspielarten nach dem Erwerbsstatus unterschieden, so zeigen sich insbesondere für die Gruppe der Arbeitslosen bemerkenswerte Ergebnisse. Mit Ausnahme der Lotterien sind arbeitslose Befragte in allen Glücksspielarten im Vergleich zur Gesamtstichprobe überrepräsentiert. Besonders markant sind diese Unterschiede in Bezug auf die Rubbellose und die Automatenspiele. So wird die Teilnahme an Automatenspielen außerhalb der Kasinos von 6,6 Prozent aller arbeitslosen Befragten berichtet. Dieser Anteil beträgt somit das Elffache des Anteils der Gesamtstichprobe. Auch die sich aktuell in einer Ausbildung befindlichen

Personen spielen überdurchschnittlich häufig an diesen letztgenannten Spiel-geräten (3,2 %). In den Automatensälen der Kasinos sind sie – anders als die Arbeitslosen – hingegen kaum zu finden. Hingegen weisen sie in Bezug auf die klassischen Kasinospiele mit 6,9 Prozent den höchsten Anteil aller Erwerbsgruppen auf. Personen, die altersbedingt bereits nicht mehr im Er-werbsleben stehen, bevorzugen Lotterien. Jede/r Zwanzigste nimmt noch an Rubbellosen teil. Alle anderen Glücksspielarten werden hingegen nur von einer kleinen Minderheit der RentnerInnen gespielt.

Die Vorlieben für bestimmte Glücksspielarten unterscheiden sich auch in Ab-hängigkeit vom Migrationsstatus der Befragten. Insbesondere an Automaten – sowohl innerhalb als auch außerhalb der Kasinos – spielen Personen mit Migrationshintergrund jeweils etwa doppelt so häufig wie Personen ohne Mi-grationserfahrungen. In der letztgenannten Gruppe sind hingegen Lotterien beliebter. In Tabelle 6.4 ist des Weiteren die Spielteilnahme für die einzelnen Spielarten differenziert nach den neun Bundesländern wiedergegeben. Da Spielautomaten außerhalb der Kasinos zum Zeitpunkt der Befragung nur in vier Bundesländern zugelassen waren – Wien, Niederösterreich, Kärnten und die Steiermark – wäre zu erwarten, dass die Prävalenzwerte des Automaten-spiels hier auch jeweils überdurchschnittlich hoch sind. Mit Ausnahme der Bundeshauptstadt Wien ist dies jedoch nicht der Fall. Womöglich findet sich der in den österreichischen Medien des Öfteren diskutierte Sachverhalt des Aufstellens illegaler Automaten in großer Zahl hier seine Bestätigung.

Tabelle 6.4: Jahresprävalenz der Teilnahme an den einzelnen Glücksspiel-arten nach soziodemografischen Merkmalen

	Lotterien	Rubbellose	Sportwetten	Kasinospiele	Automaten in Kasinos	Automaten au-ßerhalb Kasinos	N (gewichtet)
Alle Befragten	36,2 %	7,8 %	2,8 %	4,9 %	1,2 %	0,6 %	6.326
Geschlecht:							
männlich	39,5 %	7,8 %	5,0 %	7,1 %	0,8 %	2,0 %,	3.158
weiblich	32,9 %	7,8 %	0,5 %	2,8 %	0,4 %	0,5 %	3.168
Alter							
14-17 Jahre	3,8 %	4,5 %	1,3 %	1,2 %	0,0 %	0,9 %	425
18-35 Jahre	32,9 %	10,4 %	5,3 %	9,9 %	1,0 %	3,0 %	2.113
36-49 Jahre	42,1 %	8,2 %	1,6 %	2,7 %	0,5 %	0,4 %	2.068
50 Jahre und älter	41,1 %	5,0 %	1,4 %	2,3 %	0,3 %	0,1 %	1.720

Fortsetzung der Tabelle 6.4 von Seite 151

	Lotterien	Rubbellose	Sportwetten	Kasinospiele	Automaten in Kasinos	Automaten außerhalb Kasinos	N (gewichtet)
Schulbildung:							
Pflichtschule	23,0 %	5,5 %	4,0 %	4,3 %	1,1 %	2,4 %	626
Hauptschule	30,4 %	8,4 %	2,1 %	2,4 %	0,5 %	0,9 %	1.110
Lehre, mittlere Schule	41,7 %	8,3 %	2,8 %	5,0 %	0,5 %	1,5 %	2.911
Matura	35,6 %	8,1 %	3,7 %	8,2 %	0,9 %	0,9 %	949
Hochschule	35,3 %	6,5 %	1,4 %	4,7 %	0,3 %	0,1 %	732
Erwerbsstatus							
erwerbstätig	40,2 %	8,4 %	3,0 %	5,3 %	,5 %	,9 %	3.979
arbeitslos	36,4 %	12,9 %	4,5 %	6,3 %	3,3 %	6,6 %	202
RentnerIn oder PensionärIn	41,1 %	5,1 %	1,3 %	1,7 %	,1 %	,0 %	755
in Ausbildung	13,4 %	7,0 %	4,1 %	6,9 %	,3 %	3,2 %	783
Migrationshintergrund							
ja	30,4 %	5,7 %	3,3 %	4,1 %	1,1 %	2,2 %	819
nein	37,2 %	8,1 %	2,7 %	5,0 %	0,5 %	1,0 %	5.466
Bundesland							
Wien	37,6 %	9,4 %	3,2 %	5,1 %	1,2 %	2,8 %	705
Niederösterreich	37,5 %	7,2 %	2,1 %	5,3 %	0,6 %	0,3 %	702
Burgenland	44,5 %	9,1 %	3,0 %	1,9 %	0,0 %	0,3 %	700
Steiermark	39,8 %	7,0 %	3,4 %	3,9 %	0,1 %	1,4 %	705
Kärnten	41,1 %	8,5 %	0,6 %	5,5 %	1,0 %	0,7 %	698
Oberösterreich	32,9 %	7,9 %	3,5 %	5,5 %	0,1 %	0,8 %	714
Salzburg	31,4 %	5,7 %	2,9 %	3,4 %	1,0 %	0,8 %	701
Tirol	33,3 %	6,4 %	3,8 %	4,8 %	0,2 %	1,3 %	700
Vorarlberg	32,7 %	5,4 %	1,5 %	4,9 %	1,3 %	0,1 %	700

Bezogen sich die Ergebnisse der vorangegangenen Tabelle auf das Spielverhalten der Bevölkerung insgesamt, so gibt Tabelle 6.5 die Verteilung einiger ausgewählter soziodemografischer Merkmale innerhalb der Spielerschaft –

differenziert nach den einzelnen Spielarten – wieder. So wird beispielsweise deutlich, dass Frauen insbesondere unter den Sportwettern nur zu geringen Anteilen vertreten sind. Nur jede zehnte Person, die angibt, im Laufe des zurückliegenden Jahres an Sportwetten teilgenommen zu haben, ist weiblich. Aber auch bzgl. des Automatenspiels – ganz gleich ob innerhalb oder außerhalb der Kasinos – und des klassischen Kasinospiels sind Männer deutlich überrepräsentiert. Hingegen zeigen sich bei den Rubbellosen keine und dem Zahlenlotto nur geringfügige geschlechtsspezifische Differenzen in der Spielteilnahme.

Wie bereits oben dargelegt, werden mit Ausnahme des Zahlenlottos Glücksspiele überwiegend von den jüngeren Alterskohorten gespielt. So stellt die Gruppe der 18- bis 35-Jährigen 44 Prozent aller RubbelloskäuferInnen, mehr als die Hälfte aller AutomatenspielerInnen in den Kasinos, ca. zwei Drittel der SportwetterInnen und SpielerInnen klassischer Kasinospiele. Nochmals deutlich darüber liegen die Anteile der jungen Erwachsenen in Bezug auf das Automatenspiel. Vier von fünf AutomatenspielerInnen sind zwischen 18 und 35 Jahre alt. Beachtenswert ist in diesem Zusammenhang des Weiteren, dass jede/r zwanzigste AutomatenspielerIn (außerhalb der Kasinos) noch minderjährig ist. In der Gruppe der RubbelloskäuferInnen beträgt dieser Anteil 4 Prozent und bezogen auf die TeilnehmerInnen an Sportwetten 3 Prozent. In der Gruppe der klassischen KasinospielerInnen sind die 14- bis 17-Jährigen mit einem Anteil von nahezu 2 Prozent etwas geringer vertreten. Hierzu sei angemerkt, dass die Minderjährigen ausnahmslos an Kasinospielen teilnehmen, die außerhalb der Spielbanken veranstaltet werden.

Auch hinsichtlich des Bildungsabschlusses zeigen sich bemerkenswerte Unterschiede in den Verteilungen. Dies gilt insbesondere für das Automatenspiel in und außerhalb der Kasinos. Während die Personen mit einem Pflichtschulabschluss etwa ein Zehntel der österreichischen Bevölkerung stellen, ist ihr Anteil in Bezug auf die AutomatenspielerInnen doppelt so hoch. Des Weiteren nehmen Personen mit einem mittleren Bildungsabschluss bzw. einer abgeschlossenen Lehre überdurchschnittlich häufig an Automatenspielen außerhalb der Kasinos teil. Personen, die über die Matura verfügen, finden sich hingegen zu vergleichsweise geringen Anteilen in dieser Spielerschaft. Dies stellt sich bzgl. der klassischen Kasinospiele, der Automatenspiele in den Kasinos sowie der Sportwetten jedoch anders dar. Die entsprechenden Anteile für die SpielerInnen mit Matura – jedoch ohne Hochschulabschluss – liegen zwischen 20 Prozent und 25 Prozent und somit jeweils über ihrem Anteil in der Gesamtbevölkerung.

Tabelle 6.5: Verteilung soziodemografischer Merkmale innerhalb der Spielerschaft (letzte 12 Monate) nach Glücksspielart

	Lotterien	Rubbellose	Sportwetten	Kasinospiele	Automaten in Kasinos	Automaten außerhalb Kasinos	Befragte insgesamt
Geschlecht:							
männlich	54,6 %	50,0 %	90,9 %	71,7 %	64,2 %	80,2 %	49,9 %
weiblich	45,4 %	50,0 %	9,1 %	28,3 %	35,8 %	19,8 %	50,1 %
Alter							
14-17 Jahre	0,7 %	3,9 %	3,2 %	1,7 %	0,0 %	5,0 %	6,7 %
18-35 Jahre	30,4 %	44,3 %	64,2 %	67,3 %	57,4 %	83,3 %	33,4 %
36-49 Jahre	38,0 %	34,4 %	19,2 %	18,2 %	26,6 %	9,9 %	32,7 %
50 Jahre und älter	30,9 %	17,4 %	13,5 %	12,9 %	16,0 %	1,8 %	27,2 %
Schulbildung:							
Pflichtschule	6,3 %	6,9 %	14,2 %	8,6 %	18,3 %	19,3 %	9,9 %
Hauptschule	14,7 %	19,0 %	13,4 %	8,5 %	14,3 %	12,5 %	17,5 %
Lehre, mittlere Schule	53,0 %	49,0 %	46,4 %	46,6 %	38,8 %	56,2 %	46,0 %
Matura	14,7 %	15,5 %	20,3 %	25,1 %	22,6 %	11,4 %	15,0 %
Hochschule	11,3 %	9,6 %	5,8 %	11,2 %	6,0 %	0,7 %	11,6 %
Erwerbsstatus							
erwerbstätig	70,1 %	68,2 %	69,2 %	69,2 %	56,3 %	44,6 %	63,2 %
arbeitslos	3,2 %	5,3 %	5,2 %	5,2 %	17,9 %	17,1 %	3,2 %
RentnerIn oder PensionärIn	13,6 %	7,8 %	5,5 %	5,5 %	3,0 %	,0 %	12,0 %
in Ausbildung	4,6 %	11,1 %	18,5 %	18,5 %	6,3 %	32,5 %	12,5 %
Migrationshintergrund							
nein	89,1 %	90,5 %	84,4 %	89,1 %	76,8 %	75,2 %	87,0 %
ja	10,9 %	9,5 %	15,6 %	10,9 %	23,2 %	24,8 %	13,0 %
N (gewichtet)	2.290	494	175	311	37	77	6.326

Auch die Verteilung der Erwerbsgruppen unterscheidet sich in Abhängigkeit von der betrachteten Glücksspielart erheblich. Lotterien werden überdurchschnittlich von Erwerbstätigen und RentnerInnen in Anspruch genommen.

Auch bei den Rubbellosen weisen die erwerbstätigen Befragten sowie die Arbeitslosen jeweils leicht überdurchschnittliche Anteile auf. Ähnliches gilt für die Sportwetten. Hier sind es jedoch zusätzlich die sich in einer Ausbildung befindlichen Personen, welche überdurchschnittlich an Wetten teilnehmen. Eine nahezu identische Verteilung zeigt sich, wenn die Kasinospiele in den Blick genommen werden. Deutlich hiervon verschieden stellt sich die Verteilung der Erwerbsgruppen innerhalb der AutomatenspielerInnen dar. So weisen die Teilnehmer an Spielautomaten in den Kasinos bereits unterdurchschnittliche Anteile von Erwerbstätigen auf. Arbeitslose sind in diesem Spieletablissement mit einem Anteil von 17,9 Prozent allerdings sechsfach stärker vertreten als in der Gesamtstichprobe. RentnerInnen und Personen, die sich aktuell in einer Ausbildung befinden, zeigen sich hier unterrepräsentiert. Nochmals deutlich geringer als in den Automatensälen der Kasinos ist der Anteil der Erwerbstätigen in Bezug auf die AutomatenspielerInnen außerhalb der Kasinos. Mit 44,6 Prozent liegt dieser fast zwanzig Prozentpunkte unter dem Anteil aller Befragten. RentnerInnen und Pensionäre nutzen diese Spielangebote überhaupt nicht. Wiederum sind es die arbeitslosen SpielteilnehmerInnen, die überproportional an diesen Automatenspielen teilnehmen. Sie stellen nahezu ein Fünftel dieser Spielerschaft. Nochmals deutlich höher ist der Anteil der sich aktuell in Ausbildung befindlichen Befragten. Ein Drittel aller AutomatenspielerInnen (außerhalb der Kasinos) ist dieser Gruppe zuzuordnen.

Personen mit Migrationshintergrund sind insbesondere bei den Automatenspielen überrepräsentiert. Die entsprechenden Anteile sind mit 23 Prozent (Automaten in den Kasinos) bzw. 25 Prozent (Automatenspiele außerhalb der Kasinos) fast doppelt so hoch wie in Bezug auf alle Befragten dieser Studie. Auch unter den SportwetterInnen finden sich überdurchschnittlich viele Personen mit Migrationshintergrund. Der diesbezügliche Anteil liegt mit 15,6 Prozent jedoch deutlich unter dem der Automatenspiele.

Die Teilnahme am Glücksspiel ist mit Ausnahme des Zahlenlottos selten auf eine einzige Spielart beschränkt (siehe Tabelle 6.6). So berichtet nur etwa ein Drittel der klassischen KasinospielerInnen, ein Viertel der SportwetterInnen und ein Fünftel der SpielerInnen von Automatenspielen außerhalb der Kasinos von der ausschließlichen Teilnahme an dieser einen Glücksspielart. Bei den SpielerInnen von Lotterien sind es hingegen drei Viertel.

Lotterien sind bei allen SpielerInnen anderer Spielarten offensichtlich sehr beliebt. Mindestens die Hälfte von ihnen gibt an, im Laufe des zurückliegenden Jahres daran teilgenommen zu haben. Auch Rubbellose werden häufig genannt. Deren Anteile liegen mit Ausnahme der AutomatenspielerInnen in den Kasinos (56%) bei etwa einem Viertel der Spielerschaft. Eine noch bedeutendere Rolle bzgl. des multiplen Spielverhaltens haben die Kasinospiele. So berichtet beispielsweise ca. ein Drittel der SportwetterInnen und AutomatenspielerInnen (außerhalb der Kasinos) davon, auch an Glücksspielen wie Poker, Roulette oder Black Jack teilgenommen zu haben. Bei den SpielerInnen von Automaten innerhalb der Kasinos beträgt dieser Anteil bemerkenswerte 85,3 Prozent. Offensichtlich versucht der weit überwiegende Teil dieser Spielerschaft sein Glück auch im Lebendspielbereich der Kasinos. Der umgekehrte Fall ist hingegen seltener. Nur etwa jede/r zehnte SpielerIn klassischer Kasinospiele gibt an, auch an den dortigen Automaten zu spielen.

Tabelle 6.6: Multiple Spielteilnahme (Jahresprävalenz)*

	Lotterien	Rubbellose	Sportwetten	klassische Kasinospiele	Automaten im Kasino	Automaten außerhalb Kasinos	andere Glücksspiele
Lotterien	*76,3 %*	71,6 %	65,2 %	52,6 %	67,2 %	52,6 %	40,5 %
Rubbellose	15,4 %	*23,3 %*	24,7 %	21,5 %	56,1 %	26,4 %	15,2 %
Sport- und Pferdewetten	5,0 %	8,8 %	*23,6 %*	17,3 %	13,8 %	25,6 %	5,0 %
klassische Kasinospiele	7,2 %	13,5 %	30,7 %	*33,6 %*	85,3 %	34,6 %	14,8 %
Automaten im Kasino	1,1 %	4,2 %	2,9 %	10,2 %	*2,3 %*	14,4 %	4,8 %
Automaten außerhalb Kasinos	1,8 %	4,1 %	11,3 %	8,6 %	30,0 %	*21,4 %*	1,5 %
andere Glücksspiele	1,0 %	1,8 %	1,7 %	2,8 %	7,5 %	1,1 %	*47,6 %*
N (gewichtet)	2.290	494	175	311	37	77	58

* Die fett und kursiv dargestellten Werte geben die Anteile der SpielerInnen wieder, die ausschließlich an der jeweils genannten Glücksspielart teilnehmen.

6.3.3 Spielorte

In Österreich bestehen vielfältige Möglichkeiten an Glücksspielen teilzunehmen. So können bestimmte Produkte in Annahmestellen bzw. in Trafiken erworben werden und es kann in Spielhallen, Wettbüros, Spielkasinos, Restaurants oder im privaten Hinterzimmer gespielt werden. Seit einigen Jahren sind zudem nahezu alle Glücksspielangebote auch im Internet verfügbar. In Tabelle 6.7 ist die Bedeutung der verschiedenen Spielorte in Abhängigkeit von der Spielart und einigen ausgesuchten Merkmalen (Alter, Geschlecht, Migrationshintergrund) wiedergegeben.

Spielorte des Zahlenlottos

Die Lose für das Zahlenlotto werden überwiegend in Trafiken erworben. Etwa ein Fünftel der LottospielerInnen berichtet auch von einem Loskauf in Annahmestellen. Das Internet spielt mit einem Anteil von 5 Prozent nur eine vergleichsweise geringe Rolle. Unterschiede innerhalb der oben genannten Merkmale finden sich beim Lotto kaum. Lediglich bei den Anteilen der Personen, die über das Internet Lotto spielen, zeigt sich, dass Männer sowie jüngere SpielerInnen hiervon etwas häufiger Gebrauch machen.

Spielorte der Sportwetten

Sportwetten können sowohl in Annahmestellen, in Wettcafés und WINWIN-Kasinos als auch im Internet gespielt werden. Etwa die Hälfte der SportwetterInnen nutzt Wettcafés bzw. –büros zum Platzieren der Wetten. Online wettet genau ein Drittel dieser Spielerschaft und jede/r Vierte nutzt das Angebot der Annahme- bzw. Vertriebsstätten. WINWIN-Kasinos spielen mit einem Anteil von 7,3 Prozent im Sportwettenmarkt bisher offensichtlich nur eine kleinere Rolle. Die Nutzung der Spielorte unterscheidet sich in Abhängigkeit vom Geschlecht erheblich. Die wenigen Frauen, die daran teilnehmen, bevorzugen die Annahme- und Vertriebsstellen. Ein Drittel geht auch in Wettbüros. Das Internet wird hingegen nicht einmal von jedem/r Zehnten genutzt. Auch in Bezug auf das Alter zeigen sich deutliche Unterschiede bzgl. des Aufsuchens bestimmter Spielorte. So berichten die bis 35-Jährigen zu 59,1 Prozent von Wetttätigkeiten in Wettcafés, und jede/r Zehnte setzte in WINWIN-Kasinos auf den Ausgang von Sportereignissen. In der Gruppe der älteren SpielerInnen betragen die entsprechenden Anteile lediglich 29,1 Prozent resp. 1,9 Prozent. SportwetterInnen mit Migrationshintergrund bevorzugen ganz offensichtlich die Wettcafés als Ort des Wettens. Zwei Drittel von ihnen berichten davon. Bei den Personen ohne Migrationshintergrund liegt der entsprechende Anteil mehr als zwanzig Prozentpunkte darunter. Hingegen erscheint den MigrantInnen das Angebot in den Annahmestellen weniger attraktiv. Nur 7,5 Prozent tätigen dort hin und wieder Wetten.

Tabelle 6.7: Spielorte nach Glücksspielart und ausgesuchten demografischen Merkmalen

		Annahme-/Vertriebsstellen	Trafiken, Tankstellen	Internet	Wettcafés, -büros	Spielhallen	WINWIN-Kasino	Spielkasino	(privates) Hinterzimmer	Restaurants, Bars	andere Spielorte	N (gewichtet)
Lotto	Gesamt	20,8 %	81,5 %	5,0 %								2.152
	männlich	22,0 %	79,5 %	7,1 %								1.167
	weiblich	19,5 %	83,8 %	2,6 %								985
	Alter: 14-35 Jahre	22,2 %	80,2 %	7,6 %								644
	Alter: 36-65 Jahre	20,2 %	82,0 %	3,9 %								1.508
	Migrant	21,2 %	77,9 %	6,0 %								218
	kein Migrant	20,8 %	81,9 %	4,9 %								1.926
Sportwetten	Gesamt	27,8 %		33,1 %	49,3 %		7,3 %				4,5 %	175
	männlich	25,3 %		35,5 %	50,9 %		8,0 %				4,5 %	159
	weiblich	53,2 %		8,6 %	33,0 %		0,0 %				5,2 %	16
	Alter: 14-35 Jahre	27,5 %		33,1 %	59,1 %		9,9 %				1,2 %	118
	Alter: 36-65 Jahre	28,5 %		33,0 %	29,1 %		1,9 %				11,4 %	57
	Migrant	8,5 %		30,9 %	67,4 %		4,5 %				0,9 %	27
	kein Migrant	31,4 %		33,5 %	45,9 %		7,8 %				5,2 %	147

Fortsetzung der Tabelle 6.7 von Seite 158

		Annahme-/Vertriebsstellen	Tankstellen, Trafiken	Internet	Wettcafés, -büros	Spielhallen	WINWIN-Kasino	Spielkasino	Hinterzimmer (privates)	Restaurants, Bars	andere Spielorte	N (gewichtet)
Klassische Kasinospiele	Gesamt			20,9 %				82,5 %	13,4 %		0,9 %	311
	männlich			27,8 %				78,9 %	16,2 %		0,2 %	223
	weiblich			3,7 %				91,8 %	6,4 %		2,6 %	88
	Alter: 14-35 Jahre			26,5 %				78,4 %	17,6 %		1,1 %	215
	Alter: 36-65 Jahre			8,5 %				91,6 %	4,3 %		0,4 %	97
	Migrant			28,2 %				79,9 %	22,4 %		0,0 %	33
	kein Migrant			20,2 %				82,4 %	12,7 %		1,0 %	271
Spielautoma-ten	Gesamt		0,7 %	4,8 %	32,8 %	31,8 %	4,8 %	36,0 %		12,5 %	2,3 %	103
	männlich		0,9 %	6,3 %	38,2 %	32,4 %	1,6 %	30,4 %		13,7 %	0,0 %	78
	weiblich		0,0 %	0,0 %	15,9 %	29,7 %	15,1 %	53,7 %		8,7 %	9,6 %	25
	Alter: 14-35 Jahre		0,8 %	6,2 %	39,4 %	34,4 %	4,2 %	26,6 %		14,6 %	3,0 %	80
	Alter: 36-65 Jahre		0,0 %	0,0 %	9,9 %	22,6 %	6,9 %	68,9 %		5,1 %	0,0 %	23
	Migrant		0,0 %	22,7 %	47,1 %	52,0 %	0,0 %	39,6 %		6,8 %	0,0 %	22
	kein Migrant		0,9 %	0,0 %	30,5 %	27,8 %	6,4 %	36,9 %		9,5 %	3,1 %	77

Spielorte der klassischen Kasinospiele

Die klassischen Kasinospiele wie Poker, Roulette oder Black Jack werden von mehr als vier Fünftel der SpielerInnen noch im Kasino gespielt. Etwa ein Fünftel nutzt auch die Angebote, die im Internet zu finden sind. Privat organisierte Kasinospiele – und somit eigentlich illegal – werden von 13,4 Prozent angegeben. Dieser letztgenannte Spielort wird überdurchschnittlich von männlichen und jungen SpielerInnen genutzt. Auch sind Personen mit Migrationshintergrund hier überdurchschnittlich vertreten. Frauen bzw. ältere SpielerInnen nutzen hingegen zum Spielen klassischer Kasinospiele überwiegend das Kasino. Dem entsprechend spielt das Internet bei Ihnen nur eine vergleichsweise geringe Rolle.

Spielorte der Automatenspiele

Die Möglichkeiten, an Automatenspielen teilzunehmen, sind sehr vielfältig. Neben den klassischen Angeboten der Spielhallen und in den Kasinos finden sich Automaten in Wettcafés, WINWIN-Kasinos, in Restaurants und Bars und sogar an einigen Tankstellen. Hinzu kommt das Angebot im Internet. Jeweils etwa ein Drittel der SpielerInnen berichtet von einem Besuch in den Spielhallen, den Wettcafés oder den Automatensalons der Kasinos. Etwa jede/r Achte bespielte Geräte in Restaurants oder Bars. Die Anteile des Internets und der WINWIN-Kasinos liegen bei jeweils 4,8 Prozent. Das Aufsuchen der verschiedenen Spielorte unterscheidet sich in Abhängigkeit vom Geschlecht erheblich. So geben Frauen überdurchschnittlich häufig an, die klassischen Kasinos bzw. die WINWIN-Spielstätten aufzusuchen, um an Automaten zu spielen. Wettcafés werden hingegen nur zu geringen Anteilen und das Internet überhaupt nicht von Ihnen genutzt.

Auch hinsichtlich der verschiedenen Altersgruppen lassen sich bemerkenswerte Unterschiede in der Nutzung der Spielorte feststellen. Gibt lediglich ein Viertel der Jüngeren an, an den Automaten in den Spielkasinos zu spielen, so sind es bei den älteren SpielerInnen etwas mehr als zwei Drittel. Die jüngere Spielerschaft präferiert die Wettcafés und die Spielhallen für das Automatenspiel und zeigt überdurchschnittlich hohe Anteile bei den Restaurants bzw. Bars als möglichem Spielort. Automatenspiele im Internet werden vor allem von Personen mit Migrationshintergrund genutzt. Mehr als jede/r Fünfte berichtet davon. Noch häufiger werden Spielhallen und Wettcafés genannt; hier ist es etwa jede/r Zweite. Die entsprechenden Anteile liegen somit jeweils deutlich über den Personen, die keinen Migrationshintergrund aufweisen.

6.3.4 Problemspielverhalten

Die weit überwiegende Mehrzahl der an Glücksspielen teilnehmenden Personen zeigt keine spielbezogenen Probleme (siehe Tabelle 6.8). Für 97,2 Prozent aller Befragten und 93,4 Prozent derer, die im zurückliegenden Jahr mindestens einmal an einem Glücksspiel teilgenommen haben, traf nicht eines der zehn DSM-IV-Kriterien zu. Ein oder zwei erfüllte DSM-IV-Kriterien finden sich bei 1,7 Prozent der Gesamtstichprobe und 4,0 Prozent der Spielerschaft.[2] Ein problematisches Spielverhalten – und somit drei oder vier zutreffende DSM-IV-Kriterien – zeigen 0,4 Prozent aller Befragten. Bei ausschließlicher Betrachtung der im letzten Jahr am Glücksspiel teilnehmenden Personen beträgt dieser Anteil 1,0 Prozent. Etwas höher sind die Werte in Bezug auf das pathologische Spielen. Hiervon sind 0,7 Prozent der Gesamtstichprobe und 1,6 Prozent der aktiven SpielerInnen betroffen.

Tabelle 6.8: Prävalenz glücksspielbezogener Probleme in der Gesamtbevölkerung und in der Spielerschaft

Anzahl erfüllter DSM-IV-Kriterien		Alle Befragten (N=6.324)			SpielerInnen des zurückliegenden Jahres (N=2.652)	
		N (gewichtet)	in Prozent			
0	Kein oder sehr geringes Spielproblem	6.149	97,23 %		93,40 %	
1		89	1,40 %	98,91 %	3,34 %	97,41 %
2		18	0,28 %		0,67 %	
3	Problematisches Spielverhalten	22	0,34 %	0,43 %	0,81 %	1,02 %
4		5	0,09 %		0,21 %	
5	Pathologisches Spielverhalten	6	0,10 %		0,24 %	
6		9	0,14 %		0,34 %	
7		7	0,11 %	0,66 %	0,26 %	1,56 %
8		3	0,05 %		0,11 %	
9		0	0,0 %		0,0 %	
10		16	0,26 %		0,61 %	

---

[2] Hier gilt jedoch zu beachten, dass aufgrund der Eingangskriterien für das Durchlaufen des Test-Instruments – mindestens wöchentliche Spielteilnahme oder mindestens 50 Euro Spieleinsatz pro Monat – der Anteil der Personen mit geringen Spielproblemen (ein oder zwei zutreffende Kriterien) möglicherweise unterschätzt wird.

Trotz komplexer Verfahren der Stichprobenauswahl und den Möglichkeiten einer nachträglichen Gewichtung, stellen die Ergebnisse von Repräsentativbefragungen immer nur eine Schätzung der tatsächlichen Verhältnisse dar. Die in der oberen Tabelle 6.8 abgetragenen Anteile problematischen und pathologischen Spielens sind somit als (Punkt-)Schätzungen der wahren Problemprävalenzen zu begreifen. Statistisch lässt sich ein Intervall berechnen, in welchem sich mit einer zuvor definierten Sicherheit – meistens 95 Prozent oder 99 Prozent – der wahre Wert befinden muss. Der obere und untere Wert dieses so genannten Konfidenzintervalls ist in Bezug auf das Ausmaß der vorhandenen Spielprobleme in Tabelle 6.9 dargestellt. Ein problematisches Spielverhalten zeigen demnach in Österreich zwischen 0,27 Prozent und 0,59 Prozent der Bevölkerung. Hochgerechnet auf die in Österreich lebenden Personen im Alter von 14 bis 65 Jahren sind dies zwischen 15.700 und 34.500 Betroffene. Das Konfidenzintervall des Anteils der Spielsüchtigen variiert zwischen 0,46 Prozent und 0,86 Prozent. Absolut zeigen somit zwischen 26.900 und 50.200 ÖsterreicherInnen ein pathologisches Spielverhalten.

Tabelle 6.9: Konfidenzintervalle der Spielproblemprävalenzen und Hochrechnung der Zahl der Betroffenen

	95 %-Konfidenzintervall		Hochrechnung auf die in Österreich lebenden 14- bis 65-Jährigen	
	Unterer Wert	Oberer Wert	Unterer Wert	Oberer Wert
Kein oder sehr geringes Spielproblem (0-2 Kriterien erfüllt)	98,7 %	99,2 %	5.757.595	5.787.466
Problematisches Spielverhalten (3-4 Kriterien erfüllt)	0,27 %	0,59 %	15.683	34.507
Pathologisches Spielverhalten (5-10 Kriterien erfüllt)	0,46 %	0,86 %	26.871	50.166

Einen differenzierteren Blick auf das Problemspielverhalten in der Bevölkerung gestattet Tabelle 6.10. Ihr ist beispielsweise zu entnehmen, dass Männer zu höheren Anteilen ein problematisches und pathologisches Spielverhalten aufweisen als die weiblichen Befragten. Auch innerhalb der verschiedenen Altersgruppen stellt sich das Ausmaß vorhandener Spielprobleme sehr unterschiedlich dar. Während in der Gruppe der Minderjährigen – wahrscheinlich aufgrund der Eingangskriterien für das Durchlaufen des Test-Instruments (siehe Fußnote 2) – keine Spielprobleme festzustellen sind, weisen die 18-35-Jährigen mit 0,8 Prozent problematischen SpielerInnen und 1,3 Prozent pathologischen SpielerInnen jeweils die höchsten Problemprävalenzen aller hier betrachteten Altersgruppen auf. In der nächsthöheren Altersgruppe

– der 36 bis 49-Jährigen – liegen die entsprechenden Anteile mit 0,3 Prozent resp. 0,4 Prozent schon deutlich darunter.

Bemerkenswerte Unterschiede in den Anteilen der Personen mit Spielproblemen zeigen sich auch in Bezug auf den höchsten erreichten Schulabschluss der Befragten. Bezogen auf das pathologische Spielverhalten lässt sich eine lineare Abnahme des Anteils mit höherem Bildungsgrad feststellen. So erfüllen beispielsweise 1,6 Prozent der PflichtschülerInnen die DSM-IV-Kriterien für eine Spielsucht. Unter den Befragten mit einem mittleren Abschluss bzw. einer abgeschlossenen Lehre sind es 0,6 Prozent und bei denen mit Matura (ohne Hochschulabschluss) 0,3 Prozent. Unter den Befragten mit einem akademischen Abschluss finden sich überhaupt keine pathologischen SpielerInnen. Wird der Fokus auf das problematische Spielverhalten gelenkt (3-4 Kriterien) dann zeigt sich – mit Ausnahme der HauptschülerInnen – eine ähnliche Beziehung zwischen Bildungsstatus und vorhandenen Spielproblemen.

Bezogen auf den Erwerbsstatus sind es in besonderer Weise die Arbeitslosen, die von einer Spielsucht betroffen sind. 6,4 Prozent von ihnen erfüllen zwischen fünf und zehn der DSM-IV-Kriterien. Bei den Erwerbstätigen beträgt dieser Anteil nicht einmal ein Zehntel (0,5 %). Ein problematisches Spielverhalten weisen zu erhöhten Anteilen (1,4 %) die aktuell sich in einer Ausbildung befindenden Befragten (SchülerInnen, beruflich Auszubildende sowie Studierende) auf. Hierin dürfte das vergleichsweise geringe Alter dieser Erwerbsstatusgruppe und – wie oben berichtet – die daraus resultierende besondere Gefährdung ihren Niederschlag finden.

Wird die Problemprävalenz nach dem Haushaltsnettoeinkommen der Befragten differenziert, so zeigt sich auch hier eine enge Beziehung zwischen Problemausmaß und sozialem Status. Personen, die weniger als 1.500 Euro im Monat für ihren gesamten Haushalt zur Verfügung haben, weisen zu 0,9 Prozent ein problematisches und zu 1,9 Prozent ein pathologisches Spielverhalten auf. Beträgt das monatliche Haushaltsnettoeinkommen zwischen 1.500 Euro und 2.999 Euro, so liegen die entsprechenden Anteile mit 0,5 Prozent resp. 1,1 Prozent schon deutlich darunter und fallen nochmals erheblich, wenn die Personen betrachtet werden, in deren Haushalten mehr als 3.000 Euro zur Verfügung stehen.

SpielerInnen mit überdurchschnittlich hohen Geldeinsätzen und häufiger Spielteilnahme sind auch zu deutlich höheren Anteilen von Spielproblemen betroffen als diejenigen mit einem weniger intensiven Spielverhalten. So lässt sich Tabelle 6.10 entnehmen, dass unter den Personen, die pro Monat weniger als 20 Euro für Glücksspiele einsetzen, nur wenige zu finden sind, welche die DSM-IV-Kriterien problematischen (0,1 %) bzw. pathologischen Spielens (0,4 %) erfüllen. Berichten SpielerInnen hingegen von Einsätzen zwischen

20 Euro und 49,99 Euro so liegen die Anteile der Spielsüchtigen mit 2,2 Prozent schon mehr als fünfmal höher. In der nächsthöheren Kategorie – 50 Euro bis 99,99 Euro – steigt der Anteil pathologischer SpielerInnen auf 3,5 Prozent und der Anteil problematisch spielender Personen auf 4,9 Prozent. Dass insbesondere hohe Geldeinsätze mit Spielproblemen assoziiert sind, wird aus der Verteilung der Problemklassen bzgl. der höchsten Kategorie des monatlichen Geldeinsatzes – 100 Euro oder mehr – deutlich. In dieser Spielerschaft erfüllen 8,0 Prozent die Kriterien des problematischen Spielens und nahezu ein Fünftel (18,1 %) ist von einer Spielsucht betroffen.

Noch deutlicher wird der Zusammenhang von Spielintensität und Spielproblemen, wenn die Häufigkeit der Teilnahme an Glücksspielen betrachtet wird. Da Lotterien nur ein vergleichsweise geringes Gefährdungspotential aufweisen, sind in Tabelle 6.10 ausschließlich die Spielhäufigkeiten von Sportwetten und/oder Automaten- und/oder Kasinospielen dargestellt.[3] Personen, die nur hin und wieder spielen, weisen keine Spielprobleme auf. Hingegen zeigt jede/r zehnte SpielerIn, die/der ein bis drei Mal im Monat an Glücksspielen teilnimmt bereits ein problematisches bzw. pathologisches Spielverhalten. Eine nochmals deutliche Steigerung, insbesondere des problematischen Spielens ergibt sich, wenn die Personen betrachtet werden, die bereits ein bis zwei Mal pro Woche um Geld spielen. Jede/r Fünfte dieser Gruppe erfüllte drei oder vier DSM-IV-Kriterien. Von einer Spielsucht ist jede/r Zehnte betroffen. Befragte, welche die Spielstätten mindestens drei Mal pro Woche aufsuchen – dies trifft auf ca. 7 Prozent der hier betrachteten SportwetterInnen, Automaten- und KasinospielerInnen zu – sind in ganz besonderem Maße gefährdet, ein pathologisches Spielverhalten zu entwickeln. Nahezu ein Drittel dieses Personenkreises erfüllte mindestens fünf der DSM-IV-Kriterien. Ein weiteres Zehntel spielt problematisch und weitere 44 Prozent sind zumindest spielproblemgefährdet (erfüllen 1 bis 2 DSM-IV-Kriterien). Somit stellen SpielerInnen, die mindestens drei Mal pro Woche an den oben genannten Spielarten teilnehmen, eine Hochrisikogruppe in Bezug auf die Entwicklung glücksspielbezogener Probleme dar.

Entsprechend des unterschiedlichen Gefährdungspotentials der einzelnen Glücksspielarten weisen auch die Spielorte divergierende Anteile von ProblemspielerInnen auf. In den Trafiken – hier werden, wie berichtet, überwiegend Lotterieprodukte verkauft – ist nur ein sehr geringer Anteil der Kundschaft von Spielproblemen betroffen (ca. 2 %). Schon deutlich höher liegen die entsprechenden Anteile in den Spielkasinos. Jede/r zwanzigste Be-

---

[3] War die Spielfrequenz für eine befragte Person in Bezug auf die Teilnahme an Sportwetten, Automaten- oder Kasinospielen unterschiedlich, so ist in die Analyse jeweils die höchste Nennung einbezogen worden.

sucherIn erfüllt drei oder vier DSM-IV-Kriterien und 3,6 Prozent sind bereits spielsüchtig. Werden die OnlineglücksspielerInnen untersucht, so zeigen hier 8,2 Prozent ein pathologisches Spielverhalten und 6,9 Prozent spielen zumindest problematisch. In den Wettbüros bzw. -cafés liegen diese Anteile mit 9,0 Prozent und 11,3 Prozent nochmals bemerkenswert höher. Hier ist also ein Fünftel der Kundschaft erheblichen glücksspielbezogenen Problemen ausgesetzt. Die mit Abstand höchsten Anteile von ProblemspielerInnen finden sich jedoch in den Spielhallen. Genau ein Viertel muss als bereits spielsüchtig gelten und weitere 18,7 Prozent zeigen ein problematisches Spielverhalten. Weitere 15,1 Prozent sind gefährdet, zukünftig Spielprobleme zu entwickeln. In den Spielhallen konzentriert sich somit eine Problemklientel, auf die bei der Entwicklung von Spielerschutzmaßnahmen ein besonderes Augenmerk gelegt werden muss.

Tabelle 6.10: Spielprobleme nach demografischen, sozialstrukturellen und spielbezogenen Merkmalen

	keine Spielprobleme (0 Krit.)	geringe Spielprobleme (1-2 Krit.)	probl. Spielverhalten (3-4 Krit.)	path. Spielverhalten (5-10 Krit.)	N (gewichtet)
Geschlecht					
männlich	95,8 %	2,6 %	0,7 %	0,9 %	3.141
weiblich	98,7 %	0,8 %	0,1 %	0,4 %	3.157
Alter					
14-17 Jahre	100,0 %	0,0 %	0,0 %	0,0 %	425
18-35 Jahre	96,1 %	1,8 %	0,8 %	1,3 %	2.103
36-49 Jahre	97,7 %	1,6 %	0,3 %	0,4 %	2.057
50 Jahre oder älter	97,4 %	2,0 %	0,2 %	0,4 %	1.713
Schulbildung					
Pflichtschule	96,2 %	1,2 %	1,0 %	1,6 %	621
Hauptschule	97,4 %	1,5 %	0,0 %	1,0 %	1.107
Lehre, mittlere Schule	96,5 %	2,3 %	0,6 %	0,6 %	2.902
Matura	98,0 %	1,3 %	0,3 %	0,3 %	943
Hochschule	99,5 %	0,4 %	0,1 %	0,0 %	727

Fortsetzung der Tabelle 6.10 von Seite 165

	keine Spielrobleme (0 Krit.)	geringe Spielpro-bleme (1-2 Krit.)	probl. Spielver-halten (3-4 Krit.)	path. Spielverhal-ten (5-10 Krit.)	N (gewichtet)
Erwerbsstatus					
erwerbstätig	97,4 %	1,7 %	0,3 %	0,5 %	3.958
arbeitslos	90,9 %	2,0 %	0,7 %	6,4 %	201
RentnerIn oder PensionärIn	97,0 %	2,7 %	0,1 %	0,2 %	753
in Ausbildung	97,3 %	0,9 %	1,4 %	0,4 %	781
Sonstiges	97,9 %	1,1 %	0,1 %	0,9 %	566
Haushaltsnettoeinkommen					
bis unter 1.500 €	96,0 %	1,3 %	0,9 %	1,9 %	839
1.500 € bis unter 3.000 €	96,8 %	1,6 %	0,5 %	1,1 %	2.011
3.000 € und mehr	97,4 %	2,3 %	0,1 %	0,3 %	1.100
monat. Geldeinsatz					
bis 19,99 €	97,6 %	1,9 %	0,1 %	0,4 %	623
20 € bis 49,99 €	90,8 %	6,6 %	0,4 %	2,2 %	465
50 € bis 99,99 €	74,9 %	16,7 %	4,9 %	3,5 %	179
100 € oder mehr	51,4 %	22,5 %	8,0 %	18,1 %	122
Median	20 €	52 €	77 €	140 €	1.389
Spielhäufigkeit (von Sportwetten, Automaten- oder Kasinospielen)					
weniger als einmal pro Monat	99,0 %	1,0 %	0,0 %	0,0 %	261
1 bis 3 Mal pro Monat	76,0 %	14,2 %	2,3 %	7,5 %	101
1 bis 2 Mal die Woche	51,5 %	18,4 %	20,3 %	9,8 %	69
3 Mal die Woche und mehr	15,5 %	44,0 %	9,2 %	31,3 %	32
Spielorte					
Trafiken	94,5 %	3,5 %	0,7 %	1,2 %	1.834
Spielkasino	84,9 %	6,7 %	4,8 %	3,6 %	265
Internet	75,1 %	9,8 %	6,9 %	8,2 %	223
Wettbüros/-cafés	69,1 %	10,6 %	9,0 %	11,3 %	106
Spielhalle	40,9 %	15,1 %	18,7 %	25,3 %	33

Die Anteile problematischen und pathologischen Spielens unterscheiden sich je nach Glücksspielart erheblich. Zu beachten ist in diesem Zusammenhang aber, dass die ermittelten Spielprobleme nicht zwangsläufig der jeweils genannten Glücksspielart zuzurechnen sind, da, wie oben berichtet, sehr viele der GlücksspielerInnen im Laufe des zurückliegenden Jahres an mehreren Glücksspielen teilnahmen. Besonders deutlich wird dieser Sachverhalt beim Zahlenlotto. Während der Anteil pathologischer SpielerInnen unter allen LottospielerInnen bei 1,3 Prozent liegt, beträgt er in der Gruppe der ausschließlichen LotteriespielerInnen etwa nur die Hälfte (siehe Abbildung 6.1). Demnach ist ein Großteil der Spielprobleme von Personen, die Lotto spielen, offensichtlich auf die gleichzeitige Teilnahme an weiteren Glücksspielen zurückzuführen. Bei allen anderen Spielarten ist eine exakte Bestimmung des Gefährdungspotentials aufgrund der oben dargelegten hohen Anteile des multiplen Glücksspielkonsums nicht möglich, d. h. eine eindeutige Zuordnung von Problemverhalten und Glücksspielart kann für die Mehrzahl der von Glücksspielproblemen betroffenen Personen nicht vorgenommen werden. Durch den Vergleich der Prävalenzen problematischen und pathologischen Spielens der verschiedenen Glücksspielformen lassen sich jedoch evidente Hinweise zu deren jeweiligem Gefährdungspotential ableiten. Ähnlich den LotteriespielerInnen weisen auch KauferInnen von Rubbellosen nur zu geringen Anteilen ein problematisches oder pathologisches Spielverhalten auf (1,4 % resp. 1,8 %). Etwas höher liegen die entsprechenden Anteile bei den klassischen Kasinospielen. 4,5 Prozent der Personen, die daran teilnehmen, erfüllen drei oder vier DSM-IV-Kriterien und für weitere 2,6 Prozent waren mindestens fünf Kriterien zutreffend. Ein ungleich höherer Anteil von SpielerInnen mit Spielproblemen findet sich unter den SportwetterInnen. 4,7 Prozent von ihnen erfüllen die Kriterien problematischen Spielens, weitere 7,8 Prozent haben bereits eine Spielsucht entwickelt. Insgesamt ist somit jede/r achte SportwetterIn von glücksspielbedingten Problemen betroffen. Die höchsten Anteile pathologischen Spielens weisen die Personen auf, die an Automaten spielen. Ob es sich hierbei um Automaten in den Kasinos oder Automatenspiele in Spielhallen, Wettcafés etc. handelt, ist hierbei von geringerer Bedeutung. Die Anteile unterscheiden sich mit 13,5 Prozent bzw. 15,5 Prozent nicht sehr stark und liegen somit etwa doppelt so hoch wie bei den SportwetterInnen. Wird der Blick auf die Anteile problematischen Spielens gerichtet, so zeigt sich in Bezug auf die AutomatenspielerInnen in den Kasinos eine Besonderheit: der entsprechende Anteil beträgt null Prozent. Dieses Ergebnis ist aber mit großer Wahrscheinlichkeit auf die geringe Anzahl von Personen dieser Spielerschaft, welche an der Befragung teilnahmen, zurückzuführen. Bei den zahlmäßig stärker vertretenen AutomatenspielerInnen, welche außerhalb der Kasinos dieser Spielart nachgehen, beträgt der Anteil problematischen Spielens hingegen bemerkenswerte 17,7 Prozent. Somit bleibt festzuhalten, dass jede/r dritte AutomatenspielerIn (außerhalb der Kasinos) von Spielproblemen betroffen ist.

Abbildung 6.1: Prävalenz problematischen und pathologischen Spielens (3-4 bzw. 5-10 DSM-IV-Kriterien) nach Glücksspielart

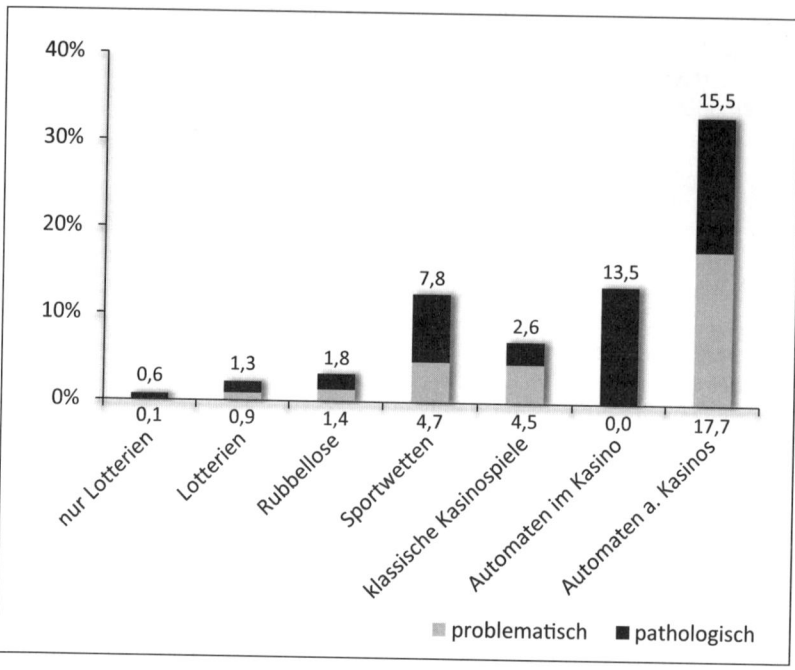

In Anbetracht des hohen Gefährdungspotentials der Automatenspiele wäre zu erwarten, dass die Bundesländer, in denen das kleine Glücksspiel bisher zugelassen war – Wien, Niederösterreich, Kärnten, Steiermark –, eine überdurchschnittlich hohe Spielproblemprävalenz aufweisen. Dieses Muster findet sich jedoch nicht durchgängig in den vorliegenden Daten wieder. Zwar zeigen sich in Wien und Niederösterreich verhältnismäßig hohe Anteile problematischen oder pathologischen Spielens von 1,9 Prozent bzw. 1,2 Prozent auf (siehe Tabelle 6.11). Gleichzeitig liegen die Problemprävalenzen in der

Steiermark und in Kärnten mit 0,7 Prozent bzw. 0,5 Prozent gleichauf mit vielen anderen der untersuchten Bundesländer[4]. Eine mögliche Erklärung hierfür könnte das Angebot an illegal aufgestellten Glücksspielautomaten in den Bundesländern sein, welche bisher das kleine Glücksspiel formal nicht zugelassen haben. In Tirol zeigen sich im Vergleich der Bundesländer besonders hohe Prävalenzen problematischen und pathologischen Spielens. Eine tiefergehende Analyse der davon betroffenen Personen zeigt auf, dass die Spielprobleme zu annähernd gleichen Teilen auf die Teilnahme an Sportwetten, klassischen Kasinospielen, Automatenspielen und sonstigen Spielen zurückzuführen sind.

Tabelle 6.11: Ausmaß bestehender Spielprobleme nach Bundesland

	keine Spielprobleme (0 Krit.)	geringe Spielprobleme (1-2 Krit.)	probl. Spielverhalten (3-4 Krit.)	path. Spielverhalten (5-10 Krit.)
Wien	96,1 %	1,9 %	0,9 %	1,0 %
Niederösterreich	97,1 %	1,7 %	0,2 %	1,0 %
Burgenland	98,6 %	1,0 %	0,0 %	0,4 %
Steiermark	97,4 %	1,9 %	0,3 %	0,4 %
Kärnten	98,8 %	0,7 %	0,1 %	0,4 %
Oberösterreich	97,1 %	2,3 %	0,2 %	0,4 %
Salzburg	98,5 %	1,2 %	0,2 %	0,0 %
Tirol	94,5 %	2,2 %	0,8 %	2,4 %
Vorarlberg	99,4 %	0,2 %	0,2 %	0,2 %

Aus dem Blickwinkel der Spielsuchtprävention ist die Frage nach den Spielorten, welche von ProblemspielerInnen besonders häufig aufgesucht werden, von besonderem Interesse. Mit Hilfe dieses Wissens ist es beispielsweise möglich, eine Priorisierung und Spezifizierung von Maßnahmen zur Vorbeugung von und Intervention bei glücksspielbezogenen Problemen vorzunehmen. In Tabelle 6.12 sind die entsprechenden Anteile der ProblemspielerInnen und – um die Einordnung zu erleichtern – der SpielerInnen ohne Spielprobleme für die vier bedeutendsten Glücksspiele dargestellt. Es ist aber

---

[4] Die Beschreibung der Unterschiede zwischen den Problemprävalenzen der Bundesländer erfolgt ausschließlich deskriptiv. Aufgrund der vergleichsweise geringen Fallzahl pro Bundesland (etwa 700) und des sehr kleinen Anteils von ProblemspielerInnen sind die Fehlertoleranzen der Punktschätzungen so groß, dass sich die für die einzelnen Bundesländer gemessenen Problemprävalenzen mit Ausnahme Tirols statistisch nicht voneinander unterscheiden.

darauf hinzuweisen, dass aufgrund der geringen absoluten Anzahl von ProblemspielerInnen die Übertragung dieser Ergebnisse auf die Situation in Österreich nur unter Beachtung der sich daraus ergebenen nicht unerheblichen Fehlertoleranz vorgenommen werden sollte.

Der oberen Tabelle 6.7 ließ sich bereits entnehmen, dass die Lose für das Zahlenlotto in Österreich überwiegend in den Trafiken gekauft werden. Dem entsprechend erwirbt auch der überwiegende Teil der ProblemspielerInnen Lose hierfür in diesen Verkaufsstellen. Nahezu die Hälfte von ihnen spielt jedoch auch noch in den Annahme- und Vertriebsstellen Lotto, und jede/r vierte LottoteilnehmerIn mit Spielproblemen kauft sich Lose im Internet. Die vorliegenden Anteile machen bereits beim Lotto deutlich, dass die ProblemspielerInnen weitaus häufiger mehrere Spielorte nutzen als die Spielerschaft, die keine bedeutsamen Spielprobleme aufweist. Bei den Sportwetten und den Kasino- und Automatenspielen ist dieses multiple Spielverhalten der ProblemspielerInnen noch ausgeprägter.

Personen, die auf den Ausgang von Sportereignissen wetten, stehen eine ganze Reihe möglicher Spielorte offen. Diejenigen unter ihnen, die glücksspielbezogene Probleme aufweisen, bevorzugen die Wettcafés bzw. -büros (67 %) und die Sportwettenportale im Internet (62 %). Die Nutzung der Onlineangebote ist somit bei den von Spielproblemen betroffenen WetterInnen doppelt so hoch wie bei den auf Sportereignisse wettenden Personen, die keine Spielprobleme aufweisen. Jeweils etwas mehr als ein Drittel der SportwetterInnen mit Spielproblemen gibt seine Tipps in den Annahme- und Vertriebsstellen bzw. den WINWIN-Kasinos ab. Insbesondere der letztgenannte Spielort besitzt somit für die problembelasteten SportwetterInnen eine erheblich größere Bedeutung als für diejenigen, die keine spielbezogenen Probleme aufweisen.

Auch in Bezug auf die klassischen Kasinospiele wird das Internet deutlich häufiger von den ProblemspielerInnen genutzt als von denen ohne spielbezogene Einschränkungen: Mehr als jede/r zweite der erstgenannten Gruppe spielt demnach Spiele wie Poker, Roulette, Black Jack u. ä. online. Nochmals deutlich beliebter sind für die ProblemspielerInnen die bestehenden terrestrischen Spielkasinos: Neun von zehn spielen hier um Geld. Jedoch sind im Vergleich zu den SpielerInnen ohne spielbezogene Probleme die Unterschiede in der Inanspruchnahme der Angebote in den Kasinos vergleichsweise gering.

Die vielfältigsten Möglichkeiten des Spielens bestehen in Österreich für die Automatenspiele. Während Personen, die bisher keine Spielprobleme ausgebildet haben, überwiegend in den Spielkasinos, Wettcafés bzw. -büros und schon zu deutlich geringeren Anteilen in den Spielhallen daran teilnehmen, wird der letztgenannte Spielort von den problematischen AutomatenspielerInnen besonders häufig aufgesucht – mehr als die Hälfte von ihnen tut dies.

Jeweils mehr als ein Viertel spielt in Wettcafés oder -büros bzw. in Restaurants oder Bars. Die Automaten in den Kasinos sind hingegen für die ProblemspielerInnen von geringerem Interesse. Der entsprechende Anteil ist mit 19,3 Prozent nicht einmal halb so hoch wie bei den AutomatenspielerInnen ohne Spielprobleme. Auch bzgl. der Onlineangebote gibt nahezu jede/r fünfte ProblemspielerIn an, hier zu spielen. Bemerkenswert ist in diesem Zusammenhang aber, dass von den AutomatenspielerInnen ohne Spielprobleme nicht eine einzige Nennung vorliegt.

Tabelle 6.12: Spielorte der verschiedenen Spielarten nach Spielproblem

	Lotto		Sportwetten		Kasinospiele		Spielautomaten	
	PS	Kein PS	PS	Kein PS	PS	Kein PS	PS	Kein PS
Annahme- & Vertriebsstellen	45,7 %	20,3 %	38,3 %	27,1 %				
Trafiken, Tankstellen	75,4 %	81,6 %					0,0 %	0,9 %
Internet	24,2 %	4,6 %	62,1 %	29,8 %	57,2 %	18,3 %	19,3 %	0,0 %
Wettcafés, -büros			67,4 %	45,3 %			27,8 %	34,6 %
Spielhallen							56,3 %	23,8 %
WINWIN-Kasino			35,8 %	3,4 %			8,4 %	3,7 %
Spielkasino					89,0 %	81,9 %	19,3 %	41,2 %
(privates) Hinterzimmer					7,1 %	12,8 %		
Restaurants, Bars							28,9 %	7,1 %
andere Spielorte			0,0 %	5,3 %	0,0 %	1,0 %	0,0 %	3,1 %
N (gewichtet)	37	2.094	21	149	22	284	26	77

PS: ProblemspielerIn (3-10 DSM-IV-Kriterien); kein PS: kein/e ProblemspielerIn (0-2 DSM-IV-Kriterien)

In Abbildung 6.2 sind die Anteile der Personen, die entweder keine bis geringe Spielprobleme, ein problematisches oder ein pathologisches Spielverhalten aufweisen in Beziehung zu ihren Anteilen am gesamten monatlichen Geldeinsatz sowie ihrem Anteil an allen mindestens monatlich spielenden Personen dargestellt worden. Es wird deutlich, dass Personen ohne nennenswerte Spielprobleme zwar 95 Prozent der Spielerschaft stellen, die monatlich an mindestens einem Glücksspiel teilnimmt, jedoch nur 72 Prozent des insgesamt eingesetzten Geldes auf sich vereinigen. Bei den problematischen SpielerInnen kehrt sich hingegen das Verhältnis um. Obwohl sie lediglich 1,8 Prozent der hier betrachteten SpielerInnen umfassen, stammen 3,8 Prozent des gesamten monatlichen Geldeinsatzes von ihnen. Bei den pathologischen SpielerInnen wird diese Diskrepanz noch um ein Vielfaches deutlicher. Zwar vereinigen sie mit einem Anteil von 2,8 Prozent ebenfalls nur einen kleinen Teil der monatlich an mindestens einem Glücksspiel teilnehmenden Befragten dieser Studie, die von Ihnen eingesetzten Geldbeträge betragen jedoch 24,3 Prozent des gesamten monetären Einsatzes für Glücksspiele. Somit kommt nach den Ergebnissen dieser Studie fast ein Viertel aller für Glücksspiele eingesetzten finanziellen Mittel von spielsüchtigen und somit psychisch erkrankten Personen.

Abbildung 6.2: Verteilung der Problemgruppen innerhalb der aktiven Spielerschaft (mindestens monatliche Spielteilnahme) und in Bezug auf die insgesamt eingesetzten Geldbeträge im letzten Monat

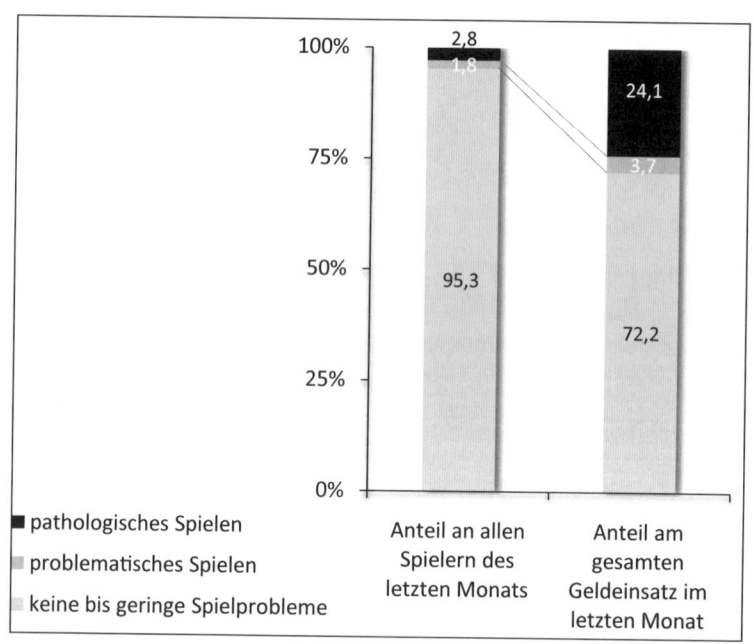

Die Anteile problematischer und pathologischer SpielerInnen am gesamten monatlichen Geldeinsatz unterscheiden sich je nach Spielart erheblich (siehe Abbildung 6.3). Betragen diese zusammengenommen bei den Lotterien 7,6 Prozent und den Rubbellosen 8,8 Prozent, so sind es beispielsweise bei den Sportwetten bereits 39,9 Prozent und den klassischen Kasinospielen 45,6 Prozent. Bei den beiden letztgenannten Spielarten sind es die pathologischen SpielerInnen, die einen erheblichen Beitrag zu den insgesamt für diese Glücksspiele eingesetzten Geldbeträgen leisten. Eine nochmalige deutliche Steigerung dieser Anteile zeigt sich in Bezug auf das Automatenspiel. 14,3 Prozent der insgesamt hierfür eingesetzten Geldbeträge stammen von Personen mit einem problematischen Spielverhalten und weitere 57,9 Prozent sind Einsätze von pathologischen SpielerInnen. Somit steuern Personen, die unter Spielproblemen leiden, fast drei Viertel des für die Automatenspiele insgesamt eingesetzten Geldes bei.

Abbildung 6.3: Anteiliger Geldeinsatz der problematischen und pathologischen SpielerInnen am gesamten Geldeinsatz pro Spielart

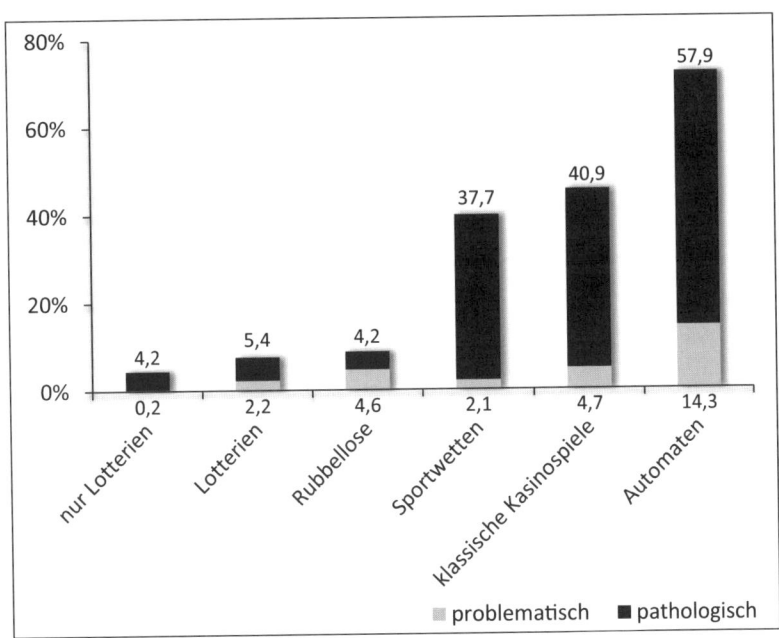

6.3.5 Analyse von Risiko- und Schutzfaktoren

Die Ergebnisse der Tabellen 6.2 und 6.10 machten bereits deutlich, dass das Spielverhalten in der österreichischen Bevölkerung in Abhängigkeit von demografischen und biografischen Hintergrundvariablen sich sehr unterschiedlich darstellt. Mit den folgenden Ausführungen wird der Versuch unternommen, diese unterschiedliche Gefährdung bestimmter Bevölkerungsgruppen zu quantifizieren und somit die Frage zu beantworten, welche Faktoren für das Vorhandensein von Spielproblemen (im Vergleich zu anderen) bestimmend sind. Da die abhängige Variable – Spielprobleme vorhanden bzw. nicht vorhanden – ein nominales Skalenniveau aufweist, wurden die vorliegenden Daten mit Hilfe der binären logistischen Regression analysiert. Die bedeutendste Kennzahl dieses Verfahrens ist das so genannte Odds-Ratio (OR). Dieses stellt das Verhältnis der Wahrscheinlichkeit, dass ein Ereignis eintritt zu der Wahrscheinlichkeit, dass es nicht eintritt, dar (entsprechend eines Chancen-Verhältnisses). Bezogen auf die hier zu untersuchende Thematik gibt das Odds-Ratio somit das Verhältnis der Wahrscheinlichkeit, der Gruppe der ProblemspielerInnen anzugehören, zu der Wahrscheinlichkeit, der Gruppe der Personen ohne Spielprobleme anzugehören, an. Ist der Betrag des Odds-Ratio größer als eins, dann stellt die Existenz des untersuchten Merkmals im Vergleich zur Referenzgruppe eine besondere Gefährdung hinsichtlich des Auftretens von Glücksspielproblemen dar. Odds-Ratio-Werte, die kleiner als eins sind, verweisen hingegen auf eine geringere Gefährdung durch das entsprechende Merkmal oder die Eigenschaft.

Aus Tabelle 6.13 wird deutlich, dass die bis 35-jährigen Befragten ein mehr als doppelt so hohes Risiko[5] aufweisen, ein Spielproblem zu entwickeln als die über 36-Jährigen. Ein ähnlich hohes Risiko besteht für Männer und Befragte mit Migrationshintergrund. Ganz offensichtlich ist auch ein niedriger Bildungsabschluss mit Spielproblemen assoziiert. Befragte, die nur über einen Pflicht- oder Hauptschulabschluss verfügen, haben diesbezüglich ebenfalls ein doppelt so hohes Risiko wie Personen mit einem höherwertigen Abschluss. Noch deutlicher zeigt sich die starke Verbindung zwischen spielbezogenen Problemen und niedrigem sozialen Status, wenn auf die Gruppe der Arbeitslosen fokussiert wird. Gegenüber Erwerbstätigen, RentnerInnen und anderen Erwerbsgruppen haben arbeitslose Befragte eine fünffach höhere Wahrscheinlichkeit, problematisch bzw. pathologisch zu spielen. Aus Tabelle 6.13 wird des Weiteren der große Einfluss des familiären Hintergrunds deutlich. Berichten Befragte von früheren Spielproblemen innerhalb der eigenen Familie, so sind sie im Vergleich zu Personen aus unbelasteten Familien einem mehr als zweifach höheren Risiko ausgesetzt, selbst solche Probleme zu entwickeln. Noch gravierender wirken sich aktuelle Spielprobleme bei Familienangehörigen aus. Befragte, die sich mit einer solchen familiären Situation konfrontiert sehen, sind diesbezüglich in nahezu fünfmal höherem Maße gefährdet als Personen aus unbelasteten Familien. In den beiden letzten Zeilen der Tabelle 6.13 ist das Risiko, zur Gruppe der ProblemspielerInnen zu gehören in Abhängigkeit vom Alkohol- und Cannabiskonsum dargestellt.

---

[5] Aus sprachlichen Gründen wird im Folgenden statt des Begriffs „Wahrscheinlichkeitsverhältnis" der Begriff „Risiko" verwandt, da es sich bei der abhängigen Variable – Spielprobleme vorhanden – um ein unerwünschtes (oder auch pathologisches) Merkmal handelt.

Sowohl das Odds Ratio von 3,0 für Personen mit mindestens riskantem Alkoholkonsum als auch das 3,6-fach höhere Risiko von Spielproblemen bei den aktuellen CannabiskonsumentInnen machen deutlich, dass eine problematische bzw. pathologische Spielweise kein isoliertes Suchtproblem darstellt, sondern oftmals eingebettet ist in ein komplexes Problemverhalten der betroffenen Personen.

Tabelle 6.13: Risikofaktoren problematischen bzw. pathologischen Spielens

	OR	Sig.	95 %-Konfidenzintervall	
			Unterer Wert	Oberer Wert
Alter (bis 35 J.)	2,2	**	1,3	3,8
männlich	2,4	**	1,3	4,4
Migrationshintergrund	2,2	*	1,2	4,0
Pflicht-/Hauptschulabschluss	2,3	**	1,3	4,0
arbeitslos	5,0	***	2,5	9,9
In Elternhaus mit Spielproblemen aufgewachsen	2,2	*	1,2	4,2
Aktuelle Spielprobleme in Familie	4,8	***	2,3	10,1
Mindestens riskanter Alkoholkonsum	3,0	**	1,4	6,6
Aktueller Cannabiskonsum (letzte 30 Tage)	3,6	**	1,5	8,4

Nagelkerkes R^2=0,24; *=p<0,05; **=p<0,01; ***=p<0,001

6.3.6 Gefährdungspotential von Glücksspielarten

Es ist bereits darauf hingewiesen worden, dass sich allein aus den Prävalenzen problematischen und pathologischen Spielens keine eindeutigen Aussagen zum Gefährdungspotential der einzelnen Glücksspielarten treffen lassen, da die Mehrheit der SpielerInnen an mehreren Glücksspielen innerhalb eines Jahres teilnimmt. Mit Hilfe der nachfolgenden Analyse soll dennoch versucht werden, eine fundierte Abschätzung des Gefährdungspotentials vorzunehmen. Hierzu werden, soweit dies möglich ist, SpielerInnengruppen gebildet, die neben der eigentlich zu betrachtenden Spielart lediglich noch Lotterieprodukte spielen. Auf diese Weise erhält man hinreichend große SpielerInnengruppen, die sich für eine valide statistische Analyse eignen. Da hinlänglich bekannt ist, dass Lotterieprodukte nur ein geringes Gefährdungspotential aufweisen, ist davon auszugehen, dass dadurch kein bedeutsamer Einfluss auf das Risiko, ein Spielproblem zu entwickeln, gegeben ist. Insgesamt konnten auf diesem Wege sechs verschiedene SpielerInnengruppen gebildet werden:

1. Personen, die ausschließlich Zahlenlotto und/oder Euromillionen und/oder Joker spielen (Referenzgruppe; N=1690)

2. Personen, die an Kasinospielen und unter Umständen noch zusätzlich Zahlenlotto und/oder Euromillionen und/oder Joker und/oder Rubbellose spielen (N=214)

3. Personen, die Rubbellose und unter Umständen noch zusätzlich Zahlenlotto und/oder Euromillionen und/oder Joker spielen (N=386)

4. Personen, die an Sportwetten teilnehmen und unter Umständen noch zusätzlich Zahlenlotto und/oder Euromillionen und/oder Joker und/oder Rubbellose spielen (N=105)

5. Personen, die gleichzeitig an Sportwetten und Kasinospielen teilnehmen und unter Umständen noch andere Spielarten spielen, jedoch keine Automaten (N=39)

6. Personen, die an Automaten – unabhängig vom Spielort – spielen (auch parallele Teilnahme an allen anderen Spielarten möglich; N=103)

7. Personen, die an sonstigen Spielarten teilnehmen und unter Umständen noch zusätzlich Zahlenlotto und/oder Euromillionen und/oder Joker und/oder Rubbellose spielen (N=44)

Die Personen, die am Zahlenlotto, den Euromillionen oder dem Lotteriespiel „Joker" teilnehmen, jedoch parallel hierzu keine anderen Glücksspiele spielen, sind für die nachfolgende Analyse als Referenzgruppe ausgewählt worden. Dies deshalb, weil diese Spielarten in der österreichischen Bevölkerung die größte Popularität besitzen und somit einen großen Teil der Spielerschaft auf sich vereinigen. Die Gefährdung aller anderen SpielerInnengruppen misst sich somit an dieser größten am Glücksspiel teilnehmenden Gruppe. Aus Tabelle 6.14 wird deutlich, dass Personen, die ausschließlich Lotterieprodukte spielen ein erheblich geringeres Risiko haben, ein Spielproblem zu entwickeln als die Käufer von Rubbellosen. Konkret besagt das Odds Ratio von 5,6, dass für die letztgenannte Gruppe dieses Risiko mehr als fünfmal höher ist als für die LotteriespielerInnen. Die SpielerInnen klassischer Kasinospiele sind mit einem Odds Ratio von 4,8 einem ähnlich hohen Risiko ausgesetzt. Noch problematischer stellt sich die Situation für die SportwetterInnen dar, die im Vergleich zu den ausschließlichen LotteriespielerInnen ein 20-fach höheres Odds Ratio aufweisen. Im Vergleich zu den SpielerInnen von klassischen Kasinospielen haben sie ein mehr als vierfach höheres Risiko, von Spielproblemen betroffen zu sein. Dies gilt in diesem Ausmaß aber offensichtlich nur für die SportwetterInnen, die sich ausschließlich (abgesehen von Lotterien und Rubbellosen) auf diese Wetttätigkeit konzentrieren. So ergibt sich für Personen, die an Kasinospielen und Sportwetten parallel teilnehmen, ein Odds Ratio, welches nicht einmal halb so hoch wie das der ausschließlichen SportwetterInnen ist. Der höchsten Gefährdung aller hier untersuchten SpielerInnengruppen sind die AutomatenspielerInnen ausgesetzt. Im Vergleich zur Referenzgruppe der ausschließlichen LotteriespielerInnen weisen sie ein 60-fach höheres Risiko auf, von Spielproblemen betroffen zu sein. In Bezug auf die Kasinospiele beträgt das Verhältnis der Odds Ratio etwa eins zu dreizehn und hinsichtlich der Sportwetten – der Spielart mit dem zweitgrößten Gefährdungspotential – immer noch eins zu dreieinhalb. Auch die SpielerInnen sonstiger Spielarten sind im Vergleich zu den LotterieteilnehmerInnen einer erheblich höheren Problemgefährdung ausgesetzt. Das Odds Ratio liegt jedoch mit einem Wert von 12,9 deutlich unter dem der AutomatenspielerInnen.

Tabelle 6.14: Das Gefährdungspotential der einzelnen Glücksspielarten

	OR	Sig.	95 %-Konfidenzintervall	
			Unterer Wert	Oberer Wert
Lotterien (ausschließlich; Referenz)				
Rubbellose (inkl. Lotterien)	5,6	***	2,3	13,9
Sportwetten (inkl. Lotterien & Rubbellose)	20,7	***	8,1	52,9
Kasinospiele (inkl. Lotterien & Rubbellose)	4,8	**	1,6	14,6
Kasinospiele & Sportwetten (inkl. anderer Glücksspiele, aber keine Automatenspiele)	8,6	*	1,5	48,0
Automatenspiele (inkl. anderer Glücksspiele)	65,9	***	29,3	148,0
sonstige Spielarten (inkl. Lotterien & Rubbellose)	12,9	***	3,2	53,0

Nagelkerkes R^2=0,24; *=p<0,05; **=p<0,01; ***=p<0,001

6.3.7 Zustimmung zu Maßnahmen der Glücksspielsuchtprävention

Präventionsmaßnahmen, die in die Strukturen des Betreibens von Glücksspielen eingreifen – die sogenannte Verhältnisprävention – sind in der Regel mit Einschränkungen und mitunter sogar mit Verboten von Teilen des Spielbetriebs verbunden. Dementsprechend ist davon auszugehen, dass solche Maßnahmen nicht immer die volle Zustimmung der Bevölkerung finden, insbesondere dann, wenn diese unzureichend über die möglichen Risiken des Glücksspielens informiert ist. Da sich andererseits verhältnispräventive Maßnahmen nur dann effektiv umsetzen lassen, wenn deren Nutzen auch von der Bevölkerung anerkannt wird, ist es notwendig herauszufinden, in welchen

Bereichen noch erhöhter Aufklärungsbedarf besteht. Hierzu sind im Rahmen der Repräsentativbefragung die BefragungsteilnehmerInnen gebeten worden, anzugeben, inwieweit sie der Umsetzung von den im Fragebogen vorgegebenen Präventionsmaßnahmen jeweils zustimmen würden. Die Ergebnisse dieses Teils der Befragung sind in den Tabellen 6.15 und 6.16 wiedergegeben. Insgesamt wurden 13 mögliche verhältnispräventive Maßnahmen zur Glücksspielsuchtprävention genannt. Diese sollen im Folgenden differenziert nach Geschlecht, Alter, Migrationshintergrund, Bildungsabschluss, Spielteilnahme und Ausmaß der Spielprobleme dargestellt werden.

Teilnahme an allen Glücksspielen erst ab 18 Jahren

Diese dem Jugendschutz zuzuordnende Maßnahme findet in allen Untersuchungsgruppen die höchste Zustimmung. Die entsprechenden Anteile liegen meist bei ca. 90 Prozent. Geringere Anteile sind bei den 14- bis 17-Jährigen (78%), den RubbelloskäuferInnen (82%) und insbesondere den AutomatenspielerInnen (75%) festzustellen. Während Personen mit geringeren Spielproblemen (1-4 DSM-IV-Kriterien) eine unterdurchschnittliche Zustimmung zum Spielverbot für Minderjährige zeigen (84%), befürworten die pathologischen SpielerInnen fast ausnahmslos eine solche Präventionsmaßnahme (97%). Letzteres gilt auch für die SportwetterInnen.

Reduzierung der Spieleangebote

Im Vergleich zum Spielverbot für Minderjährige ist die Zustimmung für eine Verringerung des derzeit bestehenden Spieleangebotes in Österreich deutlich geringer. Nur etwa die Hälfte aller Befragten hält dies für richtig. Frauen mit 59 Prozent häufiger als die männlichen Befragten (47%), die Jüngeren zu geringeren Anteilen (14-17 Jahre: 42%; 18-35 Jahre: 49%) als die älteste Altersgruppe (57%). Noch deutlicher schwanken die Zustimmungsraten innerhalb der Spielerschaft. Befürworten beispielsweise etwa die Hälfte der LotteriespielerInnen und RubbelloskäuferInnen ein solches Vorgehen, so sind es unter den KasinospielerInnen nur 39 Prozent und bei den SportwetterInnen nur etwas mehr als ein Drittel. Auch zwischen den Problemgruppen differieren die Anteile erheblich. Würde etwa jede/r zweite SpielerIn ohne Spielprobleme einer Reduzierung des Spielangebots zum Zwecke der Spielsuchtprävention zustimmen, so sind es in der Gruppe der Personen mit geringen Spielproblemen lediglich 30 Prozent. Im Gegensatz hierzu bejahen in der Gruppe der pathologischen SpielerInnen zwei Drittel die Umsetzung einer solchen Maßnahme.

Reduzierung der Werbung für Spielangebote

Etwa zwei Drittel der österreichischen Bevölkerung stimmen einer Reduzierung der Werbung für Glücksspiele zu – Frauen etwas häufiger als die Männer und die älteren Befragten zu höheren Anteilen als die Jüngeren und Jüngsten. In Bezug auf den Migrationshintergrund zeigen sich keine und hinsichtlich der Schulbildung nur geringe Unterschiede im Antwortverhalten. Unter den im letzten Jahr an einem Glücksspiel teilnehmenden Personen ist der Anteil derer, die einer Reduzierung der Werbung positiv gegenüberstehen mit 58 Prozent etwas geringer als unter allen TeilnehmerInnen der Studie. Wird die Einschätzung der Befragten nach der Spielteilnahme unterschieden, so zeigen die Kasino- und AutomatenspielerInnen (49 % und 47 %) und noch deutlicher die SportwetterInnen (40 %) eine unterdurchschnittliche Zustimmung. Gleiches gilt für die Personen mit riskantem oder problematischem Spielverhalten (1-4 DSM-IV-Kriterien).

Spielverbot im Internet

Etwas mehr als die Hälfte aller in Österreich lebenden Personen ist für ein Verbot des Glücksspielens im Internet. Die Zustimmung hierzu ist jedoch bei den Männern mit einem Anteil von 46 Prozent deutlich geringer als bei den Frauen (61 %). Ein Blick auf die Anteile der verschiedenen Altersgruppen macht deutlich, dass es insbesondere die 14- bis 35-Jährigen sind, die mehrheitlich eine solche Maßnahme ablehnen. Hingegen unterscheidet sich die Zustimmung nicht in Abhängigkeit vom Migrationsstatus. Auch bei der Schulbildung differieren die Anteile nur leicht. Hier sind es die Personen mit Matura, die einem Spielverbot im Internet im Vergleich zu den anderen Bildungsgruppen etwas ablehnender gegenüberstehen. Wird der Fokus auf die SpielerInnen gerichtet, die im zurückliegenden Jahr gespielt haben, so sind es wiederum die TeilnehmerInnen der Spielarten mit erhöhtem Gefährdungspotential, welche der Einführung einer solchen Maßnahme mehrheitlich ablehnend gegenüberstehen. Gleiches gilt für die Personen mit riskantem oder problematischem Spielverhalten (1-4 DSM-IV-Kriterien). Bemerkenswert ist hingegen, dass drei Viertel der pathologischen SpielerInnen einem Online-Spielverbot zustimmen.

Übertragung der Ziehung der Lottozahlen im TV erst nach 20.00 Uhr

Nur ein vergleichsweise geringer Teil der Befragten – etwas mehr als ein Viertel – hält eine Verschiebung der Übertragung der Ziehung der Lottozahlen vom Nachmittags- in das Abendprogramm für eine adäquate Maßnahme zum Spielerschutz. Diese geringen Zustimmungsraten unterscheiden sich auch dann kaum, wenn nach Alter, Geschlecht, Migrationshintergrund und Schulabschluss unterschieden wird. In der aktiven Spielerschaft sind die

Anteile noch geringer. Nur lediglich ein Fünftel hält die hier beschriebene Maßnahme für sinnvoll. Bemerkenswert ist wiederum der vergleichsweise hohe Anteil der Zustimmung bei den pathologischen SpielerInnen. 52 Prozent würden eine Übertragung der Ziehung der Lottozahlen im TV erst nach 20.00 Uhr begrüßen.

Verbot von Jackpots

Auch das Verbot von Jackpots findet in der österreichischen Bevölkerung nur geringen Anklang. Nicht einmal ein Fünftel befürwortet dies. Insbesondere bei den 14- bis 35-Jährigen ist die Zustimmung hierfür mit lediglich 12 Prozent sehr gering. Auf ähnlichem Niveau bewegen sich die Anteile der aktiven SpielerInnen. Interessant ist in diesem Zusammenhang zum wiederholten Male die Zustimmung bei den pathologischen SpielerInnen. Die Hälfte von ihnen begrüßt ein solches Jackpot-Verbot.

Namentliche Registrierung der SpielerInnen in Kasinos, Spielhallen und im Internet

Etwas mehr als die Hälfte aller Befragten stimmt der Einführung einer namentlichen Registrierung in Kasinos, Spielhallen und im Internet zu. Während sich Männer und Frauen dbzgl. nicht unterscheiden, zeigt sich in Bezug auf das Alter ein durchaus unterschiedliches Antwortverhalten. Die 14 bis 17-Jährigen befürworten eine solche Maßnahme nur zu 42 Prozent, wohl wissend, dass eine unerlaubte Spielteilnahme dann kaum noch möglich sein wird. Doch auch unter den Pflicht-/HauptschülerInnen ist die Zustimmung mit 48 Prozent unterdurchschnittlich ausgeprägt. Bemerkenswert ist, dass in der Spielerschaft die Anteile derer, die eine namentliche Registrierung gut heißen, genauso hoch sind wie in der Gesamtbevölkerung. Wird nach der Spielart differenziert, so zeigen sich lediglich bei den RubbelloskäuferInnen und den AutomatenspielerInnen bedeutsam geringere Anteile. Die Zustimmung für eine namentliche Registrierung steigt mit den vorhandenen Spielproblemen. Befragte, für die keines der zehn Kriterien des DSM-IV zutrifft, befürworten die namentliche Registrierung zu 48 Prozent. Bei Personen mit geringen Spielproblemen (1-4 Kriterien erfüllt) liegt dieser Anteil bereits bei 60 Prozent und unter den pathologischen SpielerInnen stimmen mehr als zwei Drittel (70%) einer solchen Maßnahme zu.

Verbot des Ausschanks von Alkohol in den Spielstätten

Ein Alkoholverbot in Spielstätten würde etwa die Hälfte der Befragten begrüßen. Frauen mit einem Anteil von 58 Prozent deutlich häufiger als Männer (47%). In Bezug auf das Alter sind es vor allem die beiden jüngeren Altersgruppen, die einer solchen Maßnahme weniger wohlwollend gegenüber stehen. Wird hingegen nach Migrationshintergrund und Schulabschluss unterschieden, so zeigen sich keine nennenswerten Differenzen in den Anteilen. Gänzlich anders stellt sich dies innerhalb der Spielerschaft dar. Befürworten insgesamt ca. die Hälfte aller SpielerInnen bzw. der Lotto- und RubbelloskäuferInnen ein Alkoholverbot, so ist es bei den SportwetterInnen nur ca. ein Drittel und bei den Kasino- und AutomatenspielerInnen nur ein Viertel der jeweiligen Spielerschaft. Ein uneinheitliches Bild bzgl. dieser Maßnahme ergibt sich, wenn nach dem Problemausmaß unterschieden wird. Während 48 Prozent der Personen ohne Spielprobleme dem Alkoholverbot zustimmen, beträgt der Anteil bei denen, die ein bis vier DSM-IV-Kriterien auf sich vereinigen lediglich 38 Prozent. Bei den pathologischen SpielerInnen ist die Zustimmung mit 58 Prozent hingegen überdurchschnittlich hoch.

Rauchverbot in Spielstätten

Das Antwortverhalten zu der Frage nach der Geeignetheit eines Rauchverbots als Maßnahme zur Reduzierung von Spielproblemen stellt sich im Wesentlichen ähnlich dar wie zum oben beschriebenen Alkoholverbot. So liegen beispielsweise die Zustimmungsraten bei den Frauen über denen der Männer und bei den Älteren höher als insbesondere in der mittleren Altersgruppe. Auch innerhalb der Spielerschaft zeigen sich die schon von der Beschreibung der Zustimmung zum Alkoholverbot bekannten Antwortmuster.

Anhebung der Steuern und Abgaben für das Betreiben von Glücksspielen

Eine knappe Mehrheit der ÖsterreicherInnen (57 %) befürwortet eine Anhebung der Steuern und Abgaben auf Glücksspiele, wenn dies dem Spielerschutz dient. Frauen mit 59 Prozent etwas häufiger als Männer, deren Anteil bei 54 Prozent liegt. Die Zustimmung zu dieser Maßnahme steigt mit zunehmendem Alter stetig an. Während die Minderjährigen sie noch mehrheitlich ablehnen, halten 54 Prozent der mittleren und 59 Prozent der ältesten Altersgruppe ein solches Vorgehen für akzeptabel. Auch hinsichtlich des Bildungsniveaus der Befragten zeigt sich eine positive Korrelation. Sind es unter den Befragten mit Pflicht- bzw. Hauptschulabschluss 51 Prozent, die einer Anhebung der Steuern zustimmen würden, so beträgt der Anteil unter denen mit mittleren Schulabschlüssen 56 Prozent und denen mit Matura 63 Prozent. Innerhalb der Spielerschaft findet diese Spielerschutzmaßnahme jedoch geringere Zustimmung. Der entsprechende Anteil liegt mit 46 Prozent zehn Prozentpunkte unter dem aller Befragten. Insbesondere die SportwetterInnen und Personen mit riskantem bis problematischem Spielverhalten (1-4 DSM-IV-Kriterien) stehen einem solchen Vorschlag mehrheitlich ablehnend gegenüber. Deutlich anders hingegen stellt sich das Antwortverhalten der pathologischen SpielerInnen dar. Nahezu drei Viertel von ihnen (72 %) würden eine Anhebung der Steuern und Abgaben für Glücksspiele begrüßen.

Tabelle 6.15: Zustimmung zu Spielerschutzmaßnahmen nach soziodemografischen Merkmalen

	Alle Befragten	Geschlecht		Alter			Migrations-hintergrund		Schulabschluss		
		männl.	weibl.	14-17	18-35	36-65	nein	ja	Pflicht-/Haupt-schule	Lehre, mittl. Schule	Matura
Teilnahme generell erst ab 18 Jahren	89 %	89 %	89 %	78 %	88 %	91 %	89 %	88 %	85 %	90 %	91 %
Reduzierung der Spieleangebote	53 %	47 %	59 %	42 %	49 %	57 %	53 %	54 %	54 %	53 %	53 %
Reduzierung der Werbung für Spielangebote	66 %	61 %	71 %	49 %	63 %	69 %	66 %	66 %	62 %	66 %	69 %
Spielverbot im Internet	54 %	46 %	61 %	44 %	44 %	60 %	54 %	54 %	55 %	56 %	49 %
Ziehung der Lottozahlen im TV erst nach 20 Uhr	28 %	27 %	30 %	29 %	24 %	31 %	27 %	35 %	32 %	26 %	28 %
Verbot von Jackpots	18 %	16 %	21 %	12 %	12 %	22 %	17 %	22 %	21 %	18 %	16 %
Namentliche Registrierung der SpielerInnen in Kasinos, Spielhallen und im Internet	57 %	57 %	57 %	42 %	56 %	59 %	57 %	53 %	48 %	60 %	60 %
Verbot des Ausschanks von Alkohol in den Spielstätten	53 %	47 %	58 %	49 %	45 %	57 %	53 %	53 %	55 %	52 %	51 %
Rauchverbot in Spielstätten	51 %	46 %	55 %	52 %	43 %	55 %	51 %	51 %	51 %	50 %	52 %
Anhebung der Steuern und Abgaben für das Betreiben von Glücksspielen	57 %	54 %	59 %	48 %	54 %	59 %	57 %	56 %	51 %	56 %	63 %
Beschränkung der Zugangszeiten	55 %	49 %	60 %	44 %	51 %	58 %	55 %	54 %	55 %	53 %	57 %
Zugang für Internetspiele nur über Chipkarte, USB-Stick oder ähnliche technische Schranken	64 %	59 %	68 %	51 %	58 %	69 %	64 %	62 %	62 %	66 %	63 %
Verbot von Glücksspielangeboten in Gaststätten und Tankstellen	59 %	56 %	62 %	49 %	53 %	64 %	59 %	61 %	59 %	58 %	60 %
N (gewichtet)	6.172	3.044	3.128	421	2.046	3.706	5.335	800	1.671	2.849	1.653

Tabelle 6.16: Zustimmung zu Spielerschutzmaßnahmen nach Spielart und Spielproblemen

	Alle Spiele-rInnen	ausschl. Lotterien	Rubbel-lose	Kasino-spiele	Sport-wetten	Automa-ten	Spielprobleme		
							keine	probl.	pathol.
Teilnahme an allen Glücksspielen erst ab 18 Jahren	88 %	89 %	82 %	91 %	96 %	75 %	88 %	84 %	97 %
Reduzierung der Spieleangebote	47 %	50 %	48 %	39 %	35 %	44 %	48 %	30 %	68 %
Reduzierung der Werbung für Spielangebote	58 %	60 %	63 %	49 %	40 %	47 %	59 %	40 %	61 %
Spielverbot im Internet	50 %	52 %	50 %	42 %	42 %	44 %	50 %	38 %	76 %
Übertragung der Ziehung der Lottozahlen im TV erst nach 20.00 Uhr	21 %	22 %	21 %	22 %	18 %	12 %	21 %	18 %	52 %
Verbot von Jackpots	12 %	12 %	9 %	11 %	13 %	9 %	11 %	14 %	51 %
Namentliche Registrierung der SpielerInnen in Kasinos, Spielhallen und im Internet	58 %	59 %	49 %	65 %	58 %	45 %	57 %	63 %	70 %
Verbot des Ausschanks von Alkohol in den Spiel-stätten	48 %	52 %	50 %	27 %	32 %	25 %	48 %	38 %	58 %
Rauchverbot in Spielstätten	46 %	49 %	44 %	36 %	38 %	24 %	46 %	30 %	58 %
Anhebung der Steuern und Abgaben für das Be-treiben von Glücksspielen	46 %	49 %	40 %	42 %	36 %	43 %	47 %	23 %	72 %
Beschränkung der Zugangszeiten für Glücksspie-langebote	46 %	48 %	40 %	43 %	29 %	41 %	46 %	27 %	55 %
Zugang für Internetspiele nur über Chipkarte, USB-Stick oder ähnliche technische Schranken	60 %	62 %	59 %	57 %	49 %	48 %	60 %	58 %	68 %
Verbot von Glücksspielangeboten in Gaststätten und Tankstellen	55 %	56 %	51 %	60 %	44 %	42 %	55 %	50 %	77 %
N (gewichtet)	2.583	1.666	376	214	99	94	2.395	122	39

Beschränkung der Zugangszeiten für Glücksspielangebote

Ebenfalls etwas mehr als die Hälfte der Befragten befürwortet eine zeitliche Beschränkung des Zugangs zu Glücksspielangeboten; Frauen mit 60 Prozent häufiger als die Männer (49 %). Wird nach den Altersgruppen differenziert, so sind es wiederum die 14- bis 17-Jährigen, die eine solche Maßnahme in der Mehrheit ablehnen. Mit zunehmendem Alter steigt dann die Zustimmung. Hinsichtlich des Migrationshintergrundes und des Schulabschlusses zeigen sich keine nennenswerten Unterschiede. In der Spielerschaft ist die Zustimmung mit einem Anteil von 46 Prozent geringer ausgeprägt als in der Gesamtbevölkerung. Insbesondere die SportwetterInnen stehen einer Beschränkung der Zugangszeiten überwiegend ablehnend gegenüber. Gleiches gilt – wie schon bei vielen der oben beschriebenen Maßnahmen – für die Personen mit riskantem bis problematischem Spielverhalten. Hingegen finden sich bei den pathologischen SpielerInnen überdurchschnittlich viele Befragte, die auch die Einführung dieser Maßnahme befürworten würden.

Zugang für Internetspiele nur über Chipkarte, USB-Stick oder ähnliche technische Schranken

Um zu gewährleisten, dass Glücksspiele, welche im Internet angeboten werden, nicht von Personen in Anspruch genommen werden, für die das Glücksspielen eine besondere Gefährdung darstellt – z. B. Minderjährige oder bereits gesperrte SpielerInnen – sind in einigen Ländern Zugangsmodi etabliert worden, die den Besitz eines speziellen Chips oder USB-Sticks voraussetzen. Nahezu zwei Drittel der befragten ÖsterreicherInnen (64 %) würden eine solche Form der Zugangskontrolle zum Onlineglücksspiel begrüßen. Liegt der Anteil der Frauen sogar noch etwas über diesem Wert, so beträgt er bei den männlichen Befragten 59 Prozent. Wenig überraschend sind die Zustimmungsraten bei den Minderjährigen am geringsten, erschweren diese technischen Schranken doch die Möglichkeit des unerlaubten Spielens um Geld im Internet. In der mittleren Altersgruppe beträgt der Anteil 58 Prozent und von den über 35-Jährigen halten 69 Prozent eine solche Maßnahme für sinnvoll. Eine Differenzierung nach Migrationsstatus und Schulabschluss zeigt keine nennenswerten Unterschiede in den Verteilungen. Auch innerhalb der Spielerschaft – die Zustimmung beträgt hier 60 Prozent – gibt es nur wenige nennenswerte Differenzen im Antwortverhalten. Lediglich die Anteile der SportwetterInnen (49 %) und AutomatenspielerInnen (48 %) sind deutlich unterdurchschnittlich. Hingegen sind es zum wiederholten Male die pathologischen SpielerInnen, welche die Einführung einer solchen Maßnahme weitestgehend begrüßen würden (68 %).

Verbot von Glücksspielangeboten in Gaststätten und Tankstellen

Etwas mehr als die Hälfte der Befragten würde einem Verbot von Glücksspielangeboten in Gaststätten und Tankstellen – von dem mehrheitlich Glücksspielautomaten betroffen wären – zustimmen: die weiblichen Befragten mit 62 Prozent etwas häufiger als die Männer. In Bezug auf die Altersgruppen zeigt sich die zu erwartende Verteilung. Die Minderjährigen, für die die Angebote außerhalb der eigentlichen Spielstätten eine Möglichkeit darstellen, überhaupt an Glücksspielen teilzunehmen, sind hinsichtlich dieser Maßnahme unentschieden. Bei den 18- bis 35-Jährigen liegen die Anteile mit 53 Prozent schon etwas höher und die Älteren befürworten zu zwei Dritteln ein solches Verbot. Wie schon bei der Mehrzahl der anderen Spielerschutzmaßnahmen zeigen sich keine nennenswerten Differenzen, wenn nach dem Migrationshintergrund und dem Schulabschluss unterschieden wird. Auch innerhalb der Spielerschaft findet die hier betrachtete Maßnahme überwiegend Zustimmung. Besonders ausgeprägt ist diese bei den KasinospielerInnen und den TeilnehmerInnen an Lotterien. Hingegen lehnen die SportwetterInnen und AutomatenspielerInnen ein Spielverbot in Gaststätten und Tankstellen in der Mehrheit ab. Wird der Blick auf die ProblemspielerInnen gelenkt, so zeigt sich zum wiederholten Male eine überdurchschnittlich hohe Zustimmung bei den pathologischen SpielerInnen. Mehr als drei Viertel von ihnen würde eine solche Form der Angebotsreduzierung begrüßen.

6.3.8 Vergleich der Glücksspielteilnahme und der Glücksspielprobleme zwischen Österreich und der Bundesrepublik Deutschland

Um die Befunde aus Österreich zur Glücksspielteilnahme und zum Problemspielverhalten besser einordnen zu können, werden diese im Folgenden den Ergebnissen von Glücksspielstudien aus Deutschland gegenübergestellt. Hierbei handelt es sich um die Studie des Bremer Instituts für Drogenforschung aus dem Jahr 2006 (Buth & Stöver 2008) sowie die Befragung der Bundeszentrale für gesundheitliche Aufklärung aus dem Jahr 2009 (Bundeszentrale für gesundheitliche Aufklärung 2010). Beide Befragungen erfolgten (überwiegend) telefonisch, unterscheiden sich jedoch hinsichtlich des Instruments zur Bestimmung von Spielproblemen (BISDRO: DSM-IV; BZgA: SOGS). Um die Vergleichbarkeit zu gewährleisten, beziehen sich alle Ergebnisse auf die 18- bis 65-jährige Gesamtbevölkerung. Da die österreichische Stichprobe ursprünglich auch die 14- bis 17-Jährigen einbezog, sind die Anteile der Spielteilnahme und der Spielprobleme für die Gruppe der 18- bis 65-Jährigen neu berechnet worden. Tabelle 6.17 gibt die Ergebnisse der drei Untersuchungen vergleichend wieder.

Tabelle 6.17: Vergleich grundlegender Ergebnisse der österreichischen Repräsentativbefragung mit den Ergebnissen der deutschen BISDRO- und BZgA-Studien (Alter: 18-65 Jahre)

	Österreich ZIS-Studie		BRD BISDRO-Studie		BRD BZgA-Studie
Jahr der Erhebung	2009		2006		2009
Größe der Stichprobe	5.901		7.980		9.987
Instrument zur Bestimmung von Spielproblemen	DSM-IV		DSM-IV		SOGS
12-Monats-Prävalenz der Spielteilnahme	44,3 %		39,2 %		49,6 %
.... Lotto	36,2 %		32,9 %		40,0 %
.... Sportwetten	2,9 %		4,5 %		a)
.... Kasinospiele	5,2 %		2,7 %		1,9 %
.... Automaten in Kasinos	0,6 %		3,4 %		1,2 %
.... Automaten in Spielhallen etc.	1,2 %				2,7 %
Spielprobleme insgesamt	**DSM-IV**		**DSM-IV**		**SOGS**
problematisch	0,46 %		0,64 %		0,64 %
pathologisch	0,71 %		0,56 %		0,45 %
Spielprobleme nach Spielart – pathologisch & [problematisch]					b)
.... Lotto	1,3 %	[0,9 %]	1,6 %	[1,4 %]	
.... Sportwetten	8,2 %	[4,8 %]	4,2 %	[4,6 %]	
.... Kasinospiele	2,8 %	[4,5 %]	5,2 %	[4,6 %]	
.... Automaten in Kasinos	14,8 %	[0,0 %]	8,7 %	[4,3 %]	
.... Automaten in Spielhallen etc.	17,1 %	[18,4 %]			

a) In der BZgA-Studie sind Sportwetten nur getrennt nach staatlichen Angeboten, Pferdewetten und sonstigen Sportwetten ausgewiesen.

b) Angaben zu den Problemprävalenzen der einzelnen Glücksspielarten finden sich in dem Forschungsbericht der BZgA leider nicht.

Auch in Bezug auf die Anteile problematischen und pathologischen Spielens zeigen sich nur geringe Unterschiede. So liegt der Anteil pathologischer SpielerInnen zwar in Österreich etwas höher, zugleich sind Personen mit einem problematischen (jedoch noch nicht pathologischen) Spielverhalten zu etwas geringeren Anteilen in der österreichischen Stichprobe vertreten. Deutlichere Differenzen zeigen sich hingegen, wenn das Problemausmaß in Abhängigkeit von der Glücksspielart betrachtet wird. So liegt der Anteil pathologischer SpielerInnen, welche an Kasinospielen teilnehmen in der BISDRO-Studie aus Deutschland fast doppelt so hoch wie in der österreichischen Befragung.

Dem gegenüber weisen SportwetterInnen sowie die AutomatenspielerInnen aus der österreichischen Untersuchung jeweils eine etwa zweimal so hohe Prävalenz pathologischen Spielens auf.

7 BEFRAGUNG VON SPIELERINNEN TERRESTRISCHER GLÜCKSSPIEL- UND WETTANGEBOTE

Moritz Rosenkranz

7.1 Einleitung

Neben der Erhebung des Spielverhaltens in der österreichischen Allgemein-bevölkerung im Zuge der Repräsentativbefragung wurden in einem eigenen Modul „aktuelle" SpielerInnen befragt. Hiermit sind Personen gemeint, die ein bestimmtes Glücksspiel in den vergangenen zwölf Monaten mindestens einmal im Monat gespielt haben. Die Befragung richtete sich an fünf Spiele-rInnengruppen: LottospielerInnen („6 aus 45"), SportwetterInnen (Sport- und Pferdewetten), Personen, die in einer Spielbank entweder klassische Kasino-spiele wie Roulette, Black Jack, Poker u. ä. („gr. Spiel"/„Lebendspiel") oder Glücksspielautomaten spielen, sowie SpielerInnen an Glücksspielautomaten, welche außerhalb der Kasinos, beispielsweise in Spielhallen, gastronomi-schen Betrieben oder Tankstellen aufgestellt sind.

Das Kapitel gliedert sich wie folgt: Zunächst werden methodische Anga-ben zum Erhebungsmodus, den Erhebungsinstrumenten und zum Umfang der Stichproben gemacht. Anschließend werden diverse soziodemografi-sche Parameter in den einzelnen Befragungsgruppen beschrieben. Nachdem die Stichproben auf diese Weise charakterisiert sind, folgen die Ergebnisse zur Spielteilnahme, zum Thema Spielerschutz und zu Spielproblemen, die für jede SpielerInnengruppe getrennt ausgewiesen werden. Der Ergebnis-teil schließt mit differenzierten Auswertungen nach der DSM-IV Diagnose. Hier werden die Befunde zu verschiedenen Themenbereichen jeweils für die Gruppe der unproblematischen und der pathologischen SpielerInnen gegen-übergestellt.

7.2 Erhebung und Datengrundlage

7.2.1 Erhebungsinstrumente und Erhebungsmodi

Zur Erhebung der Daten aktueller SpielerInnen wurden für die fünf SpielerInnengruppen fünf teilweise deckungsgleiche Fragebögen konzipiert, die aus jeweils ca. 50 überwiegend geschlossenen Fragen bestehen. Die Erhebungen fanden auf unterschiedliche Weise statt: Die LottospielerInnen wurden telefonisch befragt. Wenn sich im Zuge der Repräsentativerhebung herausstellte, dass eine Person im letzten Monat vor dem Erhebungszeitraum mindestens einmal Lotto gespielt hatte, wurde diese zusätzlich mit dem Lottofragebogen befragt. In gleicher Weise wurden 126 Personen identifiziert, die im letzten Monat vor der Befragung auf Sportereignisse gewettet hatten. Hier erfolgte dementsprechend die telefonische Befragung mit dem SportwetterInnenfragebogen. Die restlichen Daten aus der Erhebung zu Sportwetten wurden durch persönliche Interviews an Standorten von Annahmestellen für Sportwetten generiert. Hierbei waren die InterviewerInnen auf der Straße in angemessener Entfernung zum Ausgang der Standorte postiert (ca. 20-50 Meter, je nach örtlichen Gegebenheiten). Die Erhebung fand im Juli/August 2010 statt.

Die Erhebung der Daten von KasinospielerInnen (klassische Kasinospiele und Glücksspielautomaten im Kasino) fand in analoger Weise statt. Die InterviewerInnen wurden in angemessener Entfernung zu den Kasinos postiert und befragten in einem persönlichen Interview Personen, die gerade das Kasino verlassen hatten. Die Erhebung fand ebenfalls im Juli/August 2010 statt. Auch die SpielerInnen an Automaten, die außerhalb von Kasinos stehen (etwa in Gaststätten oder Spielhallen) wurden im Juli/August 2010 „face-to-face" befragt. Die InterviewerInnen befanden sich auf der Straße in der Nähe von Spielhallen oder gastronomischen Betrieben mit einem Angebot an Glücksspielautomaten, wo potentielle Befragungspersonen für ein Interview rekrutiert wurden.

7.2.2 Grundgesamtheiten und Stichprobengrößen

Die Grundgesamtheiten, aus denen die Stichproben generiert wurden, waren „aktuelle" SpielerInnen (im letzten Monat mindestens einmal gespielt bzw. solche, die gerade die Spielstätte verlassen hatten) der jeweiligen Spielart, die sich in Österreich aufhalten und deutsch sprechen bzw. verstehen.

Folgende Stichprobengrößen wurden mit den oben beschriebenen Feldzugängen erreicht: 300 telefonisch befragte LottospielerInnen, 126 telefonisch sowie 175 persönlich befragte SportwettterInnen (insgesamt 301 Personen),

154 persönlich befragte SpielerInnen klassischer Kasinospiele, 152 SpielerInnen an Automaten im Kasino, 287 persönlich befragte SpielerInnen an Automaten außerhalb eines Kasinos.

Durch gleichmäßige Streuung der Befragungszeiträume über die Wochentage wurde auch in den „face-to-face"-Interviews angestrebt, eine repräsentative Stichprobe zu erhalten. Bei der Befragung der KasinospielerInnen wurde als Quotierungsmerkmal zu Beginn des Interviews festgestellt, ob diese klassische (Lebend-)Spiele oder an Automaten gespielt hatten.

7.3 Ergebnisse

An dieser Stelle werden zunächst verschiedene soziodemografische Angaben für die jeweiligen Befragungsgruppen berichtet. Dadurch lassen sich die SpielerInnen der jeweiligen Spielarten hinsichtlich ihrer Lebenssituation charakterisieren. Es wird gezeigt, dass sich die Gruppen z. B. bezüglich ihres Alters, ihrer Herkunft oder ihres sozioökonomischen Status teilweise deutlich voneinander unterscheiden. Dies kann im Hinblick auf monatliche Spieleinsätze oder Spielzeiten von weitergehender Bedeutung sein. In Tabelle 7.1 sind alle soziodemografischen Angaben der fünf SpielerInnengruppen überblicksartig zusammengestellt.

7.3.1 Soziodemografie

Aus der Glücksspielsuchtforschung ist seit langem bekannt, dass bei fast allen Glücksspielarten der Anteil männlicher Spieler höher ist als der Anteil weiblicher Spieler (vgl. Meyer & Bachmann 2005). Dieser Befund zeigt sich auch in den fünf SpielerInnenstichproben der vorliegenden Studie; er ist allerdings unterschiedlich stark ausgeprägt (siehe Tabelle 7.1). Mit fast 80 Prozent ist der Männeranteil unter den SportwetterInnen am höchsten. Bei klassischen Kasinospielen („großes Spiel") sowie beim Lotto „6 aus 45" ist der Anteil männlicher Spieler mit jeweils 59 Prozent am geringsten.

Tabelle 7.1: Soziodemografie

	Lotto „6 aus 45"	Sport- wetten	gr. Spiel im Kasino	Automaten im Kasino	Automaten außerhalb der Kasinos
∅-Alter (Jahre)	46,7	38,3	45,7	44,7	42,4
Anteil Männer	59,0 %	79,7 %	59,1 %	66,4 %	70,7 %
Anteil AusländerInnen	1,3 %	7,0 %	15,6 %	11,2 %	9,4 %
Anteil Personen mit Migrationshintergrund	8,7 %	18,9 %	31,1 %	22,1 %	20,3 %
Anzahl Personen im Haushalt					
eine Person	15,3 %	23,6 %	29,2 %	42,1 %	34,5 %
zwei oder mehr Personen	84,7 %	76,4 %	70,8 %	57,9 %	65,5 %
Anzahl minderj. Personen im Haushalt					
keine	69,7 %	68,8 %	81,8 %	81,6 %	76,3 %
eine oder mehr Personen	30,3 %	31,2 %	18,2 %	18,4 %	23,7 %
Schulabschluss					
Pflicht-/Hauptschulabschluss	16,0 %	17,6 %	22,7 %	21,1 %	23,7 %
Lehrabschluss	50,0 %	46,2 %	38,3 %	46,7 %	49,1 %
Matura	20,7 %	25,6 %	27,3 %	28,3 %	21,6 %
Hochschulabschluss	13,3 %	10,6 %	11,7 %	3,9 %	5,6 %
Erwerbsstatus					
erwerbstätig	64,7 %	74,3 %	78,7 %	78,8 %	73,4 %
in Ausbildung	2,3 %	9,3 %	1,3 %	1,4 %	1,7 %
arbeitslos	3,3 %	5,3 %	3,3 %	2,1 %	8,4 %
im Ruhestand	24,3 %	8,0 %	12,7 %	15,1 %	13,6 %
sonstiges	5,3 %	3,0 %	4,0 %	2,7 %	2,8 %
Berufsgruppe					
ungelernte/angelernte ArbeiterInnen	3,1 %	11,3 %	1,7 %	2,7 %	7,2 %
FacharbeiterInnen	14,9 %	21,2 %	13,9 %	16,1 %	27,9 %
Angestellte/Beamte	57,7 %	43,2 %	41,7 %	50,9 %	38,5 %
leitende Angestellte/Beamte	9,8 %	9,0 %	14,8 %	9,8 %	6,7 %
Selbständige/LandwirtInnen	14,4 %	14,0 %	27,8 %	20,5 %	19,2 %
mithelfende Familienangehörige	0,0 %	1,4 %	0,0 %	0,0 %	0,5 %

Fortsetzung der Tabelle 7.1 von Seite 192

	Lotto „6 aus 45"	Sport-wetten	gr. Spiel im Kasino	Automaten im Kasino	Automaten außerhalb der Kasinos
Einkommen					
unter 1.000 €	2,7 %	7,9 %	5,2 %	1,8 %	5,9 %
1.000 € bis unter 2.000 €	24,4 %	35,6 %	28,4 %	38,9 %	37,1 %
2.000 € bis unter 3.000 €	32,9 %	28,5 %	35,3 %	33,6 %	37,1 %
3.000 € bis unter 5.000 €	22,1 %	22,1 %	19,0 %	22,1 %	14,5 %
5.000 € und mehr	8,1 %	2,0 %	10,3 %	3,5 %	5,0 %
keine Angabe/weiß nicht	9,9 %	4,0 %	1,7 %	0,0 %	0,5 %

Des Weiteren belegen Forschungsergebnisse (vgl. z. B. Meyer & Bachmann 2005, Petry 2003), dass unter GlücksspielerInnen häufig ein höherer Aus-länderInnen- bzw. MigrantInnenanteil zu finden ist, als es nach den Anteilen in der Allgemeinbevölkerung zu erwarten wäre. Dies trifft auf die hier vor-liegenden SpielerInnenstichproben nur bedingt zu. „Statistik Austria" weist für Österreich zum 01.01.2010 einen AusländerInnenanteil von 13,2 Pro-zent aus.[1] Mit 15,6 Prozent AusländerInnenanteil liegt die Stichprobe der KasinospielerInnen (Lebendspiel) somit über dem Durchschnitt. In allen anderen SpielerInnengruppen zeigen sich geringere AusländerInnenanteile, so befinden sich in der Lottogruppe z. B. nur 1,3 Prozent AusländerInnen. Etwas anders stellt sich die Situation bezüglich des Migrationhintergrundes dar. 19,5 Prozent 15- bis 59-jährigen der Menschen, die in Österreich leben, haben einen Migrationshintergrund.[2] In der Gruppe der SportwetterInnen und der AutomatenspielerInnen außerhalb der Kasinos wurden mit 18,9 Prozent bzw. 20,3 Prozent ähnliche Migrationsanteile erhoben, während beim großen Spiel im Kasino fast ein Drittel (31,1 %) der SpielerInnen einen Migrations-hintergrund haben. Unter den LottospielerInnen finden sich mit 8,7 Prozent vergleichsweise wenige MigrantInnen.

Die Frage, ob eine Person alleine lebt sowie ob minderjährige Kinder im Haushalt leben, ist aus zweierlei Gründen interessant. So ist zum einen die unmittelbare soziale Kontrolle des Spielverhaltens höher, wenn die/der Spie-lerIn beispielsweise mit der bzw. dem PartnerIn zusammenlebt. Zum anderen zielt die Frage nach den Kindern auf einen der am besten belegten Risikofak-toren ab, eine eigene Glücksspielproblematik zu entwickeln (vgl. z. B. Meyer

---

[1]   Quelle: STATISTIK AUSTRIA (Superweb), Stand: 1. Quartal 2010.
[2]   Quelle: STATISTIK AUSTRIA (Superweb), Stand: 4. Quartal 2009.

& Bachmann 2005): das Aufwachsen mit einem Elternteil, welches selbst von Glücksspielsucht betroffen ist. Der Anteil Alleinlebender ist unter den GlücksspielautomatenspielerInnen im Kasino mit 42,1 Prozent am höchsten, gefolgt von den GlücksspielautomatenspielerInnen außerhalb der Kasinos mit knapp 35 Prozent. Am seltensten leben die LottospielerInnen alleine, hier beträgt der Anteil 15,3 Prozent. Jeweils etwas weniger als ein Drittel der LottospielerInnen (30,3 %) sowie der SportwetterInnen (31,2 %) lebt gemeinsam mit mindestens einem minderjährigen Kind. Bei den KasinospielerInnen trifft dies nur auf weniger als jede/n Fünften zu (gr. Spiel:18,2 %; Automaten: 18,4 %).

Um die sozialstrukturelle Position der Befragungspersonen einschätzen zu können, wurden Schulabschluss, Erwerbsstatus, Berufsgruppe und monatliches Nettoeinkommen erhoben. Der Abschluss, der in allen SpielerInnengruppen am häufigsten vorkommt, ist der Lehrabschluss. Mit Ausnahme der Personen, die klassische Kasinospiele spielen (38,3 %), haben jeweils ungefähr die Hälfte der Befragten in den anderen Gruppen erfolgreich eine Lehre absolviert. Die Schule mit Matura verlassen haben in den verschiedenen Gruppen zwischen 20,7 Prozent (Lotto) und 28,3 Prozent (Automaten im Kasino). Einen Hochschulabschluss kann etwas mehr als jede/r Zehnte unter den LottospielerInnen, den SportwetterInnen und den KasinospielerInnen (gr. Spiel) vorweisen, während dies auf die AutomatenspielerInnen deutlich seltener zutrifft (im Kasino: 3,9 %; außerhalb des Kasinos: 5,6 %).

Ein Großteil der Personen in allen SpielerInnengruppen ist erwerbstätig. Mit Ausnahme der LottospielerInnen (64,7 %) geben jeweils ca. drei Viertel der übrigen Befragten an, in einem Arbeitsverhältnis zu stehen. Unter den LottospielerInnen fällt wiederum auf, dass ungefähr ein Viertel im Ruhestand ist, während dies nur auf 8 Prozent bis 15 Prozent der anderen SpielerInnen zutrifft. Vergleichsweise wenige Personen in den Stichproben sind arbeitslos, der mit 8,4 Prozent höchste Wert wurde für die AutomatenspielerInnen außerhalb des Kasinos erhoben, gefolgt von den SportwetterInnen mit 5,3 Prozent. Auch in Ausbildung (Schule, Lehre Studium) befinden sich nur wenige Befragte (1,3 % bis 2,3 %), lediglich für die SportwetterInnen wurde diesbezüglich ein etwas höherer Wert erhoben (9,3 %).

Die erhöhten Anteile von Personen im Ruhestand unter den LottospielerInnen sowie die erhöhten Anteile von Personen in Ausbildung unter den SportwetterInnen sind vermutlich auf Alterseffekte zurückzuführen.

Die Berufsgruppe der Angestellten sowie BeamtInnen ist in allen SpielerInnenbefragungen der vorliegenden Studie am stärksten vertreten. Mehr als die Hälfte der LottospielerInnen (57,7 %) geben an, in einem Angestellten- oder Beamtenverhältnis zu stehen, gefolgt von den GlücksspielautomatenspielerInnen im Kasino (50,9 %). Mit 38,5 Prozent finden sich unter den GlücksspielautomatenspielerInnen außerhalb des Kasinos im Vergleich zu den Befragten anderer Spiele am wenigsten Angestellte bzw. BeamtInnen. FacharbeiterInnen hingegen sind in dieser Gruppe – verglichen mit den übrigen Befragungsgruppen – am stärksten vertreten. 27,9 Prozent der AutomatenspielerInnen außerhalb des Kasinos geben besagte Berufsgruppe an, während unter den SpielerInnen des großen Spiels im Kasino nur 16,1 Prozent FacharbeiterInnen zu finden sind. Leitende Angestellte bzw. leitende BeamtInnen ziehen nach den vorliegenden Daten die klassischen Kasinospiele anderen Spielarten vor. So geben 14,8 Prozent der Personen, die Roulette, Poker, Black Jack etc. im Kasino spielen, an, in leitenden Angestellten-/Beamtenpositionen zu arbeiten. Unter den AutomatenspielerInnen außerhalb des Kasinos haben nur 6,7 Prozent derartige Positionen inne, bei den anderen Spielarten bewegen sich die Anteile um die 10 Prozent.

Bei Betrachtung des durchschnittlichen Monats-Nettoeinkommens ist festzuhalten, dass – unabhängig von der Spielart – den meisten Befragten pro Monat zwischen 1000 Euro und 3000 Euro zur Verfügung stehen. Tendenziell höhere Einkommen sind erwartungsgemäß unter den SpielerInnen des großen Spiels im Kasino zu finden: 10,3 Prozent verdienen 5000 Euro und mehr, 19 Prozent zwischen 3000 Euro und 5000 Euro. Im Vergleich dazu verdienen nur 2 Prozent der SportwetterInnen mehr als 5000 Euro und gut ein weiteres Fünftel zwischen 3000 Euro und 5000 Euro, während niedrige Einkommen unter 1000 Euro/Monat von fast 8 Prozent der WetterInnen angegeben werden. Mit knapp 6 Prozent ist diese niedrigste Einkommenskategorie auch bei den AutomatenspielerInnen vergleichsweise stark besetzt, jeweils ein gutes Drittel (37,1 %) dieser SpielerInnen verdient 1000 Euro bis unter 2000 Euro bzw. 2000 Euro bis unter 3000 Euro. Ähnliche Werte für diese beiden Einkommensgruppen finden sich bei den SpielerInnen der Glücksspielautomaten im Kasino (38,9 % bzw. 33,6 %). Bei den LottospielerInnen ist die Kategorie 2000 Euro bis unter 3000 Euro mit 32,9 Prozent am stärksten besetzt, es folgt die Kategorie darunter (24,4 %) und die Kategorie 3000 Euro bis unter 5000 Euro mit 22,1 Prozent.

7.3.2 Spielteilnahme

In den Ausführungen zur Spielteilnahme sollen zunächst Spielfrequenz und mittlere Spieleinsätze für die jeweiligen Spielarten berichtet werden. Anschließend werden Begleitumstände und Motive für die Spielteilnahme vorgestellt.

Jeweils die Hälfte der Personen, die Lotto „6 aus 45" spielen, tut dies ein- bis dreimal pro Monat bzw. ein- bis zweimal pro Woche (siehe Tabelle 7.2).[3] Hierbei werden im Durchschnitt 24 Euro pro Monat eingesetzt (siehe Abbildung 7.1).

Etwas über die Hälfte der SportwetterInnen (52,2 %) wettet ein- bis zweimal wöchentlich auf Sportereignisse, weitere 31,5 Prozent setzen ihr Geld drei- bis viermal pro Woche ein. 7,3 Prozent der befragten SportwetterInnen geben (fast) täglich ihre Tipps ab, während 9,0 Prozent mit ein- bis dreimal pro Monat eher selten wetten. Durchschnittlich werden von den befragten SportwetterInnen 88 Euro pro Monat für Sportwetten ausgegeben.

Knapp zwei Drittel (65,4 %), die ihr Glück beim großen Spiel im Kasino versuchen, tun dies ein- bis dreimal im Monat, ein weiteres Viertel ein- bis zweimal die Woche. Nur eine Minderheit von 3,3 Prozent spielt (fast) täglich klassische Kasinospiele (6,5 % drei- bis viermal/Woche). Allerdings wird hier deutlich mehr Geld eingesetzt: Im Mittel investieren die SpielerInnen des großen Spiels monatlich 275 Euro im Kasino.

Die Spielfrequenz der Personen, die im Kasino an Glücksspielautomaten spielen, stellt sich ähnlich dar. So geben sechs von zehn SpielerInnen (59,2 %) aus dieser Gruppe an, ein- bis dreimal pro Monat ins Kasino zu gehen. Ungefähr ein Drittel (32,2 %) spielt ein- bis zweimal pro Woche an Automaten im Kasino. Personen, die drei- bis viermal die Woche (7,2 %) oder sogar (fast) täglich (1,3 %) an Automaten innerhalb des Kasinos spielen, sind die Ausnahme. Mit einem Einsatz von 209 Euro pro Monat geben diese SpielerInnen im Schnitt etwas weniger Geld im Kasino aus als die SpielerInnen des „großen Spiels".

Tabelle 7.2: Spielfrequenz

SpielerInnengruppe	Spielfrequenz			
	1 bis 3 mal pro Monat	1 bis 2 mal die Woche	3 bis 4 mal die Woche	täglich oder fast täglich
Lotto	51,0 %	49,0 %	-	-
Sportwetten	9,0 %	52,2 %	31,5 %	7,3 %
großes Spiel im Kasino	65,4 %	24,8 %	6,5 %	3,3 %
Automaten im Kasino	59,2 %	32,2 %	7,2 %	1,3 %
Automaten außerhalb des Kasinos	45,8 %	35,2 %	13,7 %	5,3 %

---

[3] Häufiger als zweimal pro Woche wird diese Spielart nicht angeboten.

Mit Abstand am meisten Geld bringen die AutomatenspielerInnen außerhalb des Kasinos monatlich für ihre Spielteilnahme auf. In dieser Gruppe beträgt der durchschnittliche Einsatz pro Monat 329 Euro. Auch die Spielfrequenz ist bei den AutomatenspielerInnen außerhalb des Kasinos tendenziell höher als z. B. bei den KasinospielerInnen. So spielen 5,3 Prozent der Personen, die Spielautomaten in Spielhallen, Wettbüros oder Bars nutzen, (fast) täglich und weitere 13,7 Prozent ungefähr jeden zweiten Tag. Etwa ein Drittel gibt an, ein- bis zweimal pro Woche zu spielen (35,2 %), während knapp die Hälfte (45,8 %) aus dieser Gruppe ein- bis dreimal im Monat an Automaten spielt.

Abbildung 7.1: Durchschnittlicher Geldeinsatz für Glücksspiele pro Monat

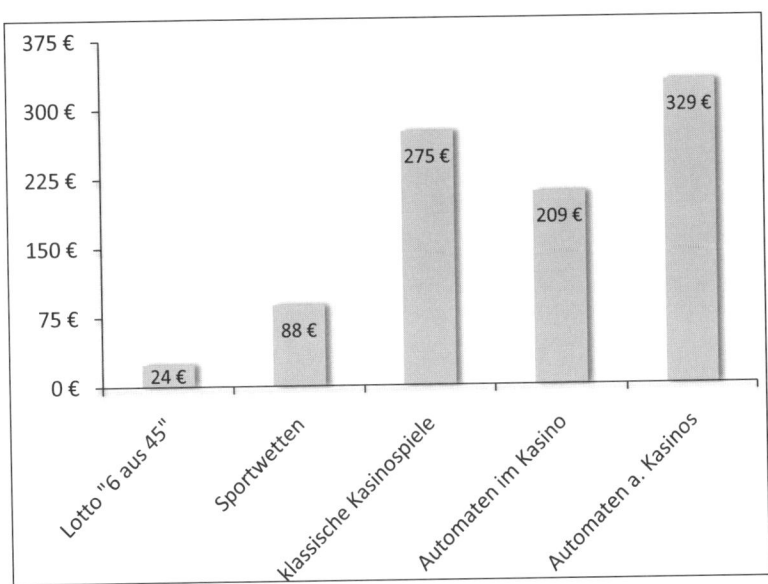

Ein weiterer Aspekt, der in den vorliegenden fünf SpielerInnenstichproben erhoben wurde, bezieht sich darauf, seit wann und wie die Befragten überhaupt zum Glücksspiel gekommen sind und im Weiteren, warum sie spielen.

Die Angaben zum Alter, in dem mit dem regelmäßigen Spielen begonnen wurde, unterscheiden sich mit einer Ausnahme kaum voneinander. Bei den SportwetterInnen und den Personen, die Glücksspielautomaten im Kasino spielen, beträgt das durchschnittliche Alter bei Beginn des regelmäßigen Spielens 28 Jahre, für die SpielerInnen des „großen Spiels" im Kasino sowie für die AutomatenspielerInnen außerhalb des Kasinos wurde diesbezüglich ein Mittelwert von 29 Jahren erhoben. Nur die LottospielerInnen in dieser

Stichprobe fingen mit im Mittel 34 Jahren etwas später an, regelmäßig zu spielen.

Um Informationen darüber zu erhalten, wie die Befragten zu ihrer bevorzugten Glücksspielart gekommen sind, wurden sie gebeten, Personen bzw. Situationen zu benennen, die hierzu beigetragen haben. Die Ergebnisse sind in Abbildung 7.2 dargestellt.

Abbildung 7.2: Zugangswege zum Glücksspiel

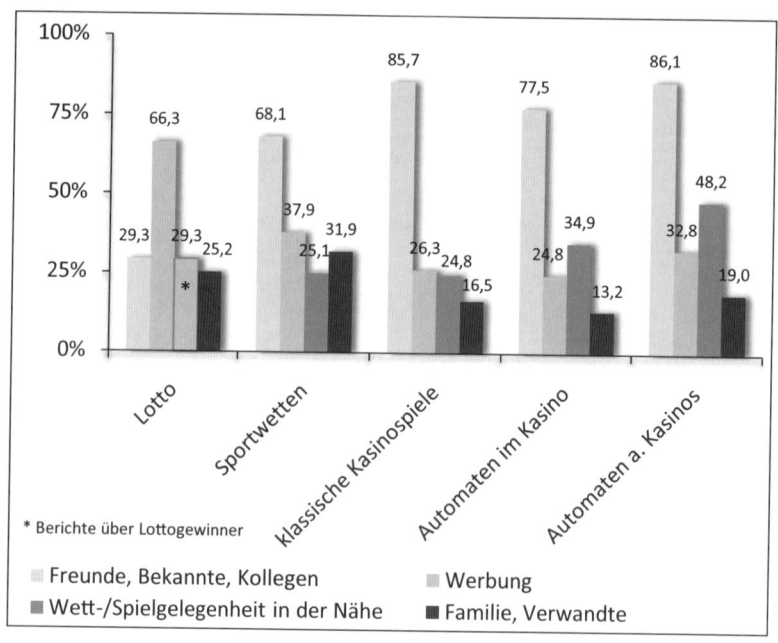

Zunächst fällt auf, dass – mit Ausnahme der LottospielerInnen – der Kontakt zu den vier anderen hier betrachteten Glücksspielen am häufigsten über Freunde, Bekannte oder Arbeitskollegen erfolgte (68,1 % - 86,1 %). 66,3 Prozent der LottospielerInnen geben an, über Werbung (Fernseh- bzw. Printwerbung, Werbeartikel) zum Lottospielen gekommen zu sein, was in dieser Gruppe den häufigsten Zugang darstellt. In den anderen Gruppen spielt Werbung diesbezüglich eine weitaus geringere Rolle: Am ehesten ließen sich noch SportwetterInnen (37,9 %) und AutomatenspielerInnen außerhalb des Kasinos (32,8 %) von Werbeaktionen zum Glücksspiel animieren. Auch die Tatsache, dass sich eine Spielgelegenheit in der Nähe der Wohnung befindet, der Zugang zu Spielgelegenheiten also ohne größeren Aufwand möglich ist, könnte ein Grund sein, mit einem bestimmten Glücksspiel zu beginnen. Offensichtlich trifft dies hier vorrangig auf AutomatenspielerInnen zu: Fast die Hälfte der AutomatenspielerInnen außerhalb des Kasinos (48,2 %) bejaht die Frage, ob sie anfingen an Automaten zu spielen, weil sich Spielautomaten in der Nähe ihrer Wohnung befanden. Auch auf 34,9 Prozent der GlücksspielautomatenspielerInnen im Kasino trifft dies zu, aber nur auf ein Viertel der anderen KasinospielerInnen sowie der SportwetterInnen.[4] Familienmitglieder spielen bezüglich dieser Frage tendenziell eine untergeordnete Rolle. Am ehesten bringen noch SportwetterInnen (31,9 %) und LottospielerInnen (25,2 %) Familienangehörige mit dem Beginn ihrer Glücksspielaktivität in Verbindung.

Im Weiteren sollten die befragten SpielerInnen angeben, aus welchen Gründen sie an Glücksspielen teilnehmen. Hierzu wurde den Befragungspersonen ein Katalog mit unterschiedlichen Motiven angeboten. Im Großen und Ganzen lassen sich die vorgeschlagenen Spielmotive folgenden vier Kategorien zuordnen:

1. Motive, die sich auf Spaß am Spiel beziehen, z.B.: Ich spiele, ...weil es mir Spaß macht, ...um mich zu unterhalten, ...weil es spannend ist etc.

2. Motive, die sich auf finanzielle Aspekte beziehen, z.B.: Ich spiele, ... weil ich von einem großen Gewinn träume, ...weil ich so finanzielle Verluste wieder ausgleichen kann etc.

3. Motive, die sich auf Kontrollillusionen beziehen, z.B.: Ich spiele, ...weil ich das System überlisten kann, ...weil ich anfangs gewonnen habe etc.

4. Motive, die sich auf (maladaptive) Copingstrategien beziehen: Ich spiele, ...um auf andere Gedanken zu kommen, ...um traurigen Stimmungen zu entfliehen, ...um andere Dinge nicht erledigen zu müssen etc.

Unterhaltung durch Glücksspiele ist für viele SpielerInnen ein sehr wichtiges Motiv. Mehr als drei Viertel der LottospielerInnen und quasi alle SpielerInnen der übrigen vier Gruppen geben an zu spielen, weil sie Spaß daran haben und sich unterhalten wollen (siehe Tabelle 7.3).

Aber auch der finanzielle Aspekt spielt oft eine wichtige Rolle. Zwischen 72,2 Prozent (großes Spiel) und 78,8 Prozent (Automaten) der KasinospielerInnen geben finanzielle Spielmotive an. In diesem Bereich bewegen sich auch die Werte für die Lotto- und die AutomatenspielerInnen außerhalb des Kasinos. Lediglich bei den SportwetterInnen scheint der finanzielle Aspekt ein weniger zentrales Spielmotiv (67,2 %). Bei Betrachtung der Einzelitems

---

4   Im Fragebogen der LottospielerInnen gab es diese Antwortmöglichkeit nicht. Hier wurde stattdessen danach gefragt, ob diese aufgrund von Presseberichten über LottogewinnerInnen angefangen hätten, Lotto zu spielen.

fällt auf, dass der Traum vom großen Gewinn für alle SpielerInnengruppen ein wichtiger Grund ist, an Glücksspielen teilzunehmen: 69,3 Prozent (gr. Spiel) – 75,3 Prozent (Automaten im Kasino). Der Versuch, durch das Glücksspiel frühere Verluste auszugleichen („Chasing") trägt bei LottospielerInnen selten zur Spielmotivation bei (6,2%). Bei den SportwetterInnen gibt wiederum ein Viertel (24,6%) an, „Chasing" wäre für sie ein Anlass zu wetten. In den Gruppen der KasinospielerInnen sowie der AutomatenspielerInnen außerhalb des Kasinos stimmt schon jeweils gut ein Drittel der Befragten der Aussage zu, der Ausgleich früherer finanzieller Verluste sei für sie ein Spielmotiv.

Tabelle 7.3: Spielmotive

SpielerInnengruppe	Spielmotiv			
	Spaß	Finanzen	Kontroll-illusion	Copingstra-tegie
Lotto	77,9 %	76,8 %	57,2 %	28,6 %
Sportwetten	99,0 %	67,2 %	50,9 %	52,2 %
großes Spiel im Kasino	98,7 %	72,2 %	75,3 %	60,4 %
Automaten im Kasino	96,7 %	78,8 %	72,7 %	64,0 %
Automaten außerhalb des Kasinos	100,0 %	76,2 %	80,1 %	85,3 %

Viele GlücksspielerInnen glauben, durch geschicktes Spielen bzw. Setzen ihre Chancen auf einen Gewinn erhöhen zu können. Tatsächlich sind die sogenannten „Skill"-Anteile bei den hier betrachteten Spielen entweder gar nicht oder nur in sehr gering Maße vorhanden. Die SpielerInnen unterliegen also einer Kontrollillusion. Dies scheint insbesondere auf die AutomatenspielerInnen außerhalb des Kasinos zuzutreffen, deren vermeintliche Eingriffsmöglichkeiten über die Risiko- bzw. Stopptaste überhaupt keinen Einfluss auf das Spielgeschehen haben. Dennoch bejahen 81,1 Prozent kontrollillusionäre Aussagen. Betrachtet man die Ebene der Einzelitems, zeigt sich, dass knapp die Hälfte an Automaten spielt, weil sie anfangs gewonnen haben (47,9%), mehr als die Hälfte spielt, weil sie beinahe gewonnen haben (57%) und 16,1 Prozent glauben sogar, den Spielautomaten überlisten zu können. Ebenfalls erheblich ausgeprägt sind Kontrollillusionen bei den KasinospielerInnen (Lebendspiel: 75,3%, Automaten im Kasino 72,7%). Im Vergleich hierzu seltener sind diese bei den LottospielerInnen sowie den SportwetterInnen vorhanden, bei denen jeweils etwas mehr als die Hälfte derartige Spielmotive bejaht.

Bei Fragen dazu, ob durch das Spielen versucht wird, negative Emotionen oder Gedanken auszublenden, unterscheiden sich die hier befragten AutomatenspielerInnen außerhalb des Kasinos deutlich von den anderen Gruppen. Insgesamt 85,3 Prozent dieser SpielerInnen stimmen Aussagen zu, die (fehlangepasste) Bewältigungsstrategien durch das Spielen thematisieren. So bejahen 71,3 Prozent die Aussage „Ich spiele, um auf andere Gedanken zu kommen, fast zwei Drittel (62,6 %) die Aussage „...um mich gut zu fühlen" und mehr als die Hälfte (50,7 %) „...um traurigen Stimmungen zu entfliehen". Auch unter den KasinospielerInnen existieren spielbezogene Copingstrategien, allerdings sind die Anteile deutlich geringer (Automaten: 64 %, gr. Spiel: 60,4 %). Bei den SportwetterInnen geben 52,2 Prozent an, mit Hilfe des Glücksspiels negative Stimmungen zu regulieren, am seltensten kommt dies unter den LottospielerInnen vor (28,6 %).

Zum Abschluss der Ergebnisse zur Spielteilnahme ist in Abbildung 7.3 dargestellt, ob und wie oft die TeilnehmerInnen an den verschiedenen Glücksspielen während des Spielens Alkohol trinken.

Abbildung 7.3: Alkoholkonsum während des Spielens

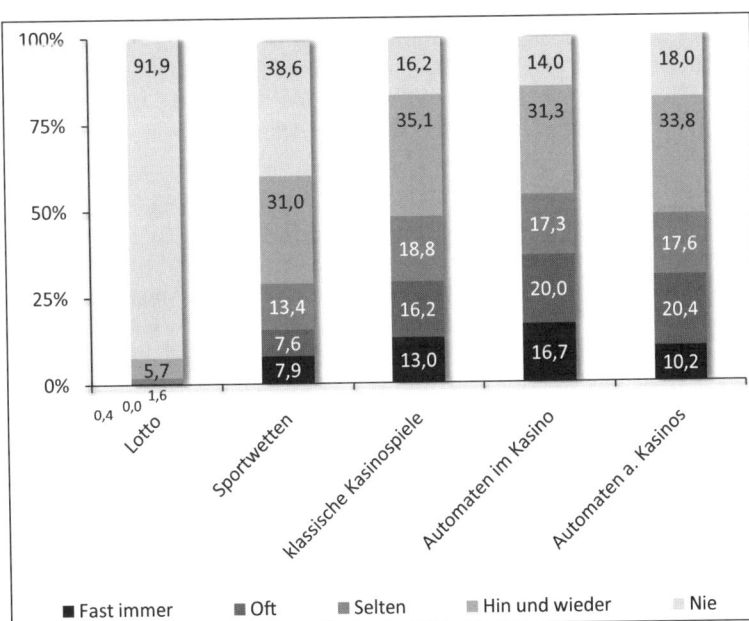

Deutlich ist zu erkennen, dass neun von zehn LottospielerInnen (91,1 %) nie Alkohol getrunken haben, wenn sie ihren Lottoschein ausfüllten. Auch vergleichsweise viele SportwetterInnen (38,6%) sind immer nüchtern, wenn sie auf Sportereignisse wetten. Umgekehrt trinken eher SpielerInnen des Lebendspiels sowie AutomatenspielerInnen außerhalb des Kasinos häufig (gr. Spiel: 16,2%, Automaten im Kasino: 20,0%, Automaten außerhalb des Kasinos: 20,4%) oder fast immer (gr. Spiel:13%, Automaten im Kasino: 16,7%, Automaten außerhalb des Kasinos: 10,2%) Alkohol, wenn sie spielen.

7.3.3 Spielerschutz

Anknüpfend an die Ergebnisse zum Alkoholkonsum während des Spielens, wodurch Zielgruppen für mögliche flankierende Präventionsmaßnahmen identifiziert werden können, geht es in diesem Abschnitt um Spielerschutzmaßnahmen. Zu klären wird sein, wie bekannt die Informationsbroschüre zum Spielerschutz ist, die an den Spielorten ausgelegt ist, welche Institutionen SpielerInnen kontaktieren würden, wenn sie um Hilfe bei Spielproblemen nachsuchten sowie welche Präventionsmaßnahmen Akzeptanz unter den GlücksspielerInnen in den verschiedenen Gruppen finden würden

Seit einiger Zeit liegen in den verschiedenen Spielstätten Flyer aus, die über mögliche Glücksspielprobleme informieren sollen und Kontaktmöglichkeiten zu Institutionen enthalten, die bei Spielproblemen helfen können. In Abbildung 7.4 ist dargestellt, ob die SpielteilnehmerInnen die Informationsblätter bemerkt und inwieweit sie sich diese angesehen haben.

Zunächst wird deutlich, dass mindestens die Hälfte der SpielerInnen von Spielarten mit erhöhtem Suchtpotential den Flyer zumindest bemerkt hat. Allerdings wird die Broschüre vergleichsweise selten dann auch gelesen. Zwischen 8,8 Prozent (AutomatenspielerInnen außerhalb des Kasinos) und 13,5 Prozent (Automaten im Kasino) geben an, die Informationen gelesen zu haben, weitere 17,3 Prozent (SportwetterInnen) bis 19,3 Prozent (AutomatenspielerInnen außerhalb des Kasinos) haben sich das Faltblatt immerhin kurz angesehen.

Ein generelles Problem der Suchtkrankenhilfe ist die Erreichbarkeit potentieller KlientInnen. Oft werden diese gar nicht oder zu spät erreicht. Die Zugangswege zum Hilfesystem sind also von zentraler Bedeutung. Deshalb wurden die SpielerInnen in der vorliegenden Erhebung gefragt, an wen sie sich wenden würden, wenn sie ein Spielproblem bei sich vermuteten und Hilfe suchen würden. Die Ergebnisse sind in Tabelle 7.4 aufgeführt.

Abbildung 7.4: Kenntnis des Spielerschutzflyers

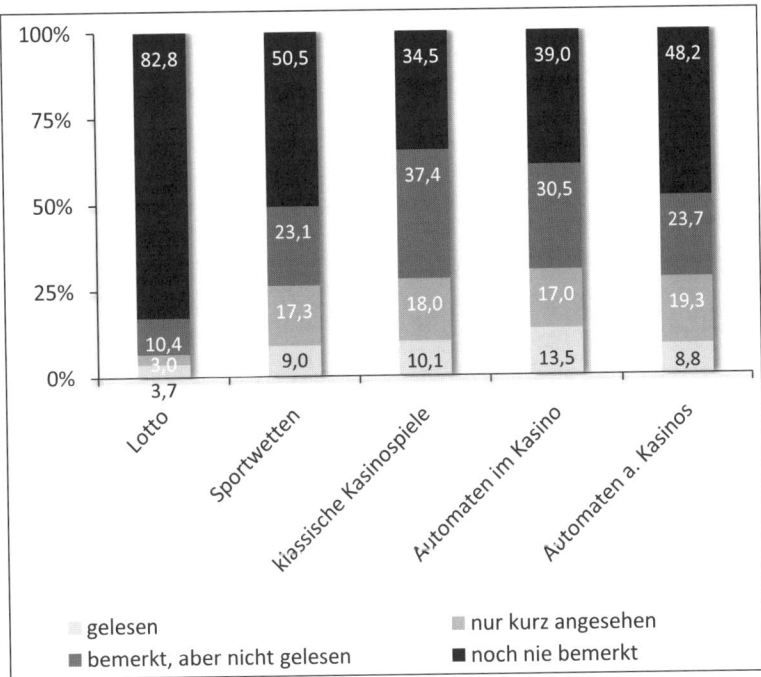

Trotz der eher heterogenen Werte lassen sich zwei Tendenzen erkennen: Wichtige erste Ansprechpartner für Personen, die ihr Spielverhalten als problematisch wahrnehmen, sind das unmittelbare soziale Nahfeld sowie ärztliche bzw. Suchthilfe. Jeweils etwas unter zwei Drittel der LottospielerInnen (60,9%), SportwetterInnen (63,4%) und KasinospielerInnen (63,8%; gr. Spiel) würden mit Familie und FreundInnen mögliche Hilfen für ihre Spielproblematik thematisieren. In letztgenannter Gruppe würden ebenso viele deswegen auch die Hausärztin oder den Hausarzt bzw. eine Psychologin oder einen Psychologen konsultieren, 50,0 Prozent würden eine Selbsthilfegruppe oder eine Suchtberatungsstelle kontaktieren. Diese Institutionen würden auch ca. die Hälfte der AutomatenspielerInnen außerhalb des Kasinos (52,4%) sowie LottospielerInnen (45,7%) und SportwetterInnen (47,3%) aufsuchen. 62,4 Prozent der GlücksspielautomatenspielerInnen im Kasino geben Suchtberatungsstellen bzw. Selbsthilfegruppen als erste Anlaufstelle bei Spielproblemen an. Mit Ausnahme der LottospielerInnen (69,1%) spielen telefonische Helplines der Anbieter in den anderen Gruppen diesbezüglich nur eine untergeordnete Rolle. Ähnlich sieht es hinsichtlich der Schuldnerberatungen aus. Allerdings geben immerhin mehr als ein Drittel der Sportwette-rInnen (37,5%) und knapp ein Drittel der AutomatenspielerInnen außerhalb des Kasinos (31,0%) an, dass sie bei Schuldnerberatungen um Hilfe bei Spielproblemen nachsuchen würden.

Tabelle 7.4: Personen/Institutionen, bei denen um Hilfe bei Glücksspiel-problemen nachgefragt würde

SpielerInnengruppe	Personen/Institutionen				
	Familie/ Freunde	Hausarzt/ Psychologe	Suchtberatungs-stelle/Selbsthil-fegruppe	Helpline GS-Anbieter	Schuldner-beratung
Lotto	60,9 %	53,9 %	45,7 %	69,1 %	19,1 %
Sportwetten	63,4 %	34,1 %	47,3 %	24,6 %	37,5 %
großes Spiel im Kasino	63,8 %	63,8 %	50,0 %	22,3 %	19,1 %
Automaten im Kasino	55,3 %	61,2 %	62,4 %	28,2 %	17,6 %
Automaten außerhalb des Kasinos	46,2 %	44,8 %	52,4 %	30,0 %	31,0 %

Zum Abschluss der Spielerschutzthematik geht es nun um verschiedene Maßnahmen, die der Glücksspielsuchtprävention dienen können. Die Befrag-ten[5] sollten bei jeder Maßnahme angeben, ob sie dieser zustimmen oder sie ablehnen würden. In Tabelle 7.5 sind fünf Maßnahmen aufgeführt, die von den meisten SpielerInnen akzeptiert würden.

Eindeutig ist die hohe Zustimmung zu der Maßnahme, die Teilnahme an Glücksspielen grundsätzlich erst ab einem Alter von 18 Jahren zu gestatten. 83,3 Prozent der SpielerInnen klassischer Kasinospiele und über 90 Prozent der Befragten in den anderen Gruppen stimmen dieser Regelung zu.

Die Möglichkeit, sich für bestimmte Glücksspiele selbst sperren zu lassen, findet große Akzeptanz bei den KasinospielerInnen (gr. Spiel: 63,0%; Auto-maten: 61,1%) sowie bei den AutomatenspielerInnen außerhalb des Kasinos (63,7%). Unter den SportwetterInnen stimmen dieser Maßnahme hingegen nur 36,3 Prozent zu.

Ein ähnliches Bild zeigt sich hinsichtlich der Maßnahme, den maximalen Verlust pro Spieltag zu deckeln. Knapp 60 Prozent der Automatenspiele-rInnen außerhalb des Kasinos, 56,5 Prozent der klassischen Kasinospiele-rInnen und 48,6 Prozent der GlücksspielautomatenspielerInnen im Kasino

---

[5] Bei den LottospielerInnen wurde nur die Akzeptanz von zwei Maßnahmen abgefragt. Des-halb werden die Angaben diese Gruppe hier nicht berücksichtigt..

würden eine Begrenzung des maximalen Verlustes pro Spieltag akzeptieren. In der Gruppe der SportwetterInnen signalisiert wiederum nur gut ein Drittel (35,3 %) Zustimmung zu einer derartigen Präventionsmaßnahme.

Tabelle 7.5: Zustimmung zu Präventionsmaßnahmen

SpielerInnengruppe	Zustimmung zu Maßnahme...				
	Teilnahme ab 18 Jahren	Möglichkeit d. Selbst-sperre	Begrenzung des max. Verlustes pro Spieltag	Warnhinweise bei langer Spielzeit	Einschrän-kung der Werbung
Sportwetten	91,8 %	36,3 %	35,3 %	- *	44,2 %
großes Spiel im Kasino	83,3 %	63,0 %	56,5 %	- *	43,5 %
Automaten im Kasino	90,4 %	61,1 %	48,6 %	51,4 %	34,9 %
Automaten außerhalb des Kasinos	91,4 %	63,7 %	59,0 %	62,2 %	46,4 %

* nicht erhoben/entfällt.

Eine weitere Präventionsmaßnahme, die immer wieder diskutiert und in Modellversuchen auch schon getestet wurde, ist die Einblendung von Warnhinweisen bei einer längeren ununterbrochenen Spielzeit (oder bei wiederholt hohen Einsätzen). Dies ist nur bei elektronisch gestützten Glücksspielarten, wie dem Automatenspiel möglich. Somit entfällt diese Maßnahme für das Lebendspiel im Kasino und die (terrestrisch abgegebenen) Sportwetten. Die SpielerInnen der beiden hier erhobenen Automatenvarianten unterstützen mehrheitlich eine solche Möglichkeit, ihr Spielverhalten unter Kontrolle zu halten (Glücksspielautomaten im Kasino: 51,4 %; Automaten außerhalb des Kasinos: 62,2 %).

Eine letzte Maßnahme, die tendenziell hohe Zustimmungsraten erfährt, ist die Einschränkung der Werbung für Glücksspielprodukte. Jeweils etwas weniger als die Hälfte der SportwetterInnen (44,2 %), der SpielerInnen des großen Spiels im Kasino (43,5 %) sowie der AutomatenspielerInnen außerhalb des Kasinos (46,4 %) stimmen einer Begrenzung der Werbung zu. Unter den GlücksspielautomatenspielerInnen im Kasino beträgt der Anteil 34,9 Prozent.

7.3.4 Spielprobleme

In diesem Abschnitt soll die Thematik des problematischen Spielens in dieser Stichprobe anhand einiger allgemeiner Implikationen behandelt werden, im letzten Abschnitt folgen dann differenzierte Auswertungen bzw. Vergleiche zwischen SpielerInnen mit einem unproblematischen Spielverhalten und solchen, die nach der DSM-IV-Diagnostik als pathologische SpielerInnen klassifiziert werden.

Zunächst werden aber die Angaben der Befragten zu Spielproblemen im Elternhaus präsentiert, was einen der wichtigsten Risikofaktoren darstellt, später eine eigene Spielsuchtproblematik zu entwickeln. Im Weiteren wird gezeigt, welchen Kontrollillusionen die Befragten hinsichtlich der Beeinflussbarkeit von Glücksspielen unterliegen sowie in welchen Lebensbereichen sie sich durch ihre Glücksspielleidenschaft belastet fühlen. Schließlich werden die Ergebnisse des DSM-IV-Tests auf pathologisches Glücksspiel dargestellt.

Abbildung 7.5: Glücksspielsuchtproblematik im Elternhaus nach Spielart

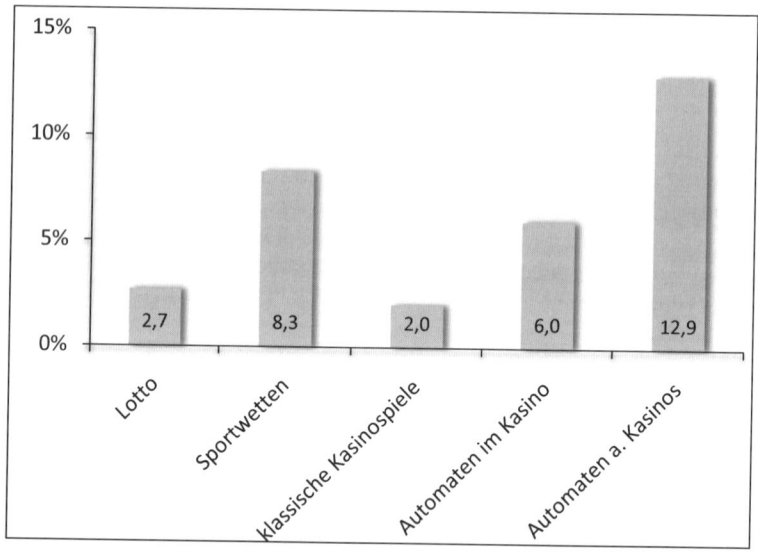

Die AutomatenspielerInnen außerhalb des Kasinos bilden die Gruppe, in der sich anteilig am meisten Personen befinden, bei denen im Elternhaus eine Glücksspielsuchtproblematik bestanden hat (12,9%, siehe obige Abbildung 7.5). Unter den SportwetterInnen berichten 8,3 Prozent von solchen Bedingungen ihres Aufwachsens, bei den GlücksspielautomatenspielerInnen im Kasino beträgt der Anteil 6,0 Prozent. Am geringsten sind die Anteile von

Personen aus glücksspielsuchtbelasteten Elternhäusern in der Lottogruppe (2,7%) sowie bei SpielerInnen klassischer Kasinospiele (2,0%).

Um das Vorhandensein illusionärer Kontrollüberzeugungen zu überprüfen, wurden den SpielerInnen Aussagen vorgelegt, auf welche Weise sich (vermeintlich) der Ausgang von Glücksspielen zu eigenen Gunsten beeinflussen ließe.

Unter den LottospielerInnen stimmen 7,7 Prozent der Befragten der Aussage zu, durch geschickte Auswahl der Zahlen die Gewinnwahrscheinlichkeit erhöhen zu können.

Knapp ein Drittel der PokerspielerInnen im Kasino (31,3%) glaubt, dass der Ausgang eines Pokerspiels überwiegend von den eigenen Spielfähigkeiten abhinge und nicht vom Glück beim Verteilen der Karten.

In der Gruppe der SportwetterInnen sind viele Befragte der Meinung, allgemeine Kenntnisse und Informationen über den Sport und das Wetten würden ihre Gewinnchancen erhöhen. So glauben 72,1 Prozent Wissen über „Grundregeln des Sports" bzw. „Erfahrung mit Sportwetten" (71,4%) verbesserten ihre Gewinnchancen. Ein Viertel (25,4%) ist sogar der Meinung, eigene sportliche Aktivitäten würden ihre Gewinnaussichten verbessern, 31,0 Prozent nehmen an, der feste Glaube an die eigenen Tipps würde hierzu beitragen. Allerdings stimmen auch 48,8 Prozent der Aussage zu, die Gewinnchance bei Sportwetten ließe sich nicht beeinflussen.

Auch bei AutomatenspielerInnen (in der Spielhalle bzw. im Kasino) sind illusionäre Kontrollüberzeugungen bezüglich der Möglichkeiten, den Spielausgang zu beeinflussen relativ häufig vorhanden. 77,5 Prozent der Personen in der Stichprobe, die in Spielhallen etc. spielen sowie 69,0 Prozent derer, die an Glücksspielautomaten im Kasino spielen, sind der Ansicht, eigene Erfahrung mit den Automaten erhöhe ihre Gewinnchancen. An zweiter Stelle folgt in erstgenannter Gruppe die Ansicht, der feste Glaube an das eigene Glück verbessere die Gewinnchancen (65,5%), unter den AutomatenspielerInnen im Kasino stimmen 64,8 Prozent dieser Aussage zu. Jeweils ca. die Hälfte der Befragten aus den beiden AutomatenspielerInnengruppen glaubt, durch das richtige Drücken der Stopptaste könnten sie ihre Gewinnchancen erhöhen (Spielhalle: 55,8%, Kasino: 48,6%). Jeweils ca. 40 Prozent in beiden Gruppen spielen nach Beinahe-Gewinnen deshalb weiter, weil sie glauben, dass dadurch ihre Chancen auf einen Gewinn steigen würden. 44,6 Prozent der GlücksspielautomatenspielerInnen im Kasino sowie 44,6 Prozent der AutomatenspielerInnen außerhalb des Kasinos vertreten die Ansicht, die Gewinnchance an Automaten ließe sich nicht beeinflussen.

Die Teilnahme an Glücksspielen kann zu Belastungen in verschiedenen Lebensbereichen führen, insbesondere dann, wenn das Glücksspiel einen zu großen Raum im Leben der Spielerin bzw. des Spielers einnimmt. Im Folgenden werden mögliche Belastungen der Befragten in den fünf SpielerInnengruppen durch die Spielteilnahme dokumentiert, eine differenzierte Betrachtung der Belastung von pathologischen vs. unproblematischen SpielerInnen erfolgt weiter unten im Bericht.

In Abbildung 7.6 ist dargestellt, wie viel Prozent der Befragten angegeben haben, durch ihr Glücksspiel in den jeweiligen Lebensbereichen „etwas" oder „stark" belastet zu sein.

Abbildung 7.6: Belastung durch Spielteilnahme in verschiedenen Lebensbereichen

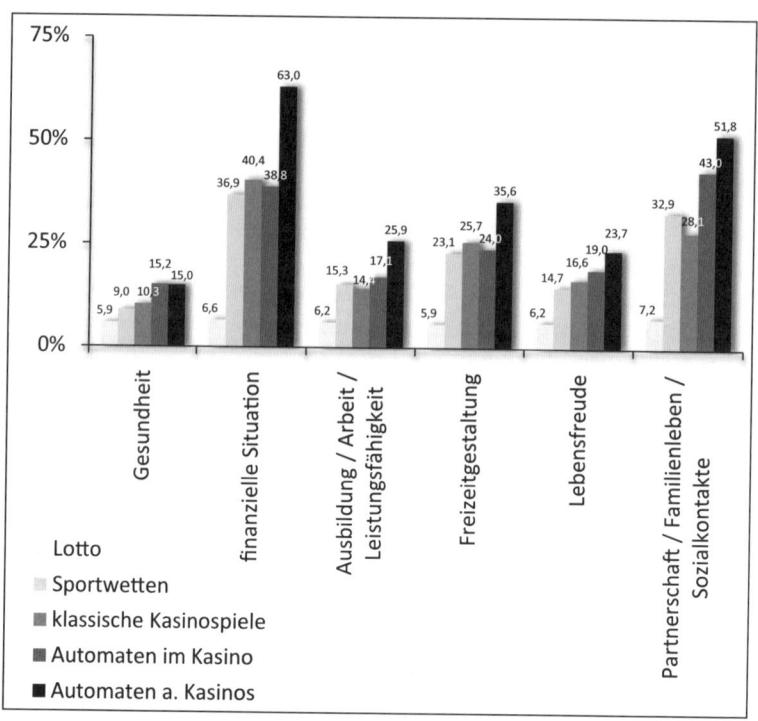

Es wird deutlich, dass die AutomatenspielerInnen außerhalb des Kasinos am häufigsten für nahezu alle Bereiche angeben, diesbezüglich durch ihre Spielteilnahme belastet zu sein. So geben 63,0 Prozent aus dieser Gruppe an, durch ihre Glücksspielleidenschaft finanziell belastet zu sein, gut die Hälfte berichtet von Belastungen im Bereich PartnerIn, Familie und FreundInnen (51,8 %). Generell lässt sich sagen, dass Belastungen am ehesten in den beiden eben genannten Bereichen auftreten, am seltensten wird von Belastungen berichtet, die sich auf den Gesundheitszustand beziehen.

LottospielerInnen berichten am seltensten über Belastungen in ihrem Leben, die durch die Spielteilnahme verursacht wurden. Die Angaben zu Belastungen verteilen sich hier nahezu gleichmäßig über die Lebensbereiche und liegen zwischen 6 Prozent und 7 Prozent.

Zum Abschluss des Kapitels über Spielprobleme geht es nun um die Anteile unproblematischer, problematischer und pathologischer SpielerInnen in den fünf Befragungsgruppen. Die Prävalenzen für Spielprobleme wurden mittels des DSM-IV-Tests auf pathologisches Spielen ermittelt. Dieser Test besteht aus zehn Kriterien, denen 19 Fragen zugrunde liegen. Sind null bis zwei Kriterien erfüllt, liegt kein Spielproblem vor, bei drei bis vier erfüllten Kriterien geht man von problematischem Spielen aus, treffen fünf oder mehr Kriterien zu, handelt es sich um pathologisches Spielverhalten.

Abbildung 7.7: DSM-IV Diagnosen verschiedener SpielerInnengruppen

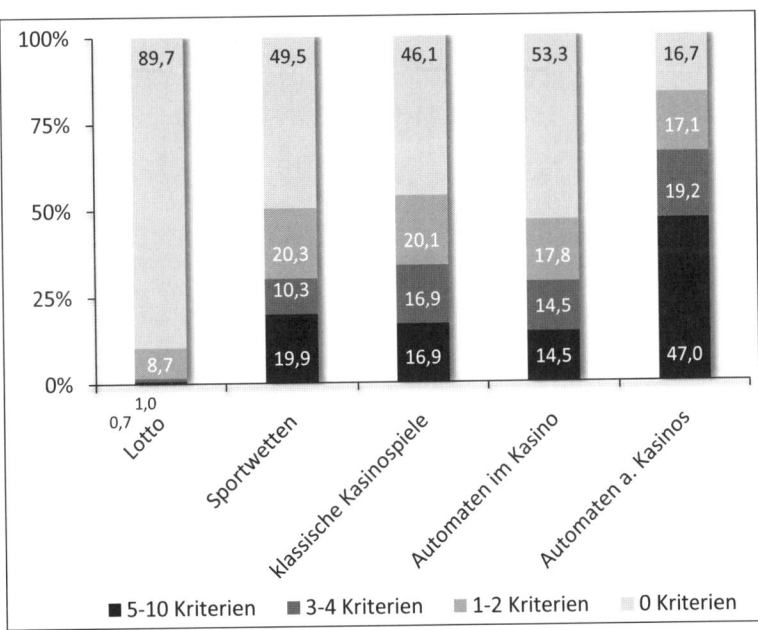

In obiger Abbildung 7.7 sind die Ergebnisse des Tests veranschaulicht. In der Gruppe der LottospielerInnen tritt problematisches (1,0 %) sowie pathologisches Spielverhalten (0,7 %) so gut wie nicht auf. Ein durch null Kriterien

repräsentiertes völlig unproblematisches Spielverhalten zeigt sich bei ca. der Hälfte der SportwetterInnen (49,5 %), der klassischen KasinospielerInnen (46,1 %) sowie der GlücksspielautomatenspielerInnen im Kasino (53,3 %). Anders sieht es bei den AutomatenspielerInnen in Spielhallen oder Gaststätten aus. Lediglich 16,7 Prozent aus dieser Gruppe erreichen null Kriterien im DSM-IV-Test. Umgekehrt dazu wurde in dieser Gruppe mit 47,0 Prozent die höchste Prävalenz für pathologisches Spielen gemessen. Hinzu kommen 19,2 Prozent, die mit drei bis vier erfüllten Kriterien als problematische SpielerInnen angesehen werden müssen.[6] Ein Fünftel (19,9 %) der SportwetterInnen zeigt ein pathologisches Spielverhalten, weitere 10,3 Prozent wetten in problematischer Art und Weise. Jeweils 16,9 Prozent der Personen, die im Kasino das große Spiel spielen, wurden als problematische bzw. pathologische SpielerInnen identifiziert. Für SpielerInnen an Automaten im Kasino ergaben sich Anteile von 14,5 Prozent problematischen und 14,5 Prozent pathologischen SpielerInnen.

7.3.5 Auswertungen nach DSM-IV Diagnose: Vergleich unproblematischer mit pathologischen SpielerInnen

In diesem Kapitel werden Personen, die ein völlig unproblematisches Spielverhalten zeigen (0 erfüllte Kriterien im DSM-IV Test), mit pathologischen SpielerInnen verglichen (5-10 erfüllte Kriterien im DSM-IV Test). Da es in der Lottogruppe, wie weiter oben gezeigt, so gut wie keine pathologischen SpielerInnen gibt, werden die Angaben der LottospielerInnen bei den Auswertungen in diesem Kapitel nicht berücksichtigt.

Tabelle 7.6 zeigt überblicksartig, inwiefern sich die eben genannten Spielertypen hinsichtlich soziodemografischer Merkmale unterscheiden. An dieser Stelle sollen nur einige markante Ergebnisse herausgegriffen werden. Bei Betrachtung des Alters zeigt sich zwar, dass die pathologischen SpielerInnen, verglichen mit den unproblematischen SpielerInnen, tendenziell älter sind, die Unterschiede sind jedoch zumeist klein. Einzige Ausnahme bilden die pathologischen SpielerInnen des großen Spiels im Kasino: Diese sind im Schnitt um knapp sieben Jahre älter als die unproblematischen KasinospielerInnen.

Der Männeranteil unter den pathologischen GlücksspielerInnen ist in allen SpielerInnengruppen höher als bei den unproblematischen SpielerInnen der

---

[6] Zum Vergleich: In der Studie des Instituts für Therapieforschung (IFT) in München „Untersuchung zur Evaluierung der Fünften Novelle der Spielverordnung vom 17.12.2005" (Bühringer et al. 2010) wird für AutomatenspielerInnen in Spielhallen in Deutschland eine Prävalenz von 42 Prozent pathologischen (5-10 Kriterien) bzw. 16 Prozent problematischen (3-4 Kriterien) SpielerInnen angegeben.

jeweiligen Glücksspielart. Mit 31,5 Prozentpunkten Unterschied wird dies bei den AutomatenspielerInnen außerhalb des Kasinos besonders deutlich.

Tabelle 7.6: Soziodemografie unproblematischer und pathologischer SpielerInnen

	Sportwetten		großes Spiel im Kasino		Automaten im Kasino		Automaten außerhalb des Kasinos	
Anzahl erfüllter DSM-IV Kriterien	0	5-10	0	5-10	0	5-10	0	5-10
⌀-Alter (Jahre)	37,6	37,9	43,8	50,7	43,6	45,5	40,7	41,3
Anteil Männer	75,2 %	85,0 %	50,7 %	69,2 %	59,3 %	81,8 %	50,0 %	81,5 %
Anteil AusländerInnen	8,1 %	8,3 %	15,5 %	7,7 %	9,9 %	13,6 %	2,1 %	15,6 %
Anteil Personen mit Migrationshintergrund	18,8 %	23,3 %	31,9 %	36,0 %	20,0 %	23,8 %	8,3 %	30,0 %
Anzahl Personen im Haushalt								
eine Person	19,5 %	15,0 %	32,4 %	26,9 %	42,0 %	45,5 %	27,1 %	36,3 %
zwei oder mehr Personen	80,5 %	85,0 %	67,6 %	73,1 %	58,0 %	54,5 %	72,9 %	63,7 %
Anzahl minderj. Personen im Haushalt								
keine	69,1 %	61,7 %	80,3 %	76,9 %	84,0 %	72,7 %	77,1 %	75,6 %
eine oder mehr Personen	30,9 %	38,3 %	19,7 %	23,1 %	16,0 %	27,3 %	22,9 %	24,4 %
Schulabschluss								
Pflicht-/Haupt-schulabschluss	12,8 %	30,0 %	22,5 %	34,6 %	24,7 %	18,2 %	23,0 %	25,2 %
Lehrabschluss	44,3 %	46,7 %	39,4 %	30,8 %	40,7 %	59,1 %	37,5 %	52,6 %
Matura	30,2 %	21,7 %	25,4 %	23,1 %	32,1 %	18,2 %	29,2 %	19,3 %
Hochschulabschluss	12,8 %	1,7 %	12,7 %	11,5 %	2,5 %	4,5 %	10,4 %	3,0 %
Erwerbsstatus								
erwerbstätig	68,5 %	78,3 %	78,3 %	64,0 %	82,3 %	73,7 %	87,5 %	71,6 %
in Ausbildung	13,4 %	5,0 %	1,4 %	0,0 %	2,5 %	0,0 %	2,1 %	1,5 %
arbeitslos	4,7 %	8,3 %	1,4 %	16,0 %	0,0 %	5,3 %	2,1 %	12,7 %
im Ruhestand	8,1 %	6,7 %	14,5 %	16,0 %	11,4 %	21,1 %	8,3 %	10,4 %
sonstiges	5,4 %	1,7 %	4,3 %	4,0 %	3,8 %	0,0 %	0,0 %	3,7 %

Fortsetzung der Tabelle 7.6 von Seite 211

Anzahl erfüllter DSM-IV Kriterien	Sportwetten		großes Spiel im Kasino		Automaten im Kasino		Automaten außerhalb des Kasinos	
	0	5-10	0	5-10	0	5-10	0	5-10
Berufsgruppe								
ungelernte/angelernte ArbeiterInnen	5,9%	21,3%	0,0%	0,0%	3,2%	7,1%	4,8%	10,6%
FacharbeiterInnen	18,8%	19,1%	16,7%	7,7%	9,5%	50,0%	11,9%	34,0%
Angestellte/Beamte	44,6%	40,4%	46,3%	30,8%	60,3%	14,3%	61,9%	30,9%
leitende Angestellte/Beamte	9,9%	8,5%	14,8%	30,8%	11,1%	0,0%	11,9%	3,2%
Selbständige/LandwirtInnen	20,8%	6,4%	22,2%	30,8%	15,9%	28,6%	9,5%	20,2%
mithelfende Familienangehörige	0,0%	4,3%	0,0%	0,0%	0,0%	0,0%	0,0%	1,1%
Einkommen								
unter 1.000 €	11,3%	5,9%	5,2%	11,1%	1,8%	0,0%	0,0%	9,2%
1.000 € bis unter 2.000 €	30,6%	31,4%	32,8%	22,2%	42,1%	46,2%	30,6%	38,8%
2.000 € bis unter 3.000 €	25,8%	43,1%	37,9%	22,2%	35,1%	30,8%	50,0%	35,7%
3.000 € bis unter 5.000 €	25,0%	15,7%	15,5%	33,3%	19,3%	15,4%	16,7%	10,2%
5.000 € und mehr	2,4%	2,0%	5,2%	11,1%	1,8%	7,7%	2,8%	6,1%
keine Angabe/weiß nicht	4,8%	2,0%	3,4%	0,0%	0,0%	0,0%	0,0%	0,0%

Bezüglich des AusländerInnenanteils zeigen sich bei den SportwetterInnen keine Auffälligkeiten. Unter den pathologischen KasinospielerInnen (gr. Spiel) ist der AusländerInnenanteil nur halb so hoch wie unter den unproblematischen (und in der Gesamtgruppe), in den beiden AutomatenspielerInnengruppen zeigen sich wiederum erhöhte AusländerInnenanteile, wenn man sich nur die pathologischen SpielerInnen anschaut.

In allen hier betrachteten SpielerInnengruppen, mit Ausnahme der AutomatenspielerInnen außerhalb des Kasinos, entspricht der Anteil von unproblematisch spielenden Personen mit Migrationshintergrund ungefähr dem, der auch für die jeweiligen Gesamtgruppen erhoben wurde. Betrachtet man nur die pathologischen SpielerInnen, wurden hier durchgehend höhere MigrantInnenanteile erhoben. Wiederum tritt dies besonders deutlich bei den AutomatenspielerInnen zu Tage (MigrantInnenanteil unprobl. SpielerInnen: 8,3 %, path. SpielerInnen 30,0 %).

Hinsichtlich der Frage, ob pathologische SpielerInnen öfter alleine wohnen, ergab die Erhebung zwar uneinheitliche aber tendenziell unauffällige Ergebnisse. Betrachtet man aber die Angaben dazu, ob minderjährige Kinder im Haushalt leben, fällt auf, dass dies in den Haushalten pathologischer SpielerInnen häufiger vorkommt als in der Vergleichsgruppe der unproblematischen SpielerInnen.

Die Verteilung der Schulabschlüsse zwischen den SpielerInnen, die null Kriterien des DSM-IV Tests erfüllt haben, und denen, auf die 5-10 Kriterien zutreffen, zeigt sich uneinheitlich. Als Tendenz lässt sich beispielsweise bei den AutomatenspielerInnen außerhalb des Kasinos beobachten, dass sich das erwartbare Bild – niedrigere Schulabschlüsse treten häufiger in dieser Gruppe auf als hohe – ebenfalls beim Vergleich der unproblematischen mit den pathologischen SpielerInnen innerhalb dieser SpielerInnengruppe wiederfindet.

Betrachtet man den Erwerbsstatus, so wird unabhängig von der Spielart erkennbar, dass die Anteile arbeitsloser Personen unter pathologischen SpielerInnen deutlich höher sind, als dies unter den unproblematischen SpielerInnen der Fall ist. Analog dazu sind – mit Ausnahme der SportwetterInnen – die Anteile erwerbstätiger SpielerInnen, die keine DSM-IV-Kriterien erfüllen, durchweg höher als bei den pathologischen SpielerInnen in den jeweiligen SpielerInnengruppen.

Die Beobachtungen, die weiter oben zu den Schulabschlüssen gemacht wurden, zeigen sich in ähnlicher Form auch bei den Angaben zum ausgeübten Beruf und wiederum bei Differenzierung nach dem Spielverhalten. Kurz gesagt: Berufsgruppen mit niedriger Qualifikation sind bei den pathologischen AutomatenspielerInnen außerhalb des Kasinos überrepräsentiert, leitende Angestellte sind hier unterdurchschnittlich häufig zu finden. Eine gegenläufige Tendenz deutet sich unter den SpielerInnen des Lebendspiels im Kasino an.

Bezüglich des Einkommens sind keine wiederkehrenden Unterschiede zwischen unproblematischen und pathologischen SpielerInnen zu erkennen. Zu erwähnen ist jedoch, dass fast jede/r zehnte pathologische AutomatenspielerIn außerhalb des Kasinos (9,2 %) über ein monatliches Nettoeinkommen von weniger als 1000 Euro verfügt.

Im Weiteren werden – wiederum differenziert nach DSM-IV-Diagnosen – zunächst die Umstände dargestellt, unter denen die befragten Personen zum Glücksspiel kamen, es werden Spielmotive aufgezeigt, das Spielverhalten abgebildet und abschließend Belastungen durch die Spielteilnahme sowie Spielerschutzmaßnahmen thematisiert.

Tabelle 7.7 ist zu entnehmen, dass der wichtigste Zugang zum Glücksspiel der Freundes- und Kollegenkreis der Befragten ist. Allerdings unterscheiden sich die beiden Gruppen – unproblematische vs. pathologische SpielerInnen – diesbezüglich nicht sehr stark.

Tabelle 7.7: Zugangswege zum Glücksspiel nach DSM-IV Diagnose

	Sportwetten		gr. Spiel im Kasino		Automaten im Kasino		Automaten außerhalb des Kasinos	
Anzahl erfüllter DSM-IV Kriterien	0	5-10	0	5-10	0	5-10	0	5-10
Familie und Verwandte	24,8 %	40,7 %	18,6 %	16,0 %	12,5 %	10,0 %	31,0 %	16,8 %
FreundInnen, Bekannte und KollegInnen	59,4 %	72,2 %	81,4 %	88,0 %	76,6 %	75,0 %	85,7 %	85,5 %
Werbung	26,7 %	55,6 %	20,3 %	44,0 %	20,3 %	40,0 %	16,7 %	32,1 %
weil sich eine Spielgelegenheit in der Nähe der Wohnung befand	10,9 %	51,9 %	27,1 %	16,0 %	34,4 %	40,0 %	35,7 %	55,0 %

Anders sieht dies hinsichtlich des Zugangs über Werbung aus. In allen vier SpielerInnengruppen sind die Anteile pathologischer SpielerInnen, die über Werbung zum Glücksspiel kamen, doppelt so hoch wie die Anteile der unproblematischen SpielerInnen der jeweiligen Spielart mit diesem Zugangsweg. Ähnlich sieht es bezüglich des Grundes „weil sich eine Spielgelegenheit in der Nähe befand" aus. Abgesehen von den SpielerInnen des großen Spiels im Kasino (bei dem die Zugangshürde durch Kleiderordnung, Eintritt, Ausweispflicht etc. ohnehin erhöht ist) scheint das problemlose Erreichen einer Spielstätte für pathologische SpielerInnen weitaus häufiger der Grund gewesen zu sein, mit dem Spielen anzufangen.

In Abbildung 7.8 wird das in der Forschung häufig beschriebene Phänomen verdeutlicht, dass Personen, die in einem Elternhaus mit vorhandener Spielsuchtproblematik aufwachsen, einem erhöhten Risiko unterliegen, selbst spielsüchtig zu werden. So gibt z. B. ein Viertel (24,5 %) der pathologischen SportwetterInnen an, mindestens einen spielsüchtigen Elternteil gehabt zu haben, während dies nur auf 4,1 Prozent der unproblematischen SportwetterInnen zutrifft. Ähnliche Unterschiede wurden in den drei restlichen Gruppen erhoben.

Abbildung 7.8: Spielprobleme im Elternhaus nach DSM-IV Diagnose

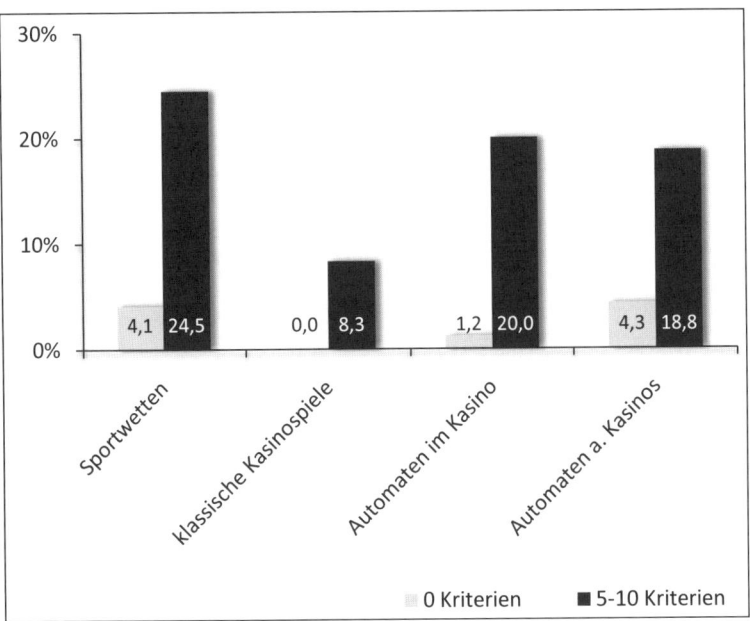

Vergleicht man das Durchschnittsalter des ersten regelmäßigen Spielens der beiden Spielertypen, so ergeben sich relevante Unterschiede nur bei den SportwetterInnen (0 Krit.: 29,5 Jahre; 5-10 Krit.: 25,4 Jahre) und bei den SpielerInnen an Glücksspielautomaten im Kasino (0 Krit.: 28,0 Jahre; 5-10 Krit.: 26,5 Jahre). Erwähnenswert ist jedoch, dass 13,1 Prozent der pathologischen AutomatenspielerInnen außerhalb des Kasinos angaben, unter 18 Jahre alt gewesen zu sein, als sie anfingen, regelmäßig zu spielen, während dies nur auf 2,2 Prozent der unproblematischen AutomatenspielerInnen außerhalb des Kasinos zutrifft. In den übrigen SpielerInnengruppen wird nur von einzelnen Personen angegeben, dass sie schon unter 18 Jahren begonnen haben, regelmäßig zu spielen.

Wie zu Beginn des Kapitels bereits erläutert, wurden verschiedene Gründe für die Teilnahme an Glücksspielen den vier übergeordneten Motiven Spaß, finanzielle Gründe, Kontrollillusionen und (maladaptive) Copingstrategien zugewiesen. Spaß am Spiel ist für fast alle SpielerInnen unabhängig von ihrem Spielverhalten ein zentrales Motiv (siehe Tabelle 7.8). Bei den drei restlichen Spielmotiven, die potentiell die Gefahr bergen, ein pathologisches Spielverhalten hervorzurufen bzw. zu befördern zeigt sich, dass pathologische SpielerInnen weitaus häufiger angeben, dies seien Motive für ihre

Spielteilnahme. Besonders deutlich ist dies beispielsweise bei den pathologischen SportwetterInnen: Fast 95 Prozent glauben, dieses Glücksspiel durch gezielte Vorbereitung und Wissen beeinflussen zu können, während nur gut jede/r vierte normal spielende SportwetterIn dieser Ansicht ist. Auch nutzen 86 Prozent der pathologischen aber nur knapp jede/r dritte unproblematische SportwetterIn die Spielteilnahme, um negative Emotionen zu regulieren.

Auch fast alle (96,2 %) pathologisch spielenden klassischen KasinospielerInnen sind der Ansicht, das Ergebnis ihres Glücksspiels durch geschicktes Spielen beeinflussen zu können, aber nur ein Drittel der unproblematisch spielenden KasinospielerInnen bejaht dies. Alle pathologischen SpielerInnen an Glücksspielautomaten im Kasino geben finanzielle Gründe für ihre Spielteilnahme an, unter den unproblematisch spielenden Personen dieser Spielvariante trifft dies nur auf gut zwei Drittel zu (69,6 %).

Tabelle 7.8: Motive für Spielteilnahme nach DSM-IV Diagnose

Anzahl erfüllter DSM-IV Kriterien	Sportwetten		gr. Spiel im Kasino		Automaten im Kasino		Automaten außerhalb des Kasinos	
	0	5-10	0	5-10	0	5-10	0	5-10
Spaß	98,6 %	100 %	98,6 %	96,2 %	100 %	90,9 %	100 %	100 %
Finanzen	55,9 %	93,1 %	59,2 %	88,5 %	69,6 %	100 %	43,8 %	88,1 %
Kontrollillusion	26,2 %	94,8 %	33,8 %	96,2 %	43,0 %	90,9 %	58,3 %	96,3 %
Copingstrategie	29,7 %	86,2 %	70,4 %	92,3 %	68,4 %	86,4 %	64,6 %	87,4 %

Wie stellt sich nun die Spielhäufigkeit der unproblematischen SpielerInnen gegenüber der Spielhäufigkeit der pathologischen SpielerInnen dar? Tabelle 7.9 lässt sich entnehmen, dass pathologische SpielerInnen weitaus häufiger spielen als SpielerInnen mit einem unauffälligen Spielverhalten. Besonders deutlich wird dies bei Betrachtung der Anteile jener Personen, die (fast) täglich spielen. Beinahe jede/r zehnte pathologische AutomatenspielerIn (im Kasino und außerhalb des Kasinos) spielt fast jeden Tag, unter den unproblematischen AutomatenspielerInnen gibt es niemanden, der täglich spielt. Auch unter den Personen, die drei bis viermal pro Woche spielen, sind die Anteile unproblematischer SpielerInnen meist sehr gering (1,4 % Lebendspiel, 2,1 % Automaten außerhalb des Kasinos und 3,7 % Automaten im Kasino), während die Anteile pathologischer SpielerInnen, die häufig spielen, zwischen knapp 20 Prozent und fast 30 Prozent liegen. Eine Ausnahme bilden die SportwetterInnen: Hier gaben 19,3 Prozent der SportwetterInnen, die ein unproblematisches Spielverhalten aufweisen, an, drei- bis viermal pro Woche zu spielen, aber auch 54,5 Prozent der Personen, die in pathologischer Weise auf Sportereignisse wetten.

Tabelle 7.9: Frequenz der Spielteilnahme nach DSM-IV Diagnose

	Sportwetten		gr. Spiel im Kasino		Automaten im Kasino		Automaten außerhalb des Kasinos	
Anzahl erfüllter DSM-IV Kriterien	0	5-10	0	5-10	0	5-10	0	5-10
1 bis 3 mal pro Monat	15,9 %	0 %	81,7 %	34,6 %	75,3 %	31,8 %	80,9 %	24,1 %
1 bis 2 mal die Woche	62,1 %	30,9 %	15,5 %	30,8 %	21,0 %	31,8 %	17,0 %	42,9 %
3 bis 4 mal die Woche	19,3 %	54,5 %	1,4 %	19,2 %	3,7 %	27,3 %	2,1 %	24,1 %
täglich oder fast täglich	2,8 %	14,5 %	1,4 %	15,4 %	0 %	9,1 %	0 %	9,0 %

Abbildung 7.9: Durchschnittlicher monatlicher Spieleinsatz nach DSM-IV-Diagnose

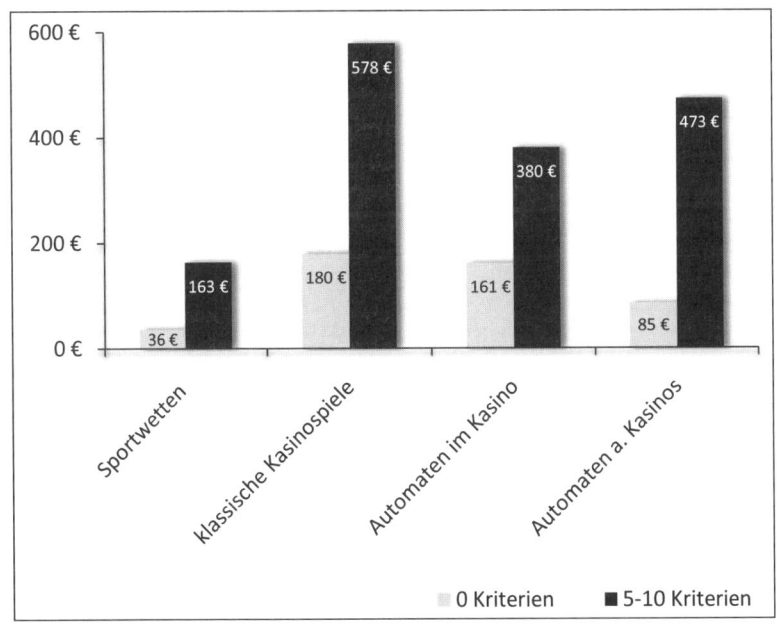

Eine häufige Spielteilnahme ist im Allgemeinen mit hohen durchschnittlichen Spieleinsätzen assoziiert. Dies lässt sich auch in der vorliegenden Untersuchung beobachten (siehe obige Abbildung 7.9). Pathologische Automaten-spielerInnen außerhalb des Kasinos geben mit 473 Euro pro Monat mehr als fünfmal so viel Geld für ihre Spielteilnahme aus wie die unproblematischen SpielerInnen dieser Spielart (85 Euro). Bei den anderen Spielarten sind die Unterschiede im Geldeinsatz zwischen unproblematischen und pathologi-schen SpielerInnen ähnlich stark ausgeprägt.

Durch die (übermäßige) Teilnahme an Glücksspielen kann es zu Belastungen in unterschiedlichen Lebensbereichen kommen. Auch diese Belastungen sol-len differenziert nach DSM-IV Diagnose betrachtet werden.

In Tabelle 7.10 sind die entsprechenden Werte für die beiden Spielertypen aufgeführt. Allgemein ist zu konstatieren, dass pathologische SpielerInnen in allen Bereichen weitaus stärker belastet sind als unproblematisch Spie-lende. Die höchsten Anteile von Personen, die angeben, durch ihre Glücks-spielteilnahme „stark belastet" oder „etwas belastet" zu sein, finden sich für die Bereiche des sozialen Nahfeldes, wie Partnerschaft etc. (69,2 % - 90,5 %) und bzgl. des Bereichs „finanzielle Situation" (78,9 % - 88,6 %). Im Bereich „Gesundheit" wird vergleichsweise am seltensten von Belastungen berichtet (24,0 % - 47,6 %).

Tabelle 7.10: Belastung in verschiedenen Lebensbereichen durch Spielteil-nahme nach DSM-IV Diagnose

	Sportwetten		gr. Spiel im Kasino		Automaten im Kasino		Automaten außerhalb des Kasinos	
Anzahl erfüllter DSM-IV Kriterien	**0**	**5-10**	**0**	**5-10**	**0**	**5-10**	**0**	**5-10**
Partnerschaft/Familien-leben/Sozialkontakte	6,3 %	86,4 %	7,5 %	69,2 %	23,0 %	90,5 %	2,1 %	84,0 %
finanzielle Situation	12,5 %	83,3 %	16,4 %	88,5 %	17,6 %	78,9 %	6,4 %	88,6 %
Gesundheit	0 %	34,5 %	3,0 %	24,0 %	2,6 %	47,6 %	0 %	28,0 %
Ausbildung/Arbeit/ Leistungsfähigkeit	3,4 %	50,8 %	5,9 %	38,5 %	3,9 %	52,4 %	0 %	47,0 %
Freizeitgestaltung	4,2 %	63,3 %	20,9 %	46,2 %	19,5 %	50,0 %	6,4 %	57,5 %
Lebensfreude	2,1 %	44,8 %	16,2 %	20,0 %	15,8 %	45,5 %	2,1 %	46,9 %

Im Folgenden werden einige Ergebnisse zum Thema Spielerschutz präsen-tiert, zunächst, inwieweit der Flyer mit Informationen zum Spielerschutz, der in den Spielstätten ausgelegt ist, bei unproblematischen und patholo-gischen SpielerInnen bekannt ist. Wie Tabelle 7.11 zu entnehmen ist, bie-tet sich hier ein uneinheitliches Bild. Während unter den SportwetterInnen und den AutomatenspielerInnen außerhalb der Kasinos die pathologischen SpielerInnen den Flyer häufiger gelesen haben als die unproblematischen SpielerInnen (10,2 % vs. 6,6 % bzw. 10,9 % vs. 4,4 %), verhält es sich bei den KasinospielerInnen genau umgekehrt: Jede/r zehnte unproblematische SpielerIn des großen Spiels (10,2 %) sowie jede/r fünfte AutomatenspielerIn im Kasino (21,1 %) hat die Informationen gelesen. Dies trifft aber nur auf 4,2 Prozent der pathologischen klassischen KasinospielerInnen zu; unter den pathologischen AutomatenspielerInnen im Kasino hat sogar niemand aus der vorliegenden Stichprobe den Flyer gelesen. Festzuhalten bleibt allerdings, dass mindestens jeweils mehr als die Hälfte der pathologischen SpielerInnen aller Spielarten den Flyer immerhin bemerkt hat.

Tabelle 7.11: Kenntnis des Spielerschutzflyers nach DSM-IV Diagnose

	Sportwetten		gr. Spiel im Kasino		Automaten im Kasino		Automaten außerhalb des Kasinos	
Anzahl erfüllter DSM-IV Kriterien	0	5-10	0	5-10	0	5-10	0	5-10
Habe ich noch nie bemerkt	60,3 %	33,9 %	40,3 %	20,8 %	43,4 %	29,4 %	64,4 %	46,5 %
Habe ich bemerkt, aber nicht angesehen	17,6 %	37,3 %	30,6 %	54,2 %	23,7 %	47,1 %	22,2 %	21,7 %
Habe ich nur kurz angesehen	15,4 %	18,6 %	17,7 %	20,8 %	11,8 %	23,5 %	8,9 %	20,9 %
Habe ich gelesen	6,6 %	10,2 %	11,3 %	4,2 %	21,1 %	0,0 %	4,4 %	10,9 %

Abschließend soll nun noch dargestellt werden, welchen Maßnahmen zur Prävention von Spielproblemen die unproblematischen sowie die pathologischen SpielerInnen zustimmen würden (siehe Tabelle 7.12). Hinsichtlich des Jugendschutzes in Form eines Spielverbots für Minderjährige zeigt sich in allen SpielerInnengruppen unabhängig von einer Spielproblematik hohe Zustimmung zwischen 74 Prozent und 95 Prozent. Die Möglichkeit, sich selbst für die Spielteilnahme sperren zu lassen wird von mehr als der Hälfte der pathologischen SportwetterInnen (51,8 %) befürwortet, was nur auf gut ein Viertel der unproblematischen SportwetterInnen zutrifft (26,9 %). In den restlichen drei SpielerInnengruppen wird dieser Maßnahme häufiger von unproblematischen SpielteilnehmerInnen zugestimmt als von pathologischen. Auch bezüglich der Begrenzung der Verluste pro Spieltag fällt die Zustimmung unter den unproblematischen KasinospielerInnen um 20 Prozentpunkte höher aus als bei den pathologischen (Lebendspiel: 63,5 % vs. 43,5 %; Automaten: 54,5 % vs. 36,4 %). Betrachtet man die SportwetterInnen sowie die AutomatenspielerInnen außerhalb der Kasinos, fällt auf, dass hier der Verlustbegrenzung häufiger von Personen mit pathologischem Spielverhalten zugestimmt wird. Ebenso uneinheitlich sind die Zustimmungsraten, wenn es um Warnhinweise bei langer Spielzeit oder hohen Einsätzen geht: Doppelt so viele unproblematische wie pathologische AutomatenspielerInnen im Kasino stimmen dieser Maßnahme zu (61,0 % vs. 31,8 %). Mit 57,7 Prozent der pathologischen AutomatenspielerInnen in Spielhallen etc. stimmen wiederum mehr Personen aus dieser Gruppe besagter Maßnahme zu als die dazugehörigen unproblematischen AutomatenspielerInnen außerhalb der Kasinos (43,1 %). Die letzte hier betrachtete Präventionsmaßnahme – die Einschränkung der Werbung für Spielangebote – findet unter pathologischen SportwetterInnen sowie pathologischen AutomatenspielerInnen im Kasino etwas häufiger Zustimmung als bei den dazugehörigen Personen mit unproblematischem Spielverhalten. Bei den beiden anderen Spielarten sieht es diesbezüglich genau umgekehrt aus, also häufigere Zustimmung zu dieser Maßnahme von unproblematischen als von pathologischen SpielteilnehmerInnen

Tabelle 7.12: Zustimmung zu Präventionsmaßnahmen nach DSM-IV Diagnose

	Sportwetten		gr. Spiel im Kasino		Automaten im Kasino		Automaten außerhalb des Kasinos	
Anzahl erfüllter DSM-IV Kriterien	0	5-10	0	5-10	0	5-10	0	5-10
Teilnahme ab 18 Jahren	93,8 %	92,9 %	85,7 %	73,9 %	94,8 %	90,9 %	93,5 %	86,2 %
Möglichkeit d. Selbstsperre	26,9 %	51,8 %	69,8 %	47,8 %	71,4 %	45,5 %	65,2 %	56,2 %
Begrenzung des max. Verlustes pro Spieltag	29,0 %	35,7 %	63,5 %	43,5 %	54,5 %	36,4 %	41,3 %	54,6 %
Warnhinweise bei langer Spielzeit	-*	-*	-*	-*	61,0 %	31,8 %	47,8 %	57,7 %
Einschränkung der Werbung	42,8 %	46,4 %	52,4 %	30,4 %	31,2 %	40,9 %	54,3 %	43,1 %

*nicht erhoben/entfällt

8 BEFRAGUNG VON ONLINEGLÜCKSSPIELERINNEN UND ONLINESPORTWETTERINNEN

Sven Buth, Christian Schütze, Uwe Verthein

8.1 Einleitung

Glücksspiel- und Sportwettenangebote im Internet erfreuen sich weltweit einer zunehmenden Beliebtheit. Auch in Österreich stiegen die Umsätze im Onlineglücksspielbereich in den zurückliegenden Jahren stetig (KREUTZER FISCHER & PARTNER Consulting 2009). Dem gegenüber steckt der Spielerschutz im Onlineglücksspielbereich noch in den Kinderschuhen. Oftmals beschränken sich die damit verbundenen Maßnahmen auf die Gestaltung einer Webseite mit Hinweisen zur Hilfe bzw. Selbsthilfe sowie gegebenenfalls dem Vorhalten einer telefonischen Hotline. Die Reichweite und Effektivität eines solchen Spielerschutzes dürfte jedoch begrenzt sein und ist in Anbetracht des enormen Zuwachses an Personen, welche die Angebote der Glücksspiel- und Sportwettenportale im Internet nutzen, bei weitem nicht ausreichend. Vielmehr muss ein wirksamer Spielerschutz darauf abzielen, spielsuchtgefährdete Personen rechtzeitig zu entdecken, damit ihnen adäquate Hilfeangebote unterbreitet werden können. Um die dafür notwendigen Instrumente zu entwickeln und aus diesen adäquate Hilfeangebote abzuleiten, ist jedoch eine fundierte und umfassende Kenntnis der soziodemografischen Zusammensetzung der online am Glücksspiel bzw. an Sportwetten teilnehmenden Personen erforderlich. Des Weiteren müssen Erkenntnisse über Spielverhalten, das bestehende glücksspielbezogene Problemausmaß und die Akzeptanz des Spielerschutzes innerhalb dieser SpielerInnengruppen gewonnen werden. Die im Folgenden berichteten Ergebnisse zweier Befragungen von KundInnen des Onlineglücksspielanbieters „win2day" und des Sportwettenportals „tipp3" können hierzu erste evidenzbasierte Hinweise geben.

8.2 Methodik

8.2.1 Rekrutierungsmodus

In Österreich lebende Personen, die an Glücksspielen bei „win2day" oder an Sportwetten bei „tipp3" teilnehmen wollen, müssen sich vor dem ersten Spielen bzw. Wetten beim Anbieter registrieren. Während des Registrierungsprozesses wird auch nach einer gültigen Email-Adresse gefragt, welche dann als vorrangiges Kommunikationsmedium zwischen KundIn und Anbieter dient. Da dieser Emailkontakt über die bloße Verteilung beispielsweise eines Newsletters hinausgeht, ist anzunehmen, dass die vom Anbieter versandten Emails in der Regel von den KundInnen auch beachtet und gelesen werden. Aus diesem Grund erfolgte die Rekrutierung der StudienteilnehmerInnen in Form einer Info-Email der beiden Anbieter, in welcher auf die Studie, deren Inhalt und Bedeutung hingewiesen wurde. Innerhalb der Email war ein Verweis (Link) zu einer vom Zentrum für Interdisziplinäre Suchtforschung der Universität Hamburg betriebenen Webseite platziert, auf welcher sich neben einigen vertiefenden Informationen zur Erhebung auch der eigentliche Fragebogen in Form eines Onlineformulars befand. Interessierte KundInnen konnten diesen Fragebogen online ausfüllen und versenden. Die Antworten sind dann in einer Datenbank gespeichert worden.

8.2.2 Konstruktion der Fragebögen

Auch wenn die Fragebögen der OnlineglücksspielerInnen- und der SportwetterInnenbefragung sich notwendigerweise in Teilen unterscheiden, so erfassen sie doch inhaltlich ähnliche Bereiche. Hierzu gehören das Spiel- bzw. Wettverhalten, die möglichen Gründe für die Teilnahme am Glücksspiel bzw. an Wetten, Spielprobleme, Wahrnehmung und Kenntnis von Spielerschutzhinweisen, die Beurteilung von Maßnahmen des Spielerschutzes sowie eine Reihe demografischer Informationen. Die Antwortmöglichkeiten zu den einzelnen Fragen sind bis auf wenige Ausnahmen jeweils vorgegeben worden.

Instrument zur Bestimmung der Glücksspielprobleme

Die im deutschsprachigen Raum am häufigsten eingesetzten Instrumente zur Bestimmung von glücksspielbezogenen Problemen – der DSM-IV-Test und der South Oaks Gambling Screen (SOGS) – konnten aufgrund ihrer Vielzahl an Teilfragen (DSM-IV: 19 Fragen & SOGS: 20 Fragen) im Rahmen dieser Onlinestudie nicht zum Einsatz kommen. Denn die Fülle der anderen oben beschriebenen Inhalte hätte es notwendig gemacht, die internetbasierte Version des Fragebogens auf zwei Webseiten zu verteilen. Durch die zusätzliche Integration eines der beiden genannten etablierten Instrumente wäre die Einrichtung einer dritten Webseite notwendig gewesen. Da anzunehmen war, dass viele BefragungsteilnehmerInnen den Fragebogen dann als zu lang empfinden und die Befragung vorzeitig abbrechen würden, ist auf den Lie/Bet-Screen von Johnson et al. (1997) in deutscher Übersetzung nach Häfeli & Schneider (2005) zurückgegriffen worden. Dieser Test beinhaltet lediglich zwei Fragen:

1. Haben Sie jemals das Bedürfnis gespürt, um immer mehr Geld zu spielen?
2. Haben Sie jemals gegenüber Menschen, die Ihnen wichtig waren, über das Ausmaß Ihres Spielens lügen müssen?

Wird mindestens eine der beiden Fragen bejaht, dann liegt nach Johnson et al. (1997) ein Spielproblem vor. In einer Validierungsstudie bescheinigten Götestam et al. (2004) dem Screeninginstrument eine hohe Sensitivität und Spezifität.

Um in den nachfolgenden Ausführungen nach dem unterschiedlichen Belastungsgrad der OnlinespielerInnen und SportwetterInnen unterscheiden zu können, werden die BefragungsteilnehmerInnen für eine Vielzahl von Auswertungen jedoch nicht nach den Vorgaben von Johnson et al. (1997) klassifiziert (kein Kriterium=Person ohne Spielproblem; 1 oder 2 Kriterien=ProblemspielerIn), sondern in die folgenden drei Gruppen unterteilt:

kein Lie/Bet-Kriterium erfüllt

Aufgrund der psychometrischen Werte der Untersuchung von Götestam et al. (2004) ist davon auszugehen, dass Befragte, die kein Kriterium des Lie/Bet-Tests erfüllen, in realiter auch keine glücksspielbezogenen Probleme aufweisen.

ein Lie/Bet-Kriterium erfüllt

Dieser Personenkreis zeigt sich schon belastet. Da jedoch nur eines der beiden Kriterien zutrifft, wird im Folgenden oftmals auch von einem „riskanten Spielverhalten" gesprochen.

beide Lie/Bet-Kriterien erfüllt

Werden beide Fragen des Lie/Bet-Instruments bejaht, so ist anzunehmen, dass ein bedeutsameres Spielproblem vorliegt. Das Spielverhalten der hiervon betroffenen Befragten der beiden Onlinestudien wird daher im Folgenden auch als „problematisch" bezeichnet.

8.2.3 Befragungszeitraum, Stichprobenumfang und Ausschöpfung

„win2day-Befragung"

Die KundInnen von win2day erhielten am 2. März 2010 eine Info-Email, in der auf die Befragung hingewiesen wurde, verbunden mit der Bitte, den durch einen in der Email befindlichen Link erreichbaren Onlinefragebogen auszufüllen. Erhalten haben diese Email diejenigen KundInnen von win2day, welche im Zeitraum Dezember 2009 bis einschließlich Februar 2010 mindestens einmal an einem Onlineglücksspiel des Anbieters teilnahmen. Dies traf auf 21.340 KundInnen zu. Insgesamt nahmen bis einschließlich 3. Mai 2010 1.469 KundInnen von win2day an der Befragung teil. Einige Personen füllten den Fragebogen mehrfach aus. Diese Datensätze – insgesamt 15 – sind aus der Analyse ausgeschlossen worden. Weitere 68 StudienteilnehmerInnen brachen die Befragung nach der Hälfte des Fragebogens ab, sodass auch deren Antworten nicht in die Auswertung einbezogen werden konnten. Des Weiteren wurde ein Fall ausgeschlossen, zu dem keine Angaben zum aktuellen Spielverhalten vorliegen. Somit bilden insgesamt 1.385 auswertbare Fragebögen die Basis der nachfolgenden Ergebnisdarstellung. Bezogen auf die Gesamtzahl der angeschriebenen KundInnen beträgt die Ausschöpfungsquote somit 6,5 Prozent.

„tipp3-Befragung"

Auch die Befragung der OnlinesportwetterInnen begann mit dem Versenden der Info-Email. Da der aktiv spielende Kundenstamm von tipp3 deutlich kleiner ist als von win2day, ist entschieden worden, alle KundInnen, die sich jemals bei tipp3 registriert haben und zum Zeitpunkt der Erhebung nicht gesperrt waren, anzuschreiben. Insgesamt waren dies 39.674 Personen. Zwischen dem 6. Oktober 2010 und dem 16. November 2010 ist insgesamt 1.015 Mal der Onlinefragebogen ausgefüllt worden. Zwei BefragungsteilnehmerInnen haben jeweils zweimal die Fragen beantwortet. Diese vier Datensätze wurden daher aus den weiteren Analysen ausgeschlossen. Analog wurde mit weiteren 80 Datensätzen verfahren, zu denen keine Informationen zum zweiten Teil des Fragebogens vorlagen. Insgesamt basieren die nachfolgenden Auswertungen somit auf 931 auswertbaren Datensätzen. Daraus ergibt sich eine Ausschöpfungsquote von 2,3 Prozent.

8.2.4 Repräsentativität der Stichproben

Die Rekrutierung der StudienteilnehmerInnen mit Hilfe einer Info-Email ist ein kostengünstiges und einfach durchzuführendes Verfahren. Die damit verbundenen geringen Ausschöpfungsquoten werfen jedoch die Frage auf, wie repräsentativ die gewonnenen Daten in Bezug auf die jeweilige Grundgesamtheit überhaupt sind. Um hierauf eine Antwort geben zu können, sind jeweils die Verteilungen des Geschlechts, des Alters, der Spielhäufigkeit, des Geldeinsatzes sowie der Anzahl der Sperrungen von der Glücksspielteilnahme aller angeschriebenen KundenInnen bestimmt worden. Für die win2day-Studie liegen zusätzlich noch Informationen zu den Spielarten und zur multiplen Spielteilnahme (Spielen mehrerer Spielarten innerhalb eines Monats) vor.

„win2day-Befragung"

Ein Viertel der StudienteilnehmerInnen ist weiblichen Geschlechts (siehe Tabelle 8.1). Die Frauen sind somit im Vergleich zu allen angeschriebenen win2day-KundInnen in der Stichprobe leicht überrepräsentiert. Deutlichere Differenzen zeigen sich in Bezug auf das Alter. Ältere OnlinespielerInnen sind ganz offensichtlich eher bereit, an solchen Befragungen teilzunehmen als die Jüngeren. Denn während etwas mehr als die Hälfte aller eingegangenen Fragebögen von über 45-Jährigen ausgefüllt wurde, stellt diese Alterskohorte nur 37 Prozent der gesamten win2day-Kundschaft. Auch die Spielintensität scheint einen erheblichen, positiv korrelierten Einfluss auf die Bereitschaft zu haben, den Onlinefragebogen auszufüllen. So liegt der Anteil der Personen, die in den 30 Tagen vor dem Befragungsbeginn Glücksspiele online spielten in der Stichprobe mit 90 Prozent etwas mehr als zehn Prozentpunkte höher als in der Gesamtkundschaft. Werden des Weiteren ausschließlich die aktiven SpielerInnen nach ihrer Spielhäufigkeit unterschieden, so findet sich unter den Befragten ebenfalls ein höherer Anteil derer, die häufig – an mindestens elf Tagen pro Monat – online Glücksspiele spielen. Von Geldeinsätzen, welche 500 Euro und mehr betragen berichten 23 Prozent der an der Befragung Teilnehmenden. Bezogen auf die Gesamtkundschaft liegt dieser Anteil sieben Prozentpunkte darunter. Wird das Spielverhalten nach den verschiedenen Glücksspielarten unterschieden, so unterscheiden sich die Anteile zwischen der Stichprobe und Gesamtkundschaft bzgl. der Lotterien und der Kasinospiele nur geringfügig. Bemerkenswert häufiger werden unter den TeilnehmerInnen an der Befragung jedoch Automatenspiele und sonstige Glücksspiele nachgefragt. Eine gleichzeitige Inanspruchnahme – bezogen auf den letzten Monat – von drei oder vier der angebotenen Spieltypen (Kasinospiele, Lotterien, Automatenspiele, sonstige Spiele) zeigen 18 Prozent der Stichprobe. Bezogen auf die Gesamtkundschaft beträgt dieser Anteil 14 Prozent. Jeweils vier Prozent der OnlineglücksspielerInnen als auch der SportwetterInnen sind seitens des Anbieters oder aufgrund einer Selbstsperre schon einmal vom Spiel- bzw. Wettbetrieb ausgeschlossen worden.

Tabelle 8.1: Vergleich der Stichprobe mit der Grundgesamtheit (alle angeschriebenen aktuellen SpielerInnen und WetterInnen) nach
ausgesuchten Merkmalen

		Onlineglücksspiel		Onlinesportwetten	
		Stichprobe	angeschriebene KundInnen	Stichprobe	angeschriebene KundInnen
Geschlecht	Männlich	74,3 %	78 %	88,0 %	87,1 %
	Weiblich	25,7 %	21 %	12,0 %	12,9 %
Alter	18-25	4,4 %	9 %	8,6 %	23,4 %
	26-35	16,6 %	25 %	18,3 %	30,4 %
	36-45	27,6 %	29 %	27,6 %	23,1 %
	46-55	24,4 %	22 %	25,6 %	16,0 %
	56 oder älter	27,1 %	15 %	20,0 %	7,1 %
Spielhäufigkeit letzte 30 Tage	Nicht ge- spielt	10,2 %	21 %	69,1 %	89,1 %
	1-10 Tage	76,5 %	84 %	74,3 %	84,3 %
	11-30 Tage	23,5 %	16 %	25,7 %	15,7 %
Geldeinsatz (nur SpielerIn- nen)	Bis 49,99 €	43,1 %	50 %	57,3 %	67,4 %
	50,00 € bis 499,99 €	36,1 %	33 %	40,0 %	30,0 %
	>= 500 €	20,8 %	17 %	2,8 %	2,6 %
Spielarten	Lotterien	80,9 %	78 %		
	Kasinospiele	31,5 %	33 %		
	Slots	32,6 %	24 %		
	Andere Glücksspiele	27,1 %	19 %		
Anzahl Spiele	1-2 Spiele	81,3 %	86 %		
	3-4 Spiele	18,7 %	14 %		
Spielersperre	jemals gesperrt	4,1 %	4 %	12,7 %	7,7 %
N		1.385	21.340	931	39.674

* Die vom Anbieter „win2day" übermittelten Ergebnisse zur Gesamtkundschaft enthielten keine Dezimale.

„tipp3-Befragung"

Frauen sind unter den TeilnehmerInnen des Onlinesportwettenportals „tipp3" nur zu geringen Anteilen vertreten. Nur etwas mehr als jede/r zehnte Sport-wetterIn ist weiblichen Geschlechts. Zwischen der Stichprobe und der Ge-samtkundschaft zeigen sich diesbezüglich keine nennenswerten Unterschie-de. Deutliche Differenzen sind hingegen in Bezug auf die Altersverteilung festzustellen. So stellen die 18-35-Jährigen in der Stichprobe nur etwa ein Viertel aller Befragten. Innerhalb der Gesamtkundschaft umfasst diese Al-tersgruppe jedoch mehr als die Hälfte aller WetterInnen. Dementsprechend, liegen die Anteile der über 45-Jährigen, welche an der Befragung teilnah-men, mit 45,6 Prozent nahezu doppelt so hoch wie in der Gesamtkundschaft (23,1%). Wird die Wetthäufigkeit in den letzten 30 Tagen vor der Befragung betrachtet, so sind die sehr geringen Anteile der Personen auffällig, welche innerhalb dieses Zeitraums überhaupt am Wettbetrieb des Anbieters teilnah-men. Dies trifft auf 10,9 Prozent aller angeschriebenen KundInnen zu. In der Stichprobe liegt dieser Anteil mit 30,9 Prozent deutlich höher. Wird die Wetthäufigkeit dieser aktiven SportwetterInnen betrachtet, so zeigt sich eine ähnliche Verteilung wie bei den OnlinespielerInnen. Etwa ein Viertel der Be-fragten wettet zwischen elf und dreißig Tagen pro Monat. Somit ist die Fre-quenz des Wettens hier ausgeprägter als in Bezug auf die gesamte – im letz-ten Monat aktiv spielende – Kundschaft (15,7%). Die Geldeinsätze für die Sportwetten bei tipp3 sind deutlich geringer als bei den Onlineglücksspielen. So geben 67,4 Prozent aller angeschriebenen SportwetterInnen weniger als 50 Euro im Monat für das Wetten aus. Unter den BefragungsteilnehmerIn-nen liegt dieser Anteil zehn Prozentpunkte darunter. Dem gegenüber sind Geldeinsätze zwischen 50 Euro und 499 Euro in der letztgenannten Gruppe häufiger zu verzeichnen (40,0%) als bei der Gesamtkundschaft. Einsätze von 500 Euro und mehr finden sich sowohl in der tipp3-Kundschaft insgesamt als auch unter den TeilnehmerInnen der Befragung nur vereinzelt.

8.3 Ergebnisse

Die nachfolgende Tabelle 8.2 gibt den Vergleich der beiden Stichproben zu-einander und zur Bevölkerung Österreichs insgesamt in Bezug auf einige so-ziodemografische Merkmale wieder.

Tabelle 8.2: Vergleich der Stichproben mit der österreichischen Gesamtbevölkerung nach ausgesuchten Merkmalen

		Online-glücks-spiele	Online-sportwet-ten	Bevöl-kerung
Alter	18-35	21,0 %	26,9 %	31 %
	36-45	27,6 %	27,6 %	22 %
	46-75	51,4 %	45,5 %	47 %
Schulbildung	Pflicht-/Hauptschule	8,4 %	15,0 %	20 %
	Lehre, mittlere Schule	50,3 %	51,1 %	53 %
	Matura	26,6 %	25,7 %	14 %
	Hochschule	14,7 %	8,3 %	13 %
Erwerbstätigkeit	erwerbstätig	66,8 %	71,3 %	54 %
	RentnerIn	22,2 %	16,3 %	26 %
	Arbeitslos	2,5 %	3,8 %	3 %
	SchülerIn/Lehrling/StudentIn	2,0 %	3,3 %	7 %
	sonstiges	6,5 %	5,2 %	10 %
Migrationshintergrund	ja	12,9 %	13,1 %	18 %
N		1.385	931	

Es wird deutlich, dass die an der Befragung teilnehmenden OnlineglücksspielerInnen älter sind als die insgesamt in Österreich lebenden Personen.
Dies trifft – wenn auch weniger stark ausgeprägt – für die OnlinewetterInnen
zu. Dementsprechend weisen in den beiden Stichproben die älteren Personengruppen größere Anteile auf als in der österreichischen Gesamtbevölkerung. Sowohl die OnlineglücksspielerInnen als auch die OnlinewetterInnen
verfügen über eine überdurchschnittlich gute Schulbildung. 42 Prozent der
erstgenannten SpielerInnengruppe geben an, die Schule mit der Matura abgeschlossen zu haben. Bei den SportwetterInnen ist es etwas mehr als ein
Drittel. In der Gesamtbevölkerung trifft dies nur auf 27 Prozent zu. Hier ist
hingegen der Anteil niedrigerer Schulabschlüsse – Pflicht- und Hauptschulabschluss – mit 20 Prozent mehr als doppelt so hoch wie in der Gruppe der
OnlineglücksspielerInnen bzw. liegt fünf Prozentpunkte über dem der SportwetterInnen. Zwei Drittel der OnlineglücksspielerInnen und -sportwetterIn-
nen sind zum Zeitpunkt der Befragung erwerbstätig. In der österreichischen
Gesamtbevölkerung beträgt dieser Anteil 54 Prozent. Unterrepräsentiert sind
in den beiden Spielerstichproben hingegen die RentnerInnen sowie Personen, die sich in einer Ausbildung befinden. Dieser letztgenannten Gruppe

fehlen womöglich die finanziellen Mittel, um sich zu größeren Anteilen am Glücksspiel zu beteiligen. Arbeitslose finden sich unter den Befragten beider Onlinestichproben nur in geringer Anzahl. Ihr Anteil entspricht in etwa aber dem der österreichischen Gesamtbevölkerung. Hingegen sind Personen mit Migrationshintergrund in den vorliegenden Stichproben mit einem Anteil von jeweils 13 Prozent unterdurchschnittlich vertreten.

8.3.1 Spielteilnahme nach ausgesuchten Merkmalen

Etwas mehr als ein Drittel der aktiven OnlinespielerInnen und vier von zehn aktiven OnlinewetterInnen nehmen nur an ein bis drei Tagen im Monat die von win2day bzw. tipp3 vorgehaltenen Angebote in Anspruch (siehe Tabelle 8.3). Weitere 41,2 Prozent der erstgenannten und 34,0 Prozent der letztgenannten Gruppe spielen bzw. wetten an 4 bis 10 Tagen pro Monat. Von einer darüber hinausgehenden Teilnahme berichtet jeweils ca. ein Viertel der Befragten.

Tabelle 8.3: 30-Tage-Prävalenz und monatlicher Geldeinsatz nach Spielhäufigkeit (Basis: Spieler des letzten Monats)

Spieltage	Studie	Monats-prävalenz %	Geldeinsatz				N
			∅	Median	SD	Max.	
1-3	Onlinespielen	35,4 %	144,5	22,0	625,2	8.939	440
	Onlinewetten	40,3 %	18,6	10,0	30,7	300	116
4-10	Onlinespielen	41,2 %	757,6	70,2	2.961,8	37.101	512
	Onlinewetten	34,0 %	72,7	50,0	81,7	467	98
11-20	Onlinespielen	16,6 %	2.606,9	265,3	6.033,2	57.878	206
	Onlinewetten	18,1 %	156,5	92,8	171,5	860	52
21-30	Onlinespielen	6,9 %	5.841,3	724,9	12.625,0	84.417	86
	Onlinewetten	7,6 %	357,6	289,4	274,2	1.174	22
Gesamt	Onlinespielen		1.198,4	60,3	4.789,6	8.4417	1.244
	Onlinewetten		87,8	36,0	147,7	1174	288

Die durchschnittlichen Geldeinsätze pro Monat unterscheiden sich zwischen den OnlineglücksspielerInnen und -wetterInnen erheblich. Im Mittel geben die SpielerInnen von win2day fast 1.200 Euro pro Monat für das Glücksspielen aus. Bei den OnlinewetterInnen sind es gerade einmal 88 Euro. Diese große Diskrepanz ist jedoch nicht Ausdruck eines generell hohen Geldeinsatzes der OnlineglücksspielerInnen, sondern vielmehr darauf zurückzuführen, dass einige der GlücksspielerInnen sehr hohe Summen im Laufe des Betrachtungszeitraums verspielt haben. Der maximale Geldeinsatz von fast 85.000 Euro macht dies deutlich. Dementsprechend zeigen sich hinsichtlich des Medians auch deutlich geringere Unterschiede zwischen den OnlineglückspielerInnen und -wetterInnen. Bei Betrachtung der Geldeinsätze in Abhängigkeit von der Spielhäufigkeit zeigen sich die erwarteten Zusammenhänge: Sowohl die Mittel- als auch die Medianwerte der eingesetzten Geldbeträge steigen mit der Anzahl von Spiel- bzw. Wetttagen stetig an.

Auf der Spieleplattform win2day werden eine Vielzahl von Glücksspielen angeboten. In Tabelle 8.4 sind diese zu den wichtigsten Spielformen zusammengezogen und hinsichtlich der Spielteilnahme, der Spielhäufigkeit und des Geldeinsatzes differenziert worden.

Tabelle 8.4:   30-Tage-Prävalenz, Spielhäufigkeit und monatlicher Geldeinsatz nach Glücksspielart („win2day"; Basis: Spieler des letzten Monats; Mehrfachantwort)

	Monats-prävalenz	Spielhäufigkeit			Geldeinsatz/30 Tage				N
		Mittel-wert	Me-dian	SD	Mittel-wert	Medi-an	SD	Maxi-mum	
Lotto	73,3 %	4,0	3,0	3,0	37,8	21,2	59,6	684	912
Euromillionen	53,5 %	2,8	2,0	1,9	26,4	16,0	40,0	620	665
Andere Lotterien	19,1 %	2,8	2,0	3,4	22,6	8,5	45,8	365	237
Roulette	17,4 %	4,9	2,0	6,0	2.077,4	54,5	8.195,6	84.189	216
Poker	13,2 %	12,7	11,5	10,2	47,6	6,8	177,9	1.840	164
Andere Kasinospiele	9,2 %	2,4	1,0	2,8	293,8	25,1	849,1	5.990	114
Slots	32,6 %	5,6	3,0	6,2	1.121,4	180,8	2.603,5	23.266	405
Andere Spiele	27,1 %	4,4	2,0	6,0	1.451,9	42,3	3.944,5	28.480	337

Die mit Abstand von den meisten win2day-KundInnen gespielten Angebote sind das Zahlenlotto, an welchem nahezu drei Viertel aller Befragten im Untersuchungszeitraum teilnahmen und die Euromillionen mit einem Anteil von 53,5 Prozent. Jede/r dritte OnlineglücksspielerIn spielt Automatenspiele. Die klassischen Kasinospiele wie Roulette und Poker werden hingegen zu deutlich geringeren Anteilen nachgefragt. Etwas mehr als ein Viertel der Befragten spielt noch andere online angebotene Glücksspiele. Im Mittel nehmen die Befragten zwischen zwei und sechs Tagen im Monat an den einzelnen Spielarten teil. Eine Ausnahme stellt das Pokerspiel dar. Hier zeigt sich mit

12,7 Tagen pro Monat ein deutlich intensiveres Spielverhalten. Die mittleren Geldeinsätze für die einzelnen Spielarten unterscheiden sich erheblich. Diese liegen zwischen 26 Euro für die Euromillionen und 2.077 Euro für das Roulettespiel. Ein Blick auf die Spalte SD, welche die Standardabweichung wiedergibt, macht zudem deutlich, dass auch innerhalb der einzelnen Spielarten die Geldeinsätze erheblich variieren. Wird aus diesem Grund statt des Mittelwertes der Median als Betrachtungsgröße herangezogen, so fallen die Unterschiede in den Geldeinsätzen wesentlich geringer aus. Auch die Rangfolge der Geldeinsätze für die einzelnen Spielarten verschiebt sich. Es sind nunmehr die Automatenspiele, für welche von mindestens der Hälfte dieser Spielerschaft 180 Euro oder mehr ausgegeben werden. Für das Roulettespiel fällt der Median mit 55 Euro um einiges geringer aus. Die Medianwerte der anderen Spielarten liegen nochmals darunter.

Tabelle 8.5 macht deutlich, dass OnlineglücksspielerInnen, mit Ausnahme der Lotterien, nur sehr selten auch terrestrische Glückspielangebote in Anspruch nehmen. Geben noch etwas mehr als ein Drittel der LotteriespielerInnen an, mindestens einmal pro Monat auch Lotteriescheine in Trafiken, Annahmestellen und anderen Verkaufsstellen zu kaufen, werden Spielhallen, Spielkasinos und Wettbüros nur sehr selten regelmäßig aufgesucht.

Tabelle 8.5: Teilnahme an Glücksspielangeboten außerhalb des Internets („win2day"; Basis: alle Befragten)

	nie %	ein- bis zehn-mal im Jahr %	mindestens monatlich %	N
Lotterien	25,3 %	36,9 %	37,7 %	1.359
Sportwetten	80,9 %	12,5 %	6,6 %	1.293
Spielautomaten in Spielhallen, Wettbüros, Gaststätten etc.	86,0 %	10,3 %	3,8 %	1.317
Spielautomaten im Kasino	68,7 %	28,8 %	2,5 %	1.319
Roulette, Poker etc. im Kasino	57,1 %	39,0 %	3,8 %	1.330

8.3.2 Spielprobleme

Seitens der Glücksspielsuchtforschung wird den Angeboten im Internet aufgrund ihrer ständigen Verfügbarkeit, der fehlenden sozialen Kontrolle, der Vielfalt des Angebots und des bargeldlosen Geldeinsatzes ein erhöhtes Gefährdungspotential zugeschrieben (Hayer et al. 2005; Griffiths & Barnes 2008). Bei der Beurteilung der im Folgenden berichteten Problemprävalenzen des Onlineglücksspiels sowie der Onlinewetten ist jedoch zu berücksichtigen, dass die BefragungsteilnehmerInnen deutlich älter sind als die Gesamtkundschaft der beiden Anbieter. Hinzu kommt der im Vergleich zur Gesamtbevölkerung überdurchschnittlich hohe Anteil gut gebildeter und erwerbstätiger Personen in der Stichprobe. Diese drei letztgenannten Charakteristika erwiesen sich in der Repräsentativbefragung zum Glücksspielverhalten der ÖsterreicherInnen (siehe Kapitel 6) als risikomindernde Faktoren und so ist nicht auszuschließen, dass das tatsächliche Problemausmaß des Onlineglücksspiels bzw. des Onlinewettens im Rahmen der vorliegenden Untersuchungen unterschätzt wird. Andererseits ist es plausibel anzunehmen, dass aufgrund des intensiveren Spielverhaltens der BefragungsteilnehmerInnen dieser Effekt soweit abschwächt wird, dass die vorliegenden Zahlen eine valide Grundlage für die Entwicklung bzw. Weiterentwicklung effektiver Präventions- und Spielerschutzmaßnahmen darstellen.

Insgesamt erfüllen in beiden Studien jeweils 10,7 Prozent der befragten Personen ausschließlich eines der beiden Lie/Bet-Kriterien. Der Anteil der Befragten, die beide Fragen des Lie/Bet bejahten und somit größere spiel- bzw. wettbezogene Probleme aufweisen, beträgt für die OnlinespielerInnen 4,5 Prozent und die SportwetterInnen 5,3 Prozent. Wird das Problemausmaß nach dem Geschlecht unterschieden, so zeigen sich die Männer etwas stärker belastet als die Frauen. Noch deutlichere Unterschiede finden sich zwischen den beiden in Tabelle 8.6 dargestellten Altersgruppen. Während bei den 18- bis 35-Jährigen 16,4 Prozent ein riskantes und weitere 8,0 Prozent ein problematisches Spielverhalten zeigen, sind die Anteile bei den über 36-Jährigen nur jeweils halb so hoch.

Hinsichtlich des Schulabschlusses zeigen sich bei den OnlinesportwetterInnen keine nennenswerten Unterschiede in der Spielproblemprävalenz. Beim Onlineglücksspiel ist hingegen ein negativer Zusammenhang von Bildungsgrad und Problemausmaß zu erkennen. Dies wird insbesondere bei den Anteilen der Personen deutlich, die beide Lie/Bet-Kriterien erfüllen. Trifft dies bei den Befragten mit Pflicht- oder Hauptschulabschluss auf 6,2 Prozent zu, so ist es unter denen mit Matura nur knapp die Hälfte (3,5%).

Ein Blick auf den Erwerbsstatus macht deutlich, dass insbesondere die arbeitslosen SpielerInnen und SportwetterInnen zu erheblichen Anteilen von spiel- und wettbezogenen Problemen betroffen sind. So erfüllt mehr als ein Viertel der arbeitslosen OnlineglücksspielerInnen beide Kriterien des Lie/Bet-Tests und weitere 12,1 Prozent haben zumindest einer der beiden Fragen dieses Instruments zugestimmt. Insgesamt etwas geringer ist das Problemausmaß in Bezug auf die arbeitslosen SportwetterInnen. Ein problematisches Spielverhalten zeigen hier 17,1 Prozent dieser Gruppe. Von einem zumindest riskanten Spielverhalten sind 14,3 Prozent betroffen.

Tabelle 8.6: Spielprobleme (Lie/Bet) nach ausgesuchten demografischen Merkmalen

			ein Kriterium erfüllt	beide Kriterien erfüllt	N
alle Befragten		Onlinespielen	10,7 %	4,5 %	1.328
		Onlinewetten	10,7 %	5,3 %	931
Geschlecht	männlich	Onlinespielen	10,4 %	5,0 %	987
		Onlinewetten	11,0 %	5,5 %	819
	weiblich	Onlinespielen	11,4 %	3,2 %	341
		Onlinewetten	8,9 %	3,6 %	112
Alter	18-35 Jahre	Onlinespielen	19,1 %	8,6 %	278
		Onlinewetten	16,4 %	8,0 %	250
	36 Jahre und älter	Onlinespielen	8,5 %	3,4 %	1.050
		Onlinewetten	8,7 %	4,3 %	681
Schulbildung	Pflicht-/ Hauptschule	Onlinespielen	11,5 %	6,2 %	113
		Onlinewetten	10,3 %	5,9 %	136
	Lehre, mittlere Schule	Onlinespielen	11,2 %	5,1 %	660
		Onlinewetten	10,1 %	5,0 %	464
	Matura/ Hochschule	Onlinespielen	9,7 %	3,5 %	546
		Onlinewetten	12,0 %	5,2 %	308
Erwerbstätigkeit	erwerbstätig	Onlinespielen	11,2 %	4,3 %	883
		Onlinewetten	9,7 %	4,8 %	650
	arbeitslos	Onlinespielen	12,1 %	27,3 %	33
		Onlinewetten	14,3 %	17,1 %	35
	RentnerIn	Onlinespielen	8,1 %	2,0 %	297
		Onlinewetten	10,7 %	3,4 %	149
	sonstiges	Onlinespielen	12,6 %	6,3 %	111
		Onlinewetten	17,9 %	6,4 %	78
Migrationshintergrund	ja	Onlinespielen	12,2 %	4,7 %	172
		Onlinewetten	15,0 %	10,0 %	120
	nein	Onlinespielen	10,4 %	4,5 %	1.149
		Onlinewetten	10,2 %	4,4 %	796

Die Problemprävalenzen der Erwerbstätigen entsprechen im Wesentlichen den Werten der jeweiligen Gesamtstichprobe. Bei den RentnerInnen liegen diese Anteile jeweils etwas unter dem Durchschnitt aller Befragten. Die Bedeutung des Migrationshintergrundes der StudienteilnehmerInnen für die Entwicklung von Spielproblemen stellt sich je nach Studie unterschiedlich dar. Während sich beim Onlineglücksspiel diesbezüglich keine nennenswerten Differenzen finden lassen, weisen unter den tipp3-KundInnen die Personen mit Migrationserfahrungen nahezu doppelt so häufig ein riskantes oder problematisches Spielverhalten auf wie diejenigen ohne einen solchen biografischen Hintergrund.

In Tabelle 8.7 sind die Problemprävalenzen der OnlineglücksspielerInnen in Abhängigkeit von spielbezogenen Merkmalen wiedergegeben. Die Spielhäufigkeit – gemessen an Spieltagen pro Monat – hat offensichtlich nur eine untergeordnete Bedeutung für die Herausbildung von Spielproblemen. Einzig die häufig spielenden (21 bis 30 Tage im Monat) win2day-KundInnen zeigen mit 14,9 Prozent eine überdurchschnittliche hohe Prävalenz riskanten Spielens.

Eine stringentere Beziehung zeigt sich hingegen zwischen Geldeinsatz und Problemausmaß. Je größer die monatlich insgesamt eingesetzten Geldbeträge sind, desto höher ist auch die Prävalenz riskanten und problematischen Spielens. Werden beispielsweise pro Monat maximal 100 Euro für das Glücksspielen ausgegeben, dann betragen die Anteile riskanten bzw. problematischen Spielens 8,1 Prozent bzw. 3,3 Prozent; bei Geldeinsätzen zwischen 500 Euro und 5.000 Euro sind es bereits 13,2 Prozent resp. 6,3 Prozent. Die höchsten Problemprävalenzen finden sich in der Gruppe der OnlinespielerInnen, welche monatlich mehr als 5.000 Euro für die Glücksspielangebote von win2day ausgeben. Von ihnen weisen 18,2 Prozent ein riskantes und 14,3 Prozent ein problematisches Spielverhalten auf.

Der Anbieter win2day ermöglicht es seinen KundInnen, selbständig Limitierungen in Bezug auf den maximal möglichen Geldeinsatz (pro Tag, Woche oder Monat) und die maximal mögliche Spielzeit pro Tag festzusetzen. Diese Limitierungen können jederzeit wieder verändert werden. Jedoch werden Erhöhungen des maximal möglichen Geldeinsatzes erst 72 Stunden nach Beantragung wirksam. Die Ergebnisse in Tabelle 8.7 machen deutlich, dass ein sehr häufiges Ändern dieser Limits ein Hinweis auf bestehende Spielprobleme sein kann. Denn SpielerInnen, die im Laufe ihrer Spielkarriere bei win2day zehn Mal oder häufiger eine Änderung des maximal möglichen Geldeinsatzes vorgenommen haben, weisen zu mehr als einem Fünftel ein riskantes und zu etwas mehr als einem Zehntel ein problematisches Spielverhalten auf. Unter den SpielerInnen, die bisher keine Änderungen des maximal möglichen Geldeinsatzes vorgenommen haben, sind die entsprechenden Anteile mit 9,4 Prozent resp. 3,8 Prozent nicht einmal halb so hoch. Ein ähnliches Bild, wenn auch nicht so stark ausgeprägt, zeigt sich in Bezug auf die vorgenommenen Veränderungen der zeitlichen Limits. Befürchten KundInnen von win2day, dass ihnen die Kontrolle über ihr eigenes Spielverhalten entgleitet, so können sie sich selbst für die Teilnahme am Glücksspiel des Anbieters sperren lassen. Die Zahl der hiervon Betroffenen ist zwar gering (N=42; ca. 3 % aller Spieler), jedoch weisen sie sehr hohe Problemprävalenzen auf. So zeigen 28,6 Prozent ein riskantes und weitere 21,4 Prozent ein problematisches Spielverhalten.

Tabelle 8.7: Spielprobleme (Lie/Bet) der OnlineglücksspielerInnen nach spielbezogenen Merkmalen

		ein Kriterium erfüllt	beide Kriterien erfüllt	N
Spieltage	1-10 Spieltage	10,5 %	4,1 %	920
	11-20 Spieltage	8,5 %	5,0 %	199
	21-30 Spieltage	14,9 %	5,4 %	74
Geldeinsatz für alle Onlinespiele	1-100 Euro	8,1 %	3,3 %	738
	100,01 – 500 Euro	13,7 %	3,2 %	219
	500,01 – 5.000 Euro	13,2 %	6,3 %	159
	5.000,01 Euro oder mehr	18,2 %	14,3 %	77
Jemals Selbstsperre beantragt	Nein	10,1 %	4,0 %	1.286
	ja	28,6 %	21,4 %	42
Aufhebung/Erhöhung der Limitierung des max. möglichen Geldeinsatzes	Keine Veränderung	9,4 %	3,8 %	874
	1-3 Veränderungen	11,0 %	3,5 %	172
	4-9 Veränderungen	11,5 %	5,5 %	200
	10 Veränderungen oder mehr	22,0 %	12,2 %	82
Aufhebung/Erhöhung der Limitierung des max. möglichen Zeiteinsatzes	Keine Veränderung	9,9 %	4,3 %	1.076
	1-3 Veränderungen	14,1 %	4,3 %	184
	4 Veränderungen oder mehr	14,7 %	8,8 %	68

Auch für die OnlinewetterInnen sind die Problemprävalenzen hinsichtlich ausgesuchter spielbezogener Merkmale untersucht worden. Bei der Spielhäufigkeit zeigen sich auch hier keine eindeutigen Ergebnisse (siehe Tabelle 8.8). Die entsprechenden Anteile differieren in Abhängigkeit von der Anzahl der Spieltage kaum. Etwas deutlicher sind hingegen die Unterschiede im Problemspielverhalten bei Betrachtung des monatlichen Geldeinsatzes für das Wetten. So weisen Personen, die einhundert Euro oder mehr pro Monat hierfür ausgeben, zu 14,5 Prozent ein riskantes und zu 4,8 Prozent ein problematisches Spielverhalten auf. Diese Anteile liegen somit fast doppelt so hoch wie bei denen, die pro Monat geringere Wettbeträge einsetzen. Die Beantragung einer Selbstsperre ist auch bei den SportwetterInnen oftmals Ausdruck bestehender Probleme mit dem Wetten. Die Unterschiede in den Anteilen zu den bisher nicht gesperrten SportwetterInnen fallen aber geringer aus als bei den OnlinespielerInnen.

Tabelle 8.8: Spielprobleme (Lie/Bet) der OnlinesportwetterInnen nach spielbezogenen Merkmalen

		ein Kriterium erfüllt	beide Kriterien erfüllt	N
Spieltage	1-5 Spieltage	8,9 %	3,8 %	157
	6-10 Spieltage	10,5 %	1,8 %	57
	11-30 Spieltage	10,8 %	2,7 %	74
Geldeinsatz für alle Onlinewetten	1-19,99 Euro	8,9 %	2,2 %	90
	20 – 99,99 Euro	8,1 %	2,9 %	136
	100 Euro oder mehr	14,5 %	4,8 %	62
Jemals Selbstsperre beantragt	Nein	10,3 %	4,8 %	813
	ja	13,6 %	8,5 %	118

Die Prävalenzen riskanten und problematischen Spielens variieren in Abhängigkeit von den bevorzugten Spielarten der OnlineglückspielerInnen erheblich. Die geringsten diesbezüglichen Anteile weisen die Euromillionen (8,4 % resp. 2,6 %) und das Zahlenlotto (9,0 % resp. 2,8 %) auf (siehe Abbildung 8.1). Etwas höher liegen die Anteile der sonstigen Lotterien. Unter den AutomatenspielerInnen ist es bereits mehr als jede/r Fünfte, welche/r mindestens ein Kriterium des Lie/Bet-Tests erfüllt. Nochmals deutlich erhöht zeigen sich die Problemprävalenzen bei den Kasinospielen. Jeweils mehr als ein Viertel der daran teilnehmenden Befragten zeigt entweder ein riskantes (zwischen 16,3 % und 19,6 %) oder ein problematisches (zwischen 7,4 % und 9,2 %) Spielverhalten. Die sonstigen angebotenen Spiele liegen hinsichtlich der bestehenden Glücksspielprobleme in etwa auf dem Niveau der Automatenspiele.

Abbildung 8.1: Spielprobleme (Lie/Bet) der OnlineglücksspielerInnen nach Spielart

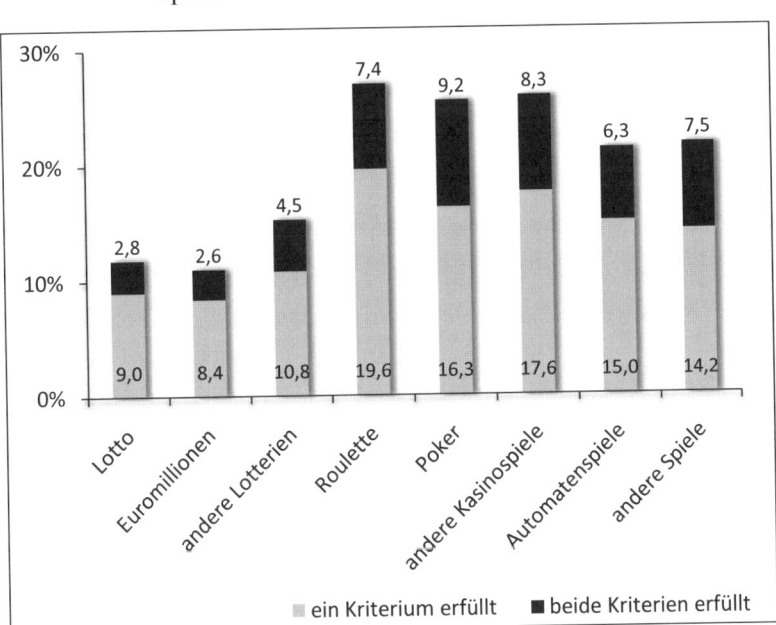

8.3.3 Wahrnehmung von Spielerschutzhinweisen

Erste Voraussetzung einer erfolgreichen Spielsuchtprävention ist immer die Erreichung ihrer AdressatInnen: Die Spielsuchtgefährdeten müssen die Angebote zur Prävention wahrnehmen – noch bevor sie sie genau kennen, und lange bevor sie sie in Anspruch nehmen. Erste Informationen der Onlineglücksspielanbieter zum Spielerschutz finden sich auf deren Spielerschutzseiten im Internet. Es stellt sich also die Frage, ob diese Informationsangebote von den TeilnehmerInnen der Onlineglücksspiele und -wetten wahrgenommen und angesehen werden.

Etwas weniger als zwei Drittel der SpielerInnen bei tipp3 und win2day wissen, dass es die Spielerschutzinformationen auf Internetseiten dieser Anbieter gibt (siehe Tabelle 8.9). Zwischen den beiden Teilgruppen (TeilnehmerInnen an Onlineglücksspielen bzw. Onlinewetten) zeigen sich geringe Unterschiede. Die OnlineglücksspielerInnen haben seltener als die OnlinewetterInnen wahrgenommen, dass es solche Angebote gibt. Angesehen hat sich die deutliche Mehrheit aller OnlinespielerInnen diese Informationen zum Spielerschutz allerdings nicht: Nur 41,5 Prozent (Onlineglücksspiel) bzw. 44,1 Prozent (Onlinewetten) geben an, die Spielerschutzseite aufgerufen zu haben. Damit zeigt sich für die Grundgesamtheit aller OnlinespielerInnen in Bezug auf die Primärprävention weiterer Handlungsbedarf.

Von besonderem Interesse ist die Gruppe derjenigen, die sich eventuell auf dem Weg befinden, eine Spielsuchterkrankung zu entwickeln. Auf solche Entwicklungen gibt der Lie/Bet-Screen mit seinen zwei Kriterien Hinweise (s. o.).

Für einen ersten Überblick werden die problembelasteten Teilgruppen (TeilnehmerInnen an Onlineglücksspielen und an Onlinewetten mit ein oder zwei erfüllten Lie/Bet-Kriterien) für eine Gesamtbetrachtung zunächst zusammengefasst. Es wird deutlich, dass es zwischen ihnen und den Online-UserInnen ohne erfüllte Lie/Bet-Kriterien hinsichtlich der Nutzung der Spielerschutzseiten kaum Unterschiede gibt. In der Gesamtgruppe derjenigen, die also ein oder zwei Kriterien des Lie/Bet-Screens erfüllen, hat jede/r Dritte nicht wahrgenommen, dass es Internetspielerschutzseiten der Glücksspielanbieter gibt – dieser Anteil unterscheidet sich nicht von denen, die kein Kriterium des Lie/Bet-Screens erfüllen. Beim Anteil derjenigen, die die Spielerschutzseiten angesehen haben, gibt es ebenfalls keinen bedeutsamen Unterschied zu denen, die kein Lie/Bet-Kriterium erfüllen: Es sind 44,1 Prozent der OnlinespielerInnen mit einem oder zwei erfüllten Kriterien des Lie/Bet-Screens, die diese Informationen abriefen, ohne erfülltes Kriterium liegt dieser Anteil bei 41,9 Prozent.

Allerdings lohnt sich das genauere Hinsehen: Beim Blick auf Unterschiede zwischen den TeilnehmerInnen an Onlinewetten und denen an Onlineglücksspielen treten Differenzen deutlich hervor. Sobald sie ein oder zwei Kriterien des Lie/Bet-Screens erfüllen, schauen sich die OnlineglücksspielerInnen bedeutend häufiger die Informationsseiten zum Spielerschutz an als die OnlinewetterInnen (51,0 % zu 34,7 %). Die OnlineglücksspielerInnen mit einem Spielproblem rufen die Spielerschutzseiten damit auch deutlich häufiger auf als diejenigen ohne Spielproblem (plus zwölf Prozentpunkte). Bei den OnlinewetterInnen ist es hingegen so, dass diejenigen mit Spielproblem seltener die Spielerschutzseite des Anbieters nachfragen als die WetterInnen ohne Spielproblem (minus elf Prozentpunkte). Wird in dieser Analyse des Weiteren das Geschlecht berücksichtigt, wird erkennbar, dass unter den problembelasteten OnlinespielerInnen die Frauen mehrheitlich die Spielerschutzseiten aufrufen (Glücksspiele: 56,8 % / Wetten: 53,8 %), die Männer dies hingegen immer in geringerem Ausmaß tun und bei beiden Spielarten die Mehrheit nicht erreichen (Glücksspiele: 49,3 % / Wetten: 32,8 %).

Die tatsächlich von einer Spielsuchtentwicklung Betroffenen werden also durch diese Präventionsbemühung in unterschiedlichem Ausmaß erreicht, generell aber in noch nicht ausreichendem Maße: Das hier dargestellte Ergebnis, dass jede/r zweite OnlineglücksspielerIn und jede/r dritte OnlinewetterIn erreicht wurde, kann nur Ansporn sein, diese Quoten zu verbessern.

Tabelle 8.9: Wahrnehmung bzw. Besuch der Spielerschutzseite des Anbieters

			Nein (noch nie bemerkt)	Nein (aber Hinweis schon gesehen)	Ja, Spielerschutzseite angesehen	N
Gesamt		Onlinespiele	36,9 %	21,6 %	41,5 %	1.343
		Onlinewetten	31,6 %	24,4 %	44,1 %	887
Geschlecht	männlich	Onlinespiele	36,4 %	22,3 %	41,2 %	999
		Onlinewetten	33,0 %	24,4 %	42,7 %	783
	weiblich	Onlinespiele	21,2 %	24,0 %	54,8 %	344
		Onlinewetten	38,4 %	19,5 %	42,2 %	104
Alter	18-35 Jahre	Onlinespiele	37,4 %	21,0 %	41,6 %	281
		Onlinewetten	38,4 %	23,2 %	38,4 %	237
	36 Jahre und älter	Onlinespiele	36,8 %	21,8 %	41,4 %	1062
		Onlinewetten	29,1 %	24,8 %	46,2 %	650
Schulbildung	Pflicht-/ Hauptschule	Onlinespiele	34,6 %	19,6 %	45,8 %	107
		Onlinewetten	33,9 %	15,7 %	50,4 %	127
	Lehre, mittlere Schule	Onlinespiele	33,5 %	21,1 %	45,4 %	674
		Onlinewetten	28,6 %	27,0 %	44,3 %	440
	Matura/ Hochschule	Onlinespiele	41,5 %	22,4 %	36,2 %	550
		Onlinewetten	33,8 %	24,4 %	41,8 %	299
Erwerbstätigkeit	Erwerbstätig	Onlinespiele	37,2 %	23,5 %	39,3 %	894
		Onlinewetten	32,4 %	24,7 %	42,9 %	624
	Arbeitslos	Onlinespiele	8,8 %	32,4 %	58,8 %	34
		Onlinewetten	41,2 %	17,6 %	41,2 %	34
	RentnerIn	Onlinespiele	40,4 %	15,5 %	44,1 %	297
		Onlinewetten	23,2 %	24,6 %	52,2 %	138
	sonstiges	Onlinespiele	34,5 %	19,5 %	46,0 %	113
		Onlinewetten	35,1 %	25,7 %	39,2 %	74

Fortsetzung der Tabelle 8.9 von Seite 239

			Nein (noch nie bemerkt)	Nein (aber Hinweis schon gesehen)	Ja, Spielerschutzseite angesehen	N
Migrations-hinter-grund	ja	Onlinespiele	37,0 %	21,2 %	41,8 %	173
		Onlinewetten	31,6 %	28,1 %	40,4 %	114
	nein	Onlinespiele	37,6 %	24,3 %	38,2 %	1.163
		Onlinewetten	31,3 %	23,8 %	44,9 %	760
Spielpro-bleme nach Lie/Bet	kein Kriterium erfüllt	Onlinespiele	38,7 %	22,2 %	39,1 %	1.092
		Onlinewetten	30,3 %	23,8 %	45,9 %	743
	ein Kriterium erfüllt	Onlinespiele	32,1 %	16,8 %	51,1 %	137
		Onlinewetten	35,4 %	30,2 %	34,4 %	96
	beide Kriterien erfüllt	Onlinespiele	27,1 %	22,0 %	50,8 %	59
		Onlinewetten	43,8 %	20,8 %	35,4 %	48

Aus vorhergehenden Analysen und insbesondere der Repräsentativbefragung ist bekannt, dass bestimmte soziodemografische Faktoren eher mit einer Spielsuchterkrankung verbunden sind als andere: männliches Geschlecht, niedriges Alter, geringe Schulbildung, Arbeitslosigkeit und Migrations-hintergrund. Ein Ziel effektiver Spielsuchtprävention sollte es daher sein, SpielerInnen mit diesen Merkmalen verstärkt auf die Spielerschutzseiten im Internet zu geleiten. Die Befragung der OnlineglücksspielerInnen und der OnlinewetterInnen zeigt, dass dies bisher nur in Teilen gelingt. Männer besuchen die Spielerschutzseiten der Glücksspielanbieter im Internet nicht signifikant häufiger als Frauen. Vielmehr ist es so, dass die Frauen unter den OnlineglücksspielerInnen eher den Weg auf die Spielerschutzseiten finden (54,8 %) als die Männer (plus 14 Prozentpunkte). Auch übersehen sie die Hinweise auf diese Seiten seltener als die Männer, selbst wenn sie sie dann nicht besuchen (plus 14 Prozentpunkte). Ansonsten gilt: Der Anteil für besuchte Spielerschutzseiten liegt – unabhängig von Geschlecht und Spielart (Wette oder Glücksspiel) – bei jeweils etwa 42 Prozent. Zwischen jüngeren und älteren OnlinespielerInnen zeigen sich fast keine Unterschiede: Bei den TeilnehmerInnen an Wetten finden die Jüngeren allerdings seltener die Spielerschutzseiten als die Älteren (minus 8 Prozentpunkte). In Bezug auf den Bildungsgrad zeigen die AbsolventInnen der Pflicht- bzw. Hauptschule geringfügig erhöhte Anteile aufgerufener Spielerschutzseiten: plus vier Prozentpunkte bei den Glücksspielen und plus sechs Prozentpunkte bei den Wetten. Die am höchsten Gebildeten weisen mit 36,2 Prozent den kleinsten

Anteil aufgerufener Spielerschutzseiten auf (Glücksspiel), die Abweichung beträgt damit 5 Prozentpunkte. In Bezug auf Merkmale der Erwerbstätigkeit treten die arbeitslosen OnlineglücksspielerInnen hervor: Sie betrachten die Spielerschutzseiten deutlich häufiger als andere (58,8 %). Unter den Online-wetterInnen sind die RentnerInnen zu erwähnen: 52,2 Prozent riefen die Spielerschutzseiten auf; das ist deutlich mehr als der Durchschnitt. Mit dem Migrationshintergrund als diskriminierendem Merkmal sind keine relevanten Unterschiede verbunden.

Genaueren Aufschluss über die Gründe, die Spielerschutzseiten zu betrachten, liefern die Ergebnisse der Nachfragen zu Motiven, diese anzuklicken (siehe Abbildung 8.2).

Die eigene Betroffenheit mit Problemen einer Spielsuchterkrankung (Online-spielerInnen mit einem oder zwei erfüllten Kriterien des Lie/Bet-Screens) führt zu einem etwas größeren allgemeinen Interesse („aus Neugier") am Thema Spielerschutz – in dieser Teilgruppe nennen 14 Prozent mehr dieses Motiv als Anlass, diese Internetseiten aufzurufen. Der Wunsch nach (weiteren) Informationen zum Thema Spielerschutz ist allerdings seltener das vorrangige Bedürfnis in dieser Teilgruppe – dies trifft eher auf die Onlinewette-rInnen mit eigener Betroffenheit zu (plus sechs Prozentpunkte im Vergleich zur Teilgruppe ohne eigene Spielprobleme). Diese Differenzen könnten auf Unterschiede in der (Vor-)Informiertheit und/oder ein unterschiedliches Selbstbild der eigenen Betroffenheit der beiden Teilgruppen hindeuten.

Diese Unterschiede setzen sich fort bei den Motiven, die eine stärkere Trennung – je nach Ausmaß der eigenen Betroffenheit – erwarten ließen. Die Suche nach Hinweisen auf Hilfeangebote trennt die Gruppe der Onlinewette-rInnen nicht nach diesem Diskriminierungsmerkmal, hingegen diejenige der OnlineglücksspielerInnen. Für nur 8 Prozent von ihnen ist dies der Grund, die Internetspielerschutzseiten aufzurufen, solange sie kein eigenes Spielpro-blem besitzen. Liegt dieses aber vor, steigt der Anteil derjenigen, die die-ses Motiv ihr eigenes nennen, auf 18 Prozent. Bei beiden Teilgruppen ist das Interesse an einem Selbsttest auf Spiel- bzw. Wettprobleme unter den selbst Betroffenen deutlich höher als bei denen, die kein Kriterium des Lie/Bet-Screens erfüllen (OnlinewetterInnen: plus acht Prozentpunkte / Online-glücksspielerInnen: plus elf Prozentpunkte).

Zusammengefasst lässt sich also ein stärkeres Interesse der selbst Betrof-fenen an konkreteren Informationen als bei nicht Betroffenen belegen, dies konkretisiert sich bisher allerdings insgesamt in (zu) geringem Ausmaß.

Abbildung 8.2: Gründe für das Ansehen der Webseite nach Spielproblemen

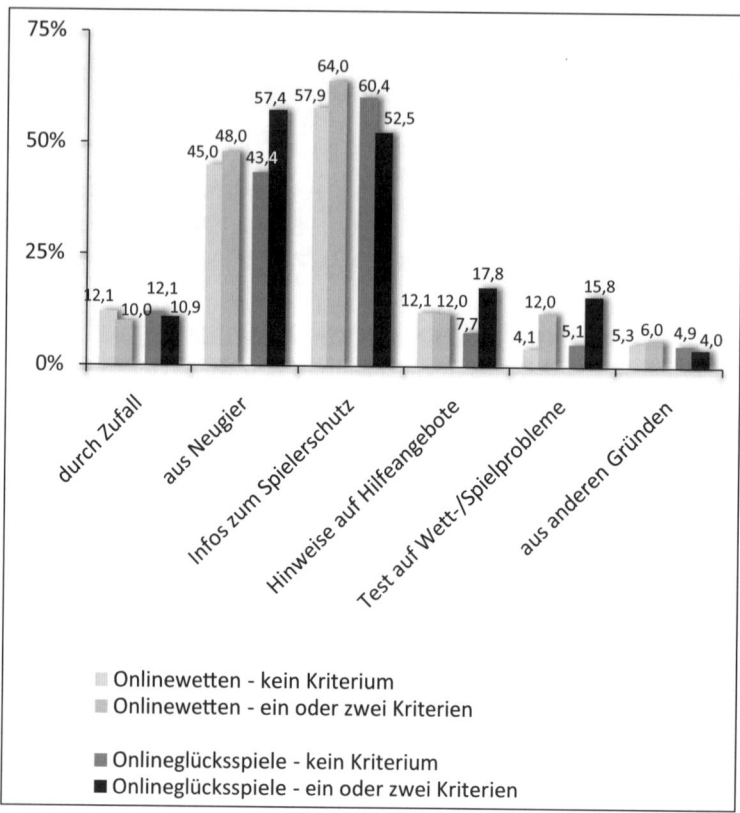

Auf die OnlineglücksspielerInnen – für diese Gruppe ist die Datengrundlage breiter als für die OnlinewetterInnen – lässt sich noch ein genauerer Blick werfen (siehe Abbildung 8.3), indem differenziert nach den erfüllten Kriterien des Lie/Bet-Screens ausgewertet wird. Auf diese Weise lässt sich das bei der etwas allgemeineren Betrachtung gewonnene Bild festigen.

OnlineglücksspielerInnen, die eine schwere eigene Betroffenheit aufweisen (zwei erfüllte Kriterien im Lie/Bet-Screen) gelangen ausgesprochen selten zufällig auf die Internetspielerschutzseiten der Glücksspielanbieter – deutlich seltener (minus zehn bzw. acht Prozentpunkte) als die beiden anderen Gruppen (OnlineglücksspielerInnen mit einem oder keinem erfüllten Kriterium). Sie rufen die Seiten sehr viel häufiger aus allgemeinem Interesse („Neugier") auf (plus 14 bzw. plus 25 Prozentpunkte), haben aber gleichzeitig weniger

Interesse an allgemeinen Informationen – vielleicht weil sie diese Informationen schon besitzen. Stattdessen haben sie ein gesteigertes Interesse an Hinweisen auf Hilfeangebote (plus 17 bzw. plus 22 Prozentpunkte) und an einem Selbsttest auf vorhandene Spielprobleme (plus 15 bzw. plus 21 Prozentpunkte).

Abbildung 8.3: Gründe der OnlineglücksspielerInnen für das Ansehen der Webseite nach Anzahl erfüllter Lie/Bet-Kriterien

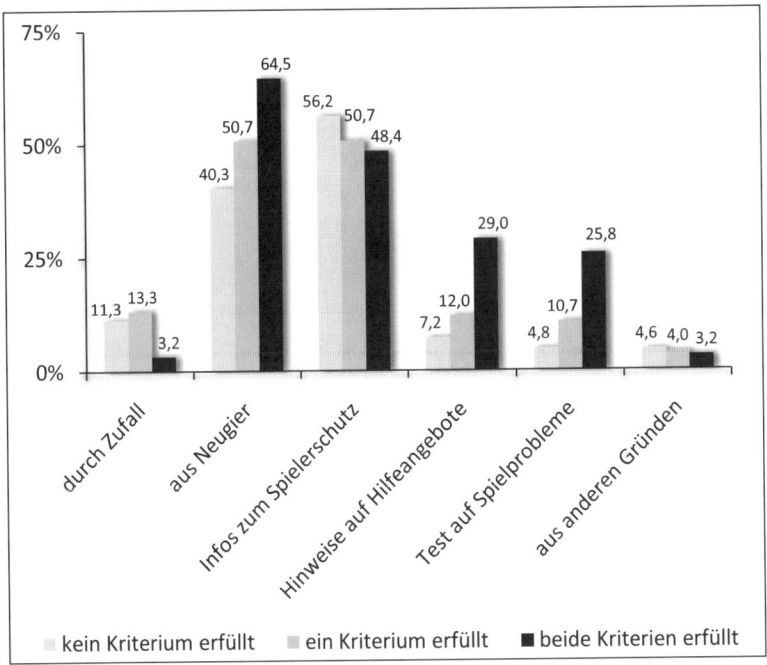

8.3.4 Zustimmung zu Spielerschutzmaßnahmen

Ein effektiver Spielerschutz ist nur dann möglich, wenn seitens der Zielgruppe eine ausreichend hohe Akzeptanz bzgl. der damit einhergehenden Maßnahmen gegeben ist. Die Abbildung 8.4 macht deutlich, dass die Zustimmung zu tiefgreifenden Beschränkungen der Zugangsmöglichkeiten und des Angebots von Glücksspielen sowohl bei den OnlineglücksspielerInnen als auch den OnlinewetterInnen gering ist. So würde einem Verbot des Spielens und Wettens im Internet nur jeweils jede/r zwanzigste Befragte zustimmen. Selbst eine Reduzierung der bestehenden Angebote wird von 89 Prozent der

OnlinewetterInnen und 84 Prozent der OnlineglücksspielerInnen abgelehnt. Nur wenig höher sind die Anteile in Bezug auf die Beschränkung der Zugangszeiten und hinsichtlich der Einführung von technischen Hilfsmitteln zur besseren Kontrolle des Zugangs zu den Glücksspielangeboten. Auch die Anhebung der Steuern und Abgaben für die Glücksspiele findet nur bei einer kleinen Minderheit Zustimmung. Hingegen zeigen sich zumindest mehr als ein Drittel der OnlinewetterInnen und 43 Prozent der OnlineglücksspielerInnen mit einer Reduzierung der Werbung einverstanden, wenn dadurch eine Verbesserung des Spielerschutzes erreicht werden kann. Die einzige Maßnahme, welche von nahezu allen Befragten begrüßt wird, ist ein Teilnahmeverbot von Minderjährigen. Neben ethischen Überlegungen mag hier sicherlich auch die fehlende eigene Betroffenheit – alle Befragten beider Studien sind mindestens 18 Jahre alt – eine Rolle gespielt haben.

Abbildung 8.4: Zustimmung zu Spielerschutzmaßnahmen

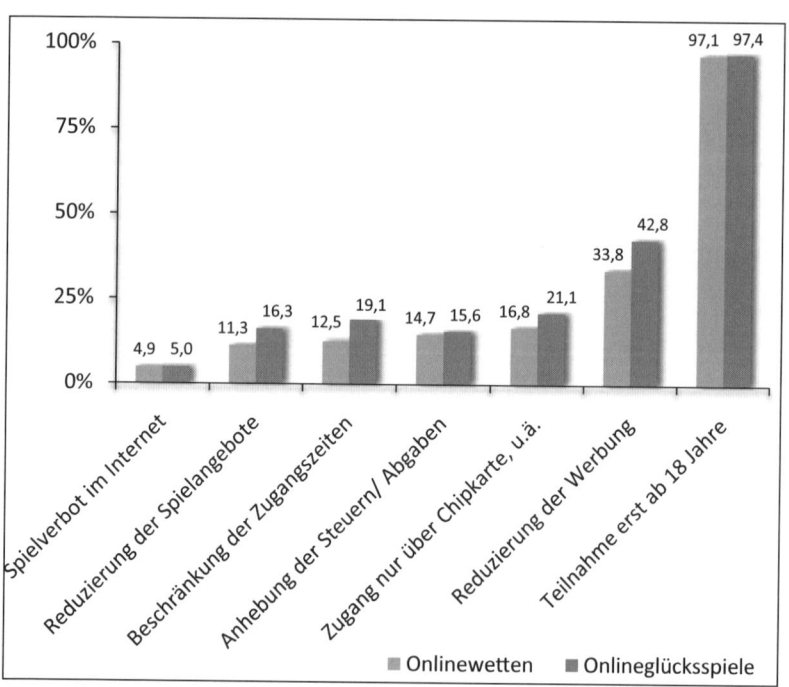

9 Befragung des Personals der Glücksspielanbieter

Jens Kalke

9.1 Zielsetzung

In diesem Forschungsmodul geht es darum, Einschätzungen und Bewertungen aus Sicht des Personals von Glücksspielanbietern zu gewinnen. Damit können die Ergebnisse aus den Befragungen der Bevölkerung und der SpielerInnen ergänzt und teilweise validiert werden. Zu diesem Zwecke wurde das Personal aus verschiedenen Glücksspielstätten befragt:

- *Lotto-Toto-Annahmestellen*: Dort werden die Produkte der Österreichischen Lotterien, wie Lotto „6 aus 45", Toto, Bingo, EuroMillionen, Zahlenlotto 1-90, Joker, ToiToiToi, Brieflos, Rubbellos und Klassenlotterie, angeboten.

- *Instant-Vertriebsstellen*: Dort können ausschließlich die beiden Produkte Brieflos und Rubbellos gekauft werden.

- *Casinos Austria*: In den zwölf Kasinos in Österreich werden Lebendspiele wie Roulette, Black Jack, Baccara und Poker, aber auch Automatenspiele („slot-machines") angeboten.

- *WINWIN*: In den insgesamt elf WINWIN-Filialen stehen so genannte Video Lottery Terminals (VLT). Diese ähneln optisch den klassischen Spielautomaten, unterscheiden sich von diesen aber in der Spielmechanik, denn bei den VLT wird die Entscheidung über Gewinn und Verlust vom Zufallsgenerator eines zentralen Rechners getroffen.

Das ursprüngliche Konzept der Studie sah vor, auch das Personal von Spielhallen und Wettbüros zu befragen. Dazu wurde eine schriftliche Befragung in 154 Spielhallen und 155 Wettbüros in Form eines postalisch übermittelten Fragebogens durchgeführt. Seitens der Firma Novomatic sind dem ZIS hierfür Adressen der Spielstätten übermittelt worden. Die zurückgesandten Fragebögen verwiesen jedoch auf Unregelmäßigkeiten (großer Anteil von mehrfach kopierten Fragebögen) im Ablauf der Befragung, so dass von einer Auswertung der Daten abgesehen werden musste und somit aus diesen beiden Spielstätten keine verwertbaren Ergebnisse vorliegen. Infolgedessen können Aussagen zur Personalbefragung ausschließlich zu den vier Spielstätten der Österreichischen Lotterien und der Casinos Austria getroffen werden.

Es sei an dieser Stelle angemerkt, dass es weltweit kaum publizierte Studien gibt, in denen es Glücksspielanbieter ermöglicht haben, dass externe Wissenschaftler ihr Personal zu den Themen Glücksspielsucht und Spielsuchtprävention befragen. Von daher kann insbesondere dieses Forschungsmodul als ein innovatives Element der Studie bezeichnet werden.

Die Personalbefragung zielt im Einzelnen darauf ab, im Kontext der Fragestellung der Gesamtstudie für drei Bereiche weitere empirische Erkenntnisse zu erhalten:

1. Bewertung verschiedener Maßnahmen der Glücksspielsuchtprävention,

2. Einschätzungen zum Ausmaß problematischen Spielens sowie zur Spielteilnahme Minderjähriger,

3. Angaben zum präventionsbezogenen Kenntnisstand und zur Handlungskompetenz beim Erkennen von und Umgang mit ProblemspielerInnen.

Das Kapitel ist entlang dieser drei Aspekte strukturiert. Vorab erfolgen kurze Ausführungen zur Methodik und Datengrundlage der Teiluntersuchung.

9.2 Methodik und Datengrundlage

Wie schon ausgeführt, fließen in die Auswertungen die Angaben des Personals von vier verschiedenen Spielstätten ein. Im Einzelnen sind dies (untergliedert nach Funktion und Fallzahl):

- *Die LeiterInnen der Lotto-Toto-Annahmestellen.* Es wurde nach einer Zufallsauswahl jede zweite Lotto-Toto-Annahmestelle angeschrieben (N=1.912) (siehe Tabelle 1).

- *Die LeiterInnen der Instant-Vertriebsstellen.* Es wurde nach einer Zufallsauswahl jede zweite Instant-Vertriebsstelle angeschrieben (N=1.380).

- *Das Aufsichtspersonal der Casinos Austria.* Dazu gehören u.a. die Saalchefs, Croupiers, RezeptionistInnen und GästebetreuerInnen. Die Erhebung war als Totalerhebung angelegt (N=894).

- *Das Aufsichtspersonal von WINWIN.* Dazu zählen u.a. die so genannten Floor Agenten und Outlet Manager. Die Erhebung war als Totalerhebung angelegt (N=96).

Die Erhebungen wurden im 2. und 3. Quartal 2010 durchgeführt. Die Verteilung und das Einsammeln der Fragebögen in verschlossenen Umschlägen erfolgten durch den internen Vertrieb der beteiligten Glücksspielanbieter.

Die Erhebungsbögen für das Personal der vier Spielstätten enthalten zu einem großen Teil die gleichen Fragen, teilweise sind aber auch spezifische Bereiche und Aspekte erfasst worden. Dadurch erklärt sich auch die unterschiedliche Länge der Fragebögen, die zwischen sieben und elf Seiten liegt. Alle Fragen besaßen vorgegebene Antwortkategorien zum Ankreuzen.

Neben einigen beruflichen Angaben (Dauer und Umfang der Tätigkeit) wurde der Kenntnisstand zu verschiedenen Themen abgefragt, die im Zusammenhang mit der Spielsuchtprävention stehen (anhand einer Selbsteinschätzung). Ferner wurden Fragen zum Erkennen von und zum Umgang mit ProblemspielerInnen gestellt (Merkmale und konkretes Handeln). Aufgrund des defizitären Forschungsstandes konnte beim Fragebogen nicht auf bewährte Instrumente zurückgegriffen werden, so dass die meisten Fragen von den beteiligten Wissenschaftlern selbst entwickelt worden sind. Sie wurden in Pretests auf ihre Verständlichkeit und praktische Relevanz hin überprüft.

Die Rücklaufquoten liegen zwischen 81 Prozent (WINWIN) und 55 Prozent (Instant-Vertriebsstellen) (siehe Tabelle 9.1). Aufgrund dieser als gut oder zumindest zufriedenstellend zu bewertenden Beteiligung, der Verteilung der Antwortenden über das gesamte Land bzw. die Spielstätten sowie dem Umstand, dass keine Hinweise dafür vorliegen, dass sich spezifische Gruppen nicht an der anonymen Erhebung beteiligt haben, können die Ergebnisse der Befragung als repräsentativ für die jeweilige Befragungsgruppe angesehen werden.

Nur wenige Fragebögen konnten aufgrund mangelhafter Qualität bei der Auswertung nicht berücksichtigt werden (siehe Tabelle 9.1).

Tabelle 9.1: Rücklauf der Fragebögen

	Lotto-Toto-Annahmestellen	Instant-Vertriebsstellen	Kasinos	WINWIN
verschickte Fragebögen	1.912	1.380	894	96
erhaltene Fragebögen	1.469	764	548	78
Rücklaufquote	76,8 %	55,4 %	61,3 %	81,3 %
aussortierte Fragebögen	11	5	-	-
Datengrundlage	1.458	759	548	78

In allen vier Spielstätten liegt die durchschnittliche monatliche Arbeitszeit der befragten Personen bei über 130 Stunden (siehe Tabelle 9.2). Der Höchstwert mit 149 Stunden findet sich bei den LeiterInnen der Instant-Vertriebs-stellen. Das heißt, viele der befragten Personen üben in den Spielstätten eine Vollzeit-Tätigkeit aus. Die Allermeisten sind dort schon länger als 2 Jahre beschäftigt (82 % bis 91 %). Der geringere Anteil von 60 Prozent beim Perso-nal von WINWIN erklärt sich dadurch, dass es diese Art von Spielstätte noch nicht so lange gibt (sukzessive seit 2004).

Die durchschnittliche Anzahl von KundInnen/BesucherInnen differiert – nach den Angaben der Befragten – von Spielstätte zu Spielstätte stark. Wäh-rend es je Vertriebsstelle im Durchschnitt 149 KundInnen pro Woche sind, kommt der Bereich des Lebendspiels in einem Kasino auf einen Wert von über 1.000 BesucherInnen pro Woche (siehe Tabelle 9.2). In allen vier Spiel-stätten handelt es sich dabei zu einem großen Teil um StammkundInnen/-gäs-te. Für die Annahmestellen wird von den LeiterInnen ein Durchschnittswert von 72 Prozent Stammkundschaft angegeben. Bei den WINWIN-Kasinos ist dieser Anteil mit 70 Prozent nur geringfügig kleiner. In den beiden ande-ren Spielstätten wird der entsprechende Anteil auf 55 Prozent und 48 bzw. 54 Prozent geschätzt.

Tabelle 9.2: Beschäftigung, KundInnen und Schulungsstatus

	Lotto-Toto-An-nahmestellen	Instant-Vertriebs-stellen	Kasinos	WINWIN
Beschäftigung				
Beschäftigungs-dauer > 2 Jahre	88,4 %	81,9 %	91,2 %	60,3 %
Arbeitszeit (Ø im Monat)	144 Std.	149 Std.	134 Std.	136 Std.
Kunden				
Anzahl (Ø im Woche)	592	149	1.024*/879**	306
Anteil Stamm-kundInnen (Ø)	71,8 %	54,6 %	48,3 %*/53,8 %**	70,0 %
Schulungsstatus				
geschult	73,1 %	46,2 %	93,6 %	82,1 %
davon besonders geschult	-	-	44,1 %	-
Anzahl (N)	1.458	759	548	78

* Lebendspiel

** Automatenspiel

Diese Angaben zeigen, dass die meisten der Befragten auf der Grundlage einer langjährigen Berufserfahrung und eines hohen Anteils von StammkundInnen ihre Beurteilung der Glücksspielproblematik in den Spielstätten abgegeben haben. Gleichzeitig zeigen diese Angaben, dass in den Spielstätten eine Kundenbindung vorhanden ist, die suchtpräventives Handeln überhaupt erst möglich macht.

Von den befragten Personen ist ein Großteil zum Themenbereich „Glücksspielsucht und Spielsuchtprävention" geschult worden. Bei den Kasinos ist mit 94 Prozent der höchste Anteil geschulten Personals vorhanden (siehe Tabelle 9.2). Davon sind wiederum 44 Prozent besonders intensiv fortgebildet worden. Bei den WINWIN sind 8 von 10 Personen präventionsbezogen geschult worden (82 %); bei den Annahmestellen liegt der entsprechende Wert bei 73 Prozent. Am niedrigsten ist dieser mit 46 Prozent bei den Vertriebsstellen.

9.3 Einschätzungen zur Glücksspielsuchtprävention

Das Personal der Glücksspielanbieter wurde um eine Aussage darüber gebeten, wie es den Kenntnisstand der Bevölkerung über mögliche Gefahren des Glücksspiels (Sucht und Verschuldung) einschätzt. Dieser wird insgesamt als schlecht beurteilt. Die meisten Befragten geben die Kategorien „eher schlecht" bzw. „gar nicht" an. Die (zusammengefassten) Anteile schwanken hier zwischen 55 Prozent (Annahmestellen) und 76 Prozent (WINWIN) (siehe Tabelle 9.3). Nur jeweils eine Minderheit stuft dagegen das Wissen der Bevölkerung als sehr gut oder eher gut ein (22 % bis 39 %).

Tabelle 9.3: Informiertheit der Bevölkerung über mögliche Gefahren des Glücksspiels (Sucht, Verschuldung) – Einschätzung des Personals

	Lotto-Toto-Annahmestellen	Instant-Vertriebsstellen	Kasinos	WINWIN
sehr gut	5,7 %	4,0 %	0,9 %	2,5 %
eher gut	33,7 %	23,6 %	26,0 %	19,0 %
eher schlecht	50,4 %	63,5 %	65,4 %	69,6 %
gar nicht	4,3 %	4,8 %	5,3 %	6,3 %
weiß nicht	5,9 %	4,0 %	2,4 %	2,5 %
Anzahl (N)	1.434	746	547	79

Das Personal sollte ebenfalls eine Bewertung von Maßnahmen der Spiel-suchtprävention vornehmen. Dies geschah anhand einer Skala von „sehr geeignet" (1) bis „überhaupt nicht geeignet" (5). Insgesamt wurde die Ak-zeptanz von 24 potentiellen Maßnahmen der Glücksspielsuchtprävention abgefragt. Diese können – grob – in folgende Kategorien eingeteilt werden:

- Jugendschutz und Kontrollen
- Informationen
- Schulung und Fortbildung
- Hilfen für ProblemspielerInnen
- Reduzierung des Angebots
- Eingriffe in Spielstruktur
- Alkohol- und Rauchverbote

Die Befragungsergebnisse zeigen – in der folgenden Tabelle 9.4 ist jeweils der zusammengefasste Anteil für die Kategorien „sehr geeignet" und „ge-eignet" ausgewiesen –, dass die höchste Akzeptanz bei allen Maßnahmen des Jugendschutzes und der Kontrolle – mit Ausnahme eines erschwerten Zuganges für Internetspiele – vorhanden ist. Die höchsten Zustimmungsraten zu den Maßnahmen „Alterskontrolle" und „Spielverbot für Minderjährige" zeigen sich beim WINWIN-Personal (95 % bzw. 92 %). Bei der namentli-chen Registrierung und einer verstärkten Kontrolle der Spielstättenbetreiber gibt es am meisten Zustimmung von den MitarbeiterInnen der Kasinos (94 % bzw. 90 %). Aber auch bei den LeiterInnen der Annahme- und Vertriebsstellen steht eine deutliche Mehrheit den genannten Maßnahmen positiv gegenüber.

Auf eine ähnliche hohe Zustimmung stößt die Schulung des Personals von Glücksspielanbietern, die bei den WINWIN-MitarbeiterInnen einen Spitzen-wert von 95 Prozent aufweist.

Auch die meisten Maßnahmen im Bereich der Information/Aufklärung wer-den – insgesamt betrachtet – positiv beurteilt, erreichen aber nicht das hohe Niveau wie die Maßnahmen des Jugendschutzes und Kontrollen. Bei der schulischen Aufklärung und Prävention sind die Zustimmungsraten in die-ser Kategorie am höchsten: sie liegen zwischen 60 Prozent (Kasinos) und 82 Prozent (Vertriebsstellen). Von Informationen im Internet (53 % bis 65 %), über die Informationsbroschüren (51 % bis 56 %) und öffentlichen Kampa-gnen (48 % bis 62 %) bis hin zur Angabe der Gewinnwahrscheinlichkeiten (36 % bis 53 %) ist eine abnehmende Akzeptanz zu konstatieren.

Tabelle 9.4: Bewertung von Maßnahmen der Spielsuchtprävention,
Prozentanteile „(sehr) geeignet"

	Lotto-Toto-Annahme-stellen	Instant-Vertriebs-stellen	Kasinos	WINWIN
Jugendschutz und Kontrollen				
Alterskontrolle durch Personal von GS-Anbietern	70,3 %	75,8 %	93,3 %	94,9 %
Mindestalter für Teilnahme an GS ab 18 Jahren	67,5 %	74,9 %	88,7 %	92,2 %
Namentliche Registrierung der SpielerInnen in Kasinos u. Spielhallen	74,6 %	74,6 %	94,1 %	73,6 %
Stärkere Kontrolle der Spielstättenbe-treiber	65,4 %	67,9 %	89,6 %	79,2 %
Namentliche Registrierung der SpielerInnen im Internet	68,6 %	69,7 %	82,0 %	62,0 %
Zugang für Internetspiele nur über Chipkarte, USB-Stick o. ä.	51,2 %	50,5 %	55,2 %	41,2 %
Informationen				
Aufklärung und Prävention In Schulen	77,7 %	82,1 %	60,2 %	64,9 %
Informationen im Internet	61,3 %	56,4 %	52,5 %	64,9 %
Informationsbroschüren zur Suchtthe-matik	55,6 %	54,5 %	50,7 %	54,5 %
Öffentliche Kampagnen	48,3 %	53,0 %	48,2 %	61,8 %
Angabe der Gewinnwahrscheinlichkei-ten	53,3 %	48,9 %	35,5 %	50,7 %
Schulung und Fortbildung				
Schulung des Personals von Glücks-spielanbietern	71,6 %	64,4 %	80,0 %	94,9 %
Hilfen für ProblemspielerInnen				
Spielersperren	69,0 %	73,8 %	76,4 %	82,1 %
Beratungstelefon	56,5 %	53,6 %	51,0 %	69,3 %
Selbsttests	45,7 %	50,2 %	41,7 %	53,9 %
Reduzierung des Angebots				
Staatliches Glücksspielmonopol zur Steuerung des Marktes	64,8 %	51,1 %	85,9 %	73,1 %
Spielverbot im Internet	43,5 %	41,7 %	40,0 %	31,1 %
Reduzierung der Werbung für Spielan-gebote	28,4 %	39,3 %	28,6 %	16,4 %
Reduzierung der Spielangebote	22,0 %	30,8 %	23,9 %	5,3 %

Fortsetzung der Tabelle 9.4 von Seite 251

	Lotto-Toto-Annahmestellen	Instant-Vertriebsstellen	Kasinos	WINWIN
Eingriffe in Spielstruktur				
Maximal mögliche Spieleinsätze je Monat oder Woche	22,3 %	43,6 %	44,1 %	43,8 %
Begrenzung der Quoten bei Sportwetten	23,1 %	38,7 %	35,4 %	21,1 %
Verbot von Jackpots	7,6 %	16,9 %	7,2 %	9,5 %
Alkohol- und Rauchverbote				
Verbot des Ausschanks von Alkohol in den Spielstätten	51,2 %	46,8 %	20,6 %	20,5 %
Rauchverbot in Spielstätten	nicht erhoben	nicht erhoben	13,0 %	16,9 %
Anzahl (N)	1.371	710	542	78

Bei den drei Maßnahmen, die sich explizit an problematische (oder pathologische) GlücksspielerInnen richten, besitzt die Spielersperre die größte Akzeptanz. Sie wird von den meisten Befragten befürwortet (Anteile zwischen 69 % und 82 %). Die Beurteilung des Beratungstelefons fällt dagegen ab, erzielt aber in allen vier Spielstätten noch Zustimmungswerte, die zum Teil deutlich über 50 Prozent liegen. Der Selbsttest wird ambivalent bewertet: Für ein geeignetes Instrument hält dies eine knappe Mehrheit der Vertriebsstellen- und WINWIN-MitarbeiterInnen, beim Personal der anderen beiden Spielstätten ist es sogar nur eine Minderheit.

Bei den Maßnahmen, die auf eine Beschränkung des Glücksspielmarktes abzielen, gibt es überwiegend Ablehnung durch die Befragten. Am stärksten ist diese bei dem Vorschlag, das Spielangebot zu reduzieren. Nur 5 Prozent aller WINWIN-MitarbeiterInnen äußern sich über eine solche Idee positiv. Beim Personal der anderen drei Spielstätten liegen die Zustimmungsraten diesbezüglich deutlich höher (22 % bis 31 %), aber auch hier ist es nur eine Minderheit, die Angebotsbeschränkungen befürwortet. Auch eine Einschränkung der Werbung für Glücksspiele stößt auf wenig Akzeptanz bei den Befragten (16 % bis 39 %). Beim Spielverbot im Internet ist die Ablehnung nicht ganz so ausgeprägt. Hier stimmt immerhin jede dritte bis vierte der befragten Personen zu. Das Glücksspielmonopol als Instrument zur Steuerung des Marktes wird dagegen vom Personal aller vier Spielstätten mehrheitlich befürwortet.

Eingriffe in die Struktur von Spielen werden mehrheitlich abgelehnt. Die mit bis zu 44 Prozent höchste Zustimmungsrate erreicht die Maßnahme, Spieleinsätze je Woche und Monat zu begrenzen. Die Begrenzung der Quoten von Sportwetten erhält einen Anteil positiver Nennungen, der zwischen 39 Prozent (Vertriebsstellen) und 21 Prozent (WINWIN) liegt. Am deutlichsten wird ein Verbot von Jackpots abgelehnt: es kommt nur auf Zustimmungswerte zwischen 7 und 17 Prozent.

Die Skepsis der Befragten gegenüber Verboten und strukturellen Eingriffen setzt sich bei der Beurteilung von Alkohol- und Rauchverboten in Spielstätten fort: Während es für ein Alkoholverbot bei den LeiterInnen der Annahme- und Vertriebsstellen noch ein geteiltes Meinungsbild gibt, herrscht diesbezüglich bei den Kasino- und WINWIN-MitarbeiterInnen eine klare Ablehnung vor (Zustimmung: jeweils nur 21 %). Das Gleiche gilt bei diesen beiden Befragungsgruppen für ein Rauchverbot in ihren Spielstätten (13 % bzw. 17 %).

Abschließend sei ein Einzelergebnis zur Akzeptanz von sogenannten „Testkäufen" erwähnt. Die Österreichischen Lotterien führen diese Maßnahme in ihren Annahme- und Vertriebsstellen durch, um die Einhaltung der Jugendschutzbestimmungen zu überprüfen. Jeweils zwei Drittel der LeiterInnen der Annahme- und Vertriebsstellen bewerten dieses Instrument positiv (66 %). Jede vierte bis fünfte Person lehnt es dagegen ab (Annahmestellen: 24 %, Vertriebsstellen: 18 %). 10 Prozent bzw. 16 Prozent der Befragten haben hierzu keine feste Meinung.

9.4 Einschätzungen zum Problemausmaß

Das Antwortverhalten der befragten Personalgruppen auf die Frage, inwieweit es unter der Kundschaft ProblemspielerInnen[1] gibt, fällt vollkommen unterschiedlich aus: Während diese Frage von etwa 40 Prozent der LeiterInnen der Annahme- und Vertriebsstellen bejaht wird (41 % bzw. 37 %), tun dies bei den Kasinos und WINWIN fast alle der Befragten (jeweils 97 %) (siehe Tabelle 9.5).

Dieses Muster setzt sich fort, wenn nach dem konkreten Anteil von ProblemspielerInnen unter den KundInnen gefragt wird. Die meisten LeiterInnen

---

[1] Es sei angemerkt, dass unter dem Begriff „ProblemspielerInnen" diejenigen KundInnen in den Spielstätten zusammengefasst werden, die nach Einschätzung des Personals ein riskantes oder süchtiges Spielverhalten aufweisen. Hierbei wurden den Befragten keine Diagnosekriterien (etwa nach ICD oder DSM) oder andere Definitionen vorgegeben, was unter „riskant" oder „süchtig" zu verstehen ist, sondern sie sollten diese beiden Begriffe nach ihrem Alltagsverständnis verwenden.

der Annahme- und Vertriebsstellen geben an, dass es sich hierbei um Ausnahmefälle handelt, die nur einen Bruchteil ihrer Kundschaft ausmachen. Nach einer Modellrechnung ergibt sich bei diesen beiden Spielstätten ein Anteil von 0,5 Prozent bzw. 0,6 Prozent ProblemspielerInnen.[2] Die entsprechenden Werte für den Kasino- und WINWIN-Bereich liegen mit 14 Prozent bis 18 Prozent wesentlich höher.

Tabelle 9.5: ProblemspielerInnen unter der Kundschaft

	Lotto-Toto-Annahme-stellen	Instant-Vertriebs-stellen	Kasinos: Lebend-spiel	Kasinos: Automa-tenspiel	WINWIN
KundInnen mit problematischem Spielverhalten					
Ja	41,5 %	36,7 %	97,5 %	96,9 %	97,4 %
Nein	58,5 %	63,3 %	2,5 %	3,1 %	2,6 %
Wenn ja: Wie viele KundInnen?					
es gibt nur in Ausnahmefällen solche Gäste (<2 %)	90,7 %*	84,2 %*	11,5 %	6,9 %	8,3 %
es gibt wenige solcher Gäste (2 % bis 10 %)	9,3 %	14,5 %	39,1 %	29,2 %	27,8 %
es gibt einige solcher Gäste (11 % bis 25 %)	-	1,3 %	31,0 %	35,4 %	41,7 %
es gibt viele solcher Gäste (26 % bis 40 %)	-	-	13,9 %	19,4 %	15,3 %
es gibt sehr viele solcher Gäste (>40 %)	-	-	4,5 %	9,0 %	6,9 %
Schätzung: Anteil ProblemspielerInnen**	0,6 %	0,5 %	14 %	18 %	17 %
Anzahl (N)	1.322	622	452	162	74

* Umgerechnet, andere Erfassungskategorien.

** Verfahren Schätzung: mittlerer Wert bei den ersten vier Kategorien, untere Grenze von 40,1 % bei der letzten Kategorie. Bei Anteilen über 1 % wurde gerundet, weil es sich um eine Modellrechnung handelt.

---

[2] Die Berechnung wurde wie folgt durchgeführt: Die abgefragten Ordinalskalen wurden zur Orientierung mit Prozentangaben versehen, z.B. die Kategorie „einige" (= 11 % bis 25 %) (siehe Tabelle 5). Diese Prozentangaben wurden zur Grundlage der Schätzung genommen. Dabei wurde von den ersten vier Kategorien der jeweils mittlere Wert (1 %, 6 %, 18 %, 33 %) und bei der letzten Kategorie der untere Wert von 40,1 Prozent genommen. Würden nur die jeweils unteren Werte genommen, ergäben sich Anteile von 9 Prozent (Lebendspiel), 13 Prozent (Automatenspiel) und 12 Prozent (WINWIN).

Da der Jugendschutz im Rahmen der Spielsuchtprävention eine besondere Rolle spielt, wurde abgefragt, inwieweit Kinder und Jugendliche unter 16 Jahren trotz des (freiwilligen) Verkaufsverbotes versuchen, Spiel- oder Wettscheine zu erwerben bzw. Rubbellose zu kaufen.[3] Befragt danach, wie häufig so etwas im letzten Jahr passiert ist, sagen die meisten LeiterInnen „selten" oder „manchmal" (Annahmestellen: 69 %, Vertriebsstellen: 70 %) (siehe Tabelle 9.6). Die Kategorien „mehrmals pro Monat" bis „täglich" nennen zusammengerechnet 25 Prozent bzw. 18 Prozent. Relativ wenige Personen geben an, dass dies „gar nicht" vorkommt (7 % bzw. 12 %).

Dieses Ergebnis spricht für weitere Anstrengungen beim Jugendschutz, da nach wie vor Personen unter 16 Jahren versuchen, Lotto-Produkte in den Annahme- und Vertriebsstellen zu spielen, obwohl ein Verkaufsverbot für Personen unter 16 Jahren als freiwillige Selbstverpflichtung der Österreichischen Lotterien existiert.

Tabelle 9.6: Jugendliche SpielerInnen unter 16 Jahren, die versuchen, Spielscheine abzugeben bzw. Rubbellose zu kaufen

	Lotto-Toto-Annahmestellen	Instant-Vertriebsstellen
gar nicht	6,7 %	11,8 %
selten	55,3 %	58,4 %
manchmal	13,3 %	11,5 %
mehrmals pro Monat	17,9 %	14,4 %
mehrmals pro Woche	6,2 %	3,4 %
täglich	0,6 %	0,4 %
Anzahl (N)	1.461	755

9.5 Kenntnisstand, Erkennen von und Umgang mit ProblemspielerInnen

In diesem Abschnitt werden der Kenntnisstand zum Thema Glücksspielsucht/-prävention und die entsprechende Handlungskompetenz der MitarbeiterInnen der Spielstätten vorgestellt.

In drei der vier Befragungsgruppen schätzen jeweils über 70 Prozent ihren Kenntnisstand zum Thema Glücksspielsucht als (sehr) gut ein (siehe Tabelle 9.7). Bei den LeiterInnen der Vertriebsstellen liegt der entsprechende Wert

---

3   Für die Kasinos und WINWIN ist diese Fragestellung nicht von Relevanz, da hier erst ab 18 Jahre gespielt werden darf und eine Ausweiskontrolle vorgeschrieben ist.

mit rund 57 Prozent niedriger. Hier sind es 39 Prozent, die ihren Wissensstand mit „mittelmäßig/etwas" angeben und 4 Prozent sogar mit „gar nicht". Beim Personal der anderen drei Spielstätten beträgt dieser Anteil jeweils ein gutes Viertel.

Zum Thema Hilfesystem fühlt sich ein erheblicher Teil des Personals nicht ausreichend informiert. Bei allen vier Gruppen liegt der Anteil derjenigen, bei denen ein mittelmäßiger oder schlechter Kenntnisstand vorhanden ist, bei über 40 Prozent, zum Teil auch deutlich darüber. Am besten stufen sich die MitarbeiterInnen von WINWIN ein, bei denen gut 58 Prozent die Kategorien „sehr gut" oder „gut" angekreuzt haben.

Es sei an dieser Stelle angemerkt, dass es in den Kasinos Personengruppen (Guest Relations ManagerInnen, Empfangschefs, RezeptionistInnen) gibt, die besonders zum Thema Suchtprävention geschult worden sind und hier spezielle Aufgaben wahrnehmen (unter anderem für die Umsetzung der Abläufe hinsichtlich § 25/3 Glücksspielgesetz im Kasino zuständig, Spielerschutzaufgaben im Umgang mit Gästen). Diese Personen schätzen ihren Kenntnisstand deutlich besser ein. So bezeichnen 95 Prozent von ihnen ihr Wissen über das Hilfesystem als (sehr) gut.

Tabelle 9.7: Wissensstand (Glücksspielsucht, Hilfesystem) – Selbsteinschätzung des Personals

	Lotto-Toto-Annahmestellen	Instant-Vertriebsstellen	Kasinos	WINWIN
Glücksspielsucht				
(sehr) gut	71,0 %	56,5 %	71,9 %	74,4 %
mittelmäßig/etwas	27,9 %	39,2 %	27,6 %	25,7 %
gar nicht	1,1 %	4,2 %	0,6 %	-
Hilfesystem				
(sehr) gut	54,3 %	37,9 %	51,7 %	58,5 %
mittelmäßig/etwas	37,6 %	48,3 %	46,5 %	39,0 %
gar nicht	8,0 %	13,8 %	1,8 %	2,6 %
Anzahl (N)	1.461	754	546	78

Das Personal sollte auch das Abhängigkeitspotential einzelner Glücksspielformen einschätzen. Dies geschah anhand einer vorgegebenen Skala von

„sehr stark" (1) bis „gar nicht" (5).[4] Danach wird von den Beschäftigten der vier Spielstätten das Suchtpotential von Spielautomaten als stark eingestuft (Ø 1,3 bis 1,5) – und zwar im Großen und Ganzen unabhängig davon, ob diese Geräte in Spielhallen oder Kasinos stehen (siehe Tabelle 9.8). Auch die Video Lottery Terminals werden nur als geringfügig ungefährlicher betrachtet, von den MitarbeiterInnen der WINWIN sogar identisch wie die Spielautomaten in Spielhallen und Kasinos bewertet (jeweils Ø 1,5).

Tabelle 9.8: Einschätzung des Abhängigkeitspotentials verschiedener Glücksspielformen

	Lotto-Toto-Annahmestellen	Instant-Vertriebsstellen	Kasinos	WINWIN
Lotto „6 aus 45"	3,0	2,7	2,8	2,9
Euromillionen	3,1	2,9	2,9	3,0
Rubbellose	2,5	2,6	2,7	2,9
Joker	3,6	3,1	3,2	3,5
Andere Lotterien	3,4	3,0	3,1	3,1
Sportwetten	2,5	2,0	2,0	2,2
Pferdewetten	2,4	2,1	2,1	2,2
klassische Kasinospiele (Poker, Roulette etc.)	1,7	1,6	1,8	1,6
Spielautomaten in Spielhallen/Restaurants	1,5	1,4	1,3	1,5
Spielautomaten in Kasinos	1,5	1,5	1,6	1,5
Video Lottery Terminals (VLT's)	2,2	2,1	2,0	1,5
Anzahl (N)	1.432	729	546	79

* Angegeben ist der Mittelwert. Bewertung von „sehr stark" (1) bis „gar nicht" (5).

Auf der Gefährlichkeitsskala folgen die klassischen Kasinospiele, die auf Durchschnittswerte von 1,6 bis 1,8 kommen. Dabei werden von den MitarbeiterInnen der Kasinos und WINWIN die drei klassischen Spiele Roulette, Poker und Black Jack von ihrem Gefährdungspotential her als gleichwertig eingestuft (dies wurde mit einer Extrafrage erhoben). Das Abhängigkeitspo-

---

4 Hierbei handelt es sich um so genannte Likert-skalierte Items mit folgenden Ausprägungen: 1 „sehr stark", 2 „stark", 3 „schwach", 4 „sehr schwach", 5 „gar nicht". In den Sozialwissenschaften ist es nicht unüblich die Daten, die mit Hilfe derartiger Skalen erhoben werden, als metrische Daten anzusehen.

tential von Sport- und Pferdewetten wird von allen vier Befragungsgruppen als mittelstark eingeschätzt (Ø 2,0 bis 2,5). Danach folgen die Rubbellose (Ø 2,6 bis 2,9), die von den Befragten für nicht ganz so ungefährlich wie die verschiedenen Lotterieprodukte gehalten werden. Diesen wird das geringste Suchtpotential zugesprochen (Ø 2,7 bis 3,6).

Insgesamt entspricht diese Rangfolge, die sich in sehr ähnlicher Form bei allen vier Befragungsgruppen finden lässt, dem vorhandenen internationalen Forschungsstand über das Gefährdungspotential der verschiedenen Glücksspielformen.

Tabelle 9.9: Erkennen von und Umgang mit ProblemspielerInnen – Selbsteinschätzung des Personals

	Lotto-Toto-Annahmestellen	Instant-Vertriebsstellen	Kasinos	WINWIN
Erkennen von ProblemspielerInnen				
(sehr) gut	61,5 %	46,9 %	82,0 %	91,1 %
mittelmäßig/etwas	33,3 %	43,9 %	18,0 %	8,9 %
gar nicht	5,3 %	9,2 %	-	-
Umgang mit ProblemspielerInnen				
(sehr) gut	56,8 %	45,1 %	67,7 %	66,2 %
mittelmäßig/etwas	38,6 %	45,8 %	30,8 %	33,8 %
gar nicht	4,6 %	9,1 %	1,5 %	-
Anzahl (N)	1.457	753	545	79

Das Personal sollte nicht nur eine Selbsteinschätzung hinsichtlich seines Wissensstandes abgeben, sondern auch einschätzen, wie gut es ProblemspielerInnen erkennen und mit diesen umgehen kann. Hier ist ein deutlich unterschiedliches Antwortverhalten der vier Befragungsgruppen festzustellen: Bei den LeiterInnen der Vertriebsstellen ist es nur eine Minderheit, die angibt, ProblemspielerInnen (sehr) gut erkennen und mit ihnen (sehr) gut umgehen zu können (47 % bzw. 45 %) (siehe obige Tabelle 9.9). Beim Personal der Annahmestellen stellen sich die entsprechenden Werte günstiger dar (62 % bzw. 57 %). Noch besser sind sie bei den Kasino- und WINWIN-MitarbeiterInnen, bei denen über zwei Drittel ihre Fähigkeit, mit ProblemspielerInnen umzugehen, als (sehr) gut einstufen und beim Erkennen von ProblemspielerInnen sogar positive Selbsteinschätzungen von 82 Prozent bzw. 91 Prozent zustande kommen.[5]

Da sich die Spielabläufe und damit auch die potentiellen Erkennungsmerkmale problematischen Spielens in den Spielstätten teilweise unterschiedlich darstellen, wird die nächste Auswertung getrennt nach den Bereichen Annahme-/Vertriebsstellen und Kasino/WINWIN vorgenommen.

Tabelle 9.10a: Erkennen von ProblemspielerInnen* – Lotto-Annahme- und Instant-Vertriebsstellen

Anzeichen für problematisches Spielen	Lotto-Toto-Annahme-stellen	Instant-Ver-triebsstellen
sie spielen besonders häufig	60,9 %	71,2 %
sie spielen in verschiedenen Annahmestellen	44,4 %	38,1 %
sie setzen besonders hohe Beträge ein	39,1 %	32,0 %
Auffassung, das Spielsystem überlisten zu können	29,2 %	31,0 %
sie versuchen, ihr Verhalten zu verschleiern	24,6 %	22,8 %
sie sind hoch verschuldet	21,2 %	27,3 %
sie thematisieren häufig zukünftige Gewinne	23,4 %	22,6 %
sie haben feste Rituale	21,0 %	21,8 %
sie vernachlässigen andere Interessen	18,6 %	21,7 %
sie vernachlässigen ihre Familie	16,0 %	21,1 %
sie spielen besonders viele unterschiedliche Spiele	18,5 %	15,2 %
das hat man im Gefühl	14,9 %	12,2 %
sie wirken aufgeregt oder verzweifelt bei der Bezahlung	11,5 %	10,2 %
sie haben einen hohen Alkoholkonsum	7,5 %	10,4 %
sie sagen, dass sie Probleme mit dem Spielen haben	4,3 %	6,9 %
sie machen einen kranken (auffälligen) Eindruck	5,1 %	4,8 %
man kann ProblemspielerInnen nicht erkennen	12,8 %	10,8 %
Anzahl (N)	1.403	729

* Mehrere Antworten möglich.

---

[5] Hierbei ist ferner zu beachten, dass es im Kasino ein Verfahren gibt, nach dem sich das Aufsichtspersonal zunächst an die besonders geschulten MitarbeiterInnen wenden soll, wenn der konkrete Umgang mit ProblemspielerInnen zu klären ist.

Das Personal der Annahme- und Vertriebsstellen gibt an erster Stelle an, ProblemspielerInnen daran erkennen zu können, dass sie häufig spielen (61% bzw. 71%) (siehe obige Tabelle 9.10a). Es folgen die Anzeichen „auch in anderen Annahmestellen spielen" (44% bzw. 38%) und „besonders hohe Beträge einsetzen" (39% bzw. 32%). Viele weitere potentielle Kriterien werden jeweils von jeder dritten bis sechsten befragten Person genannt. Am seltensten werden die Erkennungsmerkmale „sie sagen, dass sie Probleme mit dem Spielen haben" (4% bzw. 7%) und „sie machen einen kranken (auffälligen) Eindruck" (jeweils 5%) angegeben.

Insgesamt zeigen die Ergebnisse, dass die meisten Befragten über ein realistisches und gleichzeitig differenziertes Verständnis bezogen auf die potentiellen Anzeichen für problematisches Spielverhalten verfügen. 13 Prozent bzw. 11 Prozent der Befragten sind jedoch der Meinung, dass ProblemspielerInnen nicht zu erkennen sind. Es sollte ein Ziel suchtpräventiver Schulungen sein, diesen Anteil zu senken.

Im Kasino- und WINWIN-Bereich können aufgrund der Spielgeräte/-abläufe andere Anzeichen problematischen Spielens zum Tragen kommen. Deshalb wurde den dort beschäftigten MitarbeiterInnen eine andere umfassende Liste potentieller Erkennungsmerkmale vorgelegt; entsprechend fallen die Ergebnisse aus: Zwar wird auch hier das Merkmal „sie spielen besonders häufig" an erster Stelle von dem allergrößten Teil der Befragten genannt (83% bis 89%) (siehe Tabelle 9.10b). Die beiden dann folgenden Kriterien sind aber eher als spezifisch für die beiden genannten Spielstätten anzusehen: das mehrfache Beschaffen von Geld (62% bis 76%) und/oder Anzeichen von Unruhe während des Spielens (61% bis 73%). Vergleichsweise viele Nennungen erhalten ebenfalls die spezifischen Anzeichen „sie spielen an mehreren Geräten gleichzeitig" oder „sie schlagen/treten auf Spielgeräte ein". An letzter Stelle der potenziellen Erkennungsmerkmale wird – nur von etwa jeder/m fünften Befragten – angegeben, dass problematisches Spielen mit einem hohen Alkoholkonsum einhergeht (18% bis 23%). Noch weitaus weniger Personen sind der Auffassung, dass man ProblemspielerInnen überhaupt nicht erkennen kann (0% bis 5%).

Auch beim Kasino- und WINWIN-Personal herrschen also differenzierte und durch Erfahrungen geprägte Vorstellungen darüber vor, woran ProblemspielerInnen zu erkennen sind, auch wenn es einige stärkere Abweichungen in der Rangfolge und Gewichtung der einzelnen Kriterien zwischen dem Personal der jeweiligen Spielstätten gibt – vor allem die teilweisen Unterschiede zwischen den Bereichen Automatenspiel/Kasinos und WINWIN sind erklärungsbedürftig. Interessant ist darüber hinaus, dass sich hier einige Anhaltspunkte ergeben, wo eine angemessene Ansprache von ProblemspielerInnen ansetzen könnte (z. B. bei der Geldbeschaffung oder wenn auf Spielgeräte eingeschlagen wird).

Tabelle 9.10b: Erkennen von ProblemspielerInnen* – Kasinos und WINWIN

Anzeichen für problematisches Spielen	Kasinos: Lebend- spiel	Kasinos: Automa- tenspiel	WINWIN
sie spielen besonders häufig	84,9 %	83,3 %	88,5 %
mehrfache Geldbeschaffung während des Spielens	65,6 %	61,7 %	75,6 %
Anzeichen von Unruhe während des Spiels	70,1 %	60,5 %	73,1 %
sie vernachlässigen andere Interessen	61,0 %	51,2 %	74,4 %
sie spielen an mehreren Spielgeräten gleichzeitig	53,5 %	72,2 %	60,3 %
sie vernachlässigen ihre Familie	49,8 %	42,6 %	69,2 %
sie schlagen/treten auf die Spielgeräte ein	30,5 %	56,2 %	60,3 %
Auffassung, das Spielsystem überlisten zu können	50,6 %	33,3 %	59,0 %
sie setzen besonders hohe Beträge ein	32,4 %	40,7 %	53,8 %
sie versuchen, ihr Verhalten zu verschleiern	40,2 %	42,0 %	42,3 %
sie wirken aufgeregt oder verzweifelt bei der Bezahlung	36,5 %	34,6 %	47,4 %
sie haben feste Rituale	38,2 %	34,6 %	43,6 %
reden auf die Spielutensilien ein	27,6 %	40,1 %	44,9 %
sie sagen, dass sie Probleme mit dem Spielen haben	27,8 %	31,5 %	51,3 %
wiederholtes Warten auf Öffnung der Spielstätte	25,3 %	33,3 %	48,7 %
sie spielen an verschiedenen Spielorten	32,8 %	35,8 %	37,2 %
sie machen einen kranken (auffälligen) Eindruck	38,8 %	34,0 %	29,5 %
sie sind hoch verschuldet	28,2 %	24,1 %	42,3 %
sie thematisieren häufig zukünftige Gewinne	23,2 %	30,9 %	34,6 %
kommen mit Freunden, spielen nach deren Weggang allein weiter	21,0 %	21,0 %	33,3 %
sie erbitten Beistand von höheren Mächten (z. B. Gott)	17,0 %	18,5 %	28,2 %
das hat man im Gefühl	22,2 %	18,5 %	21,8 %
sie spielen besonders viele unterschiedliche Spiele	17,4 %	32,1 %	12,8 %
sie haben einen hohen Alkoholkonsum	18,0 %	19,8 %	23,1 %
man kann ProblemspielerInnen nicht erkennen	1,2 %	-	5,1 %
Anzahl (N)	482	162	78

* Mehrere Antworten möglich.

Auch die folgenden Angaben zum Umgang mit ProblemspielerInnen werden getrennt nach Annahme-/Vertriebsstellen und Kasino- und WINWIN-
Bereich betrachtet.

Von dem Annahme- und Vertriebsstellen-Personal, das riskante oder süchtige
GlücksspielerInnen unter seiner Kundschaft hat, berichten 22 Prozent bzw.
31 Prozent, sie haben bisher bei solchen KundInnen nichts unternommen
(siehe Tabelle 9.11a). Die anderen haben ihren spielauffälligen KundInnen
vor allem geraten, weniger zu spielen und/oder weniger Geld einzusetzen
(Anteile zwischen 19 % bzw. 24 %). Dass sie ProblemspielerInnen Faltblätter
mit Informationen zu Hilfemöglichkeiten bei Spielsucht mitgegeben haben,
berichten 14 Prozent bzw. 10 Prozent der Befragten. Ganz wenige Personen
erklären, sie haben in solchen Fällen empfohlen, sich professionelle Hilfe zu
holen (jeweils 7 %); noch seltener wird Kontakt mit der Zentrale aufgenommen (jeweils 1 %). An diesen Befragungsergebnissen zeigt sich die Notwendigkeit, durch suchtpräventive Schulungen und/oder andere geeignete Maßnahmen, den Anteil derjenigen LeiterInnen, die bei auffälligen SpielerInnen
gezielt handeln, weiter zu erhöhen.

Tabelle 9.11a: Umgang mit ProblemspielerInnen – Lotto-Annahme- und
Instant-Vertriebsstellen*

Handlungsoptionen bei ProblemspielerInnen	Lotto-Toto-An-nahmestellen	Instant-Vertriebs-stellen
empfohlen, weniger zu spielen	23,1 %	21,3 %
empfohlen, weniger Geld einzusetzen	24,2 %	18,7 %
auf sein Spielverhalten angesprochen	18,6 %	16,5 %
habe ihm ein Faltblatt mitgegeben	13,7 %	10,4 %
empfohlen, sich professionelle Hilfe zu holen	7,2 %	7,0 %
Angehörige angesprochen	8,5 %	5,2 %
Spielscheine nicht angenommen	2,5 %	0,4 %
Kontakt mit Zentrale aufgenommen	1,3 %	0,9 %
hing vom Einzelfall ab	38,3 %	32,2 %
gar nichts	21,7 %	30,9 %
Anzahl (N)	553	230

* Mehrere Antworten möglich; Datenbasis: ausschließlich diejenigen Personen, die angeben, ProblemspielerInnen unter ihrer Kundschaft zu haben.

Im Kasino- und WINWIN-Bereich stellt sich das Verhalten bei ProblemspielerInnen teilweise anders dar: Hier wird als erstes die Handlungsoption

„Kontakt mit Vorgesetztem aufgenommen" genannt (50 % bis 72 %) (siehe Tabelle 9.11b). Es folgen die Empfehlungen, „weniger zu spielen" und/oder „weniger Geld einzusetzen". Die Empfehlung, eine Spielersperre vornehmen zu lassen, hat auch schon einmal ein Teil der Befragten ausgesprochen (16 % bis 28 %); genauso wie ein Teil an einem Hausverbot mitgewirkt hat (13 % bis 24 %). Bisher gar nichts unternommen haben 18 Prozent (Lebendspiel) bzw. 12 Prozent (Automatenspiel) der Kasino-MitarbeiterInnen. Bei den besonders geschulten Personen in den Kasinos (siehe weiter vorne) sind dies nur 3 Prozent. Bei den WINWIN trifft dies auf keine Person zu.

Bei diesen Ergebnissen fällt insgesamt auf, dass die WINWIN-MitarbeiterInnen bei (fast) allen Handlungsoptionen auf deutlich höhere Anteile kommen als das zuständige Personal für das Automatenspiel in den Kasinos, dieses wiederum auf höhere Anteile als das Personal im Lebendspielbereich.

Tabelle 9.11b: Umgang mit ProblemspielerInnen – Kasinos und WINWIN*

Handlungsoptionen bei ProblemspielerInnen	Kasinos: Lebend-spiel	Kasinos: Automa-tenspiel	WINWIN
Kontakt mit Vorgesetztem aufgenommen	49,8 %	51,7 %	72,2 %
empfohlen, weniger zu spielen	26,3 %	31,7 %	54,2 %
empfohlen, weniger Geld einzusetzen	22,5 %	31,0 %	50,0 %
auf sein Spielverhalten angesprochen	24,8 %	28,3 %	40,3 %
habe ihm ein Faltblatt mitgegeben	13,4 %	28,3 %	40,3 %
empfohlen, sich professionelle Hilfe zu holen	15,0 %	24,8 %	36,1 %
Kontakt mit besonders geschultem Mitarbeiter aufgenommen	21,2 %	26,2 %	-
empfohlen, sich sperren zu lassen	15,6 %	20,7 %	27,8 %
an Hausverbot mitgewirkt	12,7 %	16,6 %	23,6 %
Kontakt mit Zentrale aufgenommen	5,1 %	12,4 %	6,9 %
Angehörige angesprochen	1,6 %	-	-
hing vom Einzelfall ab	35,9 %	37,9 %	48,6 %
gar nichts	17,9 %	11,7 %	-
Anzahl (N)	448	145	72

* Mehrere Antworten möglich; Datenbasis: ausschließlich diejenigen Personen, die angeben, ProblemspielerInnen unter ihrer Kundschaft zu haben.

Darüber hinaus berichtet die große Mehrheit der MitarbeiterInnen der Kasinos und WINWIN, dass es – zumindest in Einzelfällen – schon einmal vorgekommen ist, dass SpielerInnen ihnen unaufgefordert von Spielproblemen berichtet haben (74 % bis 85 %). Ebenso geben viele an, dass sie im Rahmen ihrer Tätigkeit schon einmal Kontakt zu Angehörigen von SpielerInnen hatten (54 % bis 70 %).

Abschließend seien die Ergebnisse zu zwei Fragen zur Informiertheit bzw. zu weiteren Informationsbedarfen des Personals dargestellt. Auf die Frage, wie gut sie sich von der Zentrale zum Themenbereich „Glücksspiel mit Verantwortung" insgesamt informiert fühlen, antworten die meisten der Befragten mit „sehr gut" oder „gut". Es ergeben sich hier zusammengerechnete Anteile zwischen 72 Prozent (WINWIN) und 89 Prozent (Annahmestellen) (siehe Tabelle 9.12). Dementsprechend sind es bei den Annahmestellen nur 10 Prozent, die hier die Kategorien „mittelmäßig" oder „etwas" angeben; bei den WINWIN beträgt dieser Anteil immerhin 27 Prozent. In allen vier Spielstätten gibt es nur ganz wenige Personen, die sich überhaupt nicht informiert fühlen (0,4 % bis 1,6 %).

Tabelle 9.12: Informiertheit zum Thema „Glücksspiel mit Verantwortung" durch die Zentrale

	Lotto-Toto-An-nahmestellen	Instant-Vertriebs-stellen	Kasinos	WINWIN
sehr gut	53,5 %	35,1 %	24,7 %	19,0 %
gut	35,2 %	40,8 %	51,4 %	53,2 %
mittelmäßig	8,6 %	17,8 %	20,3 %	21,5 %
etwas	1,7 %	4,7 %	3,3 %	5,1 %
gar nicht	1,0 %	1,6 %	0,4 %	1,3 %
Anzahl (N)	1.438	746	543	79

Den MitarbeiterInnen wurde ebenfalls die Frage gestellt, inwieweit bei ihnen noch Informationsbedarf bezüglich suchtpräventiver Themen bestehen würde. Die Antworten zeigen, dass hier eine unterschiedliche Situation bei den vier Befragungsgruppen gegeben ist: Während etwa die Hälfte der LeiterInnen der Annahme- und Vertriebsstellen sich als ausreichend informiert ansieht und keine weiteren Informationswünsche geltend macht, ist dies beim Personal der Kasinos und WINWIN nur bei einer kleinen Minderheit der Fall (20 % bzw. 10 %) (siehe Tabelle 9.13). So artikulieren die beiden zuletzt genannten Gruppen bei allen Themenbereichen – mit Ausnahme genereller Informationen zu Sucht und Abhängigkeit – einen größeren Informationsbedarf als das Personal der Annahme- und Vertriebsstellen. Das gilt insbesondere für die Inhalte, bei denen es um einen angemessenen Umgang mit ProblemspielerInnen geht: Kommunikationstraining (43 % bzw. 49 %) und Aufzeigen von Eingriffsmöglichkeiten (43 % bzw. 58 %).

Es stellt sich die Frage, warum die Informationsbedarfe bei den LeiterInnen der Annahme- und Vertriebsstellen nicht im Einklang mit ihren Selbsteinschätzungen hinsichtlich Wissen, Erkennen von und Umgang mit ProblemspielerInnen stehen, da diese Aspekte von einem erheblichen Anteil als mittelmäßig bis schlecht eingeschätzt werden (siehe vorne), gleichzeitig aber nur ein geringer Informationsbedarf geäußert wird. Beim Personal der Kasinos und WINWIN entsprechen sich diese Angaben im Großen und Ganzen.

Tabelle 9.13: Weiterer Informationsbedarf

	Lotto-Toto-Annahme-stellen	Instant-Ver-triebs-stellen	Kasinos	WINWIN
Informationen zum Thema Sucht und Abhängigkeit	15,2 %	20,1 %	16,5 %	17,9 %
Informationen zum Thema Glücks-spielsucht	12,7 %	15,6 %	29,7 %	29,5 %
Informationen über Hilfeangebote	17,6 %	14,0 %	36,1 %	42,3 %
Informationen zum Spielerschutz-konzept	11,3 %	9,2 %	15,2 %	25,6 %
Austausch mit anderen Kollegen	8,6 %	4,9 %	27,1 %	34,6 %
Wahrnehmungstraining	13,6 %	12,1 %	22,7 %	26,9 %
Allgemeines Kommunikationstrai-ning	16,7 %	12,0 %	42,9 %	48,7 %
Aufzeigen von Eingriffsmöglich-keiten	14,5 %	11,3 %	43,3 %	57,7 %
keine weiteren Informationen erforderlich	49,5 %	56,1 %	19,9 %	10,3 %
Anzahl (N)	1.365	692	538	78

Teil E

Integrative Analyse

10 ZUSAMMENFASSUNG

Jens Kalke, Sven Buth, Moritz Rosenkranz, Christian Schütze, Harald Oechsler, Uwe Verthein

Das nachfolgende Kapitel ist in zwei Themenbereiche unterteilt. Zunächst erfolgt eine kurze Darstellung der wichtigsten Ergebnisse der einzelnen Studienteile (siehe 10.1). Dem schließt sich eine zusammenfassende Betrachtung a) der in den einzelnen Befragungen ermittelten Prävalenzen problematischen Glücksspielens, b) des internationalen Forschungsstands zu den Effekten präventiver Interventionen im Glücksspielbereich sowie c) der Akzeptanz der einzelnen Befragungsgruppen gegenüber den verschiedenen präventiven Maßnahmen an (siehe 10.2). Dieser Abschnitt dient gleichzeitig der methodischen Vorbereitung der im Kapitel 11 dargestellten Formulierung von Empfehlungen für die Glücksspielsuchtprävention sowie der Bewertung der aktuellen rechtlichen Verankerung von Spielerschutzmaßnahmen in Österreich (siehe Kapitel 11.1) und ihrer Gegenüberstellung zu den formulierten Empfehlungen (siehe Kapitel 11.2).

10.1 Zentrale Ergebnisse der Literaturanalyse, Bestandsaufnahmen und Befragungen

Wissenschaftlicher Kenntnisstand über die Effekte von Präventionsmaßnahmen im Glücksspielbereich

- Die Auswertung von Evaluationsstudien zeigt, dass mit schulbasierten Programmen, Spielersperren, Personalschulungen, Medienkampagnen, Informationsmaterialien, Spielerschutzmaßnahmen für das Internet und Eingriffen in die Spielstruktur positive präventive Effekte (auf Wissen, Einstellungen, Verhalten der Zielgruppe) erzielt werden können.

- Hingegen liegen bei Maßnahmen zur Beschränkung der Angebotsdichte, Entwicklung von Früherkennungsinstrumenten sowie Alkohol- und Rauchverboten in Spielstätten bisher widersprüchliche Forschungsergebnisse vor, die keine eindeutigen Schlussfolgerungen auf deren präventive Wirksamkeit zulassen.

- Zu drei möglichen Präventionsmaßnahmen konnten keine Evaluationen in Bezug auf ihre Effekte gefunden werden: Altersregelungen, Selbsttests und Interventionen der Schuldnerberatung.

Strukturen, Angebote und Spielerschutz

- Glücksspiele in Österreich sind grundsätzlich verboten, es sei denn, sie finden im staatlichen (Bundes-)Monopol statt. In diesem wird den Konzessionären die Verpflichtung auferlegt, Glücksspiele in Spielbanken und als Lotterien anzubieten. Für den Vertrieb dieser Produkte stehen der terrestrische und der Weg über das Internet zur Verfügung. Daneben besitzen die Bundesländer die Möglichkeit, das – jenseits des Glücksspielmonopols mögliche – Glücksspiel an Glücksspielautomaten mit definierten Einsatz- und Verlustgrenzen zu untersagen. (Sport-)Wetten werden in Österreich nicht als Glücksspiel begriffen.

- Die aktuelle Gesetzesnovellierung (Sommer 2010) behält diese Struktur bei und bindet den Glücksspielautomatenmarkt jenseits der Kasinos zur besseren fiskalischen Kontrolle stärker an den Bund. Das Spiel an diesen Automaten wird neuen Vorgaben unterworfen, die Veränderungen beim Spielerschutz – wie z. B. Zugangskontrollen zu den Spielstätten oder erhöhte Einsatzgrenzen – mit sich bringen.

- Insgesamt verzeichnet der vielfältige Glücksspielmarkt Österreichs einen starken Umsatzanstieg in den letzten Jahren; verantwortlich hierfür sind die Segmente Onlinespiele und Geldspielautomaten, andere Bereiche stagnieren.

Das Hilfesystem für problematische GlücksspielerInnen

- Hilfsangebote für problematische und pathologische SpielerInnen stehen in allen neun Bundesländern zur Verfügung. Lücken in der flächendeckenden Versorgung können vor allem in Teilen Nieder- und Oberösterreichs ausgemacht werden.

- Im ambulanten Bereich wird das Angebot der Krisenintervention in vier Bundesländern, jenes der Existenz sichernden Sofortmaßnahmen in Form von Schuldenberatung innerhalb der Hilfeeinrichtung nur in fünf Ländern vorgehalten. Auch hinsichtlich gruppentherapeutischer Angebote, deren Bedeutung für die Behandlung der Glücksspielsucht von ExpertInnen immer wieder hervorgehoben wird, kann für den ambulanten Bereich ein Mangel konstatiert werden; insbesondere „reine" SpielerInnengruppen wurden lediglich in vier Bundesländern identifiziert.

- Im Hinblick auf bestehende ambulante Angebote berichten ExpertInnen von Kapazitätsengpässen. Demnach sind beispielsweise in der Steiermark Wartezeiten von vier bis sechs Wochen die Regel, zudem könnten Termine, anders als häufig im Beratungsprozess nötig, maximal alle zwei Wochen, oft aber nur alle drei Wochen angeboten werden.

- Auf Grundlage der vorliegenden Informationen wurden für ganz Österreich fünf Selbsthilfegruppen für SpielerInnen identifiziert.

- Stationäre Angebote für pathologische GlücksspielerInnen mit einer Hauptdiagnose nach ICD-10 konnten, mit Ausnahme des Burgenlandes und Oberösterreichs, in allen Bundesländern gefunden werden. Die Aufnahme einer stationären Therapie ist jedoch mit langen Wartezeiten verbunden. Zudem ist die von einem Teil der ExpertInnen kritisierte Praxis verbreitet, pathologische SpielerInnen gemeinsam (in Therapiegruppen) mit Personen zu behandeln, die keine Glücksspiel-, sondern eine Substanzproblematik aufweisen.

Interviews mit ExpertInnen

- Fast alle ExpertInnen schreiben dem Automatenglücksspiel in Kasinos sowie in Spielhallen und Gastronomie ein (sehr) starkes Suchtpotential zu. Ein Großteil der ExpertInnen bewertet ebenso klassische Kasinospiele in dieser Weise und bescheinigt auch den Sportwetten ein (sehr) starkes Suchtpotential. Des Weiteren lehnen fast alle ExpertInnen die derzeitige rechtliche Regelung in Österreich vehement ab, Sportwetten nicht als Glücksspiel zu betrachten.

- Bevölkerungsgruppen, die eine höhere Affinität zu Glücksspielen besitzen, sind nach Meinung der ExpertInnen junge Männer, Jugendliche aus sozial schwächer gestellten Familien sowie (jugendliche) MigrantInnen. Außerdem seien die BewohnerInnen der Städte im Hinblick auf Glücksspiele gefährdeter, da dort das Angebot größer sei und das Angebot die Nachfrage bestimme.

- Die ExpertInnen führen verschiedene Bereiche auf, in denen sie Defizite bei der Glücksspielsuchtprävention ausmachen: Es werden allgemeine Schwächen wie ein fehlendes Gesamtkonzept, zu wenig Präventionsfachstellen und mangelhafte Aufklärung über Gefahren des Glücksspiels, aber auch konkrete Defizite beim Spielerschutz bzw. bei diesbezüglichen gesetzlichen Regelungen genannt. Auch zielgruppenorientierte Angebote, die sich z. B. an junge Menschen und bestimmte vulnerable Gruppen richten, seien unzureichend und es wird moniert, dass bestehende Präventionsmaßnahmen oft nicht ausreichend kontrolliert würden.

- Fast alle ExpertInnen sind der Ansicht, dass die österreichische Bevölkerung wenig bis gar nichts über potentielle Gefährdungen durch Glücksspiel wisse. Sowohl in qualitativer als auch quantitativer Hinsicht sei die Aufklärung über Gefahren des Glücksspiels unzureichend.

• Die Akzeptanz von Maßnahmen der Glücksspielsuchtprävention in der Bevölkerung wird von den ExpertInnen tendenziell als eher hoch eingeschätzt, so z. B. bei der allgemeinen Verbesserung des Informationsstandes der Bevölkerung oder beim Jugendschutz. Gefordert wird hier im Sinne der Verhältnisprävention, dass Jugendlichen der Zugang zu Glücksspielen konsequent verwehrt werden müsse.

Repräsentativbefragung der Bevölkerung

• 42 % der österreicherischen Bevölkerung (14 bis 65 Jahre) haben innerhalb der zurückliegenden 12 Monate an Glücksspielen teilgenommen. Am häufigsten werden Lotterieprodukte erworben. Klassische Kasinospiele, Sportwetten und Glücksspielautomaten werden überdurchschnittlich häufig von Männern, der Altersgruppe der 18- bis 35-Jährigen, Personen mit Pflichtschulabschluss und Arbeitslosen nachgefragt. Die Spielteilnahme unterscheidet sich in den einzelnen Bundesländern kaum. In Wien liegt der Anteil der AutomatenspielerInnen (außerhalb der Kasinos) jedoch bemerkenswert höher als in den anderen Landesteilen.

• Insgesamt weisen bezogen auf das letzte Jahr 0,4 Prozent der Befragten ein problematisches und 0,7 Prozent ein pathologisches Spielverhalten nach DSM-IV[1] auf. Unter den SpielerInnen, die innerhalb der letzten 12 Monate an einem Glücksspiel teilnahmen, betragen die Prävalenzen 1,0 Prozent bzw. 1,6 Prozent.

• Das größte Gefährdungspotential der in Österreich angebotenen Glücksspiele besitzen die Glücksspielautomaten. Die Prävalenz problematischen und pathologischen Spielens ist bezüglich dieser Spielart mit Abstand am höchsten. Es folgen die Sportwetten und – schon mit deutlichem Abstand – die klassischen Kasinospiele. Die geringsten Anteile finden sich bei den Lotterien.

• Von überdurchschnittlich hohen Problemprävalenzen sind die 18- bis 35-Jährigen, Personen mit Pflichtschulabschluss, Arbeitslose, gering Verdienende und SpielerInnen mit häufiger Spielteilnahme und hohem Geldeinsatz betroffen. Zudem weisen Personen mit Migrationshintergrund sowie Befragte, in deren Familien aktuell glücksspielbezogene Probleme bestehen, ein erhöhtes Risiko auf, selbst Spielprobleme zu entwickeln. In

---

[1] Für die Bestimmung der Glücksspielprobleme wurde das diagnostische und statistische Manual psychischer Störungen (DSM-IV) herangezogen. Es beinhaltet 10 Kriterien, welche die wesentlichen Charakteristika einer Spielsucht abbilden. Von einem pathologischen Spielverhalten innerhalb der letzten 12 Monate vor der Befragung ist dann auszugehen, wenn eine Person fünf oder mehr dieser Kriterien erfüllt. Bei drei oder vier zutreffenden Kriterien ist das Spielverhalten als problematisch anzusehen.

Bezug auf die Spielorte haben die Spielhallen mit Abstand den höchsten Anteil von KundInnen mit einem problematischen oder pathologischen Spielverhalten. Es folgen die Wettbüros/-Cafés und das Internet.

- Im Rahmen der Repräsentativerhebung ist auch die Zustimmung zu einer Vielzahl möglicher Spielerschutzmaßnahmen erfragt worden. Der generellen Festsetzung des Mindestalters von 18 Jahren für die Glücksspielteilnahme stimmen neun von zehn ÖsterreicherInnen zu. Etwa zwei Drittel befürworten eine Reduzierung glücksspielbezogener Werbung sowie die Implementierung von technischen Zugangsschranken beim Onlineglücksspiel. Auf überwiegende Ablehnung stoßen hingegen ein Verbot von Jackpots sowie die zeitliche Verlegung der Ziehung der Lottozahlen in die Abendstunden.

Befragung von SpielerInnen terrestrischer Glücksspiel- und Wettangebote

- Grundlage dieser Auswertungen waren die Befragungen von SpielerInnen an Automaten außerhalb der Kasinos bzw. in Kasinos, von SportwetterInnen sowie von SpielerInnen klassischer Kasinospiele. Der höchste Anteil von pathologischen SpielerInnen (nach DSM-IV) findet sich unter den NutzerInnen des Automatenspiels in der Spielhalle (47%), gefolgt von den SportwetterInnen (20%), den klassischen KasinospielerInnen (17%) und den AutomatenspielerInnen im Kasino (15%). Ein problematisches Spielverhalten wurde für 19% der AutomatenspielerInnen außerhalb des Kasinos, 17% der SpielerInnen des klassischen Lebendspiels im Kasino, 15% der AutomatenspielerInnen im Kasino und 10% der SportwetterInnen erhoben.

- Bezüglich aller vier Spielarten zeigt sich, dass der Anteil von Personen mit Migrationshintergrund in der Gruppe der pathologischen SpielerInnen höher ist als unter den unproblematischen SpielerInnen. Am deutlichsten wird dies bei den pathologischen AutomatenspielerInnen (Spielhalle), von denen fast jede/r Dritte (30%) einen Migrationshintergrund hat, während dies nur auf 8 Prozent der unproblematischen GlücksspielautomatenspielerInnen zutrifft. Bei den restlichen drei Spielarten liegt der Anteil der Personen mit Migrationshintergrund in den jeweiligen Gruppen der pathologischen SpielerInnen um ca. 4 Prozentpunkte höher als in den Vergleichsgruppen.

- Unabhängig von der Spielart sind die Anteile arbeitsloser SpielerInnen in den Gruppen mit pathologischem Spielverhalten immer höher als in den Gruppen der unproblematischen SpielerInnen. So geben beispielsweise 16 Prozent der pathologischen SpielerInnen klassischer Kasinospiele an, arbeitslos zu sein; bei den unproblematischen KasinospielerInnen liegt der entsprechende Anteil bei 1 Prozent.

- Etwa die Hälfte der SportwetterInnen (51 %) sowie der SpielerInnen an Automaten außerhalb des Kasinos (48 %) haben das Faltblatt zum Spielerschutz, das in den Spielstätten ausgelegt ist, noch nie bemerkt, während dies nur auf gut ein Drittel der SpielerInnen im Kasino (Lebendspiel: 35 %, Automatenspiel: 38 %) zutrifft.

- Viele mögliche Präventionsmaßnahmen stoßen in den verschiedenen SpielerInnengruppen nur auf eine geringe Akzeptanz, wie z. B. das Verbot von Jackpots, das Verbot der Stopptaste an Spielautomaten oder die Reduzierung der Spielangebote. Hohe Zustimmung hingegen gibt es zu Maßnahmen des Jugendschutzes wie ein Mindestalter für die Spielteilnahme von 18 Jahren oder Alterskontrollen durch das Anbieterpersonal.

Befragung von OnlineglücksspielerInnen und OnlinesportwetterInnen

- Etwas mehr als ein Drittel der win2day-Befragten spielt lediglich ein bis drei Mal im Monat online um Geld. Nahezu ein Viertel nimmt zwischen 11 und 30 Tage pro Monat an Glücksspielen im Internet teil. Die Hälfte aller aktiv spielenden Befragten gibt mindestens 60 Euro im Monat für das Glücksspiel aus. In Bezug auf die OnlinesportwetterInnen sind es 26 %, welche an mindestens elf Tagen im Monat ihre Wetten platzieren. Der mittlere Geldeinsatz (Median) liegt mit 36 Euro deutlich unter dem der OnlinespielerInnen.

- 11 Prozent der OnlinespielerInnen erfüllen ausschließlich eines der beiden Kriterien des Lie/Bet-Screens[2] und sind demnach als zumindest gefährdet anzusehen. Von einem Spielproblem im engeren Sinne (beide Lie/Bet-Kriterien erfüllt) sind 5 Prozent betroffen. Die Anteile bei den SportwetterInnen liegen jeweils auf einem ähnlich hohen Niveau.

- Besonders hohe Problemprävalenzen zeigen sich bei den 18- bis 35-Jährigen, Arbeitslosen, Spieler- und WetterInnen mit hohen Geldeinsätzen, jenen mit häufigen Änderungen der selbst gesetzten Limits für Geldeinsatz und Spielzeit sowie jemals gesperrten Befragten. Bei den SportwetterInnen sind zudem Personen mit Migrationshintergrund überdurchschnittlich häufig von wettbezogenen Problemen betroffen.

---

[2] Der Lie/Bet-Screen besteht aus zwei Fragen. Diese wurden aus den diagnostischen DSM-IV- Kriterien abgeleitet und lauten:
1) Haben Sie jemals das Bedürfnis gespürt, um immer mehr Geld zu spielen?
2) Haben Sie jemals gegenüber Menschen, die Ihnen wichtig waren, über das Ausmaß Ihres Spielens lügen müssen?
Wird von einem Befragten mindestens eine dieser Fragen bejaht, dann gilt diese Person als potentieller Problemspieler. Zu beachten ist jedoch, dass sich die ermittelten Werte auf die gesamte Lebensspanne eines Befragten beziehen, während der in den anderen Teilstudien eingesetzte DSM-IV-Test Spielprobleme im Zeitraum der letzten 12 Monate abbildet.

- Ca. 40 Prozent der OnlinespielerInnen haben sich schon einmal die Spielerschutzseite des Glücksspielanbieters angesehen. Nur wenig geringer ist jedoch auch der Anteil derer, die den Hinweis zu dieser Seite bisher noch nie bemerkt haben. Ein ähnliches Bild zeigt sich bei den OnlinesportwetterInnen. Nahezu ein Drittel hat die Spielerschutzseite von tipp3 bisher nicht zur Kenntnis genommen.

- Der Einführung von Spielerschutzmaßnahmen, die auf eine Reduzierung des Angebots bzw. eine Beschränkung des Zugangs fokussieren, stehen die OnlinespielerInnen wie auch die OnlinesportwetterInnen überwiegend ablehnend gegenüber. Ein Verbot der Glücksspielteilnahme Minderjähriger wird hingegen von jeweils 97 Prozent begrüßt.

Befragung des Personals der Glücksspielanbieter

- Das Personal der Glücksspielanbieter (Lotto-Toto-Annahmestellen, Instant-Vertriebsstellen, Kasinos, WINWIN) schätzt den Kenntnisstand der Bevölkerung zu den Gefahren des Glücksspiels wie Verschuldung und Sucht als eher schlecht ein.

- Jugendschutzbestimmungen besitzen beim befragten Personal die höchste Akzeptanz. Das gilt für ein Spielverbot für Minderjährige genauso wie für die Durchführung von Alterskontrollen.

- Abgelehnt werden dagegen Maßnahmen der Angebotsreduzierung, wie die Einschränkung des Spielangebots und seiner Werbung oder ein Verbot von Jackpots.

- Die MitarbeiterInnen der Kasinos und WINWIN schätzen den Anteil von ProblemspielerInnen in ihren Spielstätten auf 14 Prozent bzw. 18 Prozent. Bei den Lotto-Annahmestellen und Instant-Vertriebsstellen beträgt der entsprechende Anteil dagegen etwa 0,5 Prozent.

- Ein erheblicher Teil des Personals fühlt sich nicht ausreichend zum Thema „Hilfsangebote für Glücksspieler" informiert (z. B. Lotto-Annahmestellen: 46 %, Kasino: 48 %). Ein weiterer Schulungsbedarf wird beim Umgang mit ProblemspielerInnen (Kommunikationstraining, Aufzeigen von Eingriffsmöglichkeiten) artikuliert.

10.2 Zusammenfassende Betrachtung der Ergebnisse

10.2.1 Gefährdungspotential der verschiedenen Glücksspielformen – Prävalenzen problematischen Glücksspielens

Erklärtes Ziel der Glücksspielsuchtprävention ist die Verhinderung bzw. Reduzierung glücksspielbezogener Probleme. Aus den Darlegungen zu den Ergebnissen der verschiedenen Teilstudien wurde bereits deutlich, dass den Glücksspielarten ein unterschiedliches Gefährdungspotential inhärent ist. Dementsprechend müssten Maßnahmen zum Spielerschutz insbesondere in den Bereichen des Glücksspielmarktes implementiert bzw. intensiviert werden, welche eine besonders hohe Anzahl von KundInnen mit einem problematischen oder pathologischen Spielverhalten aufweisen. Die in den verschiedenen Teilstudien ermittelten diesbezüglichen Prävalenzen können in diesem Zusammenhang als ein valider Marker für das Gefährdungspotential der verschiedenen in Österreich angebotenen Glücksspiele angesehen werden und sind in Tabelle 10.1 zusammenfassend dargestellt.

Aufgrund ihrer sehr unterschiedlichen methodischen Anlage und der verschiedenen Instrumente (DSM-IV; Lie/Bet; Einschätzung des Personals) weichen die in den einzelnen Studien festgestellten Problemprävalenzen für die Glücksspielarten z. T. deutlich von einander ab. Gleichwohl zeichnet sich eine studienübergreifende Rangfolge des Gefährdungspotentials der untersuchten Glücksspiele ab. Lotterieprodukte nehmen diesbezüglich den untersten Rang ein. Sie haben unabhängig von der Untersuchungsstichprobe jeweils die geringsten Anteile von TeilnehmerInnen mit problematischem Spielverhalten (1 % bis 3 %). Die Sportwetten, die klassischen Kasinospiele sowie die Automatenspiele in den Kasinos weisen im Vergleich zu den Lotterien bereits deutlich höhere Anteile von ProblemspielerInnen auf. Nochmals erheblich höher als bei den letztgenannten Glücksspielen sind – mit Ausnahme der Onlinebefragung – die Prävalenzen problematischen und pathologischen Spielens bei den Befragten, die an Automatenspielen außerhalb der Kasinos teilnehmen (33 % bzw. 66 %). Dieser letztgenannte Personenkreis ist somit ganz offensichtlich einer besonders intensiven Gefährdung ausgesetzt, glücksspielbezogene Auffälligkeiten bzw. Störungen zu entwickeln.

Entsprechend dieser (abgeleiteten) Rangordnung des Gefährdungspotentials sollte – um das oben formulierte Ziel der Glücksspielsuchtprävention bestmöglich zu erreichen – auf die Verbesserung des Spielerschutzes in dem Bereich der Automatenspiele ein besonderer Fokus gelegt werden. Die hohen Problemprävalenzen machen deutlich, dass die bisher gesetzlich vorgeschriebenen als auch zusätzlich freiwillig von den Anbietern implementierten Maßnahmen nicht dazu geeignet waren, das hohe Suchtpotential dieser

Glücksspiele auf ein akzeptables Maß einzuschränken. Eine Ausweitung und Verbesserung bestehender Spielerschutzregelungen ist aber auch bei den in den Kasinos angebotenen Glücksspielen sowie den Sportwetten dringend angeraten, da sich auch hier die bisherigen Spielerschutzkonzepte als nicht ausreichend erwiesen haben. Bei den Lotterien besteht hingegen nur ein begrenzter Handlungsbedarf.

Tabelle 10.1: Anteil von ProblemspielerInnen in den einzelnen Befragungsmodulen

	Repräsentativ-befragung (DSM-IV)	SpielerInnen-befragung (DSM-IV)	Befragung von OnlinespielerInnen (Lie/Bet – beide Kriterien)	Personal-befragung (Schätzung)
Lotterien	2 %	2 %	3 %	1 %
Sportwetten	13 %	30 %	5 %	/
klassische Kasino-spiele	7 %	34 %	7 %	14 %
Automaten in Kasinos	14 %	30 %	/	18 %
Automaten außerhalb Kasinos	33 %	66 %	6 %	/

10.2.2 Internationaler Forschungsstand zu den Effekten präventiver Maßnahmen im Glücksspielbereich

Die zusammenfassende Betrachtung zum internationalen Forschungsstand zeigt zunächst, dass bisher nur wenige Evaluationen und Übersichtsarbeiten zu den Effekten präventiver Interventionen im Glücksspielbereich vorliegen. Häufig sind dies pro Maßnahme nur drei bis fünf Studien (siehe Tabelle 10.2). Von daher muss insgesamt von einem nicht abgesicherten Kenntnisstand gesprochen werden.

In den vorhandenen Evaluationsstudien lassen sich jedoch bei vielen verhaltens- und verhältnispräventiven Maßnahmen empirische Hinweise für ihre positive Wirkung auf das Wissen, die Einstellung oder das Spielverhalten der jeweiligen Zielgruppe finden. Das betrifft einen Großteil der in der folgenden Tabelle 10.2 aufgeführten Maßnahmen, bei denen jeweils der Kenntnisstand stichwortartig wiedergegeben ist und dieser gleichzeitig klassifiziert wird. Ein „+" steht dabei für das Vorliegen von Hinweisen auf positive Wirkungen, eine „0" bedeutet einen unklaren Forschungsstand.

Tabelle 10.2: Internationaler Forschungsstand zu den Effekten präventiver Maßnahmen im Glücksspielbereich

Maßnahmen	Anzahl einbe- zogener Eva- luationen, Übersichtsar- beiten	Kenntnisstand	Klassifi- zierung
Schulbasierte Programme und Projekte	12	positive Auswirkungen auf Wissen und Einstellungen	+
Informationsmaterialien und Medienkampagnen	13	positive Auswirkungen auf Wissen und Einstellungen, Zunahme von Kontakten bei Hilfeeinrichtungen	+
(elektronische) Warnhin- weise	6	positive Auswirkungen auf Einstellun- gen (Abbau von Kontrollillusionen u. kognitiven Verzerrungen) u. Spielver- halten	+
Telefonische und inter- netgestützte Beratungs- angebote	2	positive Auswirkungen auf die In- anspruchnahme weiterer Hilfen, Lebenszufriedenheit und Verständnis eigenen Verhaltens	+
Früherkennung durch das Aufsichts- bzw. Verkaufs- personal	3	einige Instrumente sind entwickelt, aber noch nicht validiert worden	0
Schulung des Aufsichts- und Verkaufspersonals	3	positive Auswirkungen auf Wissen und Einstellungen sowie den Umgang mit ProblemspielerInnen	+
Spielersperren	4	positive Auswirkungen auf die Le- benszufriedenheit und Verständnis des eigenen Verhaltens	+
Spielerschutz bei Glücks- spielangeboten im In- ternet	4	positive Auswirkungen auf Inan- spruchnahme von Selbsttests und Selbstsperren sowie Spielverhalten	+
Eingriffe in die Spiel- struktur	4	positive Auswirkungen auf Spielver- halten	+
Alkoholverbot	5	unterschiedliche Ergebnisse: teils positive, teils keine Auswirkungen auf Spielverhalten	0
Rauchverbot	2	positive Auswirkungen auf Spielver- halten in der Spielstätte, unklar sind Auswirkungen auf das gesamte Spiel- verhalten	0
Beschränkung der Ange- botsdichte	3	unterschiedliche Ergebnisse: teils positive, teils keine Auswirkungen auf Spielverhalten	0

Legende: + = Hinweise auf positive Wirkung (Wissen, Einstellung, Verhalten), 0 = unklarer Forschungsstand

Unter anderem lassen sich für folgende Maßnahmen empirische Hinweise für ihre Wirksamkeit finden: Schulbasierte Programme, Informationsmaterialien, elektronische Warnhinweise, Spielersperren und Eingriffe in die Spielstruktur. Bei wenigen Maßnahmen ist der Forschungsstand dagegen unklar; hier liegen bislang ambivalente Befunde vor. Das gilt für die Anwendung von Früherkennungsinstrumenten problematischen Glücksspielens, Alkohol- und Rauchverbote sowie die Beschränkung der Angebotsdichte.

10.2.3 Akzeptanz präventiver Maßnahmen im Glücksspielbereich

Der Erfassung der Akzeptanz von verhaltens- und verhältnispräventiven Maßnahmen wurde im Rahmen der Gesamtstudie ein hoher Stellenwert eingeräumt. Diese Informationen sind wichtig, wenn die Realisierung bestimmter Maßnahmen geplant ist. Mit welchen Widerständen, mit welcher Zustimmung ist zu rechnen? Hierbei kann es auch zu unterschiedlichen Bewertungen kommen, beispielsweise kann eine bestimmte Maßnahme von der Allgemeinbevölkerung anders als von den SpielerInnen selbst beurteilt werden. Es können sich somit konkrete Anknüpfungspunkte für praktisches und politisches Handeln ergeben.

Es hat bei den verschiedenen Befragungsgruppen – Allgemeinbevölkerung (RB), ExpertInnen (EI), Personal von Glücksspielanbietern (PB), SpielerInnen (SB), OnlinespielerInnen (OB) – keine einheitlichen Maßnahmenkataloge gegeben, deren Akzeptanz abgefragt worden ist. Dies lag zum einen an der Begrenztheit möglicher Fragestellungen (z. B. bei der Befragung der OnlinespielerInnen) und zum anderen an dem spezifischen Erkenntnisinteresse bei den jeweiligen Befragungsgruppen.

Die Akzeptanz wurde entweder anhand einer Skala von „sehr geeignet" (1) bis „überhaupt nicht geeignet" (5) oder in der dichotomen Form „stimme ich zu"/„lehne ich ab" abgefragt. In der folgenden Tabelle 10.3 sind die Anteile für diejenigen ausgewiesen, die die entsprechende Maßnahme mit „sehr geeignet" oder „geeignet" bzw. „stimme ich zu" bewertet haben. In Hinblick auf die Darstellung der Empfehlungen wurde dabei die folgende Festlegung getroffen: Wenn mehr als 66 Prozent der Befragten eine Maßnahme befürworten, bedeutet dies eine hohe Akzeptanz (h); bei mehr als 50 Prozent eine mittlere Akzeptanz (m); unter 50 Prozent eine geringe Akzeptanz (g). Ein „n" bedeutet, dass die Akzeptanz nicht erhoben worden ist (siehe Kapitel 11.1).

Insgesamt wurde die Akzeptanz von 35 potentiellen Maßnahmen der Glücksspielsuchtprävention abgefragt. Diese können – grob – in folgende Kategorien eingeteilt werden:

- Jugendschutz und Kontrollen
- Informationen
- Hilfen für ProblemspielerInnen
- Reduzierung des Angebots
- Eingriffe in Spielstruktur
- Alkohol- und Rauchverbote
- Sonstige

Die Zusammenschau der verschiedenen Erhebungen zur Akzeptanz zeigt, dass Maßnahmen des Jugendschutzes auf eine hohe Akzeptanz bei allen Befragungsgruppen stoßen. So kommt beispielsweise das Spielverbot für Minderjährige auf Zustimmungsraten, die zwischen 74 Prozent (ExpertInnen) und 97 Prozent (OnlinespielerInnen) liegen (siehe Tabelle 10.3).

Maßnahmen, die der Informationsvermittlung dienen, wie Aufklärungskampagnen oder Informationen im Internet, besitzen insgesamt betrachtet eine eher mittlere Akzeptanz.

Bei den Hilfeangeboten und Instrumenten, die sich primär an ProblemspielerInnen richten, wird differenziert geurteilt: Selbsttests schneiden eher schlecht ab, während Spielersperren positiv bewertet werden.

Bei den Maßnahmen zur Reduzierung des Angebotes kann tendenziell festgestellt werden, dass sie von einer Mehrheit der SpielerInnen und des Personals von Glücksspielanbietern abgelehnt werden, während sie bei der Allgemeinbevölkerung und den ExpertInnen auf eine mittlere bis hohe Akzeptanz treffen. Aber selbst hier gibt es Ausnahmen: So wird ein Spielverbot im Internet nur von einer kleinen Minderheit der ExpertInnen gefordert (16%).

Noch stärker ist die Ablehnung bei möglichen Eingriffen in die Struktur von Glücksspielen. Beispielsweise wird ein Verbot von Jackpots von einer überwältigenden Mehrheit aller fünf Befragungsgruppen abgelehnt. Ebenso wenig wird die Einführung von Alkohol- oder Rauchverboten in Spielstätten unterstützt, nur bei der Allgemeinbevölkerung gibt es hier eine knappe Mehrheit von BefürworterInnen.

Bei den Maßnahmen, die unter der Kategorie „Sonstige" aufgeführt sind, sei die Schulung des Personals von Glücksspielanbietern hervorgehoben. Hier gibt es von Seiten der ExpertInnen und des befragten Personals hohe Zustimmungsquoten (79% bzw. 78%).

Tabelle 10.3: Akzeptanz präventiver Maßnahmen im Glücksspielbereich

Maßnahme	%-Anteil „(sehr) geeignet" bzw. „stimme zu"				
	RB	EI	PB	SB	OB
A. Jugendschutz und Kontrollen					
Mindestalter Spielteilnahme 18 Jahre	89 %	74 %	81 %	89 %	97 %
Alterskontrollen durch Anbieterpersonal	-	83 %	84 %	-	-
Stärkere Kontrolle der Spielstättenbetreiber	-	84 %	76 %	-	-
Namentliche Spielerregistrierung in Kasinos u. Spielhallen	57 %	74 %	80 %	43 %	-
Namentliche Spielerregistrierung im Internet	64 %	42 %	71 %	-	-
Zugang zu Internetspielen nur über Chipkarte, USB-Stick o. ä.	-	37 %	50 %	57 %	19 %
B. Informationen					
Aufklärung und Prävention an Schulen	-	63 %	71 %	-	-
Infos im Internet	-	63 %	59 %	-	-
Infobroschüren zur Suchtproblematik	-	53 %	54 %	-	-
Öffentliche Kampagnen	-	53 %	53 %	-	-
Angabe der Gewinnwahrscheinlichkeiten	-	32 %	47 %	-	-
C. Hilfen für ProblemspielerInnen					
Spielersperren	-	72 %	75 %	56 %	-
Beratungstelefon	-	68 %	58 %	-	-
Selbsttests	-	42 %	48 %	-	-
D. Reduzierung des Angebots					
Staatliches Glücksspielmonopol zur Marktsteuerung	-	53 %	69 %	-	-
Reduzierung Spielangebote	53 %	68 %	21 %	39 %	14 %
Verbot GSA in Gaststätten u. Tankstellen	59 %	-	-	45 %	-
Spielverbot im Internet	54 %	16 %	39 %	38 %	5 %
Beschränkung Zugangszeiten	55 %	-	-	34 %	16 %
TV-Übertragung Lottozahlen erst nach 20.00 Uhr	28 %	-	-	20 %	-

Legende: RB = Repräsentativbefragung, EI = Experteninterviews, PB = Personalbefragung, SB = Spielerbefragung, OB = Befragung von Onlinespielern, GSA=Glücksspielautomaten

Fortsetzung der Tabelle 10.3 von Seite 281

Maßnahme	%-Anteil „(sehr) geeignet" bzw. „stimme zu"				
	RB	EI	PB	SB	OB
E. Eingriffe in Spielstruktur					
Warnhinweise nach längerer Spielzeit bzw. hohem Geldeinsatz am Spielautomaten	-	-	-	57 %	-
Maximal mögliche Spieleinsätze pro Monat oder Woche	-	63 %	39 %	50 %	-
Begrenzung der Quoten bei Sportwetten	-	37 %	30 %	-	25 %
Verlängerung der Zeit eines Spiels am Automaten	-	-	-	30 %	-
Auszahlung von Gewinnen einige Tage später	-	-	-	20 %	-
Verbot der Stopptaste an den Spielautomaten	-	-	-	20 %	-
Verbot von Jackpots	18 %	16 %	11 %	12 %	5 %
Verbot von Live-Wetten	-	-	-	-	10 %
F. Alkohol- und Rauchverbote					
Verbot von Alkoholausschank in Spielstätten	53 %	47 %	35 %	31 %	-
Rauchverbot	51 %	-	15 %	31 %	-
G. Sonstige					
Schulung des Anbieterpersonals	-	79 %	78 %	-	-
Reduzierung der Werbung für Spielangebote	66 %	68 %	28 %	44 %	39 %
Anhebung Steuern/Abgaben	57 %	-	-	31 %	16 %
Verbot von Bankomaten zum Abheben von Bargeld in Spielstätten	-	-	-	45 %	-

Legende: RB = Repräsentativbefragung, EI = Experteninterviews, PB = Personalbefragung, SB = Spielerbefragung, OB = Befragung von Onlinespielern

11 EMPFEHLUNGEN

Jens Kalke, Sven Buth, Moritz Rosenkranz, Christian Schütze, Harald Oechsler, Uwe Verthein

11.1 Empfehlungen zur Glücksspielsuchtprävention

11.1.1 Methodische Vorbemerkungen

Im Folgenden werden für bestimmte Bereiche (nach Glücksspielform oder Zielgruppe) Maßnahmenpakete vorgeschlagen, die in der Regel eine Kombination aus verhaltens- und verhältnispräventiven Elementen darstellen.

Die einzelnen Empfehlungen werden dabei hergeleitet aus dem festgestellten Problemausmaß in dem jeweiligen Glücksspielbereich. Zu jeder der vorgeschlagenen Maßnahme werden Angaben zu ihrem Forschungsstand und zu ihrer Akzeptanz gemacht. Es werden ausschließlich Maßnahmen vorgeschlagen, bei denen entweder positive Forschungsergebnisse vorliegen oder zumindest bei einer der Befragungsgruppen eine hohe Akzeptanz vorhanden ist. Darüber hinaus gibt es einige Maßnahmen, deren Durchführung plausibel erscheint, bei denen aber keine bzw. widersprüchliche Forschungsergebnisse vorliegen und gleichzeitig keine oder eher negative Akzeptanzdaten erhoben worden sind. Diese werden hier als Pilotprojekte vorgeschlagen, um weitere wissenschaftliche Erkenntnisse über ihre Akzeptanz und Wirksamkeit zu sammeln (siehe Kapitel 11.1.8).

Die Empfehlungen sind auf einer „mittleren" Konkretisierungsebene formuliert: Sie sind einerseits nicht allgemein gehalten (wie z.B. „mehr Spielerschutz beim Automatenspiel"), andererseits sind sie auch nicht wie ein detailliertes Arbeitsprogramm ausgestaltet. Vielmehr sollen sie Praxis und Politik eine Richtschnur vorgeben, was auf Grundlage empirischer Erkenntnisse aus der Sicht der Wissenschaft sinnvoll ist, zukünftig an präventiven Anstrengungen zu unternehmen. Die detaillierte Ausgestaltung und Umsetzung dieser Maßnahmen obliegt dann Praxis und Politik.

Des Weiteren sei angemerkt, dass die Empfehlungen unabhängig vom aktuellen Gesetzesstand in Österreich formuliert worden sind, d.h., unter ihnen befinden sich auch solche, die zumindest in Teilbereichen schon realisiert sind. Zum größten Teil handelt es sich aber um Maßnahmen, die eine Anpassung rechtlicher Rahmenbedingungen erfordern würden (siehe Kapitel 11.2).

Insgesamt soll die gewählte methodische Vorgehens- und Darstellungsweise ein transparentes und nachvollziehbares Verfahren ermöglichen.

In den einzelnen Empfehlungen werden Abkürzungen benutzt, die schon im vorangegangenen Abschnitt erläutert worden sind:

Forschungsstand

+ = es gibt positive Hinweise in Evaluationen, 0 = widersprüchliche/unklare Ergebnisse, n = keine Forschungsergebnisse vorhanden

Akzeptanz

RB = Repräsentativbefragung, EI = Experteninterviews, PB = Personalbefragung, SB = Spielerbefragung, OB = Befragung von Onlinespielern

(h) = hohe Akzeptanz (>66%), (m) = mittlere Akzeptanz (>50%), (g) = geringe Akzeptanz (<50%), (n) = Akzeptanz nicht erhoben

11.1.2 Implementierung eines umfassenden Spielerschutzes bei den Glücksspielautomaten

Die verschiedenen Befragungen ergeben sehr hohe Prävalenzen für problematisches und pathologisches Spielen im Bereich des Automatenspiels. Das betrifft sowohl die Spielhallen als auch die Kasinos. Der höchste Wert ergibt sich bei der Spielerbefragung für das Automatenspiel in den Spielhallen, wo zwei von drei SpielerInnen ein zumindest problematisches Spielverhalten aufweisen. Aber auch für die AutomatenspielerInnen im Kasino ergibt sich ein Wert von 30 Prozent in dieser Befragung.

Von daher ist insgesamt ein hoher Handlungsbedarf bei dieser Glücksspielform zu konstatieren. Aus diesem Grund wird vorgeschlagen, eine Kombination aus verhaltens- und verhältnispräventiven Maßnahmen durchzuführen, die von Eingriffen in die technische Spielstruktur über einheitliche Sperrsysteme bis zu einer intensiven Schulung des Aufsichtspersonals reicht. Auch wenn bisher nicht für jede dieser Maßnahmen eine ausreichende Akzeptanz (Eingriffe in die Spielstruktur) gegeben ist oder ein gesicherter Forschungsstand vorliegt (namentliche Registrierung), wird in Anbetracht des besonderen Problemausmaßes bei dieser Glücksspielform die Realisierung folgender Maßnahmen für erforderlich gehalten:

Empfehlungen

1. Die Spielstruktur der Automaten ist – unabhängig von ihrer Spielstätte – so zu gestalten, dass ein Maximum an technischem Spielerschutz vorhanden ist. Im Einzelnen bedeutet dies eine lange Spieldauer, niedrige Einsatz- und Verlustlimits, Spielpausen, ein Verbot der Stopptaste sowie ein Verbot überzufällig häufiger Fast-Gewinne.

   (Forschungsstand +, Akzeptanz SB: g)

2. Die Glücksspielautomaten sollten elektronische Warnhinweise einblenden.

   (Forschungsstand +, Akzeptanz SB: m)

3. Das Aufsichtspersonal ist intensiv zu den Themen „Glücksspielsucht", „Hilfesystem", „Erkennen von und Umgang mit ProblemspielerInnen" zu schulen.

   (Forschungsstand +, Akzeptanz EI/PB: h)

4. Es sollte eine namentliche Registrierung für alle BesucherInnen von Spielstätten geben, in denen Glücksspielautomaten stehen.

   (Forschungsstand n, Akzeptanz EI/PB: h, RB: m, SB: g)

5. Es ist ein miteinander vernetztes Sperrsystem für alle Spielstätten aufzubauen, in denen Glücksspielautomaten stehen.

   (Forschungsstand +, Akzeptanz EI/PB: h, SB: m)

Es sei hier angemerkt, dass hinsichtlich der Spieldauer und der Einsatz- und Verlustlimits bei Glücksspielautomaten bisher keine gesicherten wissenschaftlichen Erkenntnisse darüber vorliegen, wie diese im Sinne eines optimalen Spielerschutzes genau auszugestalten wären. Dieses müsste in einem lösungsorientierten Konsensprozess zwischen Politik, Spielerschutzorganisationen und Glücksspielanbietern festgelegt und dann von der Wissenschaft evaluiert werden.

Es liegen hierzu einige Vorschläge vor, die vor allem aus Deutschland stammen, aber auch für eine fachöffentliche Diskussion in Österreich genutzt werden könnten.[1]

Mindestspieldauer

- 120 Sekunden (Fraktion BÜNDNIS 90/DIE GRÜNEN, Berlin)
- 60 Sekunden (Fachbeirat Glücksspielsucht, Wiesbaden)
- 20 Sekunden (SPD-Fraktion und Linksfraktion, Berlin; KPÖ, Steiermark)

Verlustgrenze pro Stunde

- 7 Euro (Fachbeirat Glücksspielsucht, Wiesbaden)
- 16 Euro (Glücksspielexperten G. Meyer & T. Hayer, Bremen)
- 40 Euro (SPD-Fraktion und Linksfraktion, Berlin)

Gewinngrenze pro Stunde

- 30 Euro (Fachbeirat Glücksspielsucht, Wiesbaden)
- 45 Euro (G. Meyer & T. Hayer, Bremen)
- 150 Euro (SPD-Fraktion und Linksfraktion, Berlin)

11.1.3 Einheitlicher Jugendschutz

Die Ergebnisse der Repräsentativerhebung zeigen, dass es unter den 18- bis 35-Jährigen einen überdurchschnittlich hohen Anteil von ProblemspielerInnen gibt. Das Gleiche gilt für die OnlineglücksspielerInnen. Von daher erscheint es sinnvoll, frühzeitig mit Maßnahmen der universellen Prävention zu beginnen (z.B. in der Schule).

Ferner bestehen in Österreich unterschiedliche Altersregelungen hinsichtlich der Teilnahme an Glücksspielen: teilweise zwischen den verschiedenen Glücksspielen, aber auch zwischen den Bundesländern. Es sollte zukünf-

---

[1]   Quellen: a.) SPD- und Linksfraktion (2011). Abgeordnetenhaus Berlin, Drucksache 16/3778 vom 17.01.2011. b.) Pressemitteilung der KPÖ Steiermark, KPÖ zur Glücksspielnovelle: „Lächerlich" (http://steiermark.orf.at/stories/431322, Zugriff am 22.02.2011). c.) Gerhard Meyer & Tobias Hayer (2008). Vortrag Handlungsbedarf für das gewerbliche Automatenspiel. Zweites Werkstattgespräch zum neuen Glücksspielstaatsvertrag, Bundesministerium für Gesundheit, Berlin 13.03.2008. d.) Fachbeirat Glücksspielsucht (2008). Beschluss Nr. 1/2008 zur Verminderung der von Geldspielgeräten ausgehenden Gefahren. Wiesbaden 12.03.2008. e.) Fraktion BÜNDNIS 90/DIE GRÜNEN (2008). Deutscher Bundestag, Drucksache 16/10878 vom 12.11.2008.

tig ein einheitlicher Jugendschutz angestrebt werden. Hierbei ist positiv zu berücksichtigen, dass es von allen abgefragten Präventionsmaßnahmen die höchsten Zustimmungswerte beim Jugendschutz gibt.

Empfehlungen

1. Es sollte ein Verbot der Teilnahme Minderjähriger an jeglichen Glücksspielen eingeführt werden. Das umfasst auch die Sportwetten.

   (Forschungsstand n, Akzeptanz RB/EI/PB/SB/OB: h)

2. Ein Verbot von Glücksspielwerbung, die sich speziell an Jugendliche richtet, ist anzustreben.

   (Forschungsstand n, Akzeptanz RB: m, EI: h, PB/SB/OB: g)

3. Es sollten strenge Alterskontrollen in allen Spielstätten – von der Lotto-Toto-Annahmenstelle bis hin zur Spielhalle – durchgeführt werden.

   (Forschungsstand n, Akzeptanz EI/PB: h)

4. Eine systematische Glücksspielsuchtprävention ist an allgemeinbildenden und beruflichen Schulen zu verankern. Diese sollte alters- und zielgruppenspezifisch ausgerichtet sein und eine Mischung aus Informationsvermittlung und Förderung von Lebenskompetenzen darstellen.

   (Forschungsstand +, Akzeptanz EI: m, PB: h)

5. Ferner wäre es sinnvoll, jugendspezifische Aufklärungskampagnen durchzuführen. Diese können sich an alle Jugendliche richten (universelle Prävention) oder an besonders gefährdete Zielgruppen (selektive Prävention).

   (Forschungsstand +, Akzeptanz EI/PB: m)

11.1.4 Sportwetten: Zuordnung zu den Glücksspielen und Implementierung eines umfassenden Spielerschutzes

In Österreich werden die Sportwetten formal nicht den Glücksspielen zugeordnet. Aufgrund dieser historisch bedingten Herauslösung der Wetten aus dem Glücksspielmarkt sind diese aber auch nicht den gesetzlich verankerten (Spielerschutz-)Regelungen unterworfen. Wie notwendig jedoch Prävention und Spielerschutz im Sportwetten-Bereich sind, machen die Ergebnisse zu dem Problemausmaß dieses Personenkreises deutlich. So zeigen in der Repräsentativbefragung 13 Prozent ein problematisches bzw. pathologisches Wettverhalten. Die Befragung der SportwetterInnen in den Wettbüros/-Cafés ergibt nochmals deutlich höhere Anteile (30 %). Die Problemprävalenzwerte liegen also in etwa auf dem Niveau des Kasinobereiches. Diese Ergebnisse machen deutlich, wie dringend notwendig ein umfassender Spielerschutz und seine (gesetzliche) Verankerung auch bei den Sportwetten ist. Ein erster Schritt könnte darin bestehen, die Wetten zukünftig formal den Glücksspielen zuzuordnen – das wird auch von den interviewten ExpertInnen so gesehen. Die dort gültigen Spielerschutzregelungen würden dann per definitionem auf den Sportwetten-Bereich übertragen. Darüber hinaus sollten weitere Maßnahmen implementiert werden, die sich bei anderen Glücksspielformen als effektiv erwiesen haben.

Empfehlungen

1. Für die an den Sportwetten teilnehmenden Personen sollte die Möglichkeit bestehen, sich selbst für die Teilnahme am Wettbetrieb aller österreichischen Sportwettenanbieter sperren zu lassen. Auch eine Sperrmöglichkeit durch die Anbieter sollte implementiert werden. Eine Vernetzung dieser Sperrdatei mit dem Sperrsystem der Kasinos und Spielhallen wird empfohlen.

   (Forschungsstand +, Akzeptanz EI/PB: h, SB: m)

2. Es sollten Alterskontrollen zur Durchsetzung bestehender bzw. noch zu implementierender Jugendschutzregelungen eingeführt werden.

   (Forschungsstand n, Akzeptanz EI/PB: h)

---

3. Die Sportwetten sollten strukturell so gestaltet werden, dass Verlustgrenzen festgesetzt und Gewinnquoten begrenzt werden.

   (Forschungsstand +, Akzeptanz EI/PB/OB: g)

4. Das Aufsichtspersonal in Wettbüros sollte intensiv zu den Themen „Glücksspielsucht", „Hilfesystem" und dem „Erkennen von und Umgang mit ProblemspielerInnen" geschult werden.

   (Forschungsstand +, Akzeptanz EI/PB: h)

5. Die Kundschaft sollte generell zu den Risiken des Wettens und zu Möglichkeiten der Hilfe bei Problemen aufgeklärt werden.

   (Forschungsstand +, Akzeptanz EI/PB: m)

11.1.5 Intensiver Spielerschutz beim Onlineglücksspiel

Der Glücksspielmarkt im Internet verzeichnete in Österreich in den zurückliegenden Jahren deutliche Umsatzsteigerungen. Es ist daher davon auszugehen, dass auch die Zahl der NutzerInnen von Onlineglücksspielen während dieses Zeitraums erheblich zugenommen hat. Seitens der Glücksspielsuchtforschung wird den Angeboten im Internet aufgrund ihrer ständigen Verfügbarkeit, der fehlenden sozialen Kontrolle, der Vielfalt des Angebots und des bargeldlosen Geldeinsatzes ein erhöhtes Gefährdungspotential zugeschrieben. Die Ergebnisse der Repräsentativbefragung bestätigen diese Einschätzung. NutzerInnen von Glücksspielen im Internet weisen die dritthöchsten Anteile problematischen und pathologischen Spielens aller untersuchten Spielorte auf – nach Spielhallen und Wettbüros/-Cafés und noch vor den Kasinos. Auch in der Teilstudie zum (staatlich zugelassenen) Glücksspiel im Internet zeigt ein nicht unerheblicher Anteil der befragten OnlinespielerInnen ein riskantes bzw. problematisches Spielverhalten (16 %).

Es ist für die Betreiber von Glücksspielen im Internet aufgrund des fehlenden persönlichen Kontakts ungleich schwerer als für terrestrische Anbieter, ProblemspielerInnen zu erkennen, anzusprechen und an Hilfeeinrichtungen weiterzuvermitteln. Daher kommt den Hinweisen zum Spielerschutz auf den Webseiten der Glücksspielportale sowie den Angeboten einer Beratung – sei es telefonisch, per Chat oder Email – eine besondere Bedeutung zu. Durch die Befragung der OnlinespielerInnen wurde festgestellt: Ein Drittel der SpielerInnen hat die entsprechenden Spielerschutzseiten nicht bemerkt und etwas mehr als die Hälfte hat keine Kenntnis davon, dass eine telefonische

Spielerhotline besteht, die im Falle bestehender Probleme kontaktiert werden kann. Neben anderen Maßnahmen zur Intensivierung des Spielerschutzes für die Glücksspielangebote im Internet (Einsatzlimits, Möglichkeit zur Selbstsperre, etc.) sollte daher unbedingt auch eine Verbesserung der Darstellung und Bekanntmachung von Hilfeangeboten umgesetzt werden. Dies gilt in gleichem Maße – so zeigen die Ergebnisse einer Befragung von KundInnen eines Onlinesportwettenportals – auch für die Sportwettenangebote im Internet.

Empfehlungen

1. Die maximal pro Zeiteinheit (Tag, Woche, Monat) einsetzbaren Geldbeträge für das Onlineglücksspielen sollten seitens der Anbieter begrenzt werden.

   (Forschungsstand +, Akzeptanz EI: m, PB/SB: g)

2. Für die OnlineglücksspielerInnen sollte die Möglichkeit bestehen, ihren maximalen Geldeinsatz bzw. die Dauer ihrer Spielteilnahme selbst zu limitieren. Die Aufhebung dieser Limits sollte nur mit einer zeitlichen Verzögerung – mindestens mehrere Tage – möglich sein.

   (Forschungsstand +, Akzeptanz n)

3. Es sollte NutzerInnen von Onlineglücksspielen möglich sein, sich selbst für die Teilnahme am Glücksspiel zu sperren. Darüber hinaus sollten alle Informationen zu Selbst- wie auch Fremdsperren in eine glücksspielübergreifende Sperrdatei eingehen.

   (Forschungsstand +, Akzeptanz EI/PB: g, SB: m)

4. Um sicherzustellen, dass von der Teilnahme am Onlineglücksspiel ausgeschlossene Personen (z. B. Minderjährige oder gesperrte SpielerInnen) keinen Zugang zu den Internetglücksspielangeboten erhalten, sollten technische Zugangsschranken zur eindeutigen Authentifizierung (z. B. durch Einführung einer Spielerkarte) implementiert werden.

   (Forschungsstand +, Akzeptanz EI/PB/OB: g, SB: n)

   (Forschungsstand +, Akzeptanz EI/PB: m)

5. Die Verweise auf die Spielerschutzwebseiten der Onlineglücks-spielanbieter sollten so gestaltet sein, dass sie Aufmerksamkeit erregen (z. B. durch Pop-Ups) und eindeutig als Hilfe- bzw. Informationsangebote bei glücksspielbezogenen Problemen zu erkennen sind (z. B. durch den Verzicht auf Anglizismen wie „Responsible Gaming" etc.).

(Forschungsstand +, Akzeptanz EI/PB: m)

11.1.6 Spielerschutz beim Lebendspiel (klassische Kasinospiele)

Auch bei den klassischen Kasinospielen wie Roulette, Black Jack oder Poker zeigen sich Anteile von problematischen und pathologischen SpielerInnen, die es erfordern, den Spielerschutz zu verstärken. In der Spielerbefragung ergibt sich eine Prävalenz von 17 Prozent mindestens problematisch spielender KundInnen. Die Befragung des Kasinopersonals gelangt zu einem ähnlichen Schätzwert in Höhe von 14 Prozent.

Gleichzeitig wird aus den Ergebnissen der Befragung des Kasinopersonals deutlich, dass ein Teil von ihnen noch einen Schulungsbedarf zum angemessenen Umgang mit ProblemspielerInnen hat. Vor diesem Hintergrund werden folgende Empfehlungen für den Bereich des Lebendspiels in den Kasinos formuliert. Hierbei handelt es sich stets um Maßnahmen, bei denen in der internationalen Literatur Evaluationen mit positiven Ergebnissen vorliegen.

Empfehlungen

1. Es sollte ein miteinander vernetztes Sperrsystem für die klassischen Kasinospiele, das Automatenspiel und die Sportwetten aufgebaut werden.

(Forschungsstand +, Akzeptanz EI/PB: h, SB: m)

2. Das Aufsichtspersonal ist intensiv zu den Themen „Glücksspielsucht", „Hilfesystem", „Erkennen von und Umgang mit ProblemspielerInnen" zu schulen.

(Forschungsstand +, Akzeptanz EI/PB: h)

3. In den Kasinos sollte ein integriertes Informations- und Beratungsangebot für verantwortungsvolles Spielen vorhanden sein. Neben Aufklärungs- und Informationsmaterialien sollte hier eine professionelle Beratung für ProblemspielerInnen und Angehörige zur Verfügung stehen.

   (Forschungsstand +, Akzeptanz n)

11.1.7 Aufklärung der Bevölkerung

Die ermittelten Prävalenzen für das problematische und pathologische Glücksspielen – sowohl über alle als auch über spezielle Glücksspielformen – lassen es notwendig erscheinen, Präventionsbemühungen zu initiieren, die sich an die gesamte Bevölkerung richten. Ein weiteres Argument spricht für diese Verstärkung der universellen Prävention: Die österreichische Bevölkerung ist nach Einschätzung der befragten ExpertInnen und des Personals der Glücksspielanbieter schlecht über die potentiellen Gefahren des Glücksspiels wie Verschuldung und Abhängigkeit informiert. Mit Aufklärungskampagnen könnten diese Defizite beseitigt und gleichzeitig die Akzeptanz von präventiven Maßnahmen im Bereich des Glücksspiels erhöht werden. Aus der Literatur ist ferner bekannt, dass öffentliche Kampagnen den Effekt haben können, dass es zunehmend Kontakte von ProblemspielerInnen und deren Angehörigen zu (niedrigschwelligen) Beratungsangeboten gibt.

Empfehlungen

1. Es sollten breit angelegte Aufklärungskampagnen zu den potentiellen Gefahren des Glücksspiels durchgeführt werden. Es ist sinnvoll, dabei auch auf Informations- und Beratungsangebote der Glücksspielsucht-Hilfe/Prävention hinzuweisen.

   (Forschungsstand +, Akzeptanz EI/PB: m)

2. Auf allen Spielgeräten/-scheinen sollten Warnhinweise und Informationen über Beratungsangebote angebracht sein.

   (Forschungsstand +, Akzeptanz n)

11.1.8 Durchführung von Pilotprojekten

In diesem Abschnitt wird die Durchführung einiger Maßnahmen in Form von Pilotprojekten vorgeschlagen, die aufgrund des festgestellten Problemausmaßes als notwendig erachtet werden, für die aber bisher keine bzw. widersprüchliche Forschungsergebnisse vorliegen und gleichzeitig keine oder negative Akzeptanzdaten erhoben worden sind.

Die hier vorgeschlagenen Maßnahmen – u. a. Maßnahmen für besondere Problemgruppen, Alkohol- und Rauchverbote in Spielstätten – sollten deshalb zunächst in räumlich und zeitlich begrenzten Versuchen wissenschaftlich getestet werden, um (weitere) empirische Erkenntnisse über ihre Reichweite, Akzeptanz und Wirkungen zu erhalten.

Empfehlungen

1. Es sind zielgruppenspezifischen Maßnahmen für Gruppen zu entwickeln, bei denen es besonders hohe Anteile von ProblemspielerInnen gibt. Das trifft auf junge SpielerInnen, gering Gebildete, Arbeitslose, MigrantInnen sowie Kinder mit Eltern, die selbst Spielprobleme haben, zu.

   (Forschungsstand n, Akzeptanz n)

2. Es sollte auch in Österreich ein Modellprojekt zur Entwicklung von Früherkennungsinstrumenten problematischen Spielverhaltens geben. Eine vorrangige Notwendigkeit besteht vor allem für die Spielstätten, in denen Glücksspielautomaten stehen.

   (Forschungsstand 0, Akzeptanz n)

3. Die Kooperation der Spielstättenbetreiber mit der Suchtprävention/-hilfe sollte intensiviert werden, um die Weitervermittlung von ProblemspielerInnen in das professionelle System zu verbessern. Hier könnten auch unterschiedliche konzeptionelle Ansätze auf ihre Effektivität hin untersucht werden.

   (Forschungsstand n, Akzeptanz n)

---

4. Beim Onlineglücksspiel sollten Modelle proaktiver Beratung von ProblemspielerInnen erprobt werden. Mit Hilfe der in der internen Datenbank befindlichen Informationen über Spielfrequenz, -formen und Geldeinsatz der KundInnen können entsprechende Frühwarnsysteme entwickelt werden.

(Forschungsstand n, Akzeptanz n)

5. Es sollte ein Modellversuch zum Alkoholverbot in Spielstätten durchgeführt werden, um zu prüfen, ob mit einer solchen Maßnahme das verantwortungsvolle und kontrollierte Spielen gefördert werden kann.

(Forschungsstand 0, Akzeptanz RB: m, EI/PB/SB: g)

6. Es sollte ein Modellversuch zum Rauchverbot in Spielstätten durchgeführt werden, um zu prüfen, ob mit einer solchen Maßnahme das verantwortungsvolle und kontrollierte Spielen gefördert werden kann (Spielpausen vor der Tür).

(Forschungsstand 0, Akzeptanz RB: m, PB/SB: g)

11.1.9 Hilfesystem (Exkurs)

Die Bestandsaufnahme zum Hilfesystem und die ExpertInneninterviews haben Hinweise auf Lücken sowohl in der geografischen Verbreitung als auch in der Ausdifferenzierung glücksspielbezogener Hilfen ergeben. Die folgenden Empfehlungen bauen auf diesen Hinweisen auf und verdeutlichen zugleich, dass weitere Forschungsanstrengungen nötig sind, um dem Hilfesystem eine empirische Grundlage zu geben und somit seine Effektivität und seine Orientierung am Hilfebedarf in der Bevölkerung zu gewährleisten. Neben den Fragen zur empirischen Fundierung des Hilfesystems berühren die Empfehlungen auch die Aspekte der Finanzierung und der Koordination der Hilfeangebote.

Empfehlungen

1. Es sollte ein systematisches Monitoring des Hilfeangebots für problematische und pathologische GlücksspielerInnen einge-führt werden. Mit einer einheitlichen KlientInnen- und Tätig-keitsdokumentation in den beteiligten Einrichtungen sowie der regelmäßigen Durchführung epidemiologischer Surveys könn-ten empirische Grundlagen für ein bedarfsgerechtes und effekti-ves Hilfesystem geschaffen werden.

2. Es wäre zu prüfen, ob in den Bundesländern spezielle Glücks-spielsucht-Fachstellen eingerichtet werden, mit denen die Ko-ordination von Hilfe und Prävention optimiert werden könnte.

3. Das Hilfeangebot für problematische und pathologische Glücks-spielerInnen sollte stärker als bisher durch die öffentliche Hand finanziert werden, um eine einseitige Abhängigkeit von den Glücksspielanbietern zu vermeiden.

4. Es sollten Forschungsaktivitäten im Bereich Hilfen und Behand-lung für problematische und pathologische GlücksspielerInnen initiiert werden. Dazu gehört die Durchführung von Versor-gungsstudien genauso wie die Evaluation einzelner Hilfe- und Therapiemaßnahmen.

11.2 Weiterentwicklung der Glücksspielsuchtprävention in Österreich

Wie sich die Glücksspielsuchtprävention in Österreich in Zukunft entwickeln wird, hängt vom Handeln der in diesem Politikfeld relevanten Akteure und den gesetzlichen Regelungen ab. Die folgende Übersicht zeigt, dass der allergrößte Teil der vorgeschlagenen Maßnahmen bisher in Österreich rechtlich nicht realisiert ist (siehe Tabelle 11.1). Es kann jedoch sein, dass bei einigen Glücksspiel- oder Wettanbietern Maßnahmen auch ohne rechtliche Regelungen freiwillig durchgeführt werden (z.B. Spielerschutzflyer in Wettbüros). Das wird in der folgenden Übersicht nicht berücksichtigt.

Tabelle 11.1: Empfehlungen und rechtlicher Implementationsstatus

Empfehlung	Implementationsstatus
Glücksspielautomaten	
maximaler technischer Spielerschutz	
lange Spieldauer	-
niedrige Einsatz- und Verlustlimits	-
Spielpausen	-/+[2]
Verbot der Stopptaste	-
Verbot überzufällig häufiger Fast-Gewinne	-
elektronische Warnhinweise	-
intensive Schulung des Aufsichtspersonals zu den Themen „Glücksspielsucht", „Hilfesystem", „Erkennen von und Umgang mit ProblemspielerInnen"	-/+[3]
namentliche Registrierung aller BesucherInnen von Automatenspielstätten	-/+[4]
miteinander vernetzte Sperrsysteme für alle Automatenspielstätten (Kasino, VLT, Spielsalon, Einzelaufstellung)	-

Legende: - Maßnahme muss noch rechtlich realisiert werden, + Maßnahme ist bereits implementiert

---

[2] Nicht für alle Glücksspielautomaten (Kasino) sind Spielpausen vorgeschrieben, die tatsächliche Umsetzung streckt sich über mehrere Jahre.

[3] Schulungen sind durch das GSpG vorgeschrieben, über die genauen Inhalte, ihre Intensität und Kontrolle der Vorgaben gibt es keine Regelungen.

[4] Im geänderten GSpG ist dies vorgeschrieben, die tatsächliche Umsetzung streckt sich über mehrere Jahre.

Fortsetzung der Tabelle 11.1 von Seite 296

Empfehlung	Implementationsstatus
einheitlicher Jugendschutz	
Verbot der Teilnahme Minderjähriger an jeglichen Glücksspielen (auch Sportwetten)	-
Alterskontrollen	$-/+^5$
Verbot von auf Jugendliche abzielende Werbung für Glücksspielangebote	-
Glücksspielsuchtprävention an Schulen und Berufsschulen	-
Durchführung von jugendspezifischen Aufklärungskampagnen	-
Sportwetten	
Integration des Sportwettenspiels in ein vernetztes Sperrsystem zusammen mit Kasinos und Spielhallen	-
Alterskontrollen	$-/+^6$
Festsetzung von Verlustgrenzen, Begrenzung der Gewinnquoten	-
intensive Schulung des Aufsichtspersonals zu den Themen „Glücksspielsucht", „Hilfesystem", „Erkennen von und Umgang mit ProblemspielerInnen"	-
Aufklärung der Kundschaft zu Risiken des Wettens und Möglichkeiten der Hilfe bei Problemen	-
Onlineglücksspiel	
Festlegung von wöchentlichen/monatlichen Einsatzgrenzen	-
Möglichkeit der Selbstlimitierung	-
Integration in das übergreifende Sperrsystem	-
Einführung einer Spielerkarte	-
Offensives Hinführen der SpielerInnen zu Informationen und Selbsttest	-

Legende: - Maßnahme muss noch rechtlich realisiert werden, + Maßnahme ist bereits implementiert .

[5] Zur Kontrolle der einschlägigen bestehenden rechtlichen Regeln sind die zuständigen Behörden verpflichtet, aber nicht für alle Glücksspiele (z. B. Lotto); und es besteht auch nicht überall bei Sportwetten ein Teilnahmeverbot für Minderjährige.

[6] In einigen Bundesländern ist der Aufenthalt für Minderjährige in Wettbüros durch das Landesgesetz untersagt (und damit die Teilnahme an den Sportwetten). In diesen Ländern sind die zuständigen Behörden verpflichtet, die Einhaltung dieser Regeln zu kontrollieren.

Fortsetzung der Tabelle 11.1 von Seite 297

Empfehlung	Implementationsstatus
Lebendspiel im Kasino	
übergreifendes, miteinander vernetztes Sperrsystem für die Lebendspiele im Kasino, das Automatenspiel und die Sportwetten	-
intensive Schulung des Aufsichtspersonals zu den Themen „Glücksspielsucht", „Hilfesystem", „Erkennen von und Umgang mit ProblemspielerInnen"	-/+[7]
integriertes Informations- und Beratungsangebot für verantwortungsvolles Spielen in den Kasinos	-
Aufklärung der Bevölkerung	
Durchführung von Aufklärungskampagnen, inklusive Hinweise auf Informations- und Beratungsangebote	-
Warnhinweise auf Spielgeräten/-scheinen	-
Durchführung von Pilotprojekten	-
enge Kooperation der Spielstättenbetreiber mit der Suchthilfe	-
Entwicklung von zielgruppenspezifischen Maßnahmen für	
- MigrantInnen	-
- Junge SpielerInnen	-
- gering Gebildete	-
- Arbeitslose	-
- Kinder mit Eltern, die selbst Spielprobleme haben	-
Alkohol- und Rauchverbote in Spielstätten	-
Entwicklung von Früherkennungsinstrumenten	-
Proaktive Beratung bei ProblemspielerInnen im Internet	-

Legende: - Maßnahme muss noch rechtlich realisiert werden, + Maßnahme ist bereits implementiert.

Es wäre wünschenswert, wenn die vorgeschlagenen Empfehlungen in der Fachöffentlichkeit weiter diskutiert würden. Das Ziel sollte dabei ein langfristig angelegtes Präventionskonzept für das Glücksspielwesen in Österreich sein, das kohärent alle Bereiche umfasst und nachhaltig wirkt.

Über die finanziellen Auswirkungen und die Kosten, die mit Umsetzung der vorgeschlagenen Maßnahmen verbunden sind, kann hier genauso wenig eine Aussage getroffen werden wie über mögliche (politische, institutionelle) Pro-

---

[7] Das novellierte GSpG schreibt Schulungen vor, gibt aber keine Hinweise zu deren Intensität und Kontrolle.

bleme bei der Implementierung dieser Maßnahmen. Beide Aspekte standen nicht im Fokus der vorliegenden Studie.

Spielsuchtpräventive Anmerkungen zur Glücksspielgesetz Novelle 2010

Während sich die formulierten Empfehlungen zur Glücksspielsuchtprävention entlang von Glücksspielformen und Zielgruppen strukturieren, müssen sich spielsuchtpräventive Anmerkungen zur GSpG-Novelle an deren Systematik orientieren. Zentrale Bedeutung für den Erfolg österreichischer Glücksspielsuchtprävention wird der zukünftige Umgang mit dem Automatenspiel haben. Daher steht dieses bei den spielsuchtpräventiven Bemerkungen zur GSpG-Novelle 2010 im Vordergrund.

- Der Markt der Glücksspielautomaten bleibt – auch wenn die Novelle des GSpG einige Vorschriften zur Vereinheitlichung enthält – grundsätzlich dreigeteilt. Zum einen fehlen spielsuchtpräventive Anforderungen an die Automatenspiele in den Kasinos nach wie vor. Zum anderen wird die durch den neu gefassten § 12a GSpG privilegierte Stellung der Video-Lottery-Terminals (VLTs) in den WINWIN ausgebaut: Jenseits der Regulierungsmöglichkeiten der Länder zu Glücksspielautomaten in Landesaufstellung besteht hier die Möglichkeit für den VLT-Konzessionär prinzipiell unbegrenzt mit der Bundeskonzession Glücksspielautomaten neben den Kasinos zu betreiben. Zum Dritten ermöglicht das Glücksspiel an Automaten in Landesaufstellung durch die massiv erhöhten Einsatz- und Gewinngrenzen samt fehlender Festlegung des Begriffs „Spiel" den Genehmigungsnehmern einen erheblichen Gestaltungsspielraum bei dessen Durchführung.

- Das Warnsystem in den Automatensalons für die abgestuften Spielerschutzmaßnahmen soll vom „Ausmaß" der „Besuche" der Salons „eines" Betreibers abhängig sein. Es bleibt unklar, welche Interventionsschwellen gelten sollen. Es scheint so, als ob das Spielverhalten an den Automaten nicht erfasst und auch nicht betreiberübergreifend dokumentiert werden soll. Fraglich bleibt also, welche personalisierten Daten elektronisch gesammelt und ausgewertet werden (sollen). Die gleichen Fragen stellen sich für die VLTs.

- Obergrenzen für die Anzahl der Besuche oder die Spieldauer sind für die Automatensalons und VLTs nicht definiert – im Unterschied zur Einzelautomatenaufstellung; aus spielsuchtpräventiver Sicht ist diese Diskrepanz nicht schlüssig.

- Die „Spielerkarten" zur Kontrolle der maximalen Spieldauer an Automaten in Einzelaufstellung (3 Stunden innerhalb von 24 Stunden) bleiben auf den einzelnen Betreiber beschränkt und bieten damit keine Sicherung gegen den Wechsel zwischen mehreren Betreibern und zwischen Einzelaufstellung und Automatensalon.

• Während in Automatensalons nach zwei Stunden ununterbrochenen Spielens eine automatische Abschaltung des Gerätes zu erfolgen hat, gilt dies nicht für die Automateneinzelaufstellung. Die gewünschte spielsuchtpräventive Wirkung kann dadurch, dass die/der SpielerIn unmittelbar nachfolgend den nächsten Automaten in Gang setzt, einfach umgangen werden. Mit dieser Regelung wird also die Automatenpause und nicht die Spiel(er) pause erreicht.

• Wichtige Begriffe in Zusammenhang mit den Regeln für das Automatenspiel bleiben undefiniert und unklar. Damit fehlt die Möglichkeit, das Handeln der Glücksspielanbieter spielsuchtpräventiv gezielt zu steuern. Vielmehr wird dadurch den Betreibern und Herstellern der Automaten eine sehr weitreichende Gestaltungsfreiheit eingeräumt.

  ◦ Zentraler Mangel ist die fehlende Festlegung des Begriffes „Spiel". Deshalb entsteht juristischer Bewertungsspielraum: z.B. bei der Frage, ob die vorzufindende Vervielfachung der Einsätze, die die Glücksspielautomaten über auszuwählende Multiplikatoren im Spielablauf und den Umweg der Umrechnung der eingesetzten Cent/Euro in Punkte bei einem Gewinn in Aussicht stellen, mit den klaren Einsatz- und Gewinngrenzen des GSpG vereinbar ist. Denn es muss bewertet werden, ob es einzelne Spiele an diesen Automaten ermöglichen, solche Gewinne in Aussicht gestellt zu bekommen oder ob dies die Summe vieler Spiele ist, die faktisch nicht getrennt werden können, indem etwa Punkte aus den Einsätzen für mehrere Spiele zusammen in eine Spielentscheidung gesetzt werden. Hierfür ist Klarheit darüber erforderlich, was „ein Spiel" ist.

  ◦ Solange die zentrale Basisdefinition des Spiels unklar bleibt, bleiben auch daraus abgeleitete und in Zusammenhang stehende Begriffe unklar: das „Begleit"-Spiel – das zur Gewinnsteigerung verboten wird –, „ununterbrochenes" Spielen, „Unterbrechung" des Spiels, „parallel" laufende Spiele und auch das „gesonderte Auslösen" jeden Spiels.

  ◦ Verstärkt werden die definitorischen Schwierigkeiten durch weitere unklare Begriffe: „parallele" Spiele sind verboten, Einsätze auf mehrere „Gewinnlinien" eines Spiels aber sind erlaubt. Im Zusammenhang mit der Anzeige in Aussicht gestellter Gewinne ist die Rede von einer „Gewinnausschüttungsquote des jeweiligen Spielprogramms bei der gewählten Einsatzgröße" und davon, dass „dem Spielteilnehmer in einem Spielprogramm verschiedene Gewinnchancen zur Auswahl geboten" werden. Es bleibt unverständlich, ob es um die Gewinnwahrscheinlichkeit oder um die Ausschüttungsquote geht. Undefiniert bleibt auch, was ein „Spielprogramm" ist.

- Die neu definierte Grenze der minimalen Spieldauer von einer Sekunde und des hier maximal möglichen Einsatzes von 10 Euro (mit einem in Aussicht gestellten Gewinn von maximal 10.000 Euro) lässt binnen kürzester Zeit Verluste der SpielerInnen in großer und bisher ungekannter Höhe zu. Verluste von 1.200 Euro in zwei Minuten sind durch die neuen Regeln zulässig. Erst die konkrete Programmierung der Automaten durch die Anbieter entscheidet, ob es signifikante Unterschiede zu den Glücksspielautomaten in den Kasinos geben wird.

- Der Bewerber für eine Bewilligung zum Betrieb eines Automatensalons hat ein Konzept zur Spielsuchtschulung der MitarbeiterInnen vorzulegen. Allerdings fehlen Hinweise, inwiefern die erfolgreiche Implementierung eines solchen Konzeptes überprüft werden soll. Es werden weder Anforderungen an die Schulungen definiert, noch inhaltliche Kriterien für das notwendige bzw. gewünschte suchtpräventive Verhalten der Betreiber bzw. deren MitarbeiterInnen in den Automatensalons festgelegt.

- Die Klagemöglichkeit gegen die Betreiber von Glücksspielautomaten auf ein Existenzminimum bei Verletzung von Aufklärungs-, Beratungs- und Recherchepflichten wird für Bürger, die nicht aus der EU stammen, ausgeschlossen. Diese müssen auch nicht beraten und notfalls gesperrt werden, wenn sie ihr Einkommen bzw. Vermögen verspielen. Aus Sicht des Spielerschutzes gibt es für diese Unterscheidung keine Begründung.

- Die Vorgaben zum erforderlichen räumlichen Abstand zwischen den Glücksspielautomatenangeboten beziehen sich ausschließlich auf andere Angebote aus dem gleichen Teil des Automatenmarktes bzw. auf das Spielbankenangebot. Des Weiteren bestehen erhebliche Zweifel, ob die nunmehr vorgeschriebenen Abstände von 100 bzw. 150 Metern oder auch 300 Metern Fußweg zwischen zwei Automatensalons oder auch VLTs eine nennenswerte spielsuchtpräventive Wirkung entfalten.

- Zusammen betrachtet erscheinen die neuen Regeln für das gewerbliche Automatenspiel (deutliche Steigerung der möglichen Gewinne und Verluste, sehr kurze Mindestspieldauer von einer Sekunde, gleichzeitige gesetzliche Unklarheit über den zentralen Begriff des „Spiels" und infolgedessen aller damit in engem Zusammenhang stehender anderer Begriffe) nicht dazu geeignet, den Spielerschutz in diesem Bereich zu verbessern. Vielmehr ermöglichen sie es den Anbietern, Spielabläufe zu entwickeln und zu implementieren, die deutlich suchtfördernder und mit erheblich negativeren Konsequenzen verbunden als bisher sein können. Diese neuen strukturellen Rahmenbedingungen für das Automatenglücksspiel liegen damit konträr zu den im wissenschaftlichen Diskurs herausgestellten Bedingungen für eine spielerschützende Spielgestaltung (Wissenschaftliches Forum Glücksspiel 2008).

Darüber hinaus seien abschließend einige grundsätzliche Bemerkungen zur Struktur der Glücksspielregelungen gemacht:

- Die Ziele der Aufrechterhaltung eines staatlich kontrollierten Monopols hinsichtlich des Betreibens von Glücksspielen bleiben wie bisher nicht klar festgelegt: Neben Hinweisen auf ordnungspolitische (Strukturierung des Marktes, Kontrolle der Angebote) existieren fiskalische Ziele (Abgabenregelungen) und Regelungen zum Spielerschutz. Welchen Stellenwert die jeweiligen Regelungen haben, ergibt sich aber nicht unmittelbar. Zielkollisionen sind hier daher nicht auszuschließen.

- Festzustellen ist, dass der Spielerschutz an einigen Stellen des GSpG deutlicher als früher betont wird. Allerdings entsprechen wichtige Aspekte des Spielerschutzes in der hier vorzufindenden Legaldefinition nicht einem inhaltlich sinnvollen Spielerschutz (z. B. wesentlich verkürzte minimale Spieldauer und wesentlich erhöhter möglicher Maximalgewinn im Automatenspiel).

- Die für die Praxis ungeeignete Definition des Glücksspielbegriffs bleibt unverändert: Die Entscheidung über die Subsumtion konkreter einzelner Spiele unter den Glücksspielbegriff wird auch zukünftig in langwierigen Verfahren abschließend von den dafür zuständigen Gerichten getroffen werden müssen. Das Potential der Sportwetten zur Spielsuchtgefährdung spiegelt sich nicht in ihrem rechtlichen Status wieder: Sie werden weiterhin nicht als Glücksspiel begriffen.

- Der Markt der Glücksspielautomaten bleibt – auch wenn die Novelle des GSpG einige Vorschriften zur Vereinheitlichung enthält – grundsätzlich dreigeteilt. Auf der einen Seite stehen die Automatenspiele in den Kasinos: Hier fehlen nach wie vor spielsuchtpräventive Regeln für die Spielabläufe. Zum anderen wird die durch den neu gefassten § 12a GSpG privilegierte Stellung der Video-Lottery-Terminals (VLTs) ausgebaut: Jenseits der Regulierungsmöglichkeiten der Länder zu Glücksspielautomaten in Landesaufstellung besteht hier die Möglichkeit für den VLT-Konzessionär prinzipiell unbegrenzt mit der Bundeskonzession Glücksspielautomaten neben den Kasinos zu betreiben. Zum Dritten existiert das Automatenglücksspiel in Landesaufstellung: Die neuen Regelungen des GSpG legen die abschließende Entscheidung über das tatsächliche Ausmaß der Gefährlichkeit der Spielabläufe hier in die Hände der Genehmigungsnehmer, da Einsatz- und Gewinngrenzen sehr weit gefasst und zentrale Begriffe unklar geblieben sind.

Anhang

Zum Begriff des Glücksspiels: Die Unmöglichkeit, das Verhältnis von Geschick und Zufall innerhalb eines Spiels theoretisch zu bestimmen

Christian Schütze

Die Legaldefinition der Glücksspiele: Die dichotomisierte Sicht der Dinge

Die zur Entscheidung über die rechtliche Qualität eines Spiels als Glücksspiel heranzuziehende Legaldefinition in GSpG und StGB („ein Spiel, bei dem die Entscheidung über das Spielergebnis ausschließlich oder vorwiegend vom Zufall abhängt") entspricht der herrschenden Ansicht, wie die Dominanz zufälliger Elemente in bestimmten Spielen abstrakt zu beschreiben ist und wie sich solcherart charakterisierte Spiele damit von Geschicklichkeitsspielen abgrenzen, bei denen also (langfristig) persönliche Fertigkeiten den Ausschlag über den Gewinn eines Spiels geben sollen. Zu erinnern ist daran, dass es sich bei dieser Glücksspieldefinition um eine bewusst gesetzte handelt: Sie greift einen kleinen Ausschnitt aus dem weiten Begriff des Spiels[1], betont den

---

[1] Der Begriff „Spielen" wird so unterschiedlich verwendet, dass eine allgemeine Definition schwerlich zu finden ist.

    a) Spielen wird als Teil unserer anthropologischen Grundausstattung begriffen – Spielen ist ein Grundelement individueller und auch sozialer Entwicklung (Piaget 1990).

    b) Die Pädagogik ist seit dem vergangenen Jahrhundert bemüht, mit Hilfe didaktischer Programmierungen diese spielerische Anlage des Menschen für planmäßiges Lernen zu nutzen (Scheuerl 1988).

    c) Schiller hingegen schreibt dem „Spiel" im Rahmen seiner Überlegungen zur ästhetischen Erziehung die zentrale Funktion bei der Näherung der Individuen an ein Humanitätsideal zu. Im ästhetischen Spiel erreiche der Mensch den „Zustand der höchsten Ruhe und der höchsten Bewegung", das persönliche Glück. Auf dieser fundamentalen philosophischen Ebene ist der Satz: „Der Mensch spielt nur, wo er in voller Bedeutung des Wortes Mensch ist, und er ist nur da ganz Mensch, wo er spielt" angesiedelt (Schiller 2000).

    d) Weniger aufklärerisch aufgeladen wird der Mensch als Homo Ludens charakterisiert. Mit dem Begriff des Spielens wird hier eine Zweckfreiheit im Spiel verbunden: Ein mit aller Rationalität nicht erreichbarer Kern im Spiel, dessen Besonderheit – ob im Kindes- oder Erwachsenenalter – darin liegt, sich freiwillig in die Bindung gesetzter Regeln zu begeben, um sich innerhalb dieser und diesen selbst hinzugeben, einem gesetzten Ziel zuzustreben, darüber hinaus aber sich jedem äußeren funktionalistischen Zwang

Wettbewerbscharakter und dichotomisiert die bestimmenden Faktoren innerhalb dieses reduzierten Blickwinkels auf die Aspekte Geschick und Zufall. Bereits der notwendigerweise erforderliche monetäre Einsatz zur Teilnahme am Glücksspiel wird aus dem Kern der Definition ausgeschlossen.

Glücksspiele sollen solche Spiele sein, die bereits in ihrer Struktur über eine Dominanz von Elementen verfügen, die unabhängig vom Geschick der Spieler den Ausgang des Spiels maßgeblich beeinflussen und zwar so, dass bei vielfacher Wiederholung des Spiels Zufallselemente einen größeren Einfluss auf den Ausgang des Spiels besitzen als Geschicklichkeitselemente (Erlacher 1997, Strejcek & Bresich 2009, OGH 2002, VwGH 1990). Damit eine rechtliche Qualifikation als Glücksspiel überhaupt möglich wird, muss notwendigerweise die Beschreibbarkeit der Dominanz der Zufallselemente gegeben sein. Das ist das Fundament einer gegenstandsangemessenen Subsumtion im Strafrecht.

Es steht außer Frage, dass einzelne Angebote im Glücksspielmarkt gar nicht vorherzusehende Ergebnisse haben und Einsätze auf mögliche Ergebnisse damit vollständig gelöst vom eigenen Geschick sind: Lotto und Roulette und auch Glücksspielautomaten produzieren zufällige Ergebnisse; Einsätze auf einzelne, mögliche Ergebnisse dieser Angebote sind Wetten auf unvorhersehbare Ereignisse.

Andererseits existieren Spiele, für deren Ausgang allein dem Geschick Bedeutung zugeschrieben wird: Dies gilt für einzelne Sportarten oder auch das Schachspiel. Allerdings stößt die reine Geschicklichkeit schnell an ihre Grenzen: Kann für die individuelle sportliche Leistung noch ausschließlich das Geschick des Sportlers verantwortlich gemacht werden, so führt bereits die konkrete Ausübung (unter Wettbewerbsbedingungen) zum Hinzutreten des Zufalls, z. B. weil sich die äußeren Bedingungen in Art und Einfluss unterschiedlich auf die TeilnehmerInnen des Wettbewerbs auswirken können. Freilich ist die Zuordnung solcher äußeren Ereignisse zum Bereich des (Un-) Geschicks oder des Zufalls keine, die sich von allein ergibt. Gehören sie zum Bereich des Geschicks, die jede/r TeilnehmerIn eben zu bewältigen hat, oder zum Bereich des Zufalls, die willkürlich und für die TeilnehmerInnen nur hinnehm- und nicht überwindbar sind?

Die Mehrzahl aller Spiele ist durch eine Mischung beider Elemente gekennzeichnet und kann daher als „gemischte Spiele" bezeichnet werden: Geschicklichkeits- und Zufallselemente sind miteinander verwoben. Beispiele für diesen Spieltypus sind auch Karten- oder Würfelspiele.

---

zu entziehen und seinen Sinn gerade und ausschließlich in diesem Spiel selbst zu finden (Huizinga 2004).

Definitorische Schwierigkeiten

Herausforderungen bei Abgrenzung und gewichteter Bewertung entstehen also dann, wenn in einem gemischten Spiel Geschicklichkeits- und Zufallselemente kombiniert sind und die Zufallselemente maßgeblichen Einfluss auf den Ausgang des Spiels besitzen können. Es geht hier nicht um Spiele, bei deren Ausgang im Nachhinein und im Einzelfall festgestellt wird: Das war aber Glück! Die abstrakte Konstruktion eines Spiels soll laut vorliegender Glücksspieldefinition bereits eindeutige Auskunft geben können auf die Frage: Glücks- oder Geschicklichkeitsspiel? Aber wann ist dies der Fall, wann dominiert der Zufall strukturell das Geschick? Dies scheint auf den ersten Blick als eine lediglich praktische Schwierigkeit – entpuppt sich beim genaueren Hinsehen aber als ausgewachsenes Problem. Denn um einer solchen Begriffsdefinition nachzukommen, müssen die Zufalls- und Geschicklichkeitselemente vollständig identifiziert und gegeneinander gewichtet werden.

Während für die Seite des Zufalls zügig festzustellen ist, dass dies Spielelemente sind, die von der Spielerin oder dem Spieler nur hingenommen und in Bezug auf die Wahrscheinlichkeit ihres Auftretens eingeordnet werden können (z. B. zugeteilte Karten, Kartenverteilung, gefallene Würfelaugen), wirft die Seite des Geschicks bereits definitorisch die (Vor-)Frage auf, welches Ausmaß der Geschicklichkeit denn angenommen werden soll, um dieses dann gegen die Zufallselemente abzuwägen (z. B. Kenntnis möglicher Kartenverteilungen, Identifikation gegnerischer Spielstrategien). Es zeichnet die Geschicklichkeit ja gerade aus, dass sie von Spieler zu Spieler unterschiedlich ausgeprägt ist. Es scheinen zwei Varianten zumindest denkmöglich: vollständig und unvollständig geschicktes Spielverhalten der Beteiligten.[2]

Vollständig geschicktes Handeln bedeutet: Die mathematischen Wahrscheinlichkeiten der im jeweiligen Spiel beispielsweise zu erreichenden Karten- oder Würfelkombinationen sind den SpielerInnen bekannt. *Alle* SpielerInnen sind in der Lage, *optimal* eigene Handlungsmöglichkeiten zu nutzen und z. B. das gegnerische Handeln *uneingeschränkt* einzuordnen, soweit dies theoretisch möglich ist. Bereits hier kollidiert der theoretische Versuch, vollständig geschicktes Verhalten anzunehmen, mit der Praxis, weil sich „Geschicklichkeitsspielräume" mehrerer SpielerInnen miteinander überschneiden können: Ein Bluff beim Poker wird so unmöglich. Denn entweder wird er – qua Definition – optimal durchgeführt oder aber – qua Definition – sofort entdeckt. Die Folge ist sein Ausschluss aus dem Handlungsrepertoire der SpielerIn-

---

[2] In letztere Kategorie fällt die von Juristen gern bemühte „durchschnittliche" Geschicklichkeit, die ihrer Ansicht nach zur Grundlage der Betrachtung gemacht werden soll. (Strejcek & Bresich 2009).

nen. Handlungsfähig und zu GewinnerInnen werden die SpielerInnen also im Einzelfall, indem sie ihr Handeln an den langfristigen Gewinnwahrscheinlichkeiten ausrichten,[3] die von Zufallselementen und ihrer Struktur bestimmt sind. Dies gilt auch dann, wenn sich „Geschicklichkeitsspielräume" nicht überschneiden, denn es ist rational, sich den Gewinnwahrscheinlichkeiten zu unterwerfen, dies ist gerade ihr statistischer Sinn. Damit entscheidet aber letztlich der Zufall über Sieg und Niederlage. Durch die Kombination eines vollständig geschickten Verhaltens aller SpielerInnen mit Spielelementen, die zufälligen Einfluss auf den Spielausgang nehmen, erhalten diese Spielelemente also maßgeblichen Einfluss auf das Spielergebnis. Der Blick auf vollständig geschicktes Handeln kann damit keine Hilfe bei der Entscheidung bringen, wann der Zufall in gemischten Spielen *überwiegt* oder welchen *Umfang* Geschicklichkeitselemente haben.

Unvollständige – z. B. „durchschnittliche" – Geschicklichkeit der SpielerInnen bedeutet: Ihr Handeln ist *fehlerbehaftet*, möglicherweise umsetzbare Spieltaktiken und -strategien werden *nicht* optimal umgesetzt und erreicht. Außerdem ist die Geschicklichkeit *nicht* gleichmäßig über alle SpielerInnen verteilt. In dem durch die Spielregeln definierten Handlungsraum, in den auch für alle SpielerInnen spürbar Zufallselemente hineinwirken, nutzen einige SpielerInnen ihre Handlungsmöglichkeiten infolgedessen geschickter als andere (Geschick kann auch bedeuten, durch den Zufall dominierte, ungünstige Situationen als solche zu erkennen und die verbleibenden, z. B. schadenminimierenden Handlungsmöglichkeiten zu wählen). Längerfristig werden sich die Auswirkungen der Zufallselemente des Spiels und seiner spezifischen Struktur gleichmäßig über die beteiligten SpielerInnen verteilen. Somit werden sich Geschicktere längerfristig gegenüber den weniger Geschickten durchsetzen. Das Spiel unterschiedlich Geschickter führt also bei gemischten Spielen zum Gewinn der in dieser Gruppe Geschickteren (sei es beim Skat, Poker, Kniffel oder bei Mensch ärgere Dich nicht),[4] ermöglicht aber keinen Rückschluss auf das *Verhältnis* von Geschicklichkeits- und Zufallselementen in den jeweiligen Spielen.

---

[3]   Beim Poker etwa ist es statistisch sinnvoll anzunehmen, dass die GegnerInnen unterliegen werden, wenn das eigene Blatt eine hohe Gewinnwahrscheinlichkeit besitzt, auch wenn die Karten der GegnerInnen nicht bekannt sind. Beim Skat besteht die Möglichkeit, dass eine Kombination nicht „verspielt" werden kann. Die spezifische Regelanordnung führt dazu, dass der Zufall zu unterschiedlichen Zeitpunkten und in unterschiedlichem Ausmaß Einfluss nimmt.

[4]   Ausführlich zu den verschiedenen „Stadien" der Geschicklichkeit: Goldstein 2007. Hier werden Versuche von Larkey geschildert, Robotern kontrolliert bestimmte Geschicklichkeitsfähigkeiten zu programmieren und sie dann gegeneinander Poker spielen zu lassen (vgl. Larkey 1997). Im Ergebnis wird auch hier der Schluss gezogen, dass sich Geschicktere gegen Ungeschicktere durchsetzen.

Als Kern dieser Vorüberlegungen zur in Rechnung zu stellenden Geschicklichkeit der SpielerInnen ergibt sich:

- vollständige Geschicklichkeit aller TeilnehmerInnen entspricht in keinem Fall der Wirklichkeit, würde aber zur vollständigen Zufallsabhängigkeit des Spielergebnisses führen,
- unvollständig geschicktes Spielverhalten (=unterschiedliche Geschicklichkeit) der SpielerInnen führt dazu, dass die gegebenen Geschicklichkeitsspielräume von den Geschickteren systematisch und strukturell besser genutzt werden und diese folglich die Ungeschickteren dominieren.

Somit wird bereits an dieser (Vor-)Überlegung deutlich, dass kein unmittelbarer Rückschluss vom Ergebnis der Spiele auf ein strukturelles Innenverhältnis von Geschicklichkeits- und Zufallselementen möglich ist. Aus dem Spielerfolg der SiegerInnen ist nicht abzuleiten, ob die Geschickteren einen „Geschicklichkeitsspielraum" von beispielsweise 10 oder 90 Prozent, den die Zufallselemente zulassen, effektiver nutzen als die Ungeschickteren. Vielmehr ist der Ausgang gemischter Spiele (langfristig) grundsätzlich nicht abhängig vom ihnen innewohnenden Verhältnis von Zufalls- und Geschicklichkeitselementen.

Von der Empirie zur Theorie?

Aber vielleicht lassen sich konkrete Spielsituationen analysieren und aus diesen Betrachtungen allgemeine Schlüsse ableiten? Dabei müsste mindestens das genaue Ausmaß der Geschicklichkeit aller Beteiligten gemessen werden, damit die Differenz der Geschicklichkeit definiert und etwa in ein Verhältnis zum Ausmaß des Siegens der Geschickteren gesetzt werden kann. Zum Messen der Geschicklichkeit sind diese Überlegungen zu beachten:

- Die einzelnen Situationen innerhalb eines Spiels, die entscheidende Handlungen der einzelnen SpielerInnen zulassen, müssen bewertet werden. Selbst in einfach strukturierten Spielen werden dies schnell viele zu beurteilende Entscheidungen.
- In den Situationen, die bewertet werden müssten, existieren i. d. R. mehrere Geschicklichkeitsstrategien der verschiedenen Spielbeteiligten, die das Problem der reinen Anzahl exponentiell vergrößern.
- Aber selbst, wenn sich diese Schwierigkeit in den Griff bekommen ließe, ist keine gesicherte Erkenntnis über eine geschickte Strategie aus dem Einzelfall ableitbar, die zum Maßstab der Beurteilung nachfolgender Situationen dienen kann. Auf (un-)geschicktes Handeln der einen Spielerin oder des einen Spielers sind wiederum (un-)geschickte Reaktionsmöglichkeiten

der Spielgegnerin oder des Spielgegners möglich. Der vorhandene Geschicklichkeitsspielraum der zweiten Spielerin bzw. des zweiten Spielers ist gerade dadurch gekennzeichnet, dass eine bestimmte Reaktion auf die erste oder den ersten nicht abschließend festgelegt ist. Wie lässt sich das Geschick der ersten Spielerin oder des ersten Spielers aber quantifizieren, wenn die oder der zweite auf verschiedene Art reagieren kann und die bzw. der erste gleichzeitig den durch den Zufall bestimmten, nicht zur Handlung freigegebenen Spielraum der oder des zweiten nicht einschätzen kann? Es steht außer Frage, dass sich im Nachhinein in der konkreten Spielwirklichkeit ein bestimmtes Vorgehen als erfolgreicher als ein anderes erweist. Es ist aber aus diesen konkreten Gewinn- (bzw. Verlust-)Situationen kein abstraktes Maß der Geschicklichkeit extrahierbar, das zur Grundlage der theoretischen Beurteilung zukünftiger Spiele verwendet werden kann.

• Und es bleibt ein methodologisches Problem: Die empirischen Strategien (geschickt mit unvollständigem Wissen gegenüber einer oder einem ebenfalls nicht optimal geschickten GegnerIn, die bzw. der auch nur über unvollständiges Wissen verfügt, umzugehen) müssen in jedem Einzelfall auch gegeneinander bewertet werden. Woher soll der Maßstab für diese Bewertung genommen werden, wenn nicht wiederum aus anderer, vorausliegender Erkenntnis, die das gleiche Problem in sich trägt (hermeneutischer Zirkel)?

• Schließlich setzt die Beurteilung empirisch vorfindbarer Geschicklichkeitsstrategien das Handeln realer Personen voraus – diese sind aber tatsächlich geschickt, geschickter oder auch ungeschickt. Außerdem lernen sie tatsächlich – auch in Versuchsanordnungen – aus ihrem Handeln. Die Bewertung des gewählten einzelnen, strategischen oder auch taktischen Vorgehens bleibt also an die konkrete Situation gebunden. Der Erfolg der gewählten Strategien beweist sich an den anderen tatsächlich handelnden, realen Personen mit ihrem unvollkommenen strategischen Verhalten und kann nicht für eine allgemeine Bewertung aus dieser Situation herausgelöst werden.

In der Auseinandersetzung mit konkreten Spielsituationen lassen also v. a. drei Aspekte Zweifel daran aufkommen, dass ein abstraktes, numerisches Verhältnis von Geschicklichkeits- und Zufallselementen aus dieser extrahierbar ist: die Anzahl der zu beurteilenden Entscheidungssituationen, die Etablierung eines Maßstabes zur Bewertung der einzelnen Entscheidungssituationen und die individuelle Lernfähigkeit der SpielerInnen.

Aus diesen sehr kurz angerissenen Vorfragen, empirischen, theoretischen und methodologischen Einwänden bleibt daher festzuhalten: Es gibt durchgreifende Bedenken, dass die verschiedenen Regelelemente innerhalb eines

Spiels objektiv in einem numerischen Verhältnis von Geschicklichkeits- versus Zufallsanteil beschrieben werden können. Praktische Versuche, über die Spielstärke der Beteiligten zu einem begründeten Rückschluss auf das im Spiel zugrunde liegende Verhältnis von Geschicklichkeits- und Zufallselementen zu gelangen, sind zum Scheitern verurteilt.[5]

Jenseits theoretischer Abstraktionen bleibt die konkrete Position einzelner gemischter Spiele - zwischen den Polen Geschick und Zufall - abhängig von der Regelvariation und den Beteiligten (exemplarisch und beispielhaft: siehe Abbildung A.1).

Abbildung A.1: Beispielhafte Anordnung einiger Spiele auf einem Kontinuum Geschick – Zufall

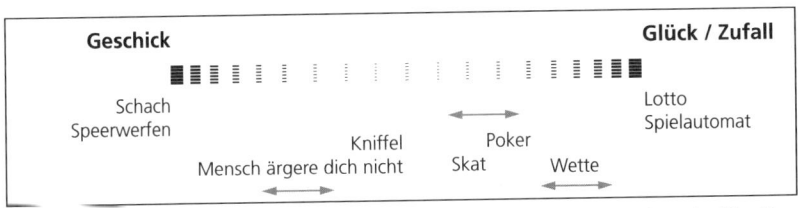

Je nach Beteiligten (Ausprägung und Verteilung des Geschicks der Beteiligten) und Regelvariation (Eintritt und Ausprägung der festgelegten Elemente des Zufalls) können sich Spiele auf einem Kontinuum zwischen Geschick und Glück (Zufall) an unterschiedlichen Positionen befinden.

---

[5] Die Bedenken gegen Versuche, statische numerische Verhältnisse von Geschick und Zufall einzelner gemischter Spiele zu ergründen, nehmen Fiedler & Rock (2009) in ihren aktuellen Überlegungen auf. Sie verabschieden sich von diesem Bemühen und konstruieren stattdessen eine empirisch zu erlangende Maßzahl (CRF: Critical Repition Frequency), die den Aufwand für ein Spiel beschreibt, ein geschicktes Spielverhalten zu erlangen, das die Auswirkungen der Zufallselemente des untersuchten Spiels überwindet. Die Autoren beschreiben als Limitationen ihrer Maßzahl: Sie ist nicht unabhängig von der Gewinnrate, die wiederum an die Geschicklichkeit der teilnehmenden (d. h. untersuchten) SpielerInnen und ihre Lernfähigkeit gebunden ist. Schlussendlich bleibe es eine normative Entscheidung, ab welchem Punkt (ab welchem Aufwand, der betrieben werden muss, um die errechnete Maßzahl zu erreichen) ein Spiel zu einem Geschicklichkeits- bzw. Glücksspiel definiert wird („It is a normative question which CRF is sufficient for a game to be a game of skill"). Für die untersuchte Population der PokerspielerInnen stellen die AutorInnen übrigens fest, dass dieses empirisch ein Spiel fehlender Geschicklichkeit sei („a game of lacking skill"), denn die „Median-Spielerin" bzw. der „Median-Spieler" „is losing intensely". Auch die Festlegung der Median-Spielerin oder des Median-Spielers als Maßstab ist eine normative Entscheidung. Sie geht auf die Vorstellung zurück, dass eine Durchschnittsspielerin oder ein Durchschnittsspieler ein Geschicklichkeitsspiel zu ihren bzw. seinen Gunsten entscheiden kann, weil es eben vornehmlich vom Geschick determiniert sei. Unter den PokerspielerInnen, die Gewinne erzielten, lag die erforderliche Spielwiederholungshäufigkeit zwischen 50.000 und 500.000 „Händen".

Konsequenz in der praktischen Anwendung der ungenügenden Definition: Die Notwendigkeit normativer Entscheidungen

Findet dieser Maßstab – Zufallselemente besitzen einen bedeutenderen Anteil als die Geschicklichkeitselemente – in der Praxis aber Anwendung, reicht es nicht, ihn allein heran zu ziehen, um über den „Glücks-Charakter" eines Spiels zu entscheiden. Die rechtliche Definition des GSpG lässt sich nicht widerspruchsfrei für die Rechtsanwendung operationalisieren. Tatsächlich muss jede Entscheidung über ein Spiel als Glücksspiel, die auf Grundlage dieser rechtlichen Formel vollzogen wird, im Kern auf einer normativen Beurteilung der entscheidenden Personen fußen, die nicht rückführbar ist auf empirische Überlegungen (statistische Analysen des zu beurteilenden Spiels).

Der österreichische OGH hat versucht, für Kartenspiele eine sprachliche Formulierung zu finden, die das Überwiegen zufälliger Elemente und typische Situationen in Kartenspielen berücksichtigt: „Bei einem Kartenspiel sind Gewinn und Verlust dann (zumindest) vorwiegend vom Zufall abhängig, wenn Erfolg oder Mißerfolg überwiegend von den jedem einzelnen Spieler zugeteilten Karten abhängig sind und dem einzelnen Spieler kaum entscheidende Gestaltungsmöglichkeiten und Einflußmöglichkeiten auf den Spielausgang offen stehen, weil die jeweils nicht an ihn ausgeteilten Karten für ihn verdeckt bleiben oder ihm im Spielverlauf selbst nicht bekannt werden" (OGH 1991). Auch dies muss ein untauglicher Versuch bleiben, die Formulierung des Gesetzestextes für die Praxis zu operationalisieren. Denn diese Formulierung erlaubt keine umfassende und abschließende Einordnung aller Kartenspiele: „(zumindest)" zeigt auf, dass es noch weitere Fälle gibt, die zum Überwiegen des Zufalls führen und „kaum entscheidende" öffnet wiederum weite Interpretationsspielräume für die RichterInnen. Über diese semantischen Versuche bleibt die eigentliche Frage unbeantwortet: Wie denn gemessen wird, dass der Gewinn des Spiels (im Einzelfall oder bei vielfacher Wiederholung) durch die ausgeteilten Karten weitestgehend („entscheidend") vorherbestimmt war. Burgstaller und Höpfel verabschieden sich daher von einem mathematischen Ansatz der Klärung dieser Frage (Burgstaller 2004, Höpfel 1978). Auch Strejcek wählt im aktuellen Kommentar zum GSpG eine Formulierung, die das Problem sprachlich verschiebt: Eine vorwiegende Zufallsabhängigkeit sei dann gegeben, „wenn sich nicht mehr eine berechtigte rationale Erwartung über den Spielausgang entwickelt, sondern letztlich nur aufgrund eines Hoffens, einer irrationalen Einstellung, auf dieses oder jenes einzelne Ergebnis des Spiels gesetzt werden kann." Er findet damit Anschluss an die Formulierung des Glücksvertrags im ABGB, liefert aber kein unmittelbar anwendbares Handwerkszeug zur juristischen Einordnung einzelner Spiele (Strejcek & Bresich 2009).

Suchtpräventiver Ausweg

Im suchtpräventiven Sinne aufgelöst werden könnte diese unbefriedigende rechtliche Situation dadurch, dass das ursprüngliche Motiv gesellschaftlicher Glücksspielregelung bedeutenden Einfluss auf die Definition des Glücksspiels erhält: nämlich die negativen sozialen Konsequenzen übermäßigen Spielens auszuschließen. Diese sind gebunden an die Möglichkeit, die finanziell notwendigen Einsätze durch Einflüsse des Zufalls zu verlieren. Glücksspiele wären somit alle Spiele, für die ein finanzieller Einsatz erforderlich ist und auf deren Ausgang Zufallselemente Einfluss nehmen können. Wiederholte, langwierige juristische Streitigkeiten über Anteile des Zufalls und die Interpretation einzelner Regelbestandteile einzelner Spiele wären damit ausgeschlossen. Gleichwohl wäre damit der weitere rechtliche Umgang mit den unterschiedlichen Glücksspielen keineswegs bereits vorherbestimmt, sondern vor dem Hintergrund des spielerschützenden Motivs an die Ausgestaltung der Spiele gebunden.

LITERATUR

2. Kapitel

Abbott M. (2005). Disabling the public interest: gambling strategies and policies for Britain: a comment on Orford 2005. Addiction 100: 1233-1235.

Baron E. & Dickerson M. (1999). Alcohol Consumption and Self-Control of Gambling Behaviour. Journal of Gambling Studies 15: 3-15.

Barry D.T., Steinberg M.A., Wu R. & Potenza M.N. (2008). Characteristics of Black and White Callers to a Gambling Helpline. Psychiatric Services 59: 1347-1350.

Barry D.T., Steinberg M.A., Wu R. & Potenza M.N. (2009). Differences in characteristics of Asian American and white problem gamblers calling a gambling helpline.CNS Spectrums 14: 83-91.

Benhsain K., Taillefer A. & Ladouceur R. (2004). Awareness of independence of events and erroneous perceptions while gambling. Addictive Behaviors 29: 399-404.

Blaszczynski, A. (2005). To formulate gambling policies on the premise that problem gambling is an addiction may be premature. Addiction 100: 1230-1232.

Boutin C., Tremblay N. & Ladouceur R. (2009). Impact of visiting an Onsite Casino information centre on perceptions about randomness and gambling behaviours. Journal of Gambling Studies 25: 317-330.

Breslin F.C., Sobell M.B., Cappell H., Vakili S. & Poulos C.X. (1999). The effects of alcohol, gender, and sensation seeking on the gambling choices of social drinkers. Psychology of Addictive Behaviors 13: 243-252.

Broda A., Laplante D.A., Nelson S.E., Labrie R.A., Bosworth L.B. & Shaffer H.J. (2008). Virtual harm reduction efforts for Internet gambling: Effects of deposit limits on actual Internet sports gambling behavior. Harm Reduction Journal 5: 27.

de Bruin D., Leenders F.R.J., Fris M., Verbraeck H.T., Braan R.V. & van de Wijngaart G.F. (2001). Gasten van Holland casinos: effectiviteit van het preventiebeleid kansspelverslaving (Gäste von Holland Casinos: Effektivität der Politik des Responsible Gambling). Centrum voor Verslavingsonderzoek, Utrecht.

Bundeszentrale für gesundheitliche Aufklärung (BZgA) (2010). Glücksspiel-verhalten in Deutschland 2007 und 2009. Ergebnisse aus zwei repräsenta-tiven Bevölkerungsbefragungen. BZgA, Köln.

Byrne A.M., Dickson L., Derevensky J.L., Gupta R. & Lussier I. (2005). The application of youth substance use media campaigns to problem gambling: A critical evaluation. Journal of Health Communication 10: 681-700.

Choliz M. (2010). Experimental Analysis of the Game in Pathological Gamblers: Effect of the Immediacy of the Reward in Slot Machines. Jour-nal of Gambling Studies 26: 249-156.

Cloutier M., Ladouceur R. & Sevigny S. (2006). Responsible gambling tools: pop-up messages and pauses on video lottery terminals. The Journal of Psychology 140: 434-438.

Cote D., Caron A., Aubert J., Desrochers V. & Ladouceur R. (2003). Near wins prolong gambling on a video lottery terminal. Journal of Gambling Studies 19: 433-438.

Cunningham-Williams R., Cottler L., Compton W.M. & Spitznagel E.L. (1998). Taking chances: problem gamblers and mental health disorders – results from the St. Louis Epidemiologic Catchment Area Study. American Journal of Public Health 88: 1093-1096.

Delfabbro P. (2008). Evaluating the Effectiveness of a Limited Reduction in Electronic Gaming Machine Availability on Perceived Gambling Beha-viour and Objective Expenditure. International Gambling Studies 8: 151-165.

Dickson-Gillespie L., Rugle L., Rosenthal R. & Fong T. (2008). Preventing the incidence and harm of gambling problems. Journal of Primary Preven-tion 29: 37-55.

Doiron J.P. & Nicki R.M. (2007). Prevention of pathological gambling: a randomized controlled trial. Cognitive Behaviour Therapy 36: 74-84.

Dufour J., Ladouceur R. & Giroux I. (2010). Training program on respon-sible gambling among video lottery employees. International Gambling Studies 10: 61-80.

Ellery M., Stewart S.H. & Loba P. (2005). Alcohol's effects on video lottery terminal (VLT) play among probable pathological and non-pathological gamblers. Journal of Gambling Studies 21: 299-324.

Ferland F., Ladouceur R. & Vitaro F. (2005). Efficacité d'un programme de prévention des habitudes de jeu chez les jeunes: résultats de l'évaluation pilote. L'Encephale 31: 427-436.

Floyd K., Whelan J.P. & Meyers A.W. (2006). Use of warning messages to modify gambling beliefs and behavior in a laboratory investigation. Psychology of Addictive Behaviors 20: 69-74.

Gallagher T., Nicki R., Otteson A. & Elliott H. (2009). Effects of a Video Lottery Terminal (VLT) Banner on Gambling: A Field Study. International Journal of Mental Health and Addiction (Onlineversion: http://dx.doi.org/10.1007/s11469-009-9259-4).

Glass L. (2004). Dicey Dealings. Responsible gambling education. A strategy for South Australian schools: Department of Education and Children's Services. http://www.decs.sa.gov.au/curric/files/links/DECS_DD_Appendix_2.pdf.

Glass L. & Williams M. (2007). Dicey Dealings. Responsible gambling education. A strategy for South Australian schools: Government of South Australia. Department of Education and Children's Services. www.decs.sa.gov.au/responsiblegamblingeducation/files/links/DECS_Dicey_Dealings_Final.pdf

Goudriaan A.E., Bruin D. & Maarten W.J.K. (2009). The Netherlands. In: Meyer G., Hayer T. & Griffiths M. (Hrsg.). Problem Gambling in Europe. Challenges, Prevention and Interventions. Springer, New York: 189-207.

Grant J.E., Kushner M.G. & Kim, S.W. (2002). Pathological Gambling and Alcohol Use Disorder. Alcohol Research & Health 26: 143-150.

Gray K.L., Oakley Browne M.A. & Radha Prabhu V. (2007). Systematic review and meta-analysis of studies on early intervention and prevention for problem gambling. Monash University. Department of Rural and Indigenous Health, Moe.

Griffiths M. D., Wood R. T. & Parke J. (2009). Social responsibility tools in online gambling: a survey of attitudes and behavior among Internet gamblers. CyberPsychology & Behavior 12: 413-421.

Griffiths M., Scarfe A. & Bellringer P. (1999). The UK National Telephone Gambling Helpline. Results on the First Year of Operation. Journal of Gambling Studies 15: 83-90.

Häfeli J. & Lischer S. (2010). Die Früherkennung von Problemspielern in Schweizer Kasinos. Eine repräsentative, quantitative Datenanalyse der ReGaTo Daten 2006. Prävention und Gesundheitsförderung (Onlineversion).

Jackson A., Thomas S.A., Thomason N. & Ho W. (2002). Longitudinal evaluation of the effectiveness of problem gambling counselling services, community education strategies and information products. Victoria Department of Human Services, Melbourne.

Jacques C. & Ladouceur R. (2006). A prospective study of the impact of opening a casino on gambling behaviours: 2- and 4-year follow-ups. Canadian Journal of Psychiatry 51: 764-773.

Kalke J. & Thane K. (2010). Glücksspiel-Prävention im schulischen Setting. Ein internationaler Literaturüberblick. Prävention. Zeitschrift für Gesundheitsförderung 33: 10-14.

Kalke J. (2008). Schulung des Personals von Lotto-Annahmestellen (abstract). SUCHT 54: 375.

Kalke J., Verthein U., Farnbacher G. & Haasen C. (2007). Aktive Spielsuchtprävention bei Lotterien und Sportwetten in Hamburg. Erste Ergebnisse der Evaluation. Prävention und Gesundheitsförderung 4: 249-253.

Korn D., Murray M., Morrison M., Reynolds J. & Skinner H.A. (2006). Engaging youth about gambling using the internet: The YouthBet.net website. Canadian Journal of Public Health 97: 448-453.

Kyngdon A. & Dickerson M. (1999). An experimental study of the effect of prior alcohol consumption on a simulated gambling activity. Addiction 94: 697-707.

Ladouceur R., Sylvain C. & Gosselin P. (2007). Self-exclusion program: a longitudinal evaluation study. Journal of Gambling Studies 23: 85-94.

Ladouceur R. & Sévigny S. (2006). The impact of video lottery game speed on gamblers. Journal of Gambling Issues 17.

Ladouceur R., Ferland F., Vitaro F. & Pelletier O. (2005). Modifying youths' perception toward pathological gamblers. Addictive Behaviors 30: 351-354.

Ladouceur R. & Sevigny S. (2005). Structural characteristics of video lotteries: effects of a stopping device on illusion of control and gambling persistence. Journal of Gambling Studies 21: 117-131.

Ladouceur R., Ferland F. & Vitaro F. (2004a). Prevention of problem gambling: modifying misconceptions and increasing knowledge among Canadian Youths. The Journal of Primary Prevention 25: 329-335.

Ladouceur, R., Boutin, C., Doucet, C., Dumont, M., Provencher, M., Giroux, I. & Boucher, C. (2004b). Awareness promotion about excessive gambling among video lottery retailers. Journal of Gambling Studies 20: 181-185.

Ladouceur R., Ferland F. & Fournier P.-M. (2003). Correction of erroneous perceptions among primary school students regarding the notions of chance and randomness in gambling. American Journal of Health Education 34: 272-277.

Ladouceur R., Vezina L., Jacques C. & Ferland F. (2000a). Does a brochure about pathological gambling provide new information? Journal of Gambling Studies 16: 103-108.

Ladouceur, R., Jacques, C., Giroux, I., Ferland, F. & Leblond, J. (2000b). Analysis of a casino's self-exclusion program. Journal of Gambling Studies 16: 453-460.

Lal A. & Siahpush M. (2008). The effect of smoke-free policies on electronic gaming machine expenditure in Victoria, Australia. Journal of Epidemiology and Community Health 62: 11-15.

LaPlante D.A. & Shaffer H.J. (2007). Understanding the influence of gambling opportunities: Expanding exposure models to include adaptation. American Journal of Orthopsychiatry 77: 616-623.

Messerlian C. & Derevensky J. (2007). Evaluating the role of social marketing campaigns to prevent youth gambling problems: A qualitative study. Canadian Journal of Public Health 98: 101-104.

Meyer G. & Hayer T. (2010). Die Effektivität der Spielsperre als Maßnahme des Spielerschutzes Eine empirische Untersuchung von gesperrten Spielern. Peter Lang, Frankfurt/Main.

Meyer G. (2009). Gesundheitswissenschaftliche Studie. Teil IV der International vergleichende Analyse des Glücksspielwesens. Bremen.

Meyer G. & Hayer T. (2008). Die Identifikation von Problemspielern in Spielstätten. Prävention und Gesundheitsförderung 3: 67-74.

Mezzera M. (2004). „1 x 1 des Glücksspiels" – Glücksspielprävention für die Schule. Suchtmagazin 30: 23-28.

Monaghan S. (2008). Review of Pop-Up Messages on Electronic Gaming Machines as a Proposed Responsible Gambling Strategy. International Journal of Mental Health and Addiction 6: 214-222.

Monaghan S. & Blaszczynski A. (2007). Recall of electronic gaming machine signs: A static versus a dynamic mode of presentation. Journal of Gambling Issues 20: 253-266.

Najavits L.M., Grymala L.D. & George B. (2003). Can Advertising Increase Awareness of Problem Gambling? A Statewide Survey of Impact. Psychology of Addictive Behaviors 17: 324-327.

Nelson S., Kleschinsky J., LaBrie R., Kaplan S. & Shaffer H. (2010). One Decade of Self Exclusion: Missouri Casino Self-Excluders Four to Ten Years after Enrollment. Journal of Gambling Studies 26: 129-144.

Nelson S. E., Laplante D. A., Peller A. J., Schumann A., Labrie R. A. & Shaffer H. J. (2008). Real limits in the virtual world: self-limiting behavior of Internet gamblers. Journal of Gambling Studies 24: 463-477.

Orford J. (2005). Disabling the public interest: gambling strategies and policies for Britain. Addiction 100: 1219-1225.

Peluuri (2007). Peluuri Helpline statistics 2006, Quelle: http://www.peluuri. fi/peluuri__gambling_helpline_/peluuri_helpline_statistics_2006 (eingesehen am 30.10.2007).

Petry N.M. (2005). Pathological Gambling – Etiology, Comorbidity and Treatment. American Psychological Association, Washington.

Potenza M.N., Steinberg M.A., Wu R., Rounsaville B. & O'Malley S. (2006). Characteristics of Older Adult Problem Gamblers Calling a Gambling Helpline. Journal of Gambling Studies 22: 241-254.

Potenza M.N., Steinberg M.A. & Wu R. (2005). Characteristics of Gambling Helpline Callers with Self-Reported Gambling and Alcohol Use Problems. Journal of Gambling Studies 21: 233-254.

Rönnberg S. (2005). Steps toward responsibility. Addiction 100: 1235.

Room R. (2005). The wheel of fortune: cycles and reactions in gambling policies. Addiction 100: 1226-1227.

Shaffer H. J. (2005). From disabling to enabling the public interest: natural transitions from gambling exposure to adaptation and self-regulation. Addiction 100: 1227-1230.

Shandley K. & Moore S. (2008). Evaluation of Gambler's Helpline: A Consumer Perspective. International Gambling Studies 8: 315-330.

Steenbergh T. A., Whelan J. P., Meyers A. W., May R. K. & Floyd K. (2004). Impact of warning and brief intervention messages on knowledge of gambling risk, irrational beliefs and behaviour. International Gambling Studies 4: 3-16.

Storer J., Abbott M. & Stubbs J. (2009). Access or adaptation? A meta-analysis of surveys of problem gambling prevalence in Australia and New Zealand with respect to concentration of electronic gaming machines. International Gambling Studies 9: 225 - 244.

Turner N.E., Macdonald J. & Somerset M. (2008). Life skills, mathematical reasoning and critical thinking: a curriculum for the prevention of problem gambling. Journal of Gambling Studies 24: 367-380.

Victoria Department of Human Services (2002). Annual report, 2001-2002. Victoria.

Volberg R. A. (2000). The future of gambling in the United Kingdom. British Medical Journal 320: 1556.

Wagenaar A.C. & Toomey T.L. (2002). Effects of minimum drinking age laws: review and analyses of the literature from 1960 to 2000. Journal of Studies on Alcohol. Supplement 14: 206-225.

Welte J.W., Barnes G.M., Wieczorek W.F., Tidwell M.C. & Parker J. (2001). Alcohol and gambling pathology among U.S. adults: prevalence, demographic patterns and comorbidity. Journal of Studies on Alcohol 62: 706-712.

Welte J.W., Barnes G.M., Wieczorek W.F. & Tidwell, M.C. (2004). Simultaneous Drinking and Gambling: A Risk Factor for Pathological Gambling. Substance Use & Misuse 39: 1405-1422.

Williams R.J., West B.L. & Simpson R.I. (2008). Prevention of problem gambling: A comprehensive review of the evidence. Report prepared for the Ontario Problem Gambling Research Centre, Guelph, Ontario, CANADA

Williams R. (2002). Prevention of problem gambling: A school-based intervention: University of Lethbridge, School of Health Science.

Wohl M.J.A., Christie K.L., Kimberly M. & Anisman H. (2009). Animation-Based Education as a Gambling Prevention Tool: Correcting Erroneous Cognitions and Reducing the Frequency of Exceeding Limits Among Slots Players. Journal of Gambling Studies (Onlineversion).

Wood R.T.A. & Wood S.A. (2009). An evaluation of two United Kingdom online support forums designed to help people with gambling issues. Journal of Gambling Issues 23: 5-30.

3. Kapitel

Anonyme Spieler Salzburg (2007). http://www.salzburg24.at/news/tp:salzburg24:salzburg-news/artikel/1400-salzburger-sind-suechtig-nach-gluecksspiel/cn/news-20071108-01394106 (8.11.2007).

Austrian Backgammon Association (ABA) (2010). http://www.backgammon.or.at/index.htm.

Automatenmarkt (2010). http://www.automatenmarkt.de/index.php (\unter uns\801-804\Ernst Riedl).

Bachner-Foregger H. (2008). Strafgesetzbuch (Kommentar) 21. Aufl., Wien.

Bühringer G., Kraus L., Sonntag D., Pfeiffer-Gerschel T., Steiner S. (2007). Pathologisches Glücksspiel in Deutschland: Spiel- und Bevölkerungsrisiken. SUCHT 53:296–308.

Bundesfinanzministerium (2010). Häufig gestellte Fragen zum Glücksspielmonopol (FAQS). Im Internet abrufbar unter: https://www.bmf.gv.at/ Glcksspielmonopol/HufiggestellteFrage_752/_start.htm

Bundeskommunikationssenat (2009). GZ 611.975/0001-BKS/2009.

Bundesministerium für Finanzen (2008). 3/ME XXIV. GP – Ministerialentwurf – Materialien.

Bundesministerium für soziale Sicherheit, Generationen und Konsumentenschutz: Jugendschutz in Österreich. Wien. (ohne Jahr).

Bundeszentrale für gesundheitliche Aufklärung (BZgA) (2008). Glücksspielverhalten und problematisches Glücksspielen in Deutschland 2007. Ergebnisse einer Repräsentativbefragung. BZgA, Köln

Bundeszentrale für gesundheitliche Aufklärung (BZgA) (2010). Glücksspielverhalten in Deutschland 2007 und 2009. Ergebnisse aus zwei repräsentativen Bevölkerungsbefragungen. BZgA, Köln.

Buth S. & Stöver H. (2008). Glücksspielteilnahme und Glücksspielprobleme in Deutschland: Ergebnisse einer bundesweiten Repräsentativerhebung. Suchttherapie 9: 3–11.

Casinos Austria AG (CASAG) (2006). Jahresbericht 2006.

Casinos Austria AG (CASAG) (2008). report '08.

Casinos Austria AG (CASAG) (2009a). CSR 08/09.

Casinos Austria AG (CASAG) (2009b). Presseaussendung. (7.9.2009).

Casinos Austria AG (CASAG) (2009c). Presseaussendung. (15.5.2009).

Der Standard (2009). Novelle des Glücksspielgesetzes nicht mehr vor dem Sommer (17. 6.2009).

Die Presse (2007). Haushaltsausgaben: 150 Euro im Jahr für Bier, 620 Euro für Lotto. (12.10.2007).

Felderer B., Grohall G. & Kuschej H. (2010). Die Novelle des Glücksspielgesetzes – Das Kleine Glücksspiel aus ökonomischer Sicht, Präsentation des Instituts für Höhere Studien, Wien, Juni 2010.

Geschäftsstelle Wiener Spielapparatebeirat (2010). http://www.freizeitbetriebe-wien.at/spielapparatebeirat/ sowie http://www.freizeitbetriebe-wien.at/ kontakt.htm.

Kontrollamt der Stadt Wien (2009). MA 36, Prüfung der Genehmigung und Überwachung von Automatenaufstellungsräumen für das „Kleine Glücksspiel", KA III - 36-2/09.

Köberl J. & Prettenthaler F. (2009). Kleines Glücksspiel – Großes Leid? Empirische Untersuchungen zu den sozialen Kosten des Glücksspiels in der Steiermark. Leykam, Graz.

KPÖ (2007). Pressemitteilung: KPÖ für ein striktes staatliches Glücksspielmonopol (9.5.2007).

Kreutzer, Fischer & Partner (2007). Glücksspiel und Sportwetten in Österreich 2007. Wie viel Glück braucht Österreich? Pressepräsentation Juli 2007.

Kreutzer, Fischer & Partner (KFP) (2009). Branchenradar 2009.

Landesregierung Wien (2005). Landesregierung Wien, 17. Wahlperiode, Sitzung vom 14. Juni 2005, Sitzungsbericht: Berufung von Mitgliedern des Spielapparatebeirats für eine Funktionsperiode von fünf Jahren, beginnend am 1. Juli 2005 (02868-2005/0001-GKU; MA 7).

Landtag von Niederösterreich (2006a). Anfrage des Abgeordneten Waldhäusl, 555/A-5/115-2006. (11.1.2006).

Landtag von Niederösterreich (2006b). Antwort auf die Anfrage des Abgeordneten Waldhäusl, 555/A-5/115-2006. (22.2.2006).

Landtag von Niederösterreich (2006c). Anfrage des Abgeordneten Fasan, 604/A-4/129-2006. (30.3.2006).

Landtag von Niederösterreich (2006d). Antwort auf die Anfrage des Abgeordneten Fasan, 604/A-4/129-2006. (10.05.2006).

Landtag von Niederösterreich (2006e). Anfrage des Abgeordneten Fasan, 616/A-5/131-2006. (20.04.2006).

Landtag von Niederösterreich (2006f). Antwort auf die Anfrage des Abgeordneten Fasan, 616/A-5/131-2006. (02.06.2006).

Landtag von Niederösterreich (2006g). Plenarprotokoll 30. März 2006. 33. Sitzung der Tagung 2005/06 der XVI. Gesetzgebungsperiode.

Landtag von Niederösterreich (2007a). Anfrage des Abgeordneten Weiderbauer, 837/A-5/176-2007. (29.03.2007).

Landtag von Niederösterreich (2007b). Antwort auf die Anfrage des Abgeordneten Weiderbauer, 837/A-5/176-2007. 29.03.2007. (11.05.2007).

Landtag von Niederösterreich (2007c). Anfrage des Abgeordneten Weiderbauer, 882/A-5/191-2007. (22.05.2007).

Landtag von Niederösterreich (2009). Antwort auf die Anfrage des Abgeordneten Krismer-Huber, 402/A-5/74-2009. (18.11.2009).

Nationalrat (2007). 2638/J XXIII GP: Anfrage der Abgeordneten Mag. Maier, Broukal, Wimmer, Renate Csörgits, Keck, Haberzettl, Schopf und GenossInnen an die Bundesministerin für Justiz betreffend „Glücksspiel- und Wettangebote: Illegales Glücksspiel / Glücksspielbetrug – gerichtliche Verfahren 2006 und 2007. (6.12.2007).

Nationalrat (2010). Stenographisches Protokoll der Plenarsitzung vom 16. Juni 2010. 69. Sitzung. XXIV. GP. Im Internet verfügbar: http://www.parlament.gv.at/PAKT/VHG/XXIV/NRSITZ/NRSITZ_00069/fname_193092.pdf

Oberösterreichische Nachrichten (2009). Pühringer: Kleines Glücksspiel besteuern. (24.11.2009).

Oberster Gerichtshof (OGH) (1991). 1991/03/12, 14Os140/90.

Oberster Gerichtshof (OGH) (1998). 1Ob107/98m. (30.10.1998).

Österreichische Lotterien (ÖL) (2008). Geschäftsbericht 2008.

Regioplan (2009a). Verbrauchausgaben österreichischer Haushalte, nach: Kafka, Helmut: Fakten, Mythen und offene Fragen zum (kleinen) Glücksspiel, Präsentation, 26.3.2009 (Internet: http://www.sucht-news.at/content/docs/Helmut_Kafka.pdf).

Regioplan (2009b). Presseaussendung. (9.3.2009).

Spieler-Info.at (2009). Internetseite www.spieler-info.at, eingesehen im Dezember 2009, inklusive der Unterseiten, insbesondere:
http://spieler-info.at/content/meinungen_redaktion.shtml,
http://spieler-info.at/content/tipps_illegale_spielautomaten.shtml,
http://spieler-info.at/content/tipps_illegale_spielautomaten_bgl.shtml,
http://spieler-info.at/content/tipps_illegale_spielautomaten_ooe.shtml

Strejcek G. & Bresich R. (2009). Glücksspielgesetz – GSpG 1989, Wien.

Tazi-Preve I., Kytir J., Lebhart G. & Münz R. (1999). Bevölkerung in Österreich. Institut für Demographie, Wien

Tipp3 (2010). http://www.tipp3.at/betting/vertrieb.

Usner C. (2008). Zur Ökonomie des Glücksspiels und der Spielsuchtbekämpfung (Dipl.), Wien.

Verfassungsgerichtshof (VfGH) (1994). V4/04 u. a. (15.10.2004).

Verfassungsgerichtshof (VfGH) (1998a). 1998/06/19, G275/96.

Verfassungsgerichtshof (VfGH) 1998b). G94/98; G95/98; G100/98. (5.12.1998)

Verfassungsgerichtshof (VfGH) (1999). G84/99. (27.09.1999).

Verwaltungsgerichtshof (VwGH) (1981). 17/0982/80.

Verwaltungsgerichtshof (VwGH) (1990). 86/17/0062. (25.07.1990).

Verwaltungsgerichtshof (VwGH) (1991). 89/17/0258. (23.12.1991).

Verwaltungsgerichtshof (VwGH) (2005). 2000/17/0201.

Verwaltungsgerichtshof (VwGH) (2006a). Entscheidungstext 2006/05/0023. (27.02.2006).

Verwaltungsgerichtshof (VwGH) (2006b). Erkenntnis v. 31.1.2006.

Verwaltungsgerichtshof (VwGH) (2007). 2004/05/0268.

Wirtschaftsblatt (2009). Zweikampf im Sportwetten-Segment spitzt sich zu: Online stößt Offline vom Thron, 22.10.2009.

Wirtschaftskammer Österreich (2009). Jahresbericht 2009 des Fachverbandes Lotterien.

Wissenschaftliches Forum Glücksspiel (2008). Mess- und Bewertungsinstrumente zur Feststellung des Gefährdungspotenzials von Glücksspielprodukten. Zeitschrift für Wett- und Glücksspielrecht 2: 1-11.

Gesetze und Verordnungen

Bundesgesetzblatt (2010a). Bundesgesetzblatt für die Republik Österreich. Jg. 2010. Teil 1. Ausgegeben am 19. Juli 2010. 54. Bundesgesetz: Glücksspielgesetz-Novelle 2008 (GSpG-Novelle 2008) (NR: GP XXIV RV 658 AB 783 S. 69. BR: AB 8333 S. 786.)

Bundesgesetzblatt (2010b). Bundesgesetzblatt für die Republik Österreich. Jg. 2010. Teil 1. Ausgegeben am 18. August 2010. 73. Bundesgesetz: Glücksspielgesetz-Novelle 2010 (GSpG-Novelle 2010). (NR: GP XXIV RV 657 AB 784 S. 69. BR: AB 8360 S. 787.)

Bundesgesetz vom 28. November 1989 zur Regelung des Glücksspielwesens (Glücksspielgesetz - GSpG). Aktuelle Fassung im Internet abrufbar: http://www.ris.bka.gv.at/GeltendeFassung.wxe?Abfrage=Bundesnormen&Gesetzesnummer=10004611.

Burgenländisches Jugendschutzgesetz.

Burgenländisches Veranstaltungsgesetz.

Kärtner Jugendschutzgesetz.

Kärntner Veranstaltungsgesetz.

Niederösterreichisches Jugendschutzgesetz.

Niederösterreichisches Spielautomatengesetz.

Niederösterreichische Glücksspielautomaten-Höchstzahlverordnung, LGBl 7071/3-0. (20.12.2006).

Oberösterreichisches Jugendschutzgesetz.

Oberösterreicher Spielapparate- und Wettgesetz.

Salzburger Jugendgesetz.

Salzburger Veranstaltungsgesetz.

Steiermärkisches Jugendschutzgesetz.

Steiermärkisches Veranstaltungsgesetz.

Tiroler Jugendschutzgesetz.

Tiroler Veranstaltungsgesetz.

Verordnung der Wiener Landesregierung (2000). Verordnung der Wiener Landesregierung über die Organisation und Tätigkeit des Spielapparatebeirates vom 11.8.2000.

Vorarlberger Gesetz über die Aufstellung und den Betrieb von Spielapparaten.

Vorarlberger Gesetz über die Förderung und den Schutz der Jugend.

Wiener Jugendschutzgesetz.

Wiener Veranstaltungsgesetz: Gesetz über die Regelung des Veranstaltungswesens.

4. Kapitel

Bundesministerium für Gesundheit, BMG (2009). Anfragebeantwortung 3327/AB XXIV. GP vom 15.12.2009.

Bundesministerium für Gesundheit, Familie und Jugend, BMGFJ (2007). Anfragebeantwortung 1778/AB XXIII. GP vom Dezember 2007.

Fonds Gesundes Österreich, FGÖ (Hrsg.) (2004). Österreichische Selbsthilfegruppen im Gesundheitsbereich. SIGIS-Verzeichnis 2004. Wien.

Gesundheit Österreich GmbH, GÖG (Hrsg.) (2009). Einheitliche Dokumentation der Klientinnen und Klienten der Drogeneinrichtungen (DOKLI). Klientenjahrgang 2008. Wien.

Haller R., Scholz H., Berger P., Haring C., Hofmann P., Horodecki I., Kasper S., Lehofer M., Lierzer M., Musalek M., Poppe. H., Prunnlechner-Neumann R. & Quantschnig B. (2005). Konsensus-Statement: Spielsucht – eine nicht stoffgebundene Abhängigkeit. CliniCum, Sonderausgabe 12.

Horodecki I. (2009). Wenn das Glücksspiel zum Problem wird. 4. Auflage. Wien.

Köberl J. & Prettenthaler F. (2009). Kleines Glücksspiel – Großes Leid. Empirische Untersuchungen zu den sozialen Kosten des Glücksspiels in der Steiermark. Graz.

Kreutzer A. (2008). Branchenradar. Glücksspiel & Sportwetten in Österreich. Wien.

Leisieur H.R., Custer R.L. (1984). Pathological Gambling: Roots, Phases, and Treatment. The Annals of the American Academy of Political and Social Science 474: 146-156.

Meyer G. & Bachmann M. (2005). Spielsucht. Ursachen und Therapie. Springer, Berlin.

Quantschnig B. & Scholz H. (2006). Therapiestrategien bei pathologischem Glücksspiel. CliniCum psy 2.

Scholz H. (2010). State of the Art der Behandlung von Glücksspielern. Präsentation anlässlich der Fachtagung „Spielsucht" vom 28. bis 30. April in Salzburg.

Spielsuchthilfe Wien (Hrsg.) (2010). Spielsuchthilfe Forschungsbericht 2009. Wien.

Spielsuchthilfe Wien (Hrsg.) (2009). Spielsuchthilfe Tätigkeitsbericht 2008. Wien.

Sinn-Kleber E. (1994). Die Beratung und Therapie von pathologischen Spielern im Ambulanten Setting. Münchwieser Hefte 15: 7-21.

Statistik Austria (Hrsg.) (2010). Arbeitskräfteerhebung. Ergebnisse des Mikrozensus 2009. Wien.

Steiermärkische Landesregierung (Hrsg.) (2008). Suchtbericht 2007. Graz.

Steiermärkische Landesregierung (Hrsg.) (2007). Glücksspielsucht. Behandlung in der Steiermark. Modell eines vernetzten Therapieangebotes. Graz.

Stiftung Maria Ebene (Hrsg.) (2010). Jahresbericht 2009. Frastanz.

Zanki M. & Fischer G. (2010). Helpline Glücksspielsucht der Medizinischen Universität Wien. SUCHT 56: 197-206.

6. Kapitel

Bundeszentrale für gesundheitliche Aufklärung (BZgA). (2010). Glücks-spielverhalten in Deutschland 2007 und 2009: Ergebnisse aus zwei reprä-sentativen Bevölkerungsbefragungen. BZgA, Köln.

Buth S. & Stöver H. (2008). Glücksspielteilnahme und Glücksspielprobleme in Deutschland: Ergebnisse einer bundesweiten Repräsentativbefragung. Suchttherapie 9: 1-9.

Kraus L. & Baumeister S. E. (2008). Studiendesign und Methodik des Epide-miologischen Suchtsurveys 2006. SUCHT 54: S6-S15.

Kreutzer, Fischer & Partner (2009). Glücksspiel und Sportwetten in Öster-reich 2009. Kreutzer, Fischer & Partner Consulting GmbH, Wien

Künzi K., Fritschi T. & Egger T. (2004). Glücksspiel und Spielsucht in der Schweiz. Empirische Untersuchung von Spielpraxis, Entwicklung, Sucht und Konsequenzen. Büro für Arbeits- und sozialpolititsche Studien.

Meyer G. & Hayer T. (2005). Das Gefährdungspotenzial von Lotterien und Sportwetten. Eine Untersuchung von Spielern aus Versorgungseinrichtun-gen. Universität Bremen, Bremen.

Stinchfield R. (2002). Reliability, validity, and classification accuracy of the South Oaks Gambling Screen (SOGS). Addictive Behaviors 27: 1-19.

Stinchfield R. (2003). Reliability, validity, and classification accuracy of a measure of DSM-IV diagnostic criteria for pathological gambling. The American Journal of Psychiatry 160: 180-182.

7. Kapitel

Meyer G. & Bachmann, M. (2005). Spielsucht Ursachen und Therapie. Springer, Heidelberg.

Petry J. (2003). Glücksspielsucht. Entstehung, Diagnostik und Behandlung. Hogrefe, Göttingen.

8. Kapitel

Götestam K.G., Johansson A., Wenzel H.G. & Simonsen I.E. (2004). Valida-tion of the lie/bet screen for pathological gambling on two normal popula-tion data sets. Psychological Reports 95: 1009-1013.

Häfeli J. & Schneider C. (2005). Identifikation von Problemspielern im Kasino – Ein Screeninginstrument (ID-PS). Hochschule für soziale Arbeit, Luzern.

Johnson E.E., Hamer R., Nora R. M., Tan B., Eisenstein N. & Engelhart C. (1997). The Lie/Bet Questionnaire for screening pathological gamblers. Psychological Reports 80: 83-88.

Kreutzer, Fischer & Partner (2009). Glücksspiel und Sportwetten in Österreich 2009. Kreutzer, Fischer & Partner Consulting GmbH, Wien

11. Kapitel

Wissenschaftliches Forum Glücksspiel (2008). Mess- und Bewertungsinstrumente zur Feststellung des Gefährdungspotenzials von Glücksspielprodukten, Zeitschrift für Wett- und Glücksspielrecht 2: 1-11.

Anhang

Erlacher P. (1997). Glücksspielgesetz. 2. Aufl.

Burgstaller M. (2004). Grundfragen des Glücksspielstrafrechts. RZ, 214.

Fiedler I.C. & Rock J. (2009). Quantifying Skill in Games - Theory and Empirical Evidence for Poker. Gaming Law Review and Economics 13 (1): 50-57 (Präsentation im Internet: http://www.wiso.uni-hamburg.de/fileadmin/bwl/rechtderwirtschaft/institut/Sonstiges/Skill_in_Games_-_Theory_and_Empirical_Evidence_for_Poker.pdf).

Goldstein T. (2007). Brief of Amicus Curiae, The Poker Players Alliance in support of appelant urging reversal, In the United States Court of Appeals for the eigth circuit, Gloria Tschetschot v. Commissioner of internal Revenue, Tax Court Case No. 9498-03. (November 2007).

Höpfel F. (1978). Probleme des Glücksspielstrafrechts. ÖJZ, 421.

Huizinga J. (2004). Homo Ludens – Vom Ursprung der Kultur im Spiel. Rowohlt, Reinbek.

Larkey P., Kadane J. B., Austin R., Zamir S. (1997). Skill in Games. Mangement Science 43: 596-609.

Oberster Gerichtshof (OGH) (1991). 1991/03/12 RS 14Os140/90.

Oberster Gerichtshof (OGH) (2002). 2002/01/31, 6 Ob 48/01d.

Piaget J. (1990). Nachahmung, Spiel und Traum. Klett-Cotta, Stuttgart.

Scheuerl H. (1988). Alte und neue Spieltheorien. In: Flitner, A. (Hrsg.). Das Kinderspiel. Piper, München: 32-52.

Schiller F. (2000). Briefe über die ästhetische Erziehung. 15. Brief. Reclam, Ditzingen.

Verwaltungsgerichtshof (VwGH) (1990). 86/17/0062. (25.07.1990).

Verwaltungsgerichtshof (VwGH) (2005). 2000/17/0201.

TABELLENVERZEICHNIS

ABBILDUNGSVERZEICHNIS

Wege aus der Glücksspielsucht

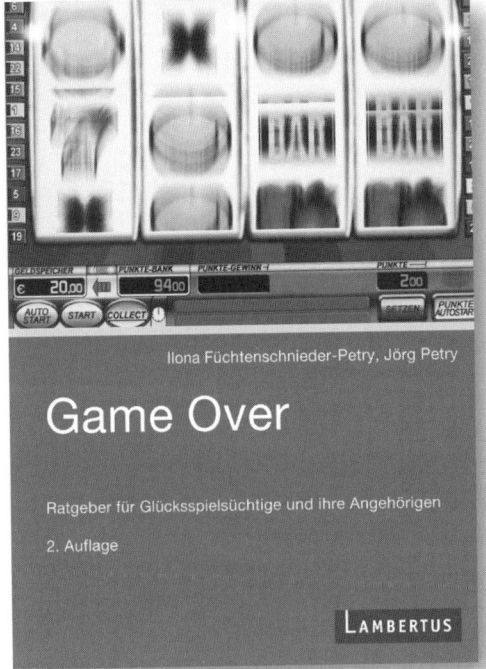

Ilona Füchtenschnieder-Petry,
Jörg Petry

Game over
Ratgeber für Glücksspielsüchtige
und ihre Angehörigen

2., überarbeitete und erweiterte
Auflage
2010, 72 Seiten, geheftet,
€ 7,80/SFr 12,50 (Staffelpreise)
ISBN 978-3-7841-1792-8

Die Wege in die Glücksspielsucht sind vielfältig. Oftmals reicht es schon, wenn persönliche Probleme mit dem Glücksspielen verdrängt werden sollen. Dabei ist es nur ein kleiner Schritt vom Freizeitspaß bis zur Abhängigkeit.
Dieser Ratgeber gibt erste Hilfestellungen für Betroffene und ihre Angehörigen. Er informiert über die verschiedenen Glücksspiele, das Krankheitsbild Glücksspielsucht, die Arbeit von Selbsthilfegruppen und enthält Hinweise auf ambulante und stationäre Beratungs- und Behandlungsangebote.

www.lambertus.de

LAMBERTUS

SOZIAL | RECHT | CARITAS